Lorsque l'enfant paraît

Françoise Dolto
Lorsque l'enfant paraît

Seuil
27, rue Jacob, Paris VIe

Cet ouvrage reprend, en un seul volume relié,
les trois tomes brochés de *Lorsque l'enfant paraît*

ISBN 2-02-011567-0 édition reliée

ISBN 1re édition brochée
2-02-004701-2, t. 1
2-02-005001-3, t. 2
2-02-005356-X, t. 3

© Éditions du Seuil, 1977, 1978, 1979,
et 1990, pour la présente édition

Le Code de la propriété intellectuelle interdit les copies ou reproductions destinées à une utilisation collective. Toute représentation ou reproduction intégrale ou partielle faite par quelque procédé que ce soit, sans le consentement de l'auteur ou de ses ayants cause, est illicite et constitue une contrefaçon sanctionnée par les articles L. 335-2 et suivants du Code de la propriété intellectuelle.

Préface

Au cours du mois d'août 76, alors que j'étais en vacances, je recevais un appel téléphonique. Le directeur de France-Inter, M. Pierre Wiehn, que je ne connaissais pas, me proposait de participer pour la rentrée, à une émission traitant des problèmes des parents vis-à-vis de leurs enfants. En vacances, penser à la rentrée! non. Non catégorique aussi devant la difficulté d'une telle émission — quand tant de facteurs inconscients sont en jeu dans les problèmes d'éducation. Quelques jours plus tard, l'adjoint du directeur de France-Inter, Jean Chouquet, essayait par téléphone de se rendre plus convaincant. Il y a une grande demande, me disait-il; beaucoup de parents, depuis que la radio est devenue le compagnon sonore du foyer, y cherchent des réponses à leurs problèmes psychologiques. Une émission sur les difficultés qui concernent l'éducation des enfants est à faire. Peut-être. Mais pourquoi vous adresser à moi, qui suis déjà trop occupée dans mon métier de psychanalyste? C'est le rôle d'éducateurs de métier, de psychologues, de mères et de pères de familles jeunes. Beaucoup de personnes s'occupent de ces questions. Pour moi, c'est non... et je n'y pensai plus.

Mais à la rentrée, Pierre Wiehn me retéléphonait. Venez seulement pour que nous parlions avec vous : nous étudions la question, venez réfléchir avec nous. Nous voudrions discuter avec vous de nos idées. C'est un projet qui nous tient à cœur. Je venais de rentrer, bien reposée, pas encore reprise par la presse des horaires. J'acceptai.

C'est ainsi qu'un après-midi de début septembre, j'allai au grand bâtiment de Radio-France rencontrer ces messieurs, réfléchir avec eux, et peu à peu me laisser gagner à leur cause.

Oui, c'était vrai, il y avait quelque chose à faire pour l'enfance. Beaucoup de demandes de la part du public. Comment pouvait-on répondre de façon efficace sans nuire, sans endoctriner, et, en utilisant cette audience, faire quelque chose pour ceux qui sont l'avenir d'une société qui ne les entend jamais ? C'est vrai que tous les responsables des consultations médico-psychologiques constatent que les troubles d'adaptation pour lesquels les enfants leur sont amenés remontent souvent à la toute petite enfance. A côté des troubles réactionnels récents, dus à des événements scolaires ou familiaux, il y a de véritables névroses infantiles et des psychoses qui ont commencé par des troubles qui auraient été réversibles si les parents et les enfants avaient été aidés à se comprendre sans angoisse ni sentiments de culpabilité de part et d'autre. Ces troubles ont entraîné un état pathologique chronique, fait à la fois de dépendance, de rejet et de développement dysharmonique de l'enfant. C'est d'abord par des dysfonctionnements viscéraux digestifs, des pertes d'appétit, de sommeil, des agitations ou l'apathie, si ce n'est par l'entrée dans l'indifférence à l'égard de tout et la perte du goût à jouer, à bruiter, que les tout-petits expriment leur souffrance morale ; le retard de langage, les troubles de la motricité, les troubles caractériels sont des signes plus tardifs de la perte de communication langagière avec l'entourage. Ces phénomènes précoces sont légion dans la petite enfance et complètement ignorés de la plupart des parents, qui se contentent d'attendre l'âge scolaire en sévissant ou en donnant des calmants aux enfants gênants parce qu'un jour un médecin leur a indiqué ce médicament dont ils usent dès lors quotidiennement. On peut dire que, jusqu'à l'âge de la scolarité obligatoire, les difficultés relationnelles de l'enfance échappent comme telles à la conscience des adultes. Or, ce sont elles qui préparent un avenir psycho-social perturbé. Ce n'est pas que les parents n'aiment pas leurs enfants, c'est qu'ils ne les comprennent pas, ne savent pas ou ne veulent pas, dans les difficultés de leur propre vie, penser aux difficultés psychiques des premières années de leurs fils et filles qui, dès les premières heures de leur vie, sont des êtres de communication et de désirs, des êtres qui ont besoin de sécurité, d'amour, de joie et de paroles plus encore que de soins matériels ou d'hygiène alimentaire et physique. Ou encore : la médecine et la chirurgie ont fait de tels progrès que bien des enfants qui autrefois, à l'occasion de maladies infectieuses autant que de troubles fonctionnels et de dérèglements physiologiques, mouraient en bas âge, sont sauvés; d'autres sont sauvés après une vie fœtale difficile et une naissance prématurée suivie de longs séjours en couveuse; mais c'est vrai que ces enfants si bien suivis médicalement, et physiquement rétablis, présentent souvent des symptômes de régression et des difficultés de développement langagier au large sens du terme, des troubles de santé psychosociale, tant dans leur milieu familial qu'en société et avec les enfants de leur âge. C'est bien trop tardivement, à l'âge de la fréquentation scolaire, que les effets d'une petite enfance perturbée dans son développement avant trois à cinq ans, se font connaître, par l'impossibilité dans laquelle se trouvent ces enfants de prendre part avec sécurité et joie aux activités des enfants de leur âge. Et c'est encore plus tard que, devant les troubles caractériels, les décompensations psychosomatiques en chaîne, les symptômes divers d'angoisse ou de rejet par le groupe de leur âge ou par les adultes de leur entourage, ils sont amenés à des consultations spécialisées. Encore heureux sont ceux-là, à côté de ceux qui sont dès lors ségrégués, séparés de leurs parents pour des séjours sanitaires ou des séjours en institutions qui, définitivement presque toujours, en font des citoyens à part.

C'est beaucoup plus tôt, dès que l'enfant pose problème à sa mère dans la vie relationnelle au cours de son élevage, que quelque chose devrait être fait. Mais comment?

Il y a de nombreux cas où les parents sont lucides, voudraient comprendre l'échec de leurs efforts d'élevage; mais ce sont des problèmes d'éducation au sens large du terme et ils essaient « tout » comme ils disent, s'angoissant de ne pas réussir, tandis que l'enfant perd la joie de vivre à force de ne pas arriver à se faire entendre, lui dont les troubles de développement sont des appels à l'aide adressés à ceux de qui, par nature, étant leur enfant, il attend tout. En provoquant leur angoisse, il s'angoisse encore plus.

Ne serait-il donc pas possible d'aider les parents en difficulté à s'exprimer, à réfléchir au sens des difficultés de leurs enfants, à comprendre ceux-ci et venir à leur secours, plutôt que de chercher à faire taire ou ignorer les signes de souffrance enfantine? Informer de la façon dont on peut rendre la sécurité à un enfant, lui permettre de se développer, de retrouver confiance en lui après des épreuves ou des échecs, une grosse maladie, une infirmité résiduelle, une déficience physique, mentale ou affective réelle. Il n'y a pas de plus grande épreuve, pour des parents, que de constater leur impuissance devant la souffrance physique ou morale de leur enfant, ni de plus grande épreuve pour un enfant que de perdre le sentiment de sécurité existentielle, le sentiment de confiance naturelle qu'il puise dans l'adulte. Informer les parents. Répondre à leurs demandes d'aide. Dédramatiser des situations bloquées. Déculpabiliser les uns et les autres, afin de réveiller les puissances de réflexion; soutenir pères et mères à penser autrement leur rôle d'auxiliaires au développement perturbé de leur enfant; les aider parfois à se comprendre eux-mêmes à travers les difficultés que présente à leurs yeux ce seul enfant perturbé, cause apparente — parfois réelle — de leur désarroi, de difficultés qui sont souvent, à leur insu, réaction à leurs propres maladresses, lesquelles entravent l'évolution de leur enfant vers l'acquisition de son autonomie, lui donnant, selon son âge et sa nature, trop ou pas assez de liberté. Était-ce possible? Ne fallait-il pas tenter l'expérience?

Le danger n'était-il pas de faire croire à des solutions toutes faites, à des trucs éducatifs efficaces, alors qu'il s'agit souvent de problèmes émotionnels complexes, enracinés chez les adultes, devenus parents, dans la répétition des comportements de leurs propres parents — ou, au contraire, dans l'opposition à leur condition de géniteurs, engagés trop jeunes dans des charges familiales auxquelles ils n'arrivent pas à faire face, en même temps qu'ils continuent leur propre adolescence prolongée : engagés dans une vie responsable trop tôt? Bien sûr, il ne fallait pas espérer beaucoup, de ce genre d'émission; mais était-ce une raison pour s'y dérober? Bien sûr, cela soulèverait, quoi qu'on y dise, beaucoup de contestations; mais était-ce une raison pour ne pas essayer? Bien sûr, beaucoup de situations familiales sont trop délicates, trop de processus inconscients sont en jeu dans les pertes de communication en famille, pour qu'il soit permis aux parents de retrouver la sérénité, nécessaire à une telle réflexion; d'autant plus que les parents en difficulté attendent de leurs enfants, de leur réussite, consolation à leurs épreuves personnelles. Que de parents blessés dans leur enfance, déçus dans leur vie affective de couple, et avec leurs proches, découragés professionnellement, misent tous leurs espoirs sur leur progéniture, dont le moindre échec les désespère et qu'ils accablent d'une responsabilité paralysante pour les jeunes, au lieu de les aider dans un climat de sécurité et de détente à garder confiance en eux-mêmes, et espoir...

Comment fallait-il procéder? D'abord, ne pas répondre en direct et à n'importe quelle question, même dans l'anonymat. Il fallait susciter des lettres détaillées, en assurant les scripteurs que toutes leurs lettres seraient attentivement lues, bien que peu d'entre elles puissent recevoir réponse, vu la brièveté du temps d'antenne. Formuler *par écrit* ses difficultés, c'est déjà un moyen de se venir à soi-même en aide. Telle était ma première idée.

Après lecture du courrier, il faudrait choisir parmi les demandes celles qui posent, à travers un cas particulier, un problème qui peut intéresser un grand nombre de parents tout en se présentant différemment pour chaque enfant. Le mode de vie familiale, le nombre d'enfants, l'âge et le sexe, la place de l'enfant dans la fratrie, sont autant de facteurs importants à connaître, car c'est d'eux que dépendent bien des réactions émotionnelles et la vision qu'a du monde l'enfant au jour le jour, en cours de développement, à la recherche de son identité, à travers des processus d'incitation, de rivalité, d'identifications successives. Il fallait informer les parents qui nous écouteraient des périodes privilégiées que traversent tous les enfants, chacun à sa manière, au cours de sa croissance, et qui leur posent des problèmes à résoudre, au cours desquels l'incompréhension, le désarroi des adultes à leurs échecs, sont plus douloureux pour eux qu'à d'autres périodes, et source de malentendus, de méconnaissance, d'interférences réactionnelles nuisibles à l'issue heureuse de ces étapes d'évolution. On aurait donc à parler à travers des cas particuliers de ces difficultés les plus fréquentes, afin que l'émission rende de réels services à la compréhension de l'enfance par des adultes qui, pour beaucoup d'entre eux, n'ont aucune idée de ces épreuves spécifiques à l'enfance et des modalités réactionnelles qui en accompagnent obligatoirement, selon la nature de chaque enfant, l'issue favorable.

Ce que les parents, les adultes ne savent pas, c'est que dès sa naissance, un petit d'homme est un être de langage et que beaucoup de ses difficultés, lorsqu'on les lui explique, trouvent leur résolution au mieux de son développement. Si petit qu'il soit, un enfant à qui sa mère ou son père parlent des raisons qu'ils connaissent ou qu'ils supposent de sa souffrance, est capable d'en surmonter l'épreuve en gardant confiance en lui et en ses parents. Comprend-il le sens des mots ou comprend-il l'intention secourable dont ce parler est la preuve? Pour ma part, je parierais qu'il est très tôt ouvert au sens du langage maternel, comme aussi au sens humanisant de la parole adressée avec compassion et vérité à sa personne. Il y trouve un sentiment de sécurité et de pacification cohérente plus que dans les cris, les gronderies, les coups, destinés à le faire taire et qui, parfois, y réussissent. Ceux-là lui donnent plus un statut d'animal domestique soumis et apeuré par son maître, qu'un statut d'humain secouru par ceux qui l'aiment dans sa difficulté existentielle, dont ses cris, ses malaises — sans des paroles rassurantes parce que explicatives — étaient les seuls moyens d'expression à sa disposition. C'était cette communication humanisée qui me semblait le plus souvent oubliée de nos jours vis-à-vis des enfants, témoins constants de la vie du couple parental et privés de langage adressé à leur personne — cela particulièrement dans la vie citadine, avec leur mère ou chez une nourrice gardienne autant qu'à la crèche, alors qu'autrefois, en famille tribale, se trouvait toujours un adulte auxiliaire qui, à défaut des géniteurs, savait parler, chanter, bercer, réconcilier l'enfant avec lui-même, en tolérance à ses manifestations de souffrance. Puis, tout au long de l'éducation, répondre avec sincérité à toutes les questions d'un enfant, susciter son intelligence à l'observation, au raisonnement, au sens critique. C'était ce langage qu'il me paraissait nécessaire de faire découvrir ou redécouvrir aux parents. N'est-ce pas toutes ces vérités de bon sens qui sont à dire à tant de parents qui les oublient?

Ce travail, ce service social pourrait-on dire, était-ce à un psychanalyste qu'il incombait? Un psychanalyste est formé à l'écoute silencieuse de ceux qui viennent, en lui parlant, retrouver leur ordre intérieur perturbé par des épreuves passées dont ils cherchent, en les réévoquant, à décoder le sens perturbateur, emprisonnés qu'ils sont par des processus de répétitions qui entravent leur évolution humaine. Était-ce à l'un d'entre eux, que je suis, de parler sur les ondes, de répondre à des questions sur l'éducation? Cette question, je me la suis posée, et je me la pose toujours. Bien sûr, c'est informée de psychanalyse, informée aussi de tant d'épreuves non résolues au cours de l'éducation de ceux que j'ai rencontrés dans ma profession, jeunes et moins jeunes, que je parle et je ne peux parler autrement. Cependant, si l'évolution de chaque être humain passe par les mêmes étapes de développement, chacun en éprouve différemment les difficultés, toujours associées à celles de ses parents, souvent des mieux intentionnés. Cette connaissance, toujours particulière et individuelle de la souffrance humaine, peut-elle contribuer à aider les autres? Je ne sais. L'expérience le montrera. N'y a-t-il pas des souffrances évitables parmi celles que traversent parents et enfants au cours de leur vie commune, pris au piège, comme ils le sont, comme nous le sommes tous, de désirs inconscients — marqués, entre parents et enfants nés d'eux, de l'interdit de l'inceste et de la difficile issue créatrice de ces désirs barrés les uns par rapport aux autres en famille? Mais si je suis psychanalyste, je suis aussi femme, épouse, mère, et j'ai aussi connu les problèmes de ces rôles différents, et je connais les écueils de la bonne volonté. C'est en femme qui, bien que psychanalyste, est en âge d'être grand-mère et plus, que je parle, une femme dont les réponses sont discutables, les idées qui les guident contestables, dans un monde mouvant dont les enfants d'aujourd'hui seront les adolescents et les adultes de demain, dans une civilisation en mutation. J'essaie seulement d'éclairer la question du demandeur. Il ne faudrait pas que les auditeurs, ceux qui m'écrivent comme ceux qui m'écoutent et ceux qui vont ici lire mes réponses, s'imaginent que je suis dépositaire d'un vrai savoir, qu'ils n'auraient pas à mettre en question. Il s'agit d'un moment d'une recherche, la mienne, à la rencontre de problèmes actuels concernant les enfants d'aujourd'hui, en beaucoup de points soumis à des expériences et à un climat psychosocial en transformation et à des situations nouvelles pour tous. Dans les réponses que je fais, mon but est de susciter les parents en difficulté à voir leur problème sous un angle un peu différent du leur, de susciter dans l'esprit des auditeurs non directement concernés la réflexion sur la condition faite à l'enfance qui nous entoure, cette enfance que nous avons tous, adultes qui la côtoyons, à accueillir et à soutenir, pour que ces enfants adviennent en sécurité au sens de leur responsabilité.

L'enfance d'aujourd'hui est-elle la réduplication de la nôtre? Devons-nous répéter dans nos comportements ceux qui ont réussi à élever les générations passées? Certes pas. Les conditions de la réalité ont changé et changent tous les jours, c'est avec elles que les enfants d'aujourd'hui ont à faire pour se développer. Ce qui ne change pas, c'est l'avidité de communication des enfants avec les adultes. Elle existe toujours et a toujours existé, car c'est le propre de l'être humain de s'exprimer et de chercher, à travers les barrières de l'âge et de la langue, à communiquer avec les autres et aussi de souffrir de son impuissance à le faire et de l'inadéquation de ses moyens.

Tous ceux qui liront les réponses faites par moi à ces lettres de parents, à celles plus rares de jeunes, seront, je l'espère, portés à réfléchir à leur tour à ces problèmes, à leur sens, aux réponses différentes qui auraient pu y être données. C'est aussi réfléchir à cet extraordinaire moyen d'information, et d'entraide réciproque qu'est la radiophonie, laquelle permet de faire communiquer entre eux des gens qui ne se connaissent pas à propos de problèmes qui autrefois restaient dans le secret des familles.

Certains y retrouveront des souvenirs de leur propre éducation, des difficultés éprouvées par eux-mêmes lorsqu'ils étaient enfants ou par leurs parents avec eux, comme celles qu'ils ont connues ou connaissent avec leurs propres enfants et qu'ils savent résoudre sans aide. Tous, je l'espère, en côtoyant des familles qui ne sont pas les leurs, regarderont autrement les parents et les enfants en désarroi, observeront d'un œil nouveau les réactions de ceux qui jouent dans les squares, de ceux qui peinent en classe, de ceux qui les dérangent dans leur quiétude. Peut-être aussi seront-ils aidés à leur parler, à ces enfants, autrement qu'ils ne font, à ne pas trop vite les juger, à trouver en réfléchissant des réponses aux difficultés quotidiennes qui leur sont confiées, dont on lit ici tant d'exemples. Peut-être sauront-ils mieux que moi trouver les mots secourables à la difficile condition humaine parentale et à la non moins difficile condition humaine enfantine, chez ceux qu'ils côtoient et qui les questionnent.

Ce livre relate les premiers mois de l'émission de France-Inter : *Lorsque l'enfant paraît.*

LORSQUE L'ENFANT PARAÎT

Je remercie tous ceux de la petite équipe que nous formons : Bernard Grand, le producteur à l'œil toujours vigilant sur son chronomètre! Jacques Pradel qui dialogue avec moi à l'antenne; Catherine Dolto qui résume toutes les lettres que je retiens, ce qui nous permet de choisir les thèmes dominants du jour; les techniciens et les secrétaires dévoués de la pièce 5348, 116, avenue du Président-Kennedy, Paris XVIe.

Il y a toujours une raison

(Lorsque l'enfant paraît)

Françoise Dolto, vous êtes psychanalyste; cependant, il n'est pas question d'offrir ici une consultation personnelle. C'est bien votre avis?

Tout à fait. Et, bien que je sois psychanalyste, comme vous dites, j'espère que j'ai aussi du bon sens et que je pourrai aider les parents dans leurs difficultés, de ces difficultés qui précèdent des anomalies plus graves chez leurs enfants, pour lesquelles on va plus tard chez les médecins; chez les *psy*. Il y a beaucoup de choses, comme ça, que les parents ne prennent d'abord pas au sérieux, les médecins non plus. Les parents savent seulement qu'ils ont un ennui : leur enfant a changé. Ils voudraient savoir comment faire; et, très souvent, ils pourraient trouver eux-mêmes, s'ils réfléchissaient un peu. Ce que je voudrais, c'est les aider à réfléchir.

En effet, il vaut mieux prévenir que guérir. D'autre part, il n'y a pas que les drames : l'arrivée d'un enfant est aussi une source de joie et de bonheur. Mais encore faut-il les comprendre, ces enfants! Ce n'est pas toujours le cas.

Les parents les accueillent généralement avec joie. Mais voilà, on attend un bébé, et puis, c'est un garçon ou une fille. On aurait un peu préféré une fille, et c'est un garçon; on préférait un garçon, et c'est une fille... Ajoutez qu'il n'y a pas que les parents dans une famille. Il y a aussi les grands-parents, et puis il y a surtout les enfants aînés. Un tel événement — la naissance d'un nouveau venu — est un petit drame pour beaucoup d'enfants aînés. Je dois dire même que, s'il n'y a pas de jalousie quand l'enfant a entre, mettons, dix-huit mois et quatre ans, eh bien, c'est un très mauvais signe : l'enfant précédent *doit* montrer de la jalousie, parce que c'est pour lui un problème, la première fois qu'il voit tout le monde admirer quelqu'un de plus jeune que lui : « Il faut donc " faire le bébé " pour être admiré ? » Jusque-là, il croyait que c'était en devenant une grande personne, un grand garçon ou une grande fille, qu'il serait bien vu.

Je crois qu'on doit aider les parents au moment même où arrive leur bébé, car tout devient plus compliqué dans les mois qui suivent.

Vous parliez de bon sens. C'est vrai que, parfois, un peu de bon sens permet de débrouiller une situation qui, au départ, paraît extrêmement confuse, et dramatique. Peut-être que nous pourrions éclairer cela par un exemple concret.

Il faut savoir que l'enfant qui a une réaction insolite, a toujours une raison de l'avoir. On parle des *caprices* de l'enfant : les caprices, ça s'installe parce qu'on les appelle des caprices. En fait, quand un enfant présente tout d'un coup une réaction insolite, qui gêne tout le monde, notre tâche, c'est de *comprendre* ce qui se passe. Un enfant ne veut plus avancer dans la rue : peut-être ne veut-il pas les chaussures qu'il a; peut-être ne veut-il pas aller de ce côté-là; peut-être marche-t-on trop vite, et peut-être faudrait-il encore prendre la poussette, alors qu'on le croyait assez grand pour s'en passer : « Il a eu de bonnes vacances; il est bien solide sur ses pattes... » Mais, pas du tout! En se retrouvant dans le même lieu, après les vacances, il veut qu'on reprenne la poussette, comme avant. Cela ne durera pas très longtemps. Les caprices, à mon avis, viennent d'une incompréhension de l'enfant : il ne se comprend plus, parce que l'adulte ne le comprend plus. Voilà une question de bon sens! Et j'en ai vu combien, de ces enfants qui commençaient à faire des caprices. C'est le cas de tout enfant vif et intelligent qui veut expliquer ce qu'il éprouve ou désire, et qui ne sait pas comment : alors, il rouspète, il est négatif, il hurle, et... on se met à hurler autour de lui. Ce n'est pas comme ça qu'il faut procéder. C'est en essayant de le comprendre et en se disant : « Il y a une raison. Je ne comprends pas, mais réfléchissons! » Et surtout, ne pas en faire un drame tout de suite.

Un autre événement qui concerne toutes les familles qui ont des enfants en âge d'aller à l'école : la rentrée scolaire; souvent, pour un petit enfant, sortir de sa famille, aller dans un lieu inconnu, rencontrer des gens nouveaux, c'est un événement.

Vous parlez de l'enfant qui y va pour la première fois ou de celui qui a une rentrée des classes?

Les deux. Prenons d'abord le petit enfant qui y va pour la première fois.

L'été dernier, je travaillais tranquillement dans le jardin et j'entendis une petite fille qui applaudissait à l'arrivée de son parrain : c'était pour elle une fête. Bon! Ce monsieur descend de voiture et voit la petite : « Oh! comme tu as grandi! Oh! tu vas bientôt à l'école! » Alors, elle lui dit, ravie et pleine de son importance : « Oui, oui, je vais aller à l'école. Je commence à la rentrée. » C'est-à-dire deux mois après. « Ah! tu vas voir, tu vas voir, ce n'est pas drôle. Il va falloir rester tranquille, il ne faudra pas courir. Tiens, tu mets en ce moment tes doigts dans ton nez, il ne faudra pas faire ça. Et puis, tes petits camarades, tu sais, il faudra t'en défendre. Ils vont te tirer les nattes. Comment? Tu vas garder tes nattes? Mais non, il faut te couper les cheveux! » Vraiment, le tableau de l'horreur! La petite était en fête avant l'arrivée de son parrain, encore en fête en l'accueillant... Après, je ne l'ai plus entendue. Voilà une enfant qui, par le discours d'un adulte qui voulait probablement la taquiner, a été complètement effondrée. Ce n'est qu'un exemple, mais combien de fois les adultes n'annoncent-ils pas à l'enfant son entrée à l'école comme la fin de la bonne vie!

Il ne faut plus s'étonner, après, de voir des enfants qui pleurent et qui se font pratiquement traîner sur le trottoir, pour ne pas entrer à l'école.

Il y a aussi des enfants qui attendent ça avec impatience, parce qu'il y aura un cartable, etc. Et puis, ils arrivent à l'école : ils sont pris en troupeau; ils ne s'y attendaient pas. Ces enfants, quand ils reviennent, quand la maman va les chercher, sont très anxieux, surtout le deuxième jour. Et le troisième jour, ils ne veulent plus aller en classe. Je crois qu'il y a, heureusement, des écoles qui accueillent les enfants autrement... Alors, il y a une progression à suivre : il ne faut pas prendre de front un enfant qui a une certaine phobie d'aller à l'école. Le papa pourrait peut-être un jour prendre sur son travail pour aller le chercher ou pour le conduire, le matin. Il y a beaucoup d'enfants qui, pour aller à l'école, sont obligés de passer d'abord chez une gardienne, ce dont ils n'avaient pas l'habitude avant; il faut aussi se lever de très bonne heure alors que, pour eux, l'école, c'était aller avec d'autres et jouer : et puis, ce n'est pas du tout ça. La maman ne les avait pas prévenus qu'ils iraient chez la gardienne, et de là à l'école, que la gardienne viendrait les chercher et que la maman ne les reverrait que le soir. Je crois qu'il faut dire aux enfants ce qui va se passer, sans leur faire peur, mais en leur montrant qu'on est avec eux : « Je penserai à toi. » Les enfants en ont besoin. Ou bien : « Tiens, je t'ai apporté une image, ou un ticket de métro. Quand tu t'ennuieras à l'école, tu l'auras dans ta poche. C'est papa qui t'a donné ce ticket de métro. Tu auras déjà plus confiance. » Des choses comme celles-là. Ils ont besoin de la présence des parents. Ce milieu est insolite. Il faut que les parents s'y fassent représenter par quelque chose qu'ils ont donné à l'enfant, pour qu'il ait confiance en lui.

Une chose encore qu'il faut dire, c'est que l'enfant ne peut pas parler de ce qui s'est passé à l'école. Quand un enfant est dans son milieu familial, il ne peut parler que de ce qui se passe en ce lieu même, de ce qu'il pense actuellement. *L'enfant est présent dans le présent.* Or, on lui demande : « Qu'est-ce qui s'est passé à l'école ? » et on le gronde parce qu'il ne peut rien raconter.

Prenons un enfant qui, pour la deuxième ou la troisième fois, retourne à l'école. Donc, ce n'est plus la peur, maintenant; cet enfant peut en revanche être troublé par l'arrivée d'un nouveau maître ou par un changement de camarades, d'ambiance, de classe, etc.

Il est important de savoir s'il a été heureux l'année précédente à l'école. S'il y a été un peu indifférent, ou s'il y a eu des ennuis, la deuxième année va être, au contraire, heureuse : parce qu'il ne voulait pas retrouver la même maîtresse. J'ai vu beaucoup d'enfants qu'on amenait à l'hôpital en disant : « Il est malade tous les jours pour aller à l'école et, le dimanche, il va très bien. » Je parlais avec l'enfant et, en fait ce qui se passait, c'est qu'il ne voulait pas de cette maîtresse-*là* : il voulait retrouver l'*autre* maîtresse, celle de l'année précédente. Malheureusement, la nouvelle maîtresse leur avait dit : « Eh bien, ceux qui ne suivent pas retourneront avec les petits. » Or, en fait, c'est ce qu'il voulait. J'expliquais alors à l'enfant qu'il avait beaucoup de chance : « Tu as beaucoup de chance de ne pas aimer ta maîtresse; car quand on aime la maîtresse, on ne cherche pas à tout savoir et à aller dans une autre classe, l'année prochaine. »

S'ils n'aiment pas leur maîtresse, la question à poser aux enfants, c'est : « Est-ce qu'elle explique bien ? » Très souvent, ils disent : « J'aime pas la maîtresse, mais oui elle explique très bien. » « Eh bien, c'est le principal. Une maîtresse est là pour expliquer. Pour le reste, c'est maman qui est là. »

L'homme sait tout depuis qu'il est tout petit

(Lorsqu'un petit frère paraît)

Revenons à l'arrivée d'un petit enfant dans une famille où il y a déjà des petits garçons ou des petites filles de trois ou quatre ans. Est-ce qu'il faut en prévenir ces enfants très longtemps à l'avance, leur expliquer la grossesse de leur mère?

Il faut expliquer, aux plus grands, qu'un bébé va venir, et qu'on ne sait pas si ce sera un garçon ou une fille; pour que l'enfant comprenne pourquoi la mère prépare un berceau. Et surtout, que les mères ne soient pas étonnées que tout ce qu'elles font soit contré; par exemple, si la maman est en train de travailler au berceau, l'enfant donne comme par hasard un coup de pied dans le berceau... Que la maman ne lui dise jamais qu'il est méchant. Son enfant se trouve devant quelque chose d'insolite. On prépare l'arrivée d'un bébé, et être un bébé, pour lui, c'est quelque chose qui est moins bien que d'être grand.

Les mamans disent parfois : « On va l'acheter, ce bébé. » C'est là se moquer d'un être humain qui sait très bien qu'il a été bébé auparavant. Dans l'inconscient, l'être humain sait tout depuis qu'il est petit. L' « intelligence » de l'inconscient est la même que chez nous autres adultes. Donc, chaque fois que nous avons l'occasion de parler aux enfants des choses de la vie, il faut les dire simplement, telles qu'elles sont.

Seulement, ce bébé qui va naître, l'aîné dira : « Pourquoi? Moi, je n'en veux pas. — Mais ce bébé n'est pas *pour toi*. » Cependant, dans beaucoup de familles, les parents annoncent : « Un petit frère ou une petite sœur pour toi. » Du coup, l'enfant s'attend, bien sûr, à avoir tout de suite un camarade de son âge, parce qu'il connaît des enfants qui ont des frères et sœurs. Alors, il se dit : « Que ce soit tout de suite. » « Mais tu sais bien que tu es né tout petit bébé. » On lui montre des photos : « Regarde comme tu étais quand tu étais petit. Eh bien, il va naître comme ça. » Et, s'il décide d'avance : « Oh! si c'est un garçon, je n'en veux pas », ou « si c'est une fille, je n'en veux pas », on peut lui répondre : « Mais, tu sais, il n'a pas absolument besoin que tu l'aimes, il a des parents, comme toi tu as des parents. » Il se trouve qu'un enfant auquel on dit qu'il n'a pas besoin d'aimer son petit frère ou sa petite sœur, sera celui-là qui les aimera le plus, tout simplement parce que c'est là quelque chose de naturel. Quand un enfant n'aime pas son petit frère ou sa petite sœur, c'est uniquement pour dire une sottise à sa mère et essayer de la contrer : de la faire bisquer, comme on dit.

Vous parliez des coups de pied dans le berceau tout à l'heure. Ce n'est pas très grave. Mais je crois savoir que, parfois, ça tourne plutôt mal. J'ai entendu parler notamment du cas d'un petit garçon de quatre ou cinq ans, qui avait mordu assez cruellement un bébé. Est-ce chose courante?

Relativement courante et là, il faudrait que la mère ait énormément de présence d'esprit. Il ne faut surtout pas gronder brutalement l'aîné. Il est déjà assez penaud de ce qu'il a fait. Ce qu'il faut, c'est le prendre à part et lui dire : « Tu vois comme tu es fort. Mais ton petit frère, ou ta petite sœur, est très faible, tout petit, comme tu étais quand tu étais petit. Maintenant, il sait qu'il a un grand frère et il aura confiance en toi. Mais, tu vois, ce n'est pas lui qu'il faut mordre. Ça ne sert à rien. Tu ne peux pas le manger. » Parce que, figurez-vous que les petits enfants, quand ils trouvent quelque chose de bon, ils le goûtent, ils le mangent. Pour eux, le cannibalisme n'est pas si loin. D'autant qu'ils voient très souvent le bébé téter la maman et que, pour eux, un bébé qui tète sa mère est cannibale. Ils ne comprennent rien de ce monde insolite. Ça passe vite quand la maman perçoit que leur réaction n'est pas uniquement méchante, mais surtout réaction d'angoisse.

Mais lorsque les réactions de jalousie — ou même de rejet (un coup de pied dans le berceau, la morsure, etc.) — continuent, est-ce que cela ne prend pas quand même un caractère de gravité? Qu'est-ce qu'il faut faire?

Cela devient grave si les parents sont anxieux. Deuxièmement, quand l'enfant souffre beaucoup de se sentir délaissé. Ce n'est pas qu'il le soit, mais peut-être n'est-il pas aidé comme il devrait l'être. Et comment peut-on aider un enfant jaloux et qui souffre? C'est le père qui peut le faire le mieux. Le père, une sœur de la mère, une tante, une grand-mère... Si c'est un garçon, il faut que ce soit un homme qui l'aide. Par exemple, le dimanche, son père lui dit : « Viens, nous les hommes... » Et on laisse la maman avec son bébé : « Elle ne pense qu'à son bébé. » Il faut que le papa dise des petites choses comme ça : « Toi, tu es grand, tu viens avec moi. » Il promotionne, si je peux dire, l'aîné, pour parer à ses réactions de jalousie : du genre recommencer à faire pipi au lit, ne vouloir manger que des laitages, geindre pour n'importe quoi ou ne plus vouloir marcher. Qu'est-ce que c'est que tout ça? C'est un problème vis-à-vis de l'identité : un enfant cherche à imiter ceux qu'il admire, et il admire ce que papa et maman admirent. Alors, si on a l'air d'admirer le bébé, on ne s'en sort plus : il faut soutenir l'aîné dans son développement, il faut le faire inviter avec des enfants de son âge, ne pas le garder tout le temps autour du berceau, avec la maman et le bébé.

Prenons maintenant l'hypothèse d'une famille où il y a déjà des enfants un peu plus âgés que ceux dont nous avons parlé jusqu'à présent — cinq, six ou sept ans. Ceux-là n'ont pas de réactions de rejet lorsqu'un petit bébé arrive, mais ils ont parfois des réactions aussi étonnantes.

LORSQUE L'ENFANT PARAÎT

Un enfant, à partir de cinq-six ans, veut s'approprier le bébé. Il veut s'en occuper mieux que sa mère ou que son père. Là, il faut faire très attention parce que l'enfant peut se détourner de son propre destin, de garçon ou de fille qui doit grandir au milieu de ses camarades, et se mettre à devenir une vraie petite maman, ou un vrai petit papa. C'est très mauvais pour lui et très mauvais aussi pour le petit, pour qui la maman aura désormais deux têtes et deux voix. Autant que possible, il faut que la mère et le père se disent qu'ils sont, pour chaque enfant qui naît, parents d'un enfant unique. Il est, en effet, *unique,* quant à son âge, quant à ses besoins. Pour ce qui est des autres, bien sûr, qu'ils aident, qu'ils contribuent, qu'ils coopèrent. Mais il ne faut pas leur en donner l'obligation. C'est la meilleure manière : ils veulent s'occuper du bébé? « Bon! Eh bien, je te le permets aujourd'hui. » Mais que cela ne devienne pas un alibi pour la mère : « Puisqu'il le fait, moi, je ne m'en occupe plus. » C'est très mauvais pour le petit. J'en profite pour vous dire qu'il y a, à mon avis, un danger à donner, comme parrain ou comme marraine, un frère aîné à un petit. Les enfants ne peuvent pas comprendre ce qu'est un lien spirituel. Pour eux, c'est un lien d'autorité. C'est mauvais pour deux raisons : d'abord, parce qu'il vaut nettement mieux choisir des parrains ou marraines adultes, qui peuvent aider vraiment l'enfant dans le cas où la mère ou le père, pour une raison ou pour une autre, sont empêchés de s'en occuper; ensuite, je crois que c'est beaucoup plus intéressant de donner des parrains et des marraines qui ne sont pas de la famille. Pas non plus des grands-pères et des grand-mères. Je sais qu'il y a des traditions en ce sens. Eh bien, tant pis.

Tu vois, nous t'attendions

(Voici donc arrivé l'enfant)

Voici donc arrivé l'enfant. Les parents se posent une foule de questions : faut-il parler à l'enfant un langage-bébé? ou faut-il le considérer comme un petit adulte? faut-il isoler l'enfant? L'enfant doit-il être gardé dans une sorte de cocon, sans bruit, sans musique, etc.? faut-il ranger l'enfant quand les amis arrivent?

Vous dites : « Ranger l'enfant... », comme si c'était un objet!

Je ne dois pas être très loin de la vérité, en disant que certains parents considèrent leur bébé comme une sorte de petit objet.

Vous savez, autrefois, tout le monde vivait dans la salle commune, la seule qui était chauffée, et le berceau était là. Ces enfants devenaient beaucoup plus sociaux que les enfants d'aujourd'hui, qui sont trop protégés du bruit de la vie de famille. Il ne faut pas oublier que *in utero,* l'enfant est mêlé à la vie de sa mère; il entend aussi la voix de son père. Il entend, *in utero.* L'audition y est parfaite. Surtout vers la fin, il entend tout. Et tout d'un coup, à la naissance, ce sont les grands bruits qui arrivent. Il a besoin très vite d'entendre la voix modulée de sa mère, qu'il reconnaît, ainsi que la voix de son père. Je crois que le premier colloque du bébé, dans les bras de sa mère, est très important : « Tu vois, nous t'attendions. Tu es un petit garçon. Tu nous as peut-être entendu dire qu'on attendait une petite fille. Mais nous sommes très contents que tu sois un petit garçon. »

Quel peut être l'effet de ces paroles sur un petit bébé qui n'a que quelques heures ou quelques jours ? Est-ce vraiment très important ?

C'est très important. Je peux vous dire qu'il y a des enfants qui se souviennent des toutes premières choses qui ont été dites autour d'eux. Ça vous étonne, n'est-ce pas ? C'est comme une bande magnétique enregistrée. Alors, je dis ceci non pas pour qu'on leur fasse de longs discours, mais pour qu'on sache qu'on peut s'adresser à l'enfant dès sa naissance, et qu'il en a besoin. C'est comme ça que nous l'introduisons dans notre monde à nous, en tant que futur homme ou future femme, et non pas en tant que petite chose, bébé, nounours. C'est un être humain ; bien sûr qu'il faut lui donner des cajoleries aussi ; mais il faut surtout respecter en lui le futur homme ou la future femme.

Dès les premiers mois, il faut donc faire participer un peu l'enfant à la vie de famille, aux événements de la journée...

Surtout à ceux qui le concernent. Quand il y a beaucoup de bruit, par exemple : « Tu vois, ça c'est ton frère qui est en train de renverser une chaise. » Ou bien, il pleure ; eh bien, il ne s'agit pas toujours de le prendre dans ses bras, mais de lui parler : « Eh bien, ça ne va pas ? comme tu es malheureux ! » Avoir des phrases et des tons de voix qui accompagnent la souffrance de l'enfant ; celle-ci devient alors humaine (pour lui aussi) parce qu'elle est parlée. Tout ce qui est parlé devient humain. Tout ce qui n'est pas parlé, pour l'enfant, reste à l'état d'insolite et n'est pas intégré à la relation qu'il a avec sa mère.

LORSQUE L'ENFANT PARAÎT

Je crois que ceux qui ont un premier enfant se sont toujours posé la question de savoir s'il fallait le laisser pleurer ou le prendre dans les bras. On a souvent peur de lui donner de mauvaises habitudes. Mais, d'abord, faut-il donner des « habitudes » à un enfant?

Qu'est-ce que vous appelez des habitudes? Si du côté des parents, cela signifie changer tout à fait la façon de vivre parce qu'un enfant est né, ce n'est pas possible. Bien sûr que l'enfant a besoin d'avoir ses tétées régulières. Il a besoin qu'on s'occupe de lui, qu'on le change. Bien sûr, la maman n'a plus la même liberté qu'elle avait auparavant, et puis le papa n'a plus sa petite femme uniquement pour lui. C'est vrai, il y a un changement dans leur sentiment de liberté; mais c'est tellement agréable aussi de se pencher sur un berceau et de parler à l'enfant! Je crois qu'il doit rester mêlé à la vie familiale comme il l'était dans le ventre de sa mère. Est-ce qu'on doit le laisser crier? Pas trop longtemps. On peut très bien le bercer, *lui redonner le rythme.* Pourquoi le bercement le calme-t-il? Parce que c'est le rythme du corps de la mère quand elle déambulait partout, le portant dans son ventre. Et puis, surtout, en le berçant, lui parler : « Voilà. Maman est là. Papa est là. Mais oui, mais oui, nous sommes là. » Des choses comme ça. Alors, les modulations des voix des parents, quand il aura envie de pleurer, il les réentendra dans sa mémoire, et sera rassuré.

Par habitudes, je veux dire des règles de vie : par exemple, le matin, il va aller se promener, on va lui donner à manger et puis on va le coucher. Et les parents décident que cette sieste va durer une heure et demie, deux heures ou deux heures et demie. Si l'on s'aperçoit, par exemple, qu'un enfant, au bout d'une demi-heure, pleure dans sa chambre, doit-on l'obliger à prendre ce repos dont il ne veut pas?

Chacun a à prendre son propre rythme. Mais, pourquoi « dans sa chambre »? Un enfant s'endort là où nous sommes tous.

Quand il a sommeil, il s'endort n'importe où, et c'est beaucoup mieux. Il dormira mieux s'il entend parler autour de lui. Le bébé a besoin de dormir beaucoup, mais il n'est pas nécessaire de le mettre à l'écart pour cela, comme dans un désert. Quand il dormait dans le ventre de sa mère, le bruit ne le gênait pas; puis, il se réveillait, car, dans le ventre de sa mère, le bébé dort et se réveille, déjà.

L'enfant doit être intégré à la famille, vivre le plus possible dans la salle commune. Tout de même, pour des raisons de repos, n'a-t-il pas besoin d'être isolé à certains moments, avoir un monde à son échelle?

J'ai vu des familles où il y a une « chambre d'enfant » qui est gardée jusqu'à ce que l'enfant ait quatorze ans, tout simplement parce qu'on a fait les frais d'une chambre d'enfant. Moi, je crois qu'un bébé n'a pas besoin d'autre chose que de son berceau et d'une sorte de caisse pour que cela ne fasse pas de désordre partout : une fois que l'enfant est couché, tous les joujoux retournent dans la caisse. Quand il commence à marcher à quatre pattes, qu'il y ait un petit tapis à côté de cette caisse pour qu'il puisse y aller sans mal; en fait, il est intégré à la vie des parents, mais il a aussi son coin à lui.

Il est souhaitable que l'enfant dorme dans un coin séparé. Il y a des familles qui n'ont qu'une seule pièce pour logement; dans ce cas, on peut installer un rideau, pour que les parents continuent d'avoir leur vie à eux et l'enfant son petit coin à lui. Là où la famille loge en deux pièces, il vaut bien mieux que l'enfant couche séparément, pour que les parents soient tranquilles; des meubles très simples, bricolés par le père, sont presque meilleurs que des meubles neufs, bien laqués, que l'enfant, jusqu'à quatre ou cinq ans, abîme. Car, il faut savoir qu'un enfant *doit abîmer,* il le *doit.* Et cela, parce que le jeu de l'enfant n'est pas le respect des choses. Si on lui enseigne trop tôt à respecter ce qui a été acheté cher, les meubles, le papier du mur, cela va l'empêcher d'être

« vivant » : un enfant est bien portant s'il est gai et si les parents ne sont pas constamment en alerte : « Qu'est-ce qu'il va faire encore? »

Le soir, si les parents veulent se coucher, ce n'est pas une raison pour coucher l'enfant. Il va dans sa chambre : « Tu nous laisses maintenant — (c'est le père qui doit le dire), tu laisses ta maman tranquille. Nous avons besoin d'être ensemble. » L'enfant, très vite, s'y fera, surtout si on lui parle gentiment. Il y a aussi les amis de la famille : les enfants veulent les connaître. Pourquoi pas? On l'habille dans sa petite robe de chambre et il vient les voir. Il s'endort sur place? A ce moment-là, on le ramène dans sa chambre. Il faut avoir du bon sens, savoir que, respecter un enfant, c'est l'intégrer à la vie des parents et lui apprendre à les respecter à son tour; d'autre part, il faut aussi qu'il sente que sa tranquillité à lui est respectée et qu'on ne va pas contre son propre rythme.

Vous avez dit qu'une maman ne devrait jamais s'éloigner de son bébé. Or, malheureusement, ceci reste un idéal, bien différent de la vie de tous les jours. Il y a beaucoup de mères qui sont obligées, professionnellement ou pour d'autres raisons, de faire garder leur enfant, même tout petit. Est-ce qu'il faut vraiment essayer d'éviter au maximum cette situation, ou, sinon, comment faut-il faire?

Supposons que les parents ont choisi la solution soit de la crèche, soit d'une personne à la maison, soit d'une personne en ville qui garde l'enfant. Le mieux, ce serait certainement à la maison, pour commencer. La solution de la crèche n'est pas mal, si le règlement est assez souple pour que la maman puisse reprendre l'enfant quand elle a un jour de congé. Mais, toujours la même chose, il faut parler à l'enfant : « Je t'amène à la crèche et puis, je viendrai te rechercher. A la crèche, tu vas voir tous tes amis, les dames, les tatas » — (je ne sais pas comment on les appelle, selon les crèches). Que la maman parle et prévienne. Quand elle retrouve son enfant, qu'elle ne se jette pas sur lui pour l'embrasser. Si la mère se met à cajoler tout de suite son enfant, il la craindra. Il faut qu'elle lui parle, qu'elle le porte, qu'elle le remette dans son odeur, car l'enfant reconnaît sa mère à sa voix et à son odeur. C'est surtout quand il retourne à la maison, qu'il retrouve vraiment sa maman; ce n'est pas en route, ce n'est pas dans la rue ou à la crèche. Ça peut paraître étonnant pour la maman, car elle retrouve tout de suite son enfant. Mais l'enfant ne la reconnaît vraiment que dans le cadre où il y a l'espace et les voix connus, papa, maman, lui et son berceau. Bien sûr, je vous parle du tout-petit, jusqu'à quatre, cinq ou six mois. Au bout d'un certain temps, il connaît ses rythmes, et il est très heureux de rentrer à la maison. Cependant, il faut toujours continuer à ne pas l'embrasser si l'enfant ne fait pas le premier pas. Il vaut beaucoup mieux que la maman apporte un bonbon, plutôt que d'embrasser l'enfant.

Vous disiez que la présence de la mère est très importante pour le développement de l'enfant. Alors, est-ce que cela devrait, dans l'idéal, s'étaler sur un, deux ou trois ans?

L'idéal? Cela devrait « s'étaler », comme vous dites, jusqu'à l'âge de la marche confirmée; suivant les enfants, la marche confirmée, le début de l'acrobatie, se situe vers dix-huit mois, puisqu'un enfant commence à marcher entre douze et quatorze mois. L'idéal, ce serait — pour que les mères aient des moments de repos —, qu'elles s'arrangent à deux ou à trois qui ont des enfants à peu près du même âge, qu'elles se groupent et que l'enfant aille avec une des mères un après-midi, à tour de rôle... Puis, tous les trois jours, c'est la même femme qui les garde. Au bout d'un certain temps, ils prendront le rythme. Et les enfants s'élèvent bien mieux avec d'autres enfants de leur âge que tout seuls.

LORSQUE L'ENFANT PARAÎT

Jusqu'ici, on a beaucoup parlé de couples qui attendent l'arrivée d'un enfant. Il faut néanmoins tirer un petit coup de chapeau aux grand-mères... Il y a des grand-mères, figurez-vous, qui nous écrivent...

C'est très important, la grand-mère. Il est important que, très tôt, l'enfant sache son nom; qu'on n'appelle pas « mamie » n'importe quelle vieille dame; qu'on distingue par leurs noms de famille, la grand-mère paternelle de la grand-mère maternelle : « Tu sais, mamie qui vient aujourd'hui, c'est la maman de ton papa, ou c'est la maman de ta maman. » Il y a souvent des tensions entre la maman de l'enfant et sa mère ou sa belle-mère. L'enfant s'en rend compte très vite. Il ne faut pas cacher ces choses-là; qu'on les prenne plutôt avec humour. Et surtout que la mère et la grand-mère ne se disputent jamais, devant l'enfant, tout simplement parce que l'une veut le contraire de l'autre. Et, aussi, que les grand-mères ne fassent pas semblant que l'enfant est à elles : « Ah! c'est mon fils! Ah! c'est ma fille! » Il faut qu'elles disent à l'enfant : « Tu es mon petit-fils, tu es ma petite-fille. Ton papa, il est mon enfant; ou ta maman, elle est ma fille. » Des choses comme ça. Le sens génétique, le sens de la lignée, des ancêtres, naît très vite chez l'enfant quand on le lui donne très tôt en paroles. Il comprend très vite à qui il a affaire, si on lui parle. Quelquefois, il en abuse, mais cela ne fait rien.

D'autre part, que les grand-mères n'aient pas peur : « Ah! je ne sais pas si ma fille (ou ma belle-fille) sera contente qu'il fasse ceci ou cela. » Non! Qu'elles fassent avec l'enfant comme elles ont envie de faire et qu'on s'explique après. L'enfant comprend très vite. Et puis, une grand-mère peut montrer des photos, peut parler du passé de papa, du passé de maman, ce qui intéresse beaucoup l'enfant, dès l'âge de trois-quatre ans. C'est pour lui une révélation d'apprendre que son père et sa mère ont été, eux aussi, des enfants. Il n'y a que la grand-mère qui puisse le lui dire.

LORSQUE L'ENFANT PARAÎT

A propos de grand-mères, voici une mère qui nous raconte que sa fille de cinq ans va à l'école pour la première fois cette année; tout s'est bien passé : elle avait fait, d'ailleurs, un effort particulier pour la conduire elle-même le matin, demandé au papa d'aller la rechercher à midi, pour que l'enfant se sente vraiment en confiance. Tout s'est bien passé pendant les quinze premiers jours; mais, subitement, à la suite d'une visite chez la belle-mère, l'enfant s'est mise à pleurer et à refuser d'aller à l'école. Pourquoi? La mère essaie d'analyser : « Ma belle-mère a dit ceci à ma fille : Tâche de bien travailler à l'école parce que mémé n'aime pas les enfants qui travaillent mal. » Si le refus brutal de l'école vient bien de cette scène, la mère se demande ce qu'il faut faire pour en redonner le goût à cette enfant...

Il est difficile de répondre à cette question; la grand-mère a parlé de travail. Or, il s'agit justement de l'école maternelle; l'enfant a tout à fait conscience qu'il n'y travaille pas : on y est pour jouer et chanter ensemble. Cette enfant doit se dire : « Mais elle ne comprend pas ce que c'est que l'école maternelle. » C'est peut-être de cela qu'il faut parler avec l'enfant, lui expliquer que mémé ne le savait pas parce que, quand elle était petite, elle, il n'y avait pas de classes maternelles, comme aujourd'hui; ou bien que, pour elle, travailler voulait dire faire des choses avec ses mains, danser, chanter. Et lui promettre aussi que maman ou papa vont expliquer à mémé ce que c'est que l'école maternelle...

Lorsque le père s'en va

Lorsqu'un enfant arrive, on a tendance à considérer que des relations privilégiées s'établissent d'abord avec la mère, que l'enfant s'identifie plus à la mère qu'au père. Souvent, dès que le père s'en va pour quelques jours ou quelques semaines, lorsqu'il revient, l'enfant ne l'accepte pas ou, plutôt, le boude.

Et le père en a alors du dépit... Oui. Il faut d'abord comprendre que le temps n'est pas le même pour un enfant que pour un adulte. Deux jours, trois jours, pour un enfant, ce sont deux semaines, trois semaines... C'est très long, deux jours. D'abord, quand le père s'en va, il faut qu'il prévienne l'enfant et, surtout, qu'il lui dise : « Je penserai à toi. » Il faut aussi que la mère parle du père qui est parti, pour que le père continue d'exister dans la parole de la mère. Et il ne faut pas que les pères s'étonnent, à leur retour, si l'enfant leur fait grise mine ou paraît indifférent. Qu'ils ne manifestent aucun dépit, qu'ils se comportent naturellement : « Bonjour! Bonjour, ma fille! Bonjour, ma femme! » Au bout de très peu de temps, l'enfant reviendra, tournera autour du papa.

Il ne faut pas non plus se jeter sur l'enfant pour l'embrasser. Les parents ne le savent pas, mais avant trois ans, l'enfant ne ressent pas ces embrassades comme quelque chose de bon, en ce sens qu'il ne sait pas jusqu'où on va aller. (D'autant plus qu'il aime très fort, et qu'aimer lorsqu'on est petit se manifeste par mettre ce qu'on aime en bouche. La dévoration, signe d'amour, est bien près du cannibalisme auquel un tabou fait place avec le sevrage.) Les parents croient qu'en l'embrassant, ils prouvent leur amour et que l'enfant, en les embrassant, leur prouve le sien. Ce n'est pas vrai ou plutôt c'est un rituel qu'on lui impose, qu'il subit, qui ne prouve rien. L'enfant prouve son amour en amenant ses jouets à son père, en grimpant sur ses genoux, en lui donnant sa poupée. Alors, à ce moment-là, que le papa ou la maman qui a été absent, lui parle et de sa personne : « Je suis content de te retrouver », et de cet objet qu'il vient d'apporter : « Ah! mais il est joli! C'est joli ce que tu m'apportes là. » Tout sera arrangé, parce que l'objet qui l'intéresse, intéresse également le papa.

A propos des séparations temporaires, nous avons beaucoup de lettres de parents qui voyagent par nécessité : des routiers, des représentants, des journalistes de radio et de télévision; tous se demandent si ce n'est pas un grand drame dans la vie d'un enfant, d'être constamment séparé de son père. Certains envisagent même de changer de métier. Comment l'enfant vit-il cette séparation?

Tout dépend de la manière dont on lui parle. Si le père lui explique ce qu'il fait quand il n'est pas là, s'il raconte à son enfant (même si l'enfant n'a pas l'air de le comprendre) qu'il conduit un camion, qu'il fait de la télévision, ou qu'il est représentant... ou toute autre activité professionnelle, d'une façon vivante, avec des mots simples, cela restera dans les oreilles de l'enfant. Et puis, c'est à la mère aussi, quand le père n'est pas là, de rappeler aux enfants leur père qui travaille, qui pense à eux, qui va bientôt revenir. Lorsqu'ils sont assez grands, on peut leur montrer le calendrier : « Tu vois, ce jour-là, il va revenir. Qu'est-ce que tu vas faire pour ton papa? Tu vas faire un beau dessin? Il en sera content. » On *doit* parler du père quand il n'est pas là; au bout de la troisième ou quatrième absence, l'enfant conscient — un enfant est « conscient » à partir de douze, quatorze ou dix-huit mois — saura très bien que, lorsque le père s'en va, il reviendra et que, pendant son absence, tout le monde pense à lui, puisqu'on parle de lui.

Autre chose importante : il ne faut pas faire croire à l'enfant, surtout quand il devient un peu brouillon, difficile, opposant à la mère, coléreux — ce qui arrive entre dix-huit et vingt-deux mois —, que le père, à son retour, fera le gendarme. Que la mère ne dise surtout pas : « Je le dirai à ton père. » Ce serait très, très maladroit, parce que, ainsi, l'enfant accumule des tas de petits sentiments de culpabilité qu'il associe à la pensée du retour du père. Et ce sentiment de malaise ternit la joie du retour. Il ne s'agit pas non plus d'exclure le père, sous prétexte qu'il est absent. Des enfants plus grands demandent parfois à leur mère de ne pas dire à leur père telle action dont ils sont peu fiers. S'il s'agit de bêtises peu importantes ou de difficultés caractérielles qui visaient un autre enfant ou la mère, elle sera bien avisée de répondre : « Bien sûr que non, tu sais que tu as eu tort, tu ne l'aurais sans doute pas fait si ton père avait été là, je ne vais pas l'ennuyer avec ces choses d'enfant. » Si au contraire il s'agit d'un événement sérieux, pour lequel la mère a besoin d'en référer au père, elle ne doit pas mentir à l'enfant mais pas non plus le menacer de parler au père comme s'il s'agissait d'en appeler à la force punitive. Aider l'enfant à considérer son père et comme un auxiliaire de bon conseil pour elle, et comme responsable avec elle des moyens à prendre pour aider l'enfant à dépasser ses difficultés. Bref, l'important, quand le père est absent, et pour tous les enfants, quel que soit leur âge, est d'entretenir la pensée de sa présence et la confiance en lui.

Qu'est-ce qui est juste?

(Énervements et caprices)

Une mère nous dit que, depuis la naissance de son premier bébé, elle est persuadée de la nécessité d'écouter, de comprendre, de dialoguer. Cependant elle écrit ceci : « La vie n'est pas simple. Il y a la fatigue, l'énervement ou des situations où j'ai tendance à perdre mon self-control *devant mon enfant. » Voici sa question : « Pensez-vous que ces moments de non-contrôle, qui arrivent à toute mère, soient mauvais pour l'enfant? »*

Il s'agit là surtout du caractère de la mère; elle ne va pas changer de caractère sous prétexte que l'enfant est là. Si un enfant énerve quelquefois sa mère, il faut lui dire : « Tu vois, je suis énervée aujourd'hui. » L'enfant comprendra; très vite, il a l'intuition de ce qui se passe. Après un moment de colère, il faut lui dire : « Tu vois, j'étais énervée. » Ce qu'il ne faut surtout pas faire, après un tel moment, c'est l'embrasser pour effacer le mauvais moment; il faut lui parler, d'une voix plus douce, et rire avec lui. En tout cas, ne pas lui faire, à lui seul, grief d'un énervement venu d'elle. L'embrasser ne servirait à rien; l'enfant ne comprendra pas une brusquerie suivie d'une embrassade. Parler est toujours préférable aux empoignes, que ce soit de colère ou de tendresse; lesquelles sont plus animales qu'humaines.

L'autre question de la même mère : « Croyez-vous qu'une mère qui vient de faire une erreur, et qui accepte de montrer à l'enfant qu'elle a fait une erreur, sorte grandie aux yeux de l'enfant? » Elle s'interroge donc sur le jugement que portera l'enfant sur elle-même.

A priori, pour l'enfant, ce que fait sa mère, c'est toujours bien. Cependant, la mère ne doit pas s'étonner si, à l'âge de deux-trois ans, son enfant a, lui aussi, quelquefois, une petite saute d'humeur et des mots désagréables. Elle rira et lui dira : « Eh bien, tu t'énerves, comme moi, de temps en temps ! »

Selon vous, ce n'est donc pas une erreur de la part d'un adulte de reconnaître son énervement passager devant l'enfant?

Pas du tout. Il ne doit pas lui dire : « J'ai eu tort », mais : « J'étais énervé »; la mère peut ajouter « excuse-moi », l'enfant ne demande que ça, toujours, d'excuser ses parents.

Là-dessus, j'ai apporté un témoignage à la fois humoristique et profond. C'est une dame qui vous écrit : « J'ai un fils qui a maintenant treize ans; lorsqu'il avait cinq ou six ans, comme je le disputais, je le corrigeais pour une bêtise, il s'est mis à rire aux éclats. Moi, bien sûr, j'étais au paroxysme de la colère. Je l'aurais volontiers étripé. Puis, je me suis calmée, au bout d'un moment. On s'est assis sur le lit. Je lui ai demandé pourquoi il s'était mis à rire aux éclats. Il m'a dit : " Maman, si tu pouvais te voir toi-même quand tu es en colère, tu serais la première à rire." (...) De fait, je crois qu'on ne doit pas être très jojo lors de ces exhibitions. Aussi, à présent, maintenant qu'il a treize ans, lorsque je veux lui administrer une correction, je lui dis : " Viens avec moi, il est temps d'aller devant une glace." Et la colère s'amenuise. Nous rions tous les deux... »

Ils sont arrivés à mettre de l'humour dans leur tension. C'est très bien.

En somme, il y a là un enfant qui a aidé sa mère à surmonter ses colères.

Une autre lettre prend un petit peu le contre-pied de ce que vous aviez expliqué : « *Comment agir envers un cadet jaloux de son aîné?* (...) *J'ai trois enfants, deux filles de douze et neuf ans et un garçon de trois ans. Or, la fille qui a neuf ans est toujours jalouse de ce que fait, de ce que dit ou de ce que reçoit son aînée. Et je vous assure que je fais l'impossible pour être toujours équitable. Pourtant, cette enfant n'est jamais contente : comme elle est hypersensible, la moindre contrariété tourne au drame, avec cris, larmes, colère. Elle prétend alors qu'on ne l'aime pas assez, qu'elle va s'en aller et, comme elle est très indépendante, obéir représente pour elle une grosse difficulté. Comment faire?* »

Il est certain que cette petite-là est dans une situation difficile : elle est la seconde, et du même sexe que l'aînée. Son désir, à elle, est donc de vouloir toujours égaler l'aînée. Quand le petit frère est né — le premier garçon —, il a été pour les parents comme un vrai nouvel enfant, car un deuxième du même sexe, ce n'est, en quelque sorte, qu'une répétition du connu. Je crois que c'est surtout depuis la naissance du petit frère que la jalousie est devenue douloureuse pour cette fille. La mère se trompe en essayant de tout faire pour qu'il y ait équité : *il n'y a pas de « justice » pour l'enfant. Tout est injuste, à ses yeux, quand il n'a pas tout.* La mère ferait beaucoup mieux de dire : « C'est vrai, tu as raison, je suis injuste, je suis très injuste. Peut-être es-tu malheureuse d'être dans cette famille. » Que la mère parle à cette enfant toute seule, pas devant son aînée, ni devant son petit frère. Peut-être que le père et la mère ensemble, d'ailleurs, pourraient lui parler et lui dire : « Si vraiment tu es trop malheureuse... eh bien! nous allons voir avec ton père si nous pouvons faire le sacrifice de te mettre en pension. Ce sera un gros sacrifice d'argent pour nous, mais si vraiment tu y étais plus heureuse... eh bien, nous allons y penser... » Qu'elle ne cherche pas à être juste, car le monde lui-même n'est pas juste. On peut d'ailleurs donner à l'enfant un autre exemple : « Tu sais, il y a des pays où il y a toujours du soleil; il y en a d'autres où il pleut tout le temps. Toi, peut-être, tu voudrais être ailleurs. Tu n'es pas contente. » Et puis, surtout, souligner tout ce qui est différent, entre elle et sa sœur. C'est surtout en soulignant les différences entre les enfants, qu'on les aide à s'identifier à eux-mêmes et non pas à un autre. Mettre aussi en évidence toutes ses qualités. Quand, par exemple, on doit acheter une robe ou un ruban, une petite chose, que la mère parle tout bas à chacune, afin que sa sœur n'entende pas, lui demande à l'oreille quelle couleur elle voudrait... qu'elle encourage chacune à réfléchir à son propre goût, à lui dire son choix. Sinon l'enfant (la seconde) croit que ce que prend l'aînée, c'est bien ou que c'est ce qu'il y a de mieux. C'est une enfant trop dépendante et qui en souffre beaucoup; elle *joue* seulement l'indépendante, mais ce n'est pas vrai. La dépendance, comme la jalousie, provient du sentiment (imaginaire) d'une moindre valeur. C'est le rôle de la mère de donner valeur personnelle à chacun de ses enfants. Il est douloureux d'envier un autre, inimitable toujours.

C'est là une situation courante chez les enfants?

Oui, mais ici surtout parce que l'enfant sent que cela fait de la peine à sa maman. Celle-ci nomme la jalousie un défaut, ce n'en est pas un. C'est une souffrance qui demande compassion et amour de la part de la mère. C'est une étape normale inévitable du développement, entre enfants d'âge rapproché.

Est-ce grave?

Je ne sais pas si c'est grave ou pas. Je ne le pense pas; cela doit venir de ce que la mère souffre de la souffrance de sa fille alors que, si elle l'aidait en mettant des mots sur sa souffrance, l'enfant se sentirait déjà comprise. Mais, je le répète, il ne faut pas parler à cette enfant devant son frère ou devant sa sœur...

LORSQUE L'ENFANT PARAÎT

Je ne suis pas sûre que ce ne soit pas le résultat d'une certaine jalousie de l'aînée sur la petite.

Mon conseil, c'est de ne pas essayer « d'être juste », mais tout simplement d'aider la seconde en lui parlant franchement. Sans cela, l'enfant ne saura plus de quoi se plaindre.

Une dame nous dit : « J'ai une petite fille de cinq ans dont les réactions me laissent parfois perplexe. Quelle attitude prendre devant cette petite fille qui me tape, ou fait semblant de me taper, lorsque je lui donne un ordre ou que je lui refuse quelque chose ? Cela n'arrive, évidemment, que si elle est de mauvaise humeur. » Et elle ajoute qu'elle a « tout essayé » : l'indifférence, l'ironie, la fureur...

Croyez-vous qu'il s'agisse d'une grand-mère ou d'une mère ?

C'est justement la question que je me posais...

Alors, supposons que c'est la mère... Ça se passe quand elles sont seules ou quand il y a d'autres personnes ?

Elle ne le dit pas.

Avançons quand même : « J'ai tout essayé : l'indifférence, la fureur... » Et quoi d'autre ?

L'ironie.

L'ironie... Je crois que, finalement, elles sont entrées dans une sorte de jeu : Qui va être celle qui commandera à l'autre ? Ce doit être une petite fille intelligente, car ce n'est pas du tout la même chose de faire semblant et de taper vraiment. Faire semblant, c'est dire : « Attention ! attention ! c'est moi qui commande ! ce n'est pas toi. » Quand elle tape pour de vrai, c'est peut-être parce qu'elle est énervée. Je crois que, quand l'enfant tape pour de vrai, la mère doit lui dire : « Écoute, je te dis des choses qui ne te plaisent pas, mais je fais ce que je peux. Si tu n'es pas contente, tu n'as qu'à pas venir me voir. Tu n'as qu'à rester dans ta chambre, dans ton coin. Mais si tu viens près de moi, moi je te dis ce que je pense. » Je crois qu'il faut parler avec cette enfant, et non pas jouer à être vexée, fâchée, ou n'importe quoi. Il faut aussi rire avec elle : « Tiens, ta main veut me taper ? Toi, qu'est-ce que tu en dis ?... » Parce que l'enfant peut avoir des réactions de main ou de pied, qui lui échappent complètement. Ça paraît curieux, mais il faut lui dire : « Tiens, cette main, pourquoi est-ce qu'elle veut me taper ? Parce que, moi, j'ai dit quelque chose qui ne te plaît pas ? Mais toi, tu me dis aussi quelquefois des choses qui ne me plaisent pas. Est-ce que je tape, moi ? » Ou, si elle a un nounours : « Eh bien ! tiens, la tape que tu m'as donnée, je la rends à ton nounours. Et le nounours, qu'est-ce qu'il en dit ?... » Il faut arriver à mettre cela dans un jeu ; j'ai l'impression qu'en fait, cette petite fille veut surtout que sa grand-mère (ou sa mère) s'occupe d'elle, et uniquement d'elle. Malheureusement, on ne nous dit pas si ça se passe en public ou si c'est un jeu d'intimité.

J'ai l'impression que cela se passe aussi bien en public, puisque la maman (ou la grand-mère) écrit : « J'ai tout essayé, un petit peu en fonction de l'entourage. » Alors, ou bien elle a pris des conseils autour d'elle, ou bien cela s'est déroulé devant des témoins. Cela pose un autre problème : notre correspondante ne me dit pas non plus si elle a l'habitude de taper souvent sur cette enfant. Ou si, quand l'enfant était petite, elle avait une gardienne qui la tapait.

Les enfants prennent les habitudes des grandes personnes, surtout quand ils sont petits. Celle-ci trouve très malin de prendre (emprunter) le langage des grands. On est là toujours très étonné. Souvent, on entend des parents qui parlent d'une voix brusque aux enfants, quand ils sont petits : « Tais-toi ! Touche pas à ça!... », etc. Et puis, ils sont tout surpris, lorsque l'enfant commence à se sentir lui-même une petite personne, qu'il fasse pareil...

Et la fessée?

Ça dépend.

Pensez-vous, d'une manière générale, que l'attitude qui veut qu'on retourne une paire de claques...?

Les mères, quand elles étaient petites, ont reçu parfois des fessées qu'elles ont trouvées très bien... Pourquoi en priver les enfants, alors? Elles font ce qu'on a fait pour elles. Il y a des enfants qui y sont très sensibles : si on ne leur donne pas une fessée de temps en temps, ils croient qu'ils ne sont pas aimés. Cela dépend du style de la maman. On ne peut absolument pas dire que cela soit bon ou mauvais. C'est tout un ensemble, la fessée.

Mais cela ne vous choque pas?

Non. Je crois que, si on le peut, il faut éviter tout ce qui est humiliation pour l'enfant. Il ne faut jamais l'humilier. Cela est destructeur, que ce soit moquerie ou fâcherie. A part le fait qu'elle calme l'adulte et parfois l'enfant sur le moment, la fessée a chance d'être nuisible à long terme (et le long terme, c'est bien le but de l'éducation). En tout cas, si le père ou la mère veulent sévir avec leur enfant de la sorte, que cela ne se fasse jamais en public. On le prend à part, dans sa chambre, et on le gronde. Si la maman a de l'énervement au bout des mains..., que voulez-vous? On ne peut pas l'empêcher. Cela ne veut pas dire que ce soit une mauvaise mère. Il y a des mères qui ne touchent jamais à leur enfant et qui sont, en paroles et en comportement, beaucoup plus agressives, voire sadiques, qu'en donnant une fessée.

Il faut savoir que c'est un signe de faiblesse de la part des parents, de faiblesse de leur *self-control* comme on nous l'écrit très justement ici. C'est donc un mauvais exemple que donne l'adulte. Un adulte qui parle avec brusquerie et agressivité, qui agit avec violence et s'abandonne à des explosions caractérielles vis-à-vis de son enfant, ne doit pas s'étonner, quelques mois ou années après, de voir cet enfant parler et agir de même avec de plus faibles que lui. Je le répète, pour tout enfant jeune, ce que l'adulte fait est vu comme « bien », aveuglément si j'ose dire : et l'enfant l'imitera tôt ou tard, tant à l'égard de l'adulte même qu'à l'égard des autres enfants.

En tout cas, pour reparler de la fessée, quand l'adulte, par manque de *self-control,* ne peut s'en empêcher, que cela ne soit jamais en se donnant l'excuse facile qu'il agit ainsi en éducateur : parce que c'est faux. Et au moins, que cela ne soit jamais à retardement : ce soir ou samedi, je te donnerai « ta » fessée. Il s'agit alors d'une attitude perverse, jouissive pour l'adulte, donc pervertissante pour l'enfant, humiliante pour les deux, et antiéducative; l'enfant, s'il craint l'adulte, perd son estime pour celui-ci rapidement et le juge comme ce qu'il est : un être faible, incapable de se maîtriser ou pire : sadique à froid.

A propos de propreté

J'ai devant moi, cette fois-ci, un témoignage. Je résume cette longue lettre, qui vient d'une mère de cinq enfants. L'aîné a dix ans et la dernière vingt-cinq mois. En fait, le problème est celui de l'apprentissage de la propreté par les enfants. Cette mère a profité de ses cinq enfants pour faire cinq expériences différentes, c'est-à-dire : pour le premier enfant, elle lui a présenté très souvent le pot, l'a grondé quand il salissait ses couches ou refusait d'aller sur le pot. Pour le deuxième...

Oui, mais à partir de quand? Elle ne le dit pas?

Je crois qu'elle le dit. Mais, alors, il faudrait vraiment prendre la lettre tout à fait dans le détail.

Il s'agit surtout de l'aîné, les autres s'élèvent par identification.

Voilà! « *Je suis mère de cinq enfants, que j'ai eus assez rapprochés, l'aîné ayant dix ans et le dernier vingt-cinq mois. Entre mes deux premiers enfants, il y avait juste un an d'écart. Comme beaucoup de mères, j'avais hâte de voir mon premier garçon propre, surtout que sa petite sœur le suivait de près. Aussi me suis-je acharnée à lui présenter le pot le plus souvent possible, parfois toutes les heures, le grondant lorsqu'il n'y avait pas de résultat, le grondant aussi parce qu'il salissait ses couches. Après un an d'efforts, il était devenu propre; à deux ans pile, le jour, et, à deux ans et demi, la nuit. Donc, pas de quoi être glorieux »*, dit-elle. *Voilà donc pour le premier enfant. Ensuite, elle a interverti un peu le système. Elle a présenté le pot, mais sans gronder, ou elle a grondé sans présenter le pot, etc. Jusqu'au dernier, enfin, le cinquième, pour qui liberté totale : elle ne lui a jamais présenté le pot. Sa conclusion est la suivante : tous ses enfants ont été propres le jour, à deux ans, et la nuit, à deux ans et demi.*

C'est très amusant, et instructif, merci à cette mère de son témoignage.

Et elle ajoute : « Je pense qu'il est inutile de vouloir, à tout prix, que son enfant devienne propre. »

Je crois que cela va consoler beaucoup de mères qui se font une bile noire parce que leur enfant n'est pas propre. Je dois dire aussi qu'elle a eu de la chance que l'aîné n'ait pas continué à faire pipi au lit : elle a commencé à l'instruire trop tôt. C'est aux environs de deux ans, à partir du moment où un enfant est capable de monter et descendre une échelle tout seul, une échelle de ménage, jusqu'à la dernière marche à laquelle il s'accroche avec ses mains, eh bien, c'est à ce moment-là, que son système nerveux est constitué et qu'il peut donc être propre, s'il est attentif. Avant, il ne le peut pas. Cette mère a eu un autre enfant, un an après; je crois que l'aîné a dû prendre l'intérêt que portait sa maman à son derrière comme une chose très agréable : grâce à ça, elle s'occupait de lui tout à fait spécialement.

Je crois que c'est assez malin ce qu'elle a fait, sans le savoir, pour l'aîné qui, de la sorte, a continué d'accaparer l'attention maternelle après la naissance du second. Les autres enfants s'élèvent par identification à l'aîné. Ils veulent tous faire aussi bien que l'aîné, aussitôt qu'ils le peuvent. Bien sûr, ils ne le peuvent pas plus tôt le jour que, environ vingt et un mois, chez les filles, et vingt-trois mois, chez les garçons; les garçons deviennent propres plus tard que les filles. Mais se pose une question : cet aîné ne serait-il pas un peu plus perfectionniste, moins libre, moins souple de ses mouvements, que les autres? Sinon, c'est parfait. Toutefois, c'est vraiment dommage de perdre tant de temps avec le pot de chambre, alors que tant d'autres choses sont à faire, pour développer l'adresse des mains, de la bouche, de la parole, du corps tout entier... Lorsque l'enfant est adroit, habile de ses mains, acrobate, c'est-à-dire jouit en liberté et relaxation d'une bonne coordination de ses mouvements, et d'un tonus maîtrisé, lorsqu'il parle déjà bien, il a plaisir à devenir propre tout seul, à faire comme font les adultes, c'est-à-dire aller aux cabinets. J'en profite pour dire que les mères ne devraient jamais mettre le pot de chambre dans la cuisine, ni dans la chambre des enfants. Qu'il soit toujours dans le cabinet, excepté la nuit et que — à moins qu'il fasse très froid, et pendant l'hiver seulement — l'enfant aille toujours faire ses besoins aux cabinets et jamais dans les pièces où l'on vit et l'on mange.

Qui abandonne qui ?

Voici une maman qui a un bébé de trois mois : elle vous explique que ce bébé va entrer à la crèche, lorsqu'il aura six mois; elle vous demande comment faciliter cette transition entre la vie dans la famille et l'entrée à la crèche. Elle dit aussi que tout son entourage s'ingénie à lui expliquer combien les crèches sont mauvaises pour les enfants, mais elle ne veut pas céder. Elle vous demande si elle doit s'occuper moins, par exemple, de son enfant, dans la semaine qui précédera son départ, ou si elle doit profiter des périodes de fête pour confier l'enfant le plus possible à des gens de la famille, les grands-parents par exemple.

Certainement pas. Que cette mère s'occupe de son bébé... Je crois que l'important, c'est qu'elle aille chez d'autres personnes avec son bébé, et non pas qu'elle le confie en s'en allant. Ce n'est pas du tout la même chose d'être confié, pour le bébé, au milieu d'autres bébés comme il le sera à la crèche dans trois mois, et d'être abandonné avec des grandes personnes. Mais si cet enfant voit toujours sa mère parler avec d'autres adultes, au lieu qu'il reste seul à seule avec elle, cela l'aidera certainement. D'ailleurs tous les bébés devraient souvent aller voir d'autres personnes avec leur mère. Chaque fois que la mère fait un déplacement, elle devrait — quand cela est possible — l'emmener pour qu'il connaisse tous ses oncles, ses tantes, ses grand-mères, etc. Mais il ne s'agit pas pour la mère de s'en aller pour autant. Cependant, évidemment, c'est un âge ennuyeux pour mettre l'enfant à la crèche.

LORSQUE L'ENFANT PARAÎT

C'est un peu jeune?

Non, ce n'est pas ça : au contraire, on peut les y mettre très tôt. L'enfant prend vite ce rythme-là. Mais c'est un âge où sa mère va lui manquer beaucoup. Donc, il faut l'y préparer... Elle ne dit pas quel travail elle va effectuer, et si ça va lui prendre tout son temps?

Apparemment, elle tient à ne pas laisser tomber l'activité qu'elle exerce en ce moment. Je crois qu'elle est en congé de maternité, mais qu'elle veut fermement reprendre son activité.

L'enfant va s'y habituer en quelques semaines, mais il faudra qu'elle le lui explique : « Je suis obligée d'aller travailler. Ça me fait beaucoup de peine de te laisser à la crèche, mais tu y trouveras d'autres amis, tu y trouveras des petits bébés. » Qu'elle lui parle souvent des autres bébés et qu'elle le conduise au jardin en lui montrant les bébés avec leur maman; qu'elle les nomme : « les autres bébés », « les petits amis », « les camarades », « les petites filles », « les petits garçons », etc. Qu'elle ne lui dise jamais que tel ou tel bébé est plus gentil que lui; il faut qu'il sache bien que pour elle, il est celui qui l'intéresse le plus, même si devant lui, avec une autre mère, elle parle à un autre enfant.

En tout cas, elle ne doit pas se désintéresser de son enfant ou s'occuper moins de lui...

Sûrement pas. A la crèche, les femmes s'occupent énormément des bébés. Alors, pourquoi pas elle? Évidemment, elle doit aussi, en sa présence, tout en lui parlant, s'occuper de la maison, comme font les femmes : elles s'occupent de beaucoup d'autres choses, en même temps que des bébés.

Ces questions reviennent souvent, du problème de la séparation d'avec un petit bébé.
J'ai deux lettres à ce propos. L'une vient d'une grand-mère qui vous dit : « Je vais devoir garder ma petite-fille à partir de janvier prochain. Pourriez-vous m'indiquer les précautions à prendre en vue de ce changement de vie? » Ce bébé aura alors à peine trois mois.

Elle ne dit pas si l'enfant reverra ou pas ses parents?

Apparemment oui. Elle ne donne cependant pas beaucoup de détails : « Je la garderai de huit heures du matin à dix-sept heures trente, sauf les mercredis, samedis et dimanches, donc il changera de garde, de literie et même d'ambiance. »

Alors, cela rejoint ce que j'ai déjà dit : il faudrait que ce bébé, dès maintenant, aille passer quelques heures avec sa maman ou avec son papa chez la grand-mère. Qu'il connaisse le cadre. Que sa maman lui dise : « Tu vois, ici, c'est chez ta grand-mère. » D'après ce que cette dernière dit, elle sera gardienne de jour et encore, même pas tous les jours. C'est parfait. Il faut prévenir l'enfant. Il faut qu'il connaisse ce cadre nouveau avec la présence et la voix de son père, la présence maternante et la voix de sa mère. Et puis, qu'il ait certaines choses de sa mère avec lui, pour qu'il sente son odeur, des joujoux qu'il a chez lui, qu'on emmène et qu'on ramène chaque fois de chez la grand-mère, et puis des joujoux qu'il retrouvera toujours chez la grand-mère et qu'au bout de quelque temps il emmènera avec lui et gardera chez ses parents, comme il y en aura d'autres qu'il emportera et laissera chez elle. Qu'il y ait un objet préféré qui aille et vienne avec lui, de chez la maman à la grand-mère et de chez la grand-mère à la maman. Cet enfant aura tout simplement deux lieux, où il se trouvera également bien. Il faut qu'il sente la continuité de sa personne entre ces deux lieux. Alors, il s'y fera très bien. Il serait bon aussi que sa grand-mère le promène en semaine, et les parents leur jour.

Pas de drame. Cette autre lettre vient d'un père. Il va un petit peu plus loin que la grand-mère de la lettre précédente, mais c'est toujours au sujet de la séparation : « Quelles pourraient être les conséquences immédiates, et surtout à long terme, pour un enfant qui, à vingt mois, va subir une séparation de trois mois et demi d'avec ses parents? »

Vingt mois... déjà, il doit marcher, courir, et parler. Donc, on peut aisément comprendre, en tout cas, son langage, même s'il ne parle pas encore fort bien. Il faut le préparer, lui parler du changement. Que le père ou la mère aillent le conduire à l'endroit où il sera; et lui fassent leurs adieux, même s'il pleure; qu'ils ne partent pas quand il dort ou sans qu'il les voie partir. Puis qu'ils lui écrivent des cartes, qu'ils lui fassent des petits dessins; qu'ils lui envoient des paquets de biscuits, des bonbons, au moins une fois par semaine, et d'une façon régulière; qu'il reçoive de ses parents des signes qu'ils pensent à lui. Voilà ce qui est important. Vingt mois, c'est un très bon âge pour être séparé... Il faut que les parents manifestent toujours leur présence par des témoignages de leur pensée. Et puis, ne pas s'étonner si l'enfant n'est pas content. Bien sûr, c'est sa manière à lui de réagir. Il vaut beaucoup mieux qu'un enfant réagisse à une séparation. Et, quand il reverra ses parents, s'il boude un peu, qu'ils le comprennent, lui parlent, ne le lui reprochent pas. Cela se passera très bien. Puisque cette séparation est indispensable, eh bien, c'est simplement une épreuve qu'il doit passer. L'épreuve de la grand-mère, ou de la personne chez qui il aura passé quelques semaines, sera peut-être plus grande que la sienne quand il la quittera. Il ne faudra pas la lui faire quitter brusquement. Quant aux parents, ils devront lui reparler par la suite de leur séparation et de la joie qu'ils ont eue à le retrouver, sans faire à tout un chacun, devant lui, le récit de sa prétendue indifférence quand ils l'ont retrouvé.

Une autre femme nous écrit ceci : « J'ai un petit garçon de deux ans et demi. Lorsqu'il avait l'âge critique de sept mois, je l'ai abandonné trois jours par semaine. »

On voit déjà que la mère se sent coupable, puisqu'elle dit « abandonné », au lieu de dire « confié », du matin au soir.

Donc, pour des raisons professionnelles, elle a laissé cet enfant chez une gardienne : « Je dois ajouter que je suis privilégiée, puisque je suis enseignante. Donc, j'ai de longues vacances que je peux passer avec mon enfant. » La deuxième année, elle travaillait presque tous les jours. Elle a remis l'enfant chez la gardienne. Tout s'est bien passé. Puis, cette année-ci (l'enfant a deux ans et demi) : « J'ai cessé mon activité, mais j'ai voulu mettre mon fils à l'école maternelle, pour qu'il ait des contacts avec d'autres enfants. »

Alors qu'elle avait cessé son travail?

Justement.

Tiens! c'est curieux.

Elle a bien expliqué à son enfant que l'école était un endroit où l'on s'amuse beaucoup, où l'on rencontre de petits camarades : « Malheureusement, dit-elle, après le premier jour de classe, cet enfant refuse systématiquement d'aller à l'école, pleure énormément. » Et elle pose la question de savoir s'il faut insister ou, au contraire, attendre quelques mois avant de le remettre à l'école.

Je crois que cette mère comprend très bien son problème. Son enfant était chez une gardienne... Nous avons vu qu'elle a le sentiment, elle, de l'avoir abandonné. Cependant, l'enfant avait l'air d'être heureux chez cette gardienne. Elle ne nous dit pas s'il y avait là d'autres enfants ou s'il était seul... Bien sûr, aller à l'école à deux ans et demi avec beaucoup de petits camarades, alors que sa mère qu'il vient de retrouver tous les jours reste à la maison, c'est un peu insolite pour cet enfant; puisque justement, elle aurait pu faire pour lui tout ce qu'on peut faire dans une école maternelle, sans compter tout ce qu'on ne peut pas y faire, c'est-à-dire qu'il parle avec sa mère et fasse avec elle en y prenant part tout ce qu'elle fait, les courses, la cuisine, le ménage...

J'ai l'impression qu'elle a fait cela pour que son enfant ait des contacts avec d'autres enfants. C'est un enfant unique.

Justement, puisque c'est une mère qui sait instruire les enfants... Elle pourrait peut-être maintenant passer à un autre style de maternité, un style que la gardienne ne pouvait pas avoir. Je ne dis pas, puisque maintenant la mère est rentrée chez elle, qu'il faudrait le remettre chez la gardienne, mais peut-être ne pas la supprimer complètement, le confier à celle-ci un ou deux après-midi par semaine par exemple. Ainsi, la mère aura un peu de temps de repos. Pourquoi a-t-elle arrêté son travail? Probablement, pour se reposer ou pour une autre raison, qu'elle ne dit pas. Alors, peut-être pourrait-elle s'arranger pour garder son fils mais, en même temps, maintenant qu'il sait ce qu'est l'école, le préparer en l'occupant à jouer, dessiner, chanter, à fixer son attention sur des travaux. Il faut dire aussi que deux ans et demi, c'est vraiment jeune pour aller à l'école.

En fait, on ne peut mettre un enfant à l'école à deux ans et demi que lorsqu'il est déjà habitué à rencontrer pour jouer d'autres petits, dehors et à la maison, et qu'il y va attiré par la compagnie d'un petit qu'il connaît déjà ou d'un aîné qu'il a envie d'imiter. Deux ans et demi, c'est trop tôt.

D'une manière générale, quel est selon vous l'âge idéal pour envoyer un enfant à la maternelle?

Un enfant en général, ça n'existe pas. Chaque enfant est différent. Il y a des enfants qui s'occupent très bien à la maison quand on leur a enseigné à s'occuper et, surtout, à faire en même temps que leur mère tout ce qu'elle fait dans la maison. Il faut déjà que l'enfant soit très habile à la maison, qu'il sache s'occuper tout seul, jouer tout seul, parler tous ses agissements, jouer et fabuler avec ses ours, avec ses poupées, avec ses petites autos; faire des jeux, seul ou avec une autre personne qui, tout en travaillant à côté, l'accompagne : il coopère, il épluche les légumes avec maman, il fait les courses, observe les choses de la rue. C'est seulement après que l'école va l'intéresser, et quand il aura déjà été souvent au jardin jouer en liberté avec d'autres enfants en revenant à sa mère à propos de menus incidents de rivalité, desquels sa mère le console en lui expliquant l'expérience qu'il vient de vivre.

Quel âge, alors?

Trois ans, pour un enfant qui est bien déluré, trois ans, c'est bien. Deux ans et demi, je trouve cela très jeune, surtout pour un enfant unique, qui aura *d'abord* besoin de s'habituer à la fréquentation d'autres enfants.

D'un autre côté, est-ce qu'il y a un âge limite qu'il ne faut pas dépasser? Il ne faut pas garder trop longtemps un enfant à la maison, n'est-ce pas?

Non, mais cela dépend aussi de la manière dont il est occupé à la maison et de sa connaissance du monde à l'extérieur, les voisins, la rue, le jardin public, etc. Autrefois, on allait à la grande école à six ans, parce qu'on avait fait à la maison, en famille avec les personnes amies, tout ce qu'on fait à la maternelle. La famille n'était pas réduite pour l'enfant à son père et sa mère. Il y avait grand-mère, oncles, tantes, cousins, voisins. Et la participation de l'enfant au travail de la maison. Alors, l'enfant était très content d'aller apprendre à lire et à écrire, lui qui était déjà très déluré, chantait des chansons, dansait, savait jouer seul et se rendre utile... Enfin, tout ce que peut faire un enfant avec son corps, avec son intelligence manuelle et corporelle : être vraiment un petit compagnon de la vie de tous les jours. En tout cas, à deux ans et demi, la maternelle — à part pour certains enfants extrêmement délurés et déjà désireux d'être tout le temps en contact avec d'autres petits camarades —, c'est trop jeune.

Chacun différent pour le sommeil

Voici une contestation de ce que vous aviez dit en parlant du sommeil de l'enfant; vous aviez affirmé que l'enfant s'endormait n'importe où, dès qu'il en sentait le besoin et que, le mettre au lit dans sa chambre, l'« obliger » à aller dans sa chambre pour « dormir », c'était un petit peu le condamner au désert. Or, une mère nous dit : « J'ai un petit garçon de seize mois. Cet enfant refuse de s'endormir s'il n'est pas dans son propre lit, donc dans sa chambre, excepté les longs trajets en voiture. Mais, lorsqu'il est en compagnie, il veut absolument participer à l'animation générale, il se force à rester éveillé. » Cette dame pense donc que l'entourage des adultes est préjudiciable au sommeil de son fils; et le sommeil est un des aspects essentiels du développement d'un enfant à cet âge-là.

Elle a tout à fait raison. Nous généralisons beaucoup trop. Il y a des enfants qui s'endorment, dès la naissance, quand ils en ont besoin, à leur rythme, là où on les met. Celui-là, non. Cet enfant-là est probablement particulièrement axé sur la relation aux adultes. Aucun enfant n'est semblable à un autre. Et sa mère, depuis qu'il est petit, a dû lui faire prendre l'habitude de dormir dans son propre lit seulement. Eh bien! elle a raison, cette mère. Elle l'a déjà habitué à un certain rythme de vie. Pourquoi pas? Puisqu'elle a compris que, mis dans sa chambre, il s'endort, allons, qu'elle continue et qu'elle ne se pose aucune question. Moi, je suis très contente que des gens contestent ce que je dis. J'ai parlé un peu en général : je sais que, à la ferme, les enfants dorment dans la salle commune depuis qu'ils sont bébés, parce qu'il n'y a aucune autre pièce chauffée. Lorsque mes aînés étaient petits c'était la guerre, on ne pouvait chauffer qu'une pièce, celle où l'on se tenait. On n'est plus dans les mêmes conditions aujourd'hui. Et puis, il y a des enfants qui sont particulièrement excitables et d'autres qui sont plus placides, et qui savent dormir n'importe où quand ils en ont besoin. D'après ce qu'on nous dit, cet enfant dort en voiture, alors qu'il y en a qui, dès qu'ils sont en voiture, ne veulent pas dormir.

D'un autre côté, il faut le répéter, ce n'est pas nuisible non plus de laisser un enfant s'endormir dans une pièce où il y a aussi beaucoup d'autres personnes.

Le petit en question a été habitué à s'endormir dans son lit. Il est un peu maniaque de son lit ou de la voiture. Pourquoi pas? Il semble qu'il ait gardé des rythmes qui lui ont été donnés depuis qu'il était tout petit. Mais peut-être va-t-il aborder un tournant? Pour l'instant, il reste dans son lit, il est possible que, un de ces jours, il en sorte et revienne dans la pièce commune. Je crois que, là, il ne faudrait pas se fâcher ni s'étonner. Il faut aussi que cet enfant prenne ses initiatives personnelles auprès d'adultes qui, lorsqu'il ne les gêne pas, les lui laissent prendre. Quand un enfant a des « habitudes », il est moins adaptable au changement qu'un autre. Il ne trouve pas sa propre sécurité en lui-même, dans toutes les situations.

Voilà donc pour la réponse à cette lettre. Mais on pourrait peut-être élargir un peu la question et parler du sommeil chez l'enfant, de son importance, de la durée...

C'est très difficile à préciser. Personnellement, j'ai eu trois enfants, chacun différent pour le sommeil. Bien sûr, à partir d'une certaine heure, ils étaient dans leur chambre mais pas tous au lit. Je crois qu'il faut éviter que les enfants aillent au lit avant que le père soit rentré. En revanche, on peut les laisser en robe de chambre tant qu'ils n'ont pas envie d'aller au lit. S'ils sont très fatigués, bon, qu'ils dorment. Des enfants qu'on n'oblige jamais à aller au lit, y vont de leur plein gré dès qu'ils peuvent y grimper seuls. D'où l'intérêt de lits sans barreaux et pas trop hauts, avec une chaise auprès pour y mettre joujoux et livres d'images à regarder avant de dormir et au réveil.

Est-ce qu'il faut aller jusqu'à les réveiller à l'arrivée du père?

S'ils dorment vraiment, certainement pas. Mais le père peut leur dire : « Je viendrai toujours vous dire bonsoir quand je rentrerai. » Alors, si l'enfant est au lit, et s'il se réveille et vient accueillir son père, je crois qu'il est bon de le laisser venir, et rester un moment en robe de chambre dans la pièce où sont les adultes, parce qu'un enfant a tellement besoin de voir son père, n'est-ce pas? Le laisser venir, cinq, dix minutes... Cela peut se terminer par un petit peu de lait à boire avant de retourner au lit. Un enfant dort bien mieux quand il a eu un petit réveil heureux comme ça, et qu'il prend quelque chose avant d'aller se remettre au lit; une petite tartine de pain, un petit gâteau sec, boire un peu. Avec une lampe tamisée, avec ses joujoux autour de lui, il s'endort quand il a sommeil.

Cela dit, il faut aussi qu'il sache respecter la soirée de ses parents. Les grandes personnes ont besoin de repos et de vivre ensemble hors de la présence des enfants.

Une autre lettre vous demande si le fait de coucher dans la chambre de ses parents peut avoir des répercussions sur la « santé mentale » d'un enfant de cinq à six ans.

D'abord, la lettre ne dit pas si cette famille a de la place ou s'ils vivent dans une seule pièce. Il est effectivement préférable que l'enfant ne soit pas, la nuit, mêlé à l'intimité et au sommeil de ses parents. S'il est impossible de faire autrement, il faut surtout qu'il n'aille pas dans le lit de ses parents, mais qu'on ne le gronde pas d'en avoir le désir; il faut lui en parler et lui dire que, lorsque, par exemple, son papa était petit — si c'est un garçon —, il avait son propre lit; et si c'est une fille, qu'il faut qu'elle accepte d'être une petite fille et ne joue pas au papa ou à la maman avec l'autre, comme si elle était adulte.

D'autres questions reviennent très souvent. Une petite fille — qui a maintenant dix ans et demi — partageait sa chambre avec son frère, qui en a six. Et puis, un jour, ses parents lui ont arrangé sa chambre à elle. Et voilà que, maintenant, elle veut revenir avec son frère, parce qu'elle est angoissée, toute seule, dans sa chambre. Quoi faire?

D'abord, les parents semblent avoir aménagé cette chambre séparée, sans que l'enfant l'ait demandé. Je crois qu'il serait beaucoup plus sage que les enfants couchent encore ensemble, jusqu'à la nubilité de la fille. Pour le garçon, cela n'a encore aucune importance...

La nubilité, ça veut dire...?

La nubilité, ça veut dire les règles : donc le moment où elle devient jeune fille. A ce moment-là (peut-être même avant), elle sera très contente d'avoir sa chambre, et le garçon aussi. Mais, pour l'instant, pourquoi est-ce que la mère ne fait pas, de l'autre chambre, un endroit de jeux? On travaille dans la chambre où l'on couche et l'on s'amuse dans l'autre chambre. Ce serait plus sage : il ne faut pas, pour l'instant, séparer les enfants, qui ne sont que deux dans cette famille. S'il y avait plusieurs filles et un seul garçon, il y aurait une chambre de garçon *et* la chambre des filles.

Par ailleurs il y a beaucoup de lettres qui évoquent le problème des angoisses nocturnes. Cela me semble toujours lié à un problème particulier de l'enfant; tout à l'heure la petite avait dix ans et demi : pour vous, c'est clair, elle avait des angoisses à cause du changement d'ambiance.

Sûrement, et surtout parce qu'elle n'avait pas encore désiré ce changement...

Y a-t-il d'autres explications possibles pour les angoisses nocturnes?

Évidemment. Les cauchemars, c'est un fait banal autour de sept ans, ils sont même nécessaires. Je pense que, dans ce cas, il s'agit tout de même d'une fillette qui s'est un peu trop « tassée » sur l'âge de son frère; tandis que le frère, lui, a dû se « pousser du col », pour être de l'âge de sa sœur. Je crois qu'avant même qu'ils ne soient séparés, il faudrait que ces deux enfants aient des amis différents, au lieu d'être faussement jumelés, comme ils l'ont été depuis leur petite enfance. On ne peut pas hâter la séparation quand la cohabitation a été longtemps le mode de vie. Cela se fait lentement, par une modification de la psychologie de l'enfant, modification qui vient en grande partie de ses amis : l'enfant a toujours besoin d'avoir un ami, avec lequel il s'entend bien — ce que, dans notre jargon, nous appelons « le moi auxiliaire ». Les enfants ont besoin de compagnie. Dans notre cas, ils sont certainement bien plus heureux à dormir dans la même chambre. Jusqu'à présent, chacun se trouve être le moi auxiliaire privilégié de l'autre. Ce n'est pas en les séparant brusquement la nuit qu'on les aide. C'est en leur apprenant à vivre séparés le jour, — à l'occasion de week-ends et de vacances : qu'ils se fassent chacun des amis et compagnons de jeux différents.

Quand il s'agit de deux garçons, par exemple, jusqu'à quel âge deux frères peuvent-ils partager la même chambre?

Toute leur enfance, toute leur jeunesse, même leur adolescence. On peut, par exemple, s'arranger pour qu'il y ait une petite séparation dans la pièce, afin que, à l'endroit où ils ont à travailler, la lumière de l'un ne gêne pas l'autre, qui a, lui, un autre rythme d'activité et de sommeil. Je ne crois pas du tout que ce soit mauvais que les enfants de même sexe couchent ensemble. Ce peut être difficile à partir de la puberté. Ce qui importe, c'est d'isoler les enfants pour le sommeil. Les lits superposés, je ne trouve pas ça excellent, bien que cela amuse beaucoup les enfants quand ils sont petits. Dans les lits superposés, durant le sommeil, tous les mouvements de l'un se transmettent à l'autre, à moins que ces lits ne soient bien calés au mur. Dans le sommeil, nous faisons tous une régression, les enfants qui dorment dans ce genre de lits qui communiquent sont comme en dépendance l'un de l'autre, une dépendance qui leur est imposée par le conditionnement du mobilier. Des lits gigognes séparables sont préférables quand on a peu de place; d'autant que pour faire les lits c'est plus commode, et plus commode aussi quand l'un des enfants est malade et qu'il doit garder le lit.

Il est mauvais de coucher les enfants, même du même sexe, jumeaux ou d'âge différent, dans le même lit. Ce qui avait moins d'inconvénient à la campagne (et encore) en a dans les villes, où la promiscuité est continue (ou presque) de jour. Que chacun ait son espace la nuit, sans toujours se heurter au corps de l'autre. Dormir dans la même chambre, ce n'est pas du tout la même chose et ce n'est pas nuisible, à moins que l'aîné soit déjà un adulte quand l'autre est encore un enfant.

Aimer « bien », aimer « avec désir »

(Réveils nocturnes)

Revenons au réveil nocturne : à ces enfants qui se réveillent au milieu de la nuit et qui commencent à pleurer.

De quel âge?

Une petite fille de trois ans, qui est, dit sa mère, d'ailleurs très équilibrée. Nonobstant, depuis trois mois, elle se réveille toutes les nuits. Alors, la mère s'est livrée à une petite enquête personnelle auprès d'amies à elle, qui ont également des enfants très jeunes qui se réveillent souvent trois ou quatre fois par nuit : « Je suis allée voir mon pédiatre, pour lui dire que j'étais contre le fait de me trouver ainsi réveillée, parce que je n'allais pas tenir longtemps à ce rythme-là. Je lui ai demandé des calmants pour l'enfant mais il me les a refusés. Moi, je suis pourtant pour les calmants et pour le retour aux couches, la nuit. »

Pourquoi le retour aux couches? Où est le rapport?

J'avoue que ça vient un peu comme des cheveux sur la soupe...

Il s'agit d'une grande petite fille, trois ans déjà; ce n'est pas comme les réveils nocturnes des enfants tout petits... et c'est venu depuis trois mois seulement... Or, trois ans, c'est l'âge où l'enfant s'intéresse à la différence des sexes. C'est l'âge où la petite fille est prise d'un amour incendiaire pour son papa. Cette mère ne parle pas de son mari, mais sans doute doit-elle être au lit avec son mari. Je crois que la fillette voudrait avoir un compagnon ou une compagne de sommeil, comme sa maman.

D'ailleurs, cette mère dit que, lorsque la petite fille se réveille, c'est pour crier « Maman! Maman! » ou « De l'eau! » ou « Papa! » et, si rien ne se passe, après c'est le drame, les cris.

Ça aiderait certainement la petite fille si, de temps en temps, c'était le père qui venait la calmer, en lui disant : « Chut! Maman dort. Il faut que tout le monde dorme. Dors. » Il y a aussi de petits aménagements de la chambre à coucher de l'enfant, que la mère pourrait faire. Que l'enfant ait toujours près d'elle un verre d'eau, sur la table de nuit. Beaucoup de « pipis au lit » (je dis cela à cause des couches dont elle parle) disparaissent quand l'enfant a de l'eau près de lui. Chose tout à fait paradoxale pour les parents! Cela vient de ce que l'enfant, un peu inquiet ou angoissé, a besoin d'eau. Or, la manière immédiate de « faire » de l'eau, c'est de pisser au lit; la deuxième, c'est de boire. Eh bien, si l'enfant qui a l'habitude de faire pipi au lit a un verre d'eau près de lui, il la boira. C'est peut-être une enfant qui a des craintes nocturnes; à trois ans, c'est normal. Ça arrive à nouveau à sept ans, plutôt sous forme de cauchemars. A trois ans, c'est le réveil : rechercher sa maman, redevenir petit et être de nouveau près d'elle, parce que c'est l'âge où on grandit, en acquérant la conscience d'être fille ou garçon. On peut jouer à colin-maillard dans la journée avec l'enfant, faire le noir dans la pièce. On met un bandeau sur les yeux et on fait semblant d'être dans la nuit; on se lève, on fait quelque chose, on allume la lumière, on éteint, etc. Mais on se garde bien d'aller réveiller le père ou la mère. Je crois qu'après certaines explications, à travers le jeu, l'enfant comprendra très bien qu'il faut laisser ses parents tranquilles; lorsqu'elle sera grande, elle aura un mari, mais en ce moment elle est petite, même si elle n'est plus un bébé.

Je pense que c'est une petite qui ne prend pas encore assez

d'autonomie par rapport à sa mère. Par exemple, choisir ce qu'elle va mettre dans la journée, comment elle va être coiffée, faire des tas de petites choses pour elle-même. C'est l'âge où la coquetterie commence. Les mamans peuvent aider beaucoup les enfants à ne plus avoir ces retours nocturnes au « nid », en les rendant indépendants pendant la journée. Bon! Que vous dire encore? Je ne comprends pas du tout l'histoire des couches. Si c'en est arrivé là, c'est que l'enfant fait encore pipi au lit?

Apparemment oui.

En fait, est-ce que l'enfant s'inquiète d'avoir besoin de faire pipi la nuit?

Je crois que la maman parle des couches la nuit, pour retirer à l'enfant un prétexte de réveil...

Justement, cette enfant parle de pipi, parce qu'elle croit que la différence sexuelle est une différence de pipi. Je crois qu'il faut absolument que la mère lui explique que les garçons et les filles ont des sexes différents, qu'elle prononce le mot « sexe », que ce n'est pas une question de pipi; elle est une jolie petite fille et elle deviendra une jeune fille, et après, une femme, comme sa mère. Mais c'est peut-être aussi que cette enfant de trois ans est encore enfermée dans un lit à barreaux et qu'elle ne peut en sortir seule pour faire pipi. Le père n'a qu'à retirer les barreaux ou encore changer ce lit.

Un mot aussi sur les *calmants*.

Le médecin a absolument raison : les calmants, ça n'arrange que la mère. Mais ce qui arrangerait aussi la mère, sans nuire à l'enfant, c'est que sa fille aille parfois dormir ailleurs, par exemple chez une petite amie. Si l'enfant allait dormir chez une cousine, ou une amie, en huit jours ce serait fini. C'est que cette enfant est toute seule et qu'elle est, je crois, à trois ans jalouse de ces deux qui sont ensemble dans le lit.

En tout cas, il ne s'agit ni de gronder ni de calmer, mais de comprendre ce qui se passe en elle à l'occasion de la mutation de trois ans : soit de par la croissance de son corps à l'étroit dans un lit qui l'infantilise et auquel elle se cogne, soit de par le développement de son intelligence qui lui fait observer les « pipis » c'est-à-dire la différence sexuelle, pour laquelle elle n'a pas eu de paroles rassurantes d'information de la part de sa mère. Droguer un enfant qui ne dort pas, n'est pas une solution. Mieux vaut comprendre qu'elle grandit en taille et en connaissance, agir pour résoudre l'une des questions, et parler avec elle pour l'autre.

Encore deux lettres. L'une vient d'une grand-mère, l'autre d'une mère. Il s'agit là d'enfants un peu plus âgés, qui posent des problèmes un peu plus spécifiques. Voici donc la lettre de la grand-mère, qui s'inquiète pour son petit-fils qui a onze ans. Ce petit garçon fait toujours pipi au lit, depuis très longtemps, malgré des visites répétées chez le docteur : « Le voyant grandir avec ce grand handicap, que nous conseillez-vous? Que doit-on encore faire? »

Je dirai ceci à la grand-mère : c'est gentil qu'elle questionne. Cet enfant est déjà grand; il aurait à prendre en charge, lui-même, son développement sexuel. Parce qu'il faut dire la vérité : le problème de faire pipi au lit est toujours, chez le garçon, un problème mêlé au problème de sa sexualité. Je ne sais pas si cette famille, le père surtout, s'inquiète pour son enfant. On ne parle pas du père. On parle d'un grand frère, je crois.

Mais c'est la grand-mère qui écrit.

Il faut que cette grand-mère donne le plus qu'elle peut d'affection intelligente à ce garçon, sans être elle-même fixée sur son pipi ou non-pipi. Quant à lui, l'enfant, il pourrait, s'il en est ennuyé, consulter quelqu'un de spécialisé. Il y en a sûrement dans la région où vit cette femme. C'est ce qu'on appelle les CMPP (consultations médico-psycho-pédagogiques). Des endroits où il y a des psychothérapeutes. La Sécurité sociale rembourse les cures psychothérapiques. Ce garçon, s'il est lui-même inquiet, peut aller parler à quelqu'un, à l'âge qu'il a, bien avant la puberté. Mais il faut aussi qu'on ne le culpabilise pas pour une maîtrise sphinctérienne impossible, signe d'une immaturité psychologique dont la famille et la grand-mère sont peut-être complices.

L'autre lettre concerne un adolescent de quatorze ans. Ce garçon a, dit-on, une angoisse nocturne, une peur maladive de l'obscurité, depuis l'âge de sept ans. Il s'endort et, quelquefois, lorsqu'il se réveille au milieu de la nuit, il a peur.

C'est donc à sept ans qu'il a commencé. Je dois dire que les enfants qui n'ont pas de cauchemars autour de sept ans ne sont pas des enfants normaux; en fait, à sept ans, tout enfant a des cauchemars deux ou trois fois par semaine, au moins. Pourquoi? Parce que c'est l'âge où ils doivent faire la différence entre *aimer bien* et *aimer avec désir*. Le père et la mère ont l'un pour l'autre qu'ils s'aiment bien aux yeux de l'enfant, mais ils ont en plus le désir et l'intimité de leur chambre à eux à préserver. Cet enfant, dans le noir, est habité d'angoisse... Maintenant depuis sept ans qu'il traîne ces angoisses, il a quatorze ans et il est grand temps qu'il aille parler à un psychothérapeute, de préférence un homme, pour qu'il puisse exprimer librement ses cauchemars et en comprendre le sens. A sept ans — on peut le dire à tout le monde — l'enfant a des cauchemars à propos de la mort de ses parents, ce qui est excellent, normal, et inévitable. Il faut que son enfance meure en lui : ce qui veut dire « mourir à la maman de lait » et au « papa des dents de lait ». C'est probablement quelque chose qui ne s'est pas accompli pour ce garçon à cet âge-là. Maintenant il est trop tard pour répondre comme ça, par les ondes. Cet enfant a besoin de parler à un psychothérapeute.

Crier pour se faire entendre

Voici une lettre envoyée par une enseignante : son enfant, de trois ans et demi, a quelques petites difficultés pour l'instant. La mère dresse d'abord un tableau de la famille : son mari travaille, rentre souvent tard, mais trouve quand même, le soir ou pendant le week-end, le temps de jouer avec les enfants, de parler avec eux (parce qu'il y a aussi un petit frère, qui aura bientôt un an, et qui est très bien accepté par l'enfant de trois ans et demi). L'enfant en question va depuis l'âge de deux ans et demi à l'école et s'y comporte bien; au départ, il y a eu quelques accrocs : à l'école, il était le « petit »; la maîtresse le considérait un peu comme trop bébé, ce qui le vexait; puis, les choses se sont arrangées. « Pendant ce temps, les gardes d'enfants se sont succédé à la maison : trois, durant l'année scolaire. Cette année — et c'est là où est le problème — une nouvelle dame s'occupe de mes deux enfants et semble un peu débordée par les événements... »

Quel âge a-t-elle, cette dame?

Elle a cinquante-deux ans et a elle-même une fille de dix-huit ans. Elle se plaint de ce que le petit garçon lui désobéisse, soit grossier avec elle et même lui donne des coups de pied. La mère a interrogé l'enfant, qui a parfaitement avoué son comportement; malgré cela, la gardienne a toujours beaucoup de mal à se faire obéir. Il y a, dit-elle, un nouveau conflit chaque jour. Maintenant, le soir, le petit garçon se montre de plus en plus nerveux et irritable. Il se met à hurler sans raison apparente, même pour des détails de la vie-de famille.

En fait, il est à bout de nerfs.

C'est cela. Lorsque sa mère lui demande, ne serait-ce que d'aller se laver les mains avant de venir à table, il refuse. Lorsque sa mère veut continuer à parler, l'enfant hurle : « Arrête, arrête, arrête... » Elle écrit : *« Ces cris couvrent toute tentative d'explication. »* Pour que ce tableau soit complet, encore un mot sur cet enfant : il est sensible, affectueux, câlin, joue souvent avec son petit frère et l'aime visiblement bien. La lettre se termine un petit peu en autocritique : *« Il me semble que, souvent, nous demandons trop à ce petit garçon. Nous lui demandons beaucoup de sagesse, de politesse, des petits services. Nous voudrions trouver le juste équilibre entre notre désir d'avoir un enfant heureux et équilibré, et nos propres problèmes d'énervement; nous ne nous fâchons pas au bon moment, nous ne sommes pas à la hauteur de nos principes. »* Elle vous demande quelques conseils quant à l'attitude à adopter pour que ce petit garçon ne se ferme pas et qu'il soit moins agressif.

On dirait qu'il y a un phénomène de rejet de la gardienne actuelle. Évidemment, c'est difficile de trouver quelqu'un qui sache garder un petit garçon, surtout une femme qui semble, d'après ce que dit la maman, ne pas avoir élevé de garçon. Or, un garçon, c'est très différent d'une fille. S'il n'est pas un peu violent quand il est petit – enfin, entre deux ans et demi et trois ans et demi – ce n'est pas bon signe, le garçon a besoin de dire « non » à ce que dit une femme, la maman ou la gardienne. Que la mère ne se fâche pas, parce que, généralement, quand un enfant dit « non », cela veut dire qu'il agira dans le sens du « oui », deux ou trois minutes après. Il faut qu'il dise « non » à l'identification à une femme, pour que ce soit « oui » quant à son devenir de garçon. C'est un fait assez important à comprendre. La lettre ne dit pas ce que fait le père, s'il s'occupe de son aîné, en l'emmenant promener, par exemple..., en le dégageant de ce monde de femmes et de bébé.

Au début de la lettre, on nous dit qu'il rentre tard le soir, mais qu'il trouve tout de même souvent un moment pour l'enfant, au moins le week-end...

Mais elle dit qu'il s'occupe *des* enfants, et non pas de cet aîné en particulier, qui est très différent, quant à l'âge, de son petit frère. On dirait qu'il est un peu trop jumelé à ce petit frère. Or, il veut devenir grand, puisqu'il a été « promotionné » trop tôt, cet enfant, en allant à l'école, à deux ans et demi. Il a certainement besoin de jouer en dehors de l'école avec des enfants de son âge. Un bébé ne peut être un compagnon suffisant.

Il a l'air sensible et intelligent. Il semble qu'il ait été vexé d'être traité de « petit ». Or, il était effectivement très petit, quand il a commencé à aller à l'école. Je pense que cette mère pourrait déjà aider son enfant à se calmer, en ne l'envoyant pas se laver les mains tout seul, par exemple. Ce n'est pas très difficile à dire : « *On* va se laver les mains », c'est-à-dire que la mère va avec lui l'accompagner et l'aider, au moins l'assister. Qu'elle ait avec lui quelque chose d'un peu intime, à propos de ce qu'elle lui demande. Je crois qu'il en sera content. Il y a autre chose qui calme énormément les enfants nerveux, c'est de jouer avec de l'eau. Les mères ne le savent pas assez. Il y a toujours un évier, une cuvette ou un bidet où l'enfant peut s'amuser à l'eau le soir, en rentrant de l'école ou quand il est énervé. Lui dire : « Tiens, ton père t'a apporté un petit bateau. » Dans une salle d'eau, l'enfant s'amuse beaucoup et se calme. On lui montre comment pallier avec une serpillière les inondations involontaires.

Cela me semble être un petit peu une recette de grand-mère... Y a-t-il une explication plus scientifique?

Dans les appartements, les enfants n'ont plus grand-chose à faire avec les éléments naturels. La vie, c'est l'eau, la terre, les arbres, les feuilles, taper sur les cailloux, tout cela... Les petits enfants ont besoin d'être agressifs d'une façon indifférenciée. Ici, vraiment, on dirait que la gardienne sert à la fois de cailloux, d'arbre, de mur, de tout; et naturellement, cette femme est, comme dit la mère, débordée par la situation. Est-ce que la mère pourrait envoyer l'enfant chez un ami qu'il aime bien? Je crois que cet enfant n'est pas élevé comme un « grand »; c'est contre cela qu'il se défend. En même temps, les parents voudraient qu'il soit un « grand » mais seulement par le côté policé. Quand elle parle des exigences que ses parents ont à son égard, on dirait qu'il a cinq ou six ans; il y a des choses vraiment contradictoires dans cette lettre, concernant l'enfant. C'est difficile. Mais il ne faut surtout pas que l'enfant se sente coupable. La mère dit : « Il avoue. » Or, avouer qu'il a donné des coups de pied, qu'est-ce que ça veut dire? Ses pieds sont pleins d'énervement, et il tape. Sa bouche pleine de cris et de souffrance, et il dit des sottises à la gardienne. Je crois qu'il n'est pas assez occupé, comme un garçon de son âge, et qu'il n'a pas assez d'exutoires à son besoin de mouvements. Il n'y a pas de place dans cette famille pour la joie de vivre.

Reprenons cette lettre... car si vous avez déjà apporté beaucoup d'éléments de réponse, je voudrais poser un problème plus général; ce que dit cette enseignante concerne énormément de familles. Je vous rappelle ceci : « Il me semble que, souvent, nous demandons trop à cet enfant. » On lui demande d'être sage et poli, on lui demande des petits services; et puis, on veut aussi qu'il soit équilibré. N'est-ce pas être trop exigeant de demander à un petit enfant tant de choses?

Certainement et, surtout, ce qu'on lui demande, c'est d'être conforme au désir de ses parents. Les parents, eux, aiment-ils rendre des services à cet enfant? Est-ce qu'ils sont toujours polis avec lui? Est-ce qu'ils aiment et savent jouer avec lui? Par exemple, avec des images à classer, avec un jeu de cartes — le jeu de la bataille est tellement facile —, ou bien avec des cartes postales? Quand on demande à un enfant d'être sage, il ne comprend pas du tout ce que cela veut dire, sinon rester immobile ou rendre des services; cela veut dire qu'il ne doit pas avoir d'initiatives à lui, n'est-ce pas? Je crois que cet enfant « essuie les plâtres », comme tous les aînés, et que sa mère a peut-être tort de se faire tant de reproches. Peut-être a-t-elle raison de se demander comment faire avec cet enfant, parce qu'il me semble qu'il commence à être à bout de nerfs. J'avais parlé de jeux avec l'eau. Mais il y a d'autres jeux : des jeux d'encastrement, des jeux de cache-cache, des jeux où il peut courir, rire. Un enfant a besoin de gaieté. L'enfant est sage quand il est gai, quand il est occupé et qu'il peut parler de ce qui l'intéresse, jouer à des petits jeux avec ses ours, etc. Que la maman lui dise : « A quoi veux-tu qu'on joue aujourd'hui? », au lieu de jouer à lui demander de rendre service. Que, de temps en temps, elle aussi lui rende service. Par exemple, il y a des enfants auxquels, à trois ans et demi, on demande de ranger leurs affaires. C'est trop tôt. Il faut les aider : « Tiens! tu m'aides? Nous allons ranger ensemble. » En coopération.

La mère dit également : « Nous voudrions avoir un enfant heureux et équilibré. » Est-ce que l'image du bonheur et de l'équilibre d'un adulte peut correspondre au monde d'un petit enfant?

C'est bien difficile. Il s'agit d'une mère qui est dans l'enseignement. Il faut croire qu'elle est un peu perfectionniste et « intellectualisante », sans s'en rendre compte, parce qu'elle a l'habitude de s'occuper d'enfants qui ont *par ailleurs* « leur » maman pour jouer, pour rire, pour s'amuser. Peut-être que c'est ça.

Séparation, angoisses

J'ai là la lettre d'un père — ce qui est assez rare dans notre courrier — qui pose le problème des enfants d'un couple séparé ou se trouvant, disons, en situation illégale (concubinage). Il vous demande si ce type de situations — l'adultère, ou la paternité illégale — est névrosant pour les enfants. Est-ce qu'automatiquement, mis devant une telle situation, un enfant souffrira ? « Est-ce que, finalement, tout n'est pas dans la manière que les enfants ont de se représenter les problèmes dans leur tête, à leur niveau, à leur échelle ? En expliquant simplement une situation, ne pourrait-on pas éviter que l'enfant soit lésé ? »

Léser ? Souffrir ? Chaque être humain a ses difficultés particulières. Je crois que l'important, c'est que les parents assument leur situation, qu'elle soit légale ou illégale ; que les parents puissent dire à un enfant de qui il est issu, et que sa vie a un sens pour la mère qui l'a mis au monde et pour le père qui l'a conçu... Les enfants ont parfois beaucoup de papas, mais ils n'ont qu'un seul père ; ils ont une mère qui les a portés dans son sein, et il faut le leur dire, car ils ont parfois beaucoup de mamans aussi, depuis la gardienne jusqu'à la grand-mère. Maman et papa, cela ne veut pas du tout dire pour un enfant père ou mère *de naissance*. Je crois que les enfants très jeunes ont besoin de savoir, d'abord, qui est leur mère et qui est leur père ; de même si tel homme, compagnon choisi par leur mère, leur « papa » actuel, est ou n'est pas leur père. Maintenant, toutes ces situations illégales, de concubinage, pourquoi pas? Si les parents l'assument, ils expliqueront à l'enfant le sens qu'a leur vie, qu'a eu sa conception pour eux, et sa vie; si maintenant, ses parents vivent séparés, chacun d'eux l'aime et ils se sentent tous deux responsables de lui jusqu'au moment où, lui, sera capable d'être responsable de lui-même. Je crois qu'un enfant a besoin de savoir que tel enfant est son demi-frère de père, telle autre sa demi-sœur de mère, etc. Le nom de famille qu'il porte doit lui être expliqué comme le référant à la loi qui régit l'état civil pour tous; ce n'est pas toujours conforme aux sentiments de filiation ou à la conception.

Ils ont besoin de le savoir très jeunes ou...

Jeunes, en ce sens que ce ne doit jamais être caché. Un jour, la réponse sera plus explicite, parce que l'enfant posera directement la question, soit de lui-même, soit à la suite d'une réflexion entendue. Mais l'important, c'est que les parents n'aient jamais le désir de la lui cacher. « Tiens, pourquoi telle personne a dit que ce n'est pas mon papa, quand c'est mon papa? » Alors, tout de suite, la mère ou le père qui ont entendu cette question doivent répondre la vérité. Quand les parents sont au clair avec leur situation, il ne faut pas feindre de n'avoir pas entendu; aussitôt que l'enfant pose la question, il faut lui répondre par le vrai. Il en va de sa confiance en lui et en ses parents. Qu'il comprenne ou pas, c'est une autre affaire. Un jour, il posera la question de façon plus précise. « Un tel m'a dit que tu n'es pas mariée avec papa », ou « que tu n'es pas marié avec maman. » — « C'est tout à fait vrai. J'attendais que tu sois assez grand pour comprendre ces choses-là. Je suis ton père de naissance bien que tu portes le nom de jeune fille de ta mère », ou bien « Je ne suis pas ton père de naissance, mais je te considère comme mon enfant. Je vis avec ta mère parce que nous nous aimons et qu'elle est séparée de ton père », ou « Tu es né d'un homme qu'elle a aimé mais ils ne se sont pas mariés », etc. La vérité toute simple telle qu'elle est.

Il y a également dans la lettre de ce monsieur une partie de témoignage : « *Je me suis séparé de ma femme et nous avons mis au point un système, tant bien que mal, à savoir que nos deux enfants — actuellement sept ans et trois ans et demi — devaient vivre autant avec l'un qu'avec l'autre des deux parents, passant pratiquement autant de jours et ayant autant de repas avec l'un qu'avec l'autre, selon des rythmes variables, à quoi il faut ajouter aussi deux séjours annuels de huit jours où nous sommes ensemble avec eux, chez les grands-parents. Tout le monde m'a dit, y compris les psychologues, que ce système était mauvais, que les enfants devaient être pris en charge par un seul des membres de l'ancien couple, ne revoir l'autre qu'occasionnellement.* » *Et il ajoute :* « *Contre vents et marées, j'ai pensé que ces gens étaient tout simplement* fous, *qu'ils ne savaient pas ce que cela pouvait être que l'amour d'un homme ou d'une femme pour leurs enfants.* » *Il passe ensuite aux résultats :* « *Après trois années, les enfants n'ont pas l'air plus anormaux que les autres, ils marchent plutôt bien en classe. Mes relations avec eux se sont beaucoup améliorées, se sont vidées de toute agressivité, alors qu'à une époque il y en avait. Je remarque aussi que le bégaiement de mon fils a disparu depuis.* »

C'est un témoignage très intéressant.

Ça vous étonne beaucoup ?

Non ; généralement, les parents ne s'entendent pas, tandis que là il semble que les parents, quoique séparés, s'entendent bien entre eux. Ils s'entendent d'ailleurs tellement bien qu'ils vont ensemble huit jours avec les enfants. C'est très rare que des parents séparés puissent passer ensemble huit jours avec les enfants. La lettre ne dit pas si ces enfants sont des garçons, ou garçon et fille, ni si chacun des parents s'est remarié. Le problème est beaucoup plus complexe quand l'un des conjoints s'est remarié, qu'il a un bébé et que l'autre, de son côté aussi, a d'autres enfants. Je crois qu'il n'y a pas de solution toute faite; la véritable solution, c'est que les parents, responsables de la vie d'un enfant, continuent à s'entendre, pour que cet enfant, lui, vive des moments entre ses deux parents, si c'est possible, et qu'il puisse être au clair avec sa situation; qu'il sache que ses parents, bien que divorcés, se sentent tous les deux responsables de lui. Ce monsieur a réussi quelque chose dont je le félicite. On pourrait dire que les enfants, qui vont soit chez l'un soit chez l'autre des parents, ne savent finalement plus où est leur « chez eux ». Ici, celui de sept ans, par exemple, est encore chez son père, ou chez sa mère; il n'a pas pour l'instant tellement de devoirs à faire. Et puis, il est vrai qu'un enfant travaille mieux, fait mieux ses devoirs, quand il a son coin à lui dans un même lieu et qu'il voit son père autant qu'il en a envie, sa mère autant que c'est possible. Mais si cela peut s'arranger de cette façon-là, pourquoi pas? L'important, c'est en effet, qu'il sente que les deux parents sont d'accord, pour qu'il vive au mieux des rythmes de sa propre vie, étant donné son âge, sa fréquentation scolaire, ses camarades; qu'il n'y ait pas de cachotteries, de choses à dire à l'un et pas à l'autre. C'est malheureusement rare, à cause de la susceptibilité et de la rivalité des parents séparés, attachés chacun au temps qu'ils « possèdent » leurs enfants; à cause aussi du mode différent de vie du père et de la mère divorcés.

Des questions indirectes

(Paternité, naissance, sexualité)

Voici une lettre qui vient de Suisse, d'une femme qui a adopté une petite fille. La petite vivait auparavant dans un milieu de langue allemande. La mère en question est francophone. Elle s'inquiète de savoir si l'arrivée dans un milieu francophone n'a pas choqué cette enfant. Je précise qu'elle a adopté la petite fille à l'âge de deux mois, que celle-ci en a maintenant cinq ou six. Elle a écouté attentivement ce que vous avez dit concernant le langage de l'enfant. Vous avez comparé, je crois, la mémoire de l'enfant à une sorte de bande magnétique qui enregistre tout.

C'est vrai.

Voici donc la question précise de cette mère : « *Est-ce que ce que cette enfant a vécu* in utero *et pendant les deux premiers mois de sa vie peut resurgir un jour ? Comment lui dire, et surtout quand lui dire, qu'elle a été adoptée ?* »

On ne dit pas l'âge qu'a l'enfant maintenant?

Six mois.

Alors, il y a ici plusieurs questions. D'abord : à quel âge dire à un enfant qu'il est adopté? Je crois que c'est une mauvaise question, en ce sens que cela ne doit jamais être caché. Quand la mère parle avec des amis, ses amis savent que c'est une enfant adoptée, et son père, bien sûr, le sait aussi — parce qu'il y a, je suppose, un père adoptif. Je crois que l'important, c'est que, souvent, la mère dise à la cantonade ou à ses amis : « Quelle joie pour nous d'avoir cette petite, nous qui ne pouvions pas avoir d'enfant », ou encore, « moi qui ne pouvais pas porter d'enfant ». Cela s'appelle « porter l'enfant », n'est-ce pas ? La petite entendra toujours. Et quand elle dira, comme tout enfant : « Où j'étais, moi, avant d'être née ? » — question que posent tous les enfants vers trois ans —, à ce moment-là, ce sera très simple de lui dire : « Mais, tu sais bien. Je dis toujours que, moi, je ne t'ai pas portée. Tu as eu une maman qui t'a conçue avec un monsieur qu'elle aimait, tu as poussé dans son ventre et elle t'a mise au monde. C'est ta mère de naissance. Elle t'a faite très belle, mais elle ne pouvait pas te garder. Comme elle ne pouvait pas te garder, elle a cherché un papa et une maman qui pourraient t'élever, et c'est nous qui avons été choisis », ou : « C'est nous qui cherchions un bébé qui ne pouvait pas être gardé par son papa et sa maman de naissance. » Voilà les mots qu'il faut toujours dire : « Papa et maman de naissance... » « Nous voulions adopter une fille, on nous a dit que tu étais sans tes parents et c'est comme ça que nous sommes allés te chercher. » Elle dira : « Mais où ? » On lui dira, à ce moment-là, à tel endroit, telle ville. Cette question, elle la reposera plusieurs fois dans sa vie. Chaque fois, cette vérité sera progressivement dite avec des mots qui deviennent de plus en plus conscients pour l'enfant ; lui dire toujours que « sa maman de naissance » l'a beaucoup aimée. Il faut toujours dire ça à un enfant, et surtout à une fille, car cela a des conséquences assez graves quand la fille grandit avec une mère qu'elle pressent, si elle ne le sait, stérile. Ces filles se développent avec un avenir (inconscient) de stérilité. Donc, la réponse vient toute seule : il ne faut jamais cacher la vérité. « Alors je ne suis pas comme les autres ? pourra dire un enfant. — Tu es comme nous. Nous sommes tes parents adoptifs, tu es notre enfant adoptif. Cela veut dire choisi. »

Le souci de cette mère, c'est que, « lorsque l'enfant est arrivée d'une province allemande, tous les voisins ont été au courant. Les enfants qui vont être bientôt les petits camarades de jeux... ».

Tout le monde le sait.

Tout le monde le sait et elle veut être la première à le lui dire. Donc, selon vous, on peut le lui dire très tôt.

Très tôt. Elle entendra sans doute dire « adopté » ou « adoptif ». Adoptif ? Adopté ? Elle demandera ce que veut dire ce mot, mais les parents peuvent prévenir cette « révélation » en le lui disant à l'occasion de la grossesse d'une femme de leur connaissance, d'un bébé qui naît. On le lui expliquera. Une autre chose par laquelle on peut faire comprendre à l'enfant ce qu'est l'adoption, c'est l'histoire des oiseaux : l'œuf et la poule. Une poule pond des œufs qui sont couvés par une autre poule. Qui est la vraie maman ? Il y a beaucoup de vraies mamans. Il y a la maman de naissance et il y a la maman d'éducation.

L'autre question, maintenant, sur la langue allemande. Bien sûr que cette enfant, ayant été portée en langue allemande et ayant vécu jusqu'à deux mois en cette langue, a entendu des phonèmes allemands ; ce qui demeure en son inconscient profond. Cela n'a aucune importance. Ce n'est pas nocif. La seule chose qui pourrait arriver, c'est qu'elle ait des affinités pour la langue allemande, plus tard. On dira alors : « Ce n'est pas étonnant, puisque ta maman de naissance, et peut-être aussi ton père de naissance, étaient suisses allemands. Dans le ventre de ta mère et encore deux mois après ta naissance, tu as entendu parler l'allemand. »

Prenons maintenant une lettre qui revient au même problème, des interrogations sur l'origine, par un détour. Elle pose une double question. La première : « J'ai un petit bébé, une petite fille de deux mois, qui crie régulièrement en fin d'après-midi. » Elle demande si les bébés ont besoin de pleurer ou de crier à certains moments, un petit peu comme les grandes personnes ont besoin de parler.

Je ne crois pas que les bébés aient besoin de crier, en tout cas de crier de désespoir. Les mères, elles, réalisent très bien de quel genre de cris il s'agit. Il y a des cris qui s'éteignent très rapidement, qui sont comme un petit rêve; mais si un enfant crie toujours à la même heure, c'est qu'il a dû se passer quelque chose, à cette heure-là, dans sa vie. On ne sait plus quoi, on l'a oublié. Il faut rassurer l'enfant, le prendre dans ses bras, le bercer... Le bercement, je l'ai déjà dit, rappelle la marche de la mère, la sécurité dont il jouissait, quand il était dans son ventre.

Une question, là, que je vous pose pour ma part. Est-ce qu'un bébé (même de deux mois) a des « états d'âme »?

Certainement. Un bébé a des états d'âme. Chaque enfant est différent; chaque personne est différente, et cela depuis sa naissance. Il est possible que ce soit la chute du jour qui angoisse cette enfant; on peut allumer la lumière, lui expliquer; je pense que sa mère, en la portant à ce moment-là avec un porte-bébé ou dans une écharpe serrée contre elle, si elle a des choses à faire, pourrait la rassurer, en lui parlant. Ce n'est pas bon pour un bébé de crier tout seul, contrairement à ce qu'on entend dire des soi-disant bonnes habitudes à donner. Et puis il y a parfois des enfants qui ont faim plus à un repas qu'à un autre. Il faut chercher la raison, les aider.

La lettre ajoute : « Voilà. Lorsque j'ai eu cette enfant, mon mari en a profité pour faire un film de sa naissance... »

C'est très joli...

...et elle vous demande si on peut montrer ce film à l'enfant? Et à quel âge?

Pourquoi pas? C'est-à-dire, quand les parents passent ce film..., eh bien, l'enfant peut être là, sans pour cela qu'on l'y oblige, non plus qu'à regarder.

Je continue : « Est-ce qu'il faut attendre la naissance d'un autre enfant ou est-ce qu'on peut lui montrer ce film assez rapidement?... »

Et s'il n'y a pas d'autre enfant? Alors, elle n'aurait pas le droit de le voir? Non, je pense que l'enfant peut être là quand on regarde ce film, si les parents font cela de temps en temps (mais je me demande ce qui les pousse à regarder souvent ce souvenir d'un jour). Et puis, quand l'enfant parlera de sa naissance (et cela viendra aussi) : « Comment j'étais quand j'étais petite? »..., on lui montrera bien sûr des photos dans des albums. Et la mère ajoutera : « Tu sais, quand tu es née, ton père a fait un film. Le jour où tu voudras, on regardera ce film. » C'est très possible aussi (et il ne faut surtout pas que la mère s'en vexe) que l'enfant se limite à répondre « Ah bon », et qu'elle s'en aille ou dise « ça ne m'intéresse pas ». Cela ne m'étonnerait pas du tout. Cependant, un jour viendra où elle sera très intéressée par le film. Je crois que cela fait plaisir à l'être humain, adolescent ou adulte, d'assister aux films de son enfance, et pourquoi pas de sa propre naissance?

Mais en général les enfants n'assistent à ces films que par dépendance de leur désir à celui de leurs parents. Ils s'intéressent à leur aujourd'hui, et à leur demain, pas à leur passé.

Je vous demanderai également de répondre à une lettre qui est liée à celle-ci tout en concernant un autre sujet : celui de la sexualité des enfants. Cela concerne le dialogue avec les enfants : les questions que pourrait poser cette petite fille sur sa naissance ou son adoption, un autre enfant peut les poser à propos de la sexua-

lité. C'est une lettre qui concerne les enfants de huit à douze ans. La mère demande comment leur parler, à cet âge-là, de la vie sexuelle, où s'arrêter pour ne pas les choquer? Doit-on attendre les questions ou doit-on les provoquer, de peur que le sujet soit abordé entre copains de classe, de façon malsaine? Que faut-il faire si l'enfant ne pose pas de questions?

En général, les enfants après trois, quatre ans, âge des questions directes, ne posent pas de questions, si l'on appelle « question » la question directe. Mais ils posent des questions indirectes, presque depuis le jour où ils parlent, à partir du moment où ils forment des phrases. Un type de question indirecte : « Comment ils seront, mes enfants? — Cela dépendra (je suppose que c'est un garçon qui parlait) de la femme que tu choisiras. — Ah, bon? Ah, oui? » Et puis, c'est tout. On n'en dit pas plus. Il revient à la charge : « Pourquoi tu m'as dit que cela dépendra de la femme que je choisirai? — Tu sais que tu as un papa, comme tout le monde. Tu entends parfois dire il ressemble à son père pour ceci, il ne ressemble pas à son père pour cela. Pourquoi est-ce qu'un enfant ressemble à son père? Parce que le père est pour autant que la mère dans la vie d'un enfant. — Ah? » Et ça suffit. Si l'enfant ne pose pas une question plus précise, on en reste là. On a dit quelque chose sur le chemin de la vérité et, un jour, ça viendra.

Et pour la question de l'engendrement : « Où j'étais avant de naître? — Avant de naître, tu étais dans mon ventre. » On trouve l'occasion de rencontrer une femme enceinte, pour expliquer à l'enfant qui dit : « Ah! comme elle est grosse cette dame! — Tu ne savais pas que les mamans portent leur bébé dedans elles avant la naissance? Dans quelques semaines, dans quelques mois, tu verras qu'il y aura une voiture d'enfant et que la maman n'aura plus le gros ventre : il y aura un bébé dans la voiture. » Voilà une manière de dire que la mère a porté l'enfant. Chose, d'ailleurs, sans difficulté pour la plupart des mères. Il est plus difficile de répondre : « Comment il est sorti? — Par en bas, entre les jambes de sa mère, par le sexe de sa mère. Tu sais que les femmes ont un trou là. Il s'ouvre pour laisser sortir le bébé. » Ce qui est encore plus difficile aux parents, c'est de faire comprendre à l'enfant le rôle du père. C'est pour cela qu'il faut le dire d'emblée, à l'occasion d'une question indirecte, camouflée. Un enfant dira : « Tel petit camarade, il n'a pas de papa. — Tu te trompes, ce n'est pas possible. — Si, il me l'a dit. — Il se trompe, il ne le connaît pas, mais il a eu un père de naissance (toujours ce mot, « père de naissance »). Il est peut-être mort. Je ne sais pas. Mais de toute façon, si sa mère n'avait pas connu d'homme, il ne serait pas né. Il a eu un père de naissance, je te l'assure et tu pourras le lui dire. Sa mère a aimé un homme, et ce monsieur lui a donné une graine d'enfant. » Alors, l'enfant va dire : « Mais comment ? — Eh bien, tu demanderas à ton père. » Je crois qu'il est préférable que la mère envoie toujours l'enfant à son père, ou qu'on en parle avec père et mère, pour expliquer que les graines d'enfant se trouvent dans les sexes, autant du garçon que de la fille. « Il faut une moitié de graine de vie de femme et une moitié de graine de vie d'homme pour que leur rencontre dans le ventre d'une femme donne vie à un être humain garçon ou fille. Ce n'est ni ton père ni moi qui avons décidé de ton sexe. »

La mère dont nous lisions la lettre ajoute qu'elle n'est pas d'accord avec son mari : « Mon mari, lui, prétend qu'il faut, de toute façon, que l'enfant sache tout, et même qu'il voie tout, et que nous devons l'instruire sur le plaisir sexuel. Je ne suis pas de cet avis. »

Le plaisir, l'enfant le connaît déjà. Il ne connaît pas le plaisir avec quelqu'un d'autre, mais il connaît le plaisir du lieu génital. Le père a raison. Il faut enseigner à l'enfant que le désir sexuel donne du plaisir aux adultes dans l'union. Pour parler d'hommes et de femmes qui engendrent, ou qui sont père et mère, il faut prononcer le mot « désir » : « C'est quelque chose que tu connaîtras quand tu seras grand, avec une fille que tu aimeras beaucoup, que tu désireras. » Voilà ! C'est comme ça qu'on peut parler de l'amour, qui implique une relation corps à corps, sexuelle. Quant au plaisir que procure déjà tout jeune son sexe à l'enfant, il faut lui dire que c'est naturel, mais ne pas chercher à en être voyeur, pas plus que susciter son voyeurisme.

Vous avez parlé d'un problème posé par un petit garçon, et qu'on renvoie au père. Mais alors, que se passe-t-il s'il n'a pas de père ?

S'il n'a pas de père, c'est-à-dire pas d'homme à la maison, et qu'il s'agisse d'un garçon, je crois que la mère doit lui dire : « C'est un homme qui te l'expliquera, parce que, moi, je n'ai jamais été un homme, donc je n'ai jamais été un petit garçon. Et les problèmes que se pose un petit garçon, c'est un homme qui peut te les expliquer. » Ou chercher son médecin et lui dire : « Mon fils a posé telle question. Je me retire. Parlez ensemble, entre hommes. » Voilà comment l'explication doit se donner. Je suis contre l'explication donnée par les femmes à des garçons. Bien sûr, si le médecin de famille est une femme, elle saura parler, mais il vaudrait mieux que ce soit un homme qui le fasse. Si c'est un homme qui initie un garçon à l'amour comme accompagné de désir sexuel pour une fille ou une femme, il faut aussi qu'il parle non seulement du plaisir, mais du respect du non-désir de l'autre. Et qu'il ajoute : « Ce n'est pas possible avec ta mère ou tes sœurs. Il faudra que ce soit une fille qui n'est pas de ta famille. » Et si le garçon demande pourquoi : « Eh bien, quand tu seras grand, tu écriras un livre là-dessus. C'est très compliqué. Je ne sais pas te répondre. C'est la loi de tous les humains. » Les enfants acceptent très bien, lorsqu'ils savent que leurs parents sont soumis à cette même loi à leur égard. On peut très bien dire : « Je ne sais pas comment te répondre, car la prohibition de l'inceste n'est pas un problème simple, mais c'est comme ça, *la loi* pour les humains; ce n'est pas la même chose pour les animaux. » Pour ma part, je crois qu'il faut aussi toujours réserver avec les enfants le terme de « mariage » à l'union sexuelle des hommes et des femmes engagés devant la loi, et ne jamais les laisser employer ce terme quand ils parlent du coït des animaux; là, on leur donne le terme d'accouplement. On peut aussi leur parler de la procréation qui nécessite l'union sexuelle entre partenaires de sexe différent sans que l'union sexuelle s'accompagne toujours de procréation.

Je relis la lettre en vous écoutant : « Mon mari prétend, de toute façon, que cet enfant sache tout et même qu'il voie tout. »

Je crois que le mari en question ne se rend pas du tout compte du danger que c'est, pour un enfant, d'assister au coït de ses propres parents, à la demande de ceux-ci. Si un jour il les surprend, tant pis pour lui. Mais si l'on s'aperçoit qu'il y a assisté, on lui dira : « Eh bien, tu sais, c'est ce que je t'avais raconté. Voilà, c'est cela que tu as vu. » A mon avis, ce monsieur se trompe en pensant que son enfant doive assister aux rapports sexuels de ses parents. Ce serait traumatisant, car la génitalité d'un être humain se construit dans la pudeur, le respect d'autrui, et la chasteté des adultes à l'égard des enfants : plus encore vis-à-vis des sensations des enfants en rapport avec une sensibilité en cours de développement. Non, non, pas de travaux pratiques incestueux avec la complicité des parents. C'est pervertissant.

Y a-t-il des mères fatiguées?

Je vous propose maintenant des lettres de contestation...

Volontiers, c'est toujours très intéressant.

...de gens qui ne sont pas d'accord avec ce que vous dites.

Moi, je suis d'accord avec les contestations!

Une mère vous reproche de faire abstraction de la réalité sociale : « Vous oubliez, lorsque vous parlez des femmes, des mères et de leurs enfants petits, toutes les mères qui, au bout de deux, trois mois, crient : " La pouponnerie, ras l'bol! " » Et elle continue en disant que la maternité peut être aussi un enfer, qu'il faut renoncer au monde si l'on suit vos conseils, et qu'on reste un maximum de temps à la maison, pour élever l'enfant. Ensuite, elle vous demande pourquoi vous parlez aussi peu des pères.

Vous voyez, on ne peut pas plaire à tout le monde. Cette femme a eu des enfants et n'a pas découvert les joies de la maternité quand ses enfants étaient petits...; eh bien, il y en a comme ça, c'est vrai. Peut-être y en aura-t-il moins, maintenant que la maternité peut être évitée. Ce n'était guère possible autrefois, sans que les femmes abîment leur santé. Alors, que dire à cette femme? D'abord qu'elle n'écoute pas notre émission. Puis, il est bien vrai que les difficultés sociales, les logements trop petits, font que les mères sont énervées. Toutefois, beaucoup de ces femmes qui sont énervées et ont des petits logements, je dois dire qu'elles aiment tout de même leurs enfants et essaient au maximum — d'après toutes les lettres que nous recevons — de les élever et de les aider de leur mieux. Et c'est ce que nous cherchons ici, à notre tour. Bien sûr, nous ne pouvons pas transformer les logements ni la santé des mères surmenées. Vous savez, les enfants..., j'ai un petit peu cette idée, moi, que les enfants choisissent leurs parents et qu'ils savent très bien que leur maman, elle est comme elle est. Comme ils sont constitués des mêmes hérédités qu'elle, sa nervosité, ils la comprennent aussi. Moi, je crois que c'est un faux problème, de poser la question sociale à propos de l'amour des parents pour leurs enfants. De la séparation d'avec leurs enfants des mères qui travaillent, j'ai déjà traité ici : l'important, c'est que la mère en parle à son enfant. D'autre part, si elle *peut* rester avec son enfant, qu'elle n'en fasse pas une corvée, qu'elle ne s'enferme pas en solitaire à la maison : au contraire, qu'elle sorte tous les jours, qu'elle fréquente d'autres femmes avec leurs enfants au jardin public, qu'elle emmène son enfant voir des amis, éventuellement des amis qui ont des enfants. J'en connais à qui la seule fréquentation de leur bébé pèse, elles s'ennuient; qu'elles s'organisent avec d'autres mères, on peut se grouper pour garder les enfants et disposer ainsi de jours de repos; et il est préférable qu'une mère qui ne peut supporter de rester chez elle travaille et paie une gardienne, plutôt que de se déprimer.

Je crois qu'il faut tout de même répondre à la deuxième question : « Vous parlez peu des pères. Pourtant, ils pourraient aider les mères et s'occuper des enfants à cinquante pour cent. Ce ne serait pas une mauvaise chose. »

Cette femme a raison. Nous avons là-dessus à remonter des habitudes relativement récentes. Il y a beaucoup de pères qui ont des métiers qui ne leur permettent pas de s'occuper journellement des enfants. Mais, les autres, ceux qui n'osent pas, il faut leur apprendre. Lorsqu'ils peuvent le faire, ils découvrent de très grandes joies dont ils se privaient : je crois que c'est aux mères de les aider à les découvrir, ces joies. Car s'il n'est jamais trop tôt pour qu'un petit se sente en sécurité physique autant avec son père qu'avec sa mère, il faut que le père se sente, lui aussi, en sécurité avec son enfant.

Une autre mère nous écrit, un peu dans le même esprit : « Parlez-nous d'amour ! » Elle nous apporte d'abord un témoignage : « Lorsqu'on se conduit avec un enfant d'une façon extrêmement gentille, lorsqu'on le choie, le chouchoute un peu, l'embrasse, on lui demande rarement son avis. C'est souvent plus pour assouvir un besoin personnel de tendresse que pour autre chose. »

Bien sûr.

Elle enchaîne : « Moi-même, je me demande — aussi dur que ce soit à avouer — si j'ai jamais fait, vis-à-vis de mes enfants, le moindre geste d'amour. Par moments, même, je pense les détester tant il m'est difficile d'accéder à un geste gentil, à un regard complice, à la compréhension. » Et c'est là qu'elle vous demande : « Alors, parlez-nous d'amour. » C'est vrai, et il faut le dire, qu'il y a des parents qui lancent parfois : « Mes enfants, je les étranglerais... »

C'est vrai. Mais ces parents devraient comprendre que l'enfant est comme eux. L'amour humain est toujours ambivalent. Pour la mère, c'est un bonheur d'embrasser ses enfants, bien sûr... Mais, l'enfant, lui, qu'est-ce qu'il aime ? Être en sécurité, près de sa maman. Donc, parler à l'enfant, sans avoir peur de se contredire : « Tu sais, moi, je ne t'aime pas, je ne veux plus te voir. » En fait, ce n'est pas vrai. Alors il faut lui expliquer : « Je t'aime toujours, mais tu m'agaces, tu m'énerves, j'en ai marre. » L'enfant se dira : « Ah bien! Moi aussi, je suis comme ça, quelquefois, vis-à-vis de maman. » D'ailleurs bien des enfants le disent, ce « je ne t'aime pas », à leur mère. Et ça deviendra très humain entre eux. C'est cela, aimer : autre chose que du rose bonbon et des sourires faux imperturbablement « gentils ». C'est être naturel et assumer ses contradictions.

Alors dire je ne t'aime pas, je ne t'aime plus, cela peut être une façon de parler d'amour?

Exactement.

Une autre question, dans la même lettre, à propos du baiser que les adultes donnent aux enfants... Vous n'avez pas recommandé d'embrasser les enfants sur la bouche...

Non. Surtout quand ils ne le demandent pas. Cela peut créer une excitation sensuelle piégeante.

Cette mère nous écrit : « Mais comment font les Russes? » parce que les Russes, les adultes — c'est bien connu — s'embrassent sur la bouche... Bon, alors, est-ce que ça ne pose pas de problèmes à leurs enfants...?

Non, justement, puisque c'est social. Il ne s'agit pas de privautés sensuelles. Tout ce qui est social est désérotisé. Chez nous, on se donne la main; mais il y a des pays, en Inde par exemple, où se donner la main est très inconvenant, où ça implique une intimité tactile, justement parce que ce geste n'est pas « socialisé ». Tout dépend du milieu et du pays. Avec l'enfant, il faut éviter d'avoir des privautés qui prennent une dimension érotique, dans le cadre de notre société; cependant, si dans une société on donne communément des baisers sur la bouche, alors, le baiser sur la bouche ne veut plus rien dire. Autre chose, en revanche, impliquera l'érotisme... Eh bien, cette chose-là, du corps à corps, les parents doivent l'éviter avec leurs enfants.

Le grand, c'est un petit peu la tête et le petit, ce sont les jambes

(Frères entre eux)

Parlons d'un problème qui concerne à peu près toutes les familles : la coexistence des enfants entre eux, et aussi les rapports de certains petits diables avec leurs parents. Dans la première lettre qui vous pose cette question, il s'agit d'une maman qui a deux enfants, l'un de sept ans et demi et l'autre de quatre. Ce sont des garçons. Elle dit : « Le grand, c'est un petit peu la tête et le petit, ce sont les jambes. J'ai bien écouté un certain nombre de vos émissions. Vous avez dit qu'il était presque anormal qu'un enfant n'ait pas de jalousie vis-à-vis d'un petit frère. Or, le garçon de sept ans n'a jamais montré de jalousie. C'est un enfant qui paraît, si vous voulez, presque trop mûr pour son âge. » La question qu'elle se pose, c'est de savoir à quel moment le langage adulte, qu'on est conduit à utiliser avec cet enfant, devient tout de même trop compliqué.

Quand j'ai parlé de la jalousie, je l'ai située entre dix-huit mois et cinq ans. Or, justement, cet enfant avait à peu près cinq ans quand son frère est né. J'ai dit que ce problème de jalousie venait de l'hésitation, chez l'enfant aîné, entre deux possibilités : est-ce plus valeureux (étant donné toute l'admiration de la famille) de s'identifier à un bébé, c'est-à-dire de régresser dans son histoire, de reprendre des habitudes qu'on avait quand on était petit, ou, au contraire, de progresser et de s'identifier aux adultes? Il semble bien que cet aîné a opté pour la deuxième solution. Il a eu une résistance, une sorte de crainte prudentielle à régresser, en voyant son petit frère; il était en même temps capable déjà — puisqu'il allait à l'école et fréquentait des enfants de son âge —, de s'identifier à son père ou aux grands garçons. Il a choisi ça; peut-être presque trop, puisque, d'après ce que dit la mère, il se conduit et parle comme un petit adulte. Bon! Quand les deux enfants sont ensemble, peut-être qu'on voit entre eux une très grande différence. Et c'est comme ça que l'aîné montre sa jalousie : d'une façon détournée. Avoir l'air d'être au niveau des adultes, alors qu'il ne l'est pas encore, pour qu'on ne le confonde pas avec le petit qui, lui, ne peut pas en faire autant. Je crois qu'il ne faut tout de même pas s'inquiéter pour cet aîné trop raisonnable, peut-être un peu inhibé, pas assez joueur. A la première occasion, la maman devrait faire en sorte d'accueillir des camarades de l'âge de l'aîné et un peu plus, pendant qu'elle réunira des petits amis, entre dix-huit mois et trois ans, pour son cadet. Les enfants ont toujours intérêt à être avec des enfants un peu plus jeunes et un peu plus âgés qu'eux, pas seulement du même âge.

Et pour l'autre partie de la question...

Lui parler comme un adulte?

« Comment savoir quand il ne comprend plus les explications...? » Ce n'est tout de même pas vieux, sept ans et demi...

Je crois qu'à sept ans et demi, l'enfant comprend toutes les explications. Le seul danger qu'il pourrait y avoir, c'est qu'il ne fasse que parler, qu'il ne fasse plus rien de ses mains ni de son corps, qu'il soit piégé dans la parole, séparé des sentiments, sensations et désirs de son âge. S'il n'avait pas aussi des mains, des bras et des jambes, il se retrouverait coupé de ses camarades. Sa maman le dit d'ailleurs : « Le petit, c'est comme les jambes. » Que l'aîné joue au foot, qu'il fasse du sport, que son père l'emmène à la piscine. Évidemment, c'est un danger quand un enfant veut être, en paroles, le compagnon des adultes, et quitte complètement ceux de sa classe d'âge, leurs jeux, leurs intérêts, pour jouer à la grande personne.

Une autre lettre pose le problème de l'attitude à prendre face à des enfants qui ont quatorze, douze et huit ans, et qui se battent beaucoup entre eux. Ils n'arrêtent pas de se battre. La mère dit qu'elle pique des crises de nerfs à cause de cela. Le père, lui, analysant les faits, en a conclu que les enfants le font exprès, pour la mettre dans tous ses états. La question : « Est-ce vrai que les enfants peuvent être assez pervers, si vous voulez, pour s'amuser de la crise de nerfs de leur mère? »

Non, ce n'est pas du tout de la perversion. Ces enfants ne sont pas pervers. Mais c'est tellement drôle, de tirer sur une corde et que ça fasse sonner la cloche, ou de manipuler les grandes personnes comme des guignols! J'ai l'impression que cette dame sert de guignol à ses enfants. Je suis sûre que si elle choisissait le parti, quand ils se disputent — évidemment, il faut pour ce faire qu'elle ait deux pièces! —, de fermer la porte de la pièce où elle se trouve, de se mettre du coton dans les oreilles et puis de ne plus s'occuper de rien, en disant : « Écoutez! s'il y a des morceaux, je vous emmènerai à l'hôpital, mais je ne veux plus m'occuper de vous », eh bien, cela se calmerait déjà. Et puis, si elle le peut, qu'elle sorte faire un tour : tout se calmera pendant son absence, en tout cas ne s'aggravera pas, et elle, se portera mieux. Mais surtout, qu'elle ne s'en mêle pas. Avec trois garçons, c'est très difficile : je crois qu'il y a intérêt que l'aîné sorte du milieu familial le plus possible, pour aller avec des plus grands, avec des enfants de son âge. Quatorze ans... vraiment, il devrait déjà avoir sa vie à lui, ses camarades, tout en revenant, bien sûr, aux repas avec ses parents, ou pour faire ses devoirs. Si l'on a la chance d'avoir une pièce où les enfants peuvent travailler tranquilles, ou s'isoler des autres quand ils le désirent, c'est bien. Il faut penser aux moyens de « défense passive », c'est-à-dire mettre un loquet, que celui qui est dans la chambre peut tirer. S'il le laisse ouvert, c'est que ça l'amuse de se disputer avec les autres. Et puis, c'est tout. Mais, au moins, on a donné à celui qui veut être tranquille la possibilité de s'isoler.

D'autre part, il y a des parents qui sont inquiets de ce qu'ils appellent des « colères ». Voici la lettre d'une mère de trois garçons, l'un de sept ans et demi, l'autre de quatre ans et demi et le troisième de deux ans. Le plus jeune, depuis qu'il sait marcher, est devenu, paraît-il, très coléreux, très exigeant, il veut absolument irriter ses frères tout au long de la journée. Cette mère vous demande quelle est l'attitude à adopter face à une colère qui prend des proportions assez considérables : « Que faut-il faire pour faire passer une colère d'enfant? Est-ce qu'on peut tenter d'éviter les scènes en étant très conciliant? Est-ce qu'on ne va pas l'être trop?... »

Il faut ajouter que cet enfant se porte extrêmement bien. Et, pour être complet, que la maman ne se posait pas trop de questions, mais que ce sont les voisins qui l'ont alertée; entendant cet enfant de deux ans piquer de grandes colères, ils sont venus la voir, pour lui dire : « Vous devriez faire attention. Cet enfant doit être malade. Il va avoir des convulsions. »

Répondons d'abord sur ce dernier point : les convulsions n'arrivent pas au cours de colères. Les colères peuvent être dramatiques chez un enfant, mais ça ne se termine pas en convulsions. Toutefois, je crois que dans cette famille, mine de rien, ce doit être le second qui porte sur les nerfs du petit, et qui s'arrange pour qu'il fasse des colères parce que lui-même, il doit encore en être jaloux... Être le second, c'est difficile comme place. Le second voudrait certainement garder une entente privilégiée avec l'aîné et isoler d'eux (ou de l'aîné) le troisième. C'est très difficile, trois garçons. Le second doit imposer, sans qu'on s'en aperçoive, au troisième une place de vraiment petit. Et ce petit est mis tout le temps en position d'infériorité par les autres, parce qu'il ne peut pas jouer avec eux. La mère pourrait arranger beaucoup de choses en s'intéressant davantage au plus jeune, non pour être « conciliante » avec lui mais pour le développer. Et puis, autre chose : ça arrive tout bonnement, que des enfants soient coléreux. Qu'elle cherche dans la famille s'il n'y a pas quelqu'un d'autre qui est aussi coléreux.

Elle le dit dans sa lettre : « Mon mari, quand il était enfant, était extrêmement coléreux. »

Alors, il faut le dire à cet enfant. Il faut que ce soit le père qui le lui dise : « Quand j'étais petit, j'étais comme toi : je me mettais facilement en colère et j'ai compris que cela ne me faisait pas des amis, je me suis donné beaucoup de mal pour me vaincre. Tu y arriveras aussi. » Il peut y avoir justement intérêt à ce que le père s'occupe, lui, davantage, et sans le culpabiliser, de ce fils, puisqu'il se reconnaît en lui. Mais, bien sûr, ça gêne les voisins, les colères.

Donc, une fois de plus, si je vous ai bien comprise, devant une colère d'enfant, d'abord dialoguer, ne pas hurler plus fort que lui, ne pas essayer de le gronder.

Et encore moins se moquer de lui. Dialoguer, c'est quasiment impossible pendant la colère, lorsqu'il est déjà lancé... Mais ne pas le gronder et, non plus, ne pas gronder les plus grands de l'avoir mis en colère. Faire comme un chef d'orchestre : calmer un peu les grands, et puis que tout le monde se taise. Et si le père est là, ce ne serait pas mal qu'il transporte l'enfant dans une autre pièce et là, qu'il le calme. Ensuite, qu'ils reviennent ensemble : « Eh bien, c'est fini maintenant. Quand il sera grand, il saura maîtriser tout seul sa colère; mais il est encore petit, c'est tout. » Et aux autres : « Ce n'est pas agréable ni commode, d'avoir cette nature-là; je le sais, j'ai été comme lui. »

Justement : jusqu'à quel âge, selon vous, cet enfant peut-il être amené à hurler?

D'abord, un enfant ne peut pas se dominer à moins d'aide affectueuse, sans danger, avant quatre ans et demi, cinq ans. L'enfant coléreux est comme une pile électrique, il a besoin de se calmer. C'est l'eau qui calme beaucoup les enfants, je l'ai déjà dit. Jouer avec l'eau autant qu'on le désire, ça amuse beaucoup et ça calme aussi; un enfant qui a fait une colère, ou bien qui n'en a pas fait depuis longtemps, mais on sent qu'elle va venir, il y a intérêt à ce qu'il prenne un long bain agréable ou que, avec douceur, l'adulte lui passe une main éponge fraîche humide sur le visage et les mains. Les enfants ont besoin de bains, ceux-là plus que d'autres, prolongés, détendants, ou de douches agréables. Pas de douches froides, qui excitent, mais chaudes, calmantes.

Il ne faut pas non plus que cela devienne un instrument de torture! Qu'il soit menacé de bain ou de douche chaque fois qu'il rouspète!

Il faut que ça lui fasse plaisir. Et puis, qu'il soit emmené à la piscine, il n'est pas trop jeune. Les enfants ont besoin d'eau. Et qu'il voie des enfants de son âge. Il irrite ses frères parce qu'il n'a pas d'autres compagnons.

Qu'est-ce qu'une chose vraie?

(Le Père Noël)

J'ai là une question sur le Père Noël, tout simplement. Voilà! C'est un père qui vous demande votre opinion sur ce mythe : « Doit-on laisser l'enfant croire au Père Noël et à la petite souris pour la perte des dents de lait, ou encore aux œufs de Pâques? Quand des camarades d'école lui apprendront la vérité, l'explication des parents sur le symbolisme du Père Noël suffira-t-elle à compenser le désappointement de l'enfant, qui va s'apercevoir brutalement que ses parents lui ont menti? »

Je crois que c'est là une fausse question. Les enfants ont beaucoup besoin de poésie, et les adultes aussi, puisque eux-mêmes continuent à se souhaiter la Noël, n'est-ce pas? Qu'est-ce qu'une chose vraie? Le Père Noël fait gagner tellement d'argent : ce n'est pas vrai? Quand on gagne beaucoup d'argent, ça a l'air d'être une chose vraie, n'est-ce pas? Alors, je crois que ce monsieur s'inquiète de ce que l'enfant croit au Père Noël comme si c'était mentir que de lui en parler. Mais un mythe, c'est de la poésie; et elle a sa vérité aussi. Bien sûr qu'il ne faut pas continuer trop longtemps, ni dire que le Père Noël ne fera pas de cadeaux si l'enfant n'obéit pas aux parents, etc.

Si les parents « en rajoutent » et ont l'air de prendre cette croyance trop au sérieux, plus que l'enfant lui-même, il ne pourra plus leur dire : « Eh bien, tu sais, les camarades m'ont dit que le Père Noël n'existait pas. » C'est ce jour-là qu'il faut lui expliquer la différence entre un mythe et une personne vivante, qui est née, qui a eu des parents, une nationalité, qui a grandi, qui mourra et qui, forcément, comme tous les êtres humains, habite dans une maison sur terre, pas dans les nuages.

Je vous dis tout de suite que l'auditeur en question est violemment contre les Pères Noël, notamment ceux qui se promènent dans la rue.

C'est peut-être qu'il trouve à juste titre que ces braves gens déguisés dépoétisent le vrai Père Noël, celui auquel il a cru et qu'on ne rencontrait pas dans la rue tout le mois de décembre, qui existait seulement la nuit de Noël. Ça l'agace. Ou c'est peut-être, au contraire, un monsieur qui n'a plus beaucoup de poésie dans le cœur. En tout cas, je ne sais pas si, vous, vous croyez encore au Père Noël, mais moi, j'y crois toujours. Je peux bien vous raconter — puisque tout le monde sait que je suis la mère de Carlos, le chanteur — que lorsque Jean (car c'est son vrai nom) était à la maternelle, il m'a dit un jour : « Mais comment ça se fait que les Pères Noël, il y en ait tant? Il y en a des bleus... il y en a des violets... il y en a des rouges! » On se promenait dans les rues et il y avait partout des Pères Noël. Alors, je lui ai dit : « Mais, tu sais, le Père Noël, celui-là, je le connais, c'est Untel »; c'était l'un des employés d'une maison de jouets, ou d'une pâtisserie, qui s'était déguisé en Père Noël. « Tu vois, il s'est déguisé en Père Noël, et l'autre aussi c'est un vendeur du magasin déguisé en Père Noël. » Il m'a demandé : « Mais alors, le vrai?... — Le vrai, il n'est que dans notre cœur. C'est comme un lutin géant qu'on imagine. Quand on est petit, on est content de penser que des lutins, ou des géants, ça peut exister. Tu sais bien que les lutins, ça n'existe pas. Les géants des contes non plus. Le Père Noël, il n'est pas né, il n'a pas eu un papa, une maman. Il n'est pas vivant; il est vivant seulement au moment de Noël, dans le cœur de tous ceux qui veulent faire une surprise pour fêter les petits enfants. Et toutes les grandes personnes regrettent de ne plus être des petits enfants; alors, elles aiment bien continuer à dire aux enfants : " C'est le Père Noël "; quand on est petit, on ne sait pas faire la différence entre les choses vraies vivantes et les choses vraies qui se trouvent seulement dans le cœur. » Il écouta tout cela et me dit : « Alors, le lendemain de Noël, il ne va pas s'en aller dans son char, avec ses rennes? Il ne va pas remonter dans les nuages? — Non, puisqu'il est dans notre cœur. — Alors, si je mets mes souliers, il ne me donnera rien? — Qui ne te donnera rien? — Il n'y aura rien dans mes souliers? — Mais si. — Mais alors, qui l'aura mis? » Je souris. « C'est toi et papa qui y mettrez quelque chose? — Oui, bien sûr. — Alors moi, je peux être aussi le Père Noël? — Bien sûr, tu peux être le Père Noël. Nous allons mettre nos souliers, ton père, moi et Marie. Tu mettras des choses dedans. Et puis, toi, tu sauras que c'est toi le Père Noël pour les autres. Et moi, je dirai : Merci, Père Noël; ce sera toi qui auras eu le merci, mais je ferai comme si je ne savais pas. Pour ton père, je ne lui dirai pas que c'est toi, ce sera une surprise aussi. » Il était enchanté, ravi, et il me dit en revenant de promenade : « — C'est maintenant... que je sais qu'il n'existe pas pour de vrai, que c'est vraiment bien, le Père Noël. »

L'imagination et la poésie enfantines ne sont ni crédulité, ni puérilité, mais de l'intelligence dans une autre dimension.

Nous mourons
parce que nous vivons

Si nous ne répondons pas à toutes les lettres, c'est parce que nous en recevons beaucoup; d'autre part, il y a des lettres qui touchent les mêmes problèmes : nous répondons à celles qui les explicitent le mieux. J'espère qu'ainsi, les autres ont également une réponse. Comme je le disais au début, ce n'est pas une réponse qui ferme la question, ni la seule possible. Moi-même, je n'ai quelquefois que des opinions, une certaine façon d'être avec les enfants. C'est pour cela que j'aime les lettres de « contestation »; il y a des mères qui nous écrivent : « Moi, je fais autrement et ça marche très bien. » C'est toujours très intéressant, parce que c'est un autre type de mère qui se tire autrement que je n'y aurais pensé des mêmes difficultés; car, il faut le dire, les enfants nous posent des questions profondes sur nous-mêmes. Nous avons tendance à trouver la solution tout simplement dans ce que nos parents ont fait pour nous, ou dans le contraire de ce qu'ils ont fait. C'est généralement ainsi que ça commence; alors qu'il faut arriver à étudier chaque enfant, et découvrir la nature qui est la sienne, et l'aider au mieux à dépasser sa difficulté.

Une lettre dont le thème concerne tout le monde : la mort. Comment en parler aux enfants? Notre correspondante habite à la campagne : « Ces enfants voient les animaux mourir et ils sont amenés à poser beaucoup de questions. »

Il y a une très jolie formule dans cette lettre : « Comment leur dire pourquoi on meurt? » Mais, nous mourons parce que nous vivons, et tout ce qui vit meurt. Toute créature vivante est, depuis le jour de sa naissance, dans un itinéraire qui la conduit à la mort. D'ailleurs, nous n'avons pas d'autres définitions de la vie que par la mort, et de la mort que par la vie. Donc, la vie fait partie intégrante d'un être vivant comme la mort. La mort fait partie du destin même d'un être vivant. Et les enfants le savent très bien.

« Ils voient les animaux mourir... » Mais ce n'est pas du tout la même chose, la mort des animaux! Et c'est d'ailleurs une chose qu'il faut dire assez vite aux enfants, parce que les animaux n'ont pas de parole et n'ont pas d'histoire. L'histoire des animaux domestiques est mêlée à la vie de la famille, mais les animaux, n'ayant pas d'histoire, n'ont pas de descendants qui puissent se souvenir de leur vie, comme les petits humains se souviennent de la vie de leurs parents. Nous savons bien que les personnes les plus âgées, avant de mourir, retournent à leurs souvenirs d'enfance et appellent encore leur maman. Nous, nous avons une histoire. Notre corps est étroitement lié aux paroles que nous avons reçues de nos parents. C'est pour cela qu'il est très important de répondre aux enfants sur la mort, et de ne pas mettre un voile de silence sur ce sujet.

A quel âge les enfants commencent-ils à aborder ce problème?

Ils l'abordent en même temps qu'ils abordent la différence sexuelle, par des questions indirectes : « Est-ce que tu vas mourir vieille? » par exemple, ou : « Tu es déjà très vieille? — Très vieille? Non! Pas autant que telle ou telle personne, mais je suis assez vieille, c'est vrai. — Eh bien, alors, tu vas bientôt mourir? — Je ne sais pas. Nous ne savons pas quand nous allons mourir. » Là-dessus, on peut très bien — les enfants entendent parler des accidents de la route, par exemple — dire : « Eh bien, ces gens ne savaient pas, quand ils sont partis en vacances, qu'ils allaient mourir une heure après. Tu vois, personne ne sait quand il va mourir. » La conclusion d'un tel propos, c'est de dire : « Vivons bien tous les moments de notre vie. »

Il y a aussi la question posée dans des familles où l'on est croyant. Il y a des croyances de survie, il y a des croyances de métempsycose. Nous ne savons rien. Ce sont là des réponses de l'imagination des humains, qui ne peuvent pas « penser » la mort. Un être vivant ne peut pas penser sa propre mort. Il sait qu'il mourra, mais sa mort, c'est quelque chose d'absurde, quelque chose de pas pensable. La naissance..., nous n'assistons pas à notre naissance, ce sont les autres qui y assistent. Et notre mort aussi, ce sont les autres qui y assistent. Nous — si j'ose dire — nous vivons notre mort, mais nous n'y assistons pas : nous l'accomplissons.

Les enfants, eux, questionnent sans angoisse à propos de la mort jusqu'aux environs de sept ans. Ils commencent à se poser la question vers trois ans, et je le répète, sans angoisse. Il faut leur parler de la mort, justement. Et, d'ailleurs, ils la voient. Il y a des gens qui meurent autour d'eux, des enfants qui meurent autour d'eux. Je crois qu'on peut toujours répondre à un enfant : « Nous mourrons quand nous aurons fini de vivre. » C'est drôle à dire, mais c'est vrai. Vous n'avez pas idée de ce que cette parole rassure un enfant. Lui dire : « Sois tranquille. Tu ne mourras que quand tu auras fini de vivre. — Mais je n'ai pas fini de vivre! — Eh bien! puisque tu vois que tu n'as pas fini de vivre, tu vois que tu es bien vivant. » Mon petit garçon avait entendu parler de la bombe atomique. Il revient de l'école et me dit : « C'est vrai, la bombe atomique? C'est vrai que tout Paris peut disparaître?... — Mais oui, oui. C'est vrai tout ça. — Mais alors, ça peut arriver avant déjeuner? après déjeuner? (il avait trois ans). — Mais oui, ça pourrait... si on était en guerre, mais nous ne sommes plus en guerre maintenant. — Et puis, si ça arrivait, même si l'on n'est pas en guerre? — Eh bien, tu vois, nous n'y serions plus. — Ah! ben alors, je préfère que ça arrive après déjeuner. » J'ai répondu : « Tu as bien raison. » Et c'était fini. Vous voyez : il y avait un petit moment d'angoisse : « Est-ce que ça va arriver avant déjeuner? » Il avait justement très faim et nous allions bientôt manger. L'enfant est dans l'actuel tout le temps. Ce qu'il dit, c'est dans l'instant. Si quelqu'un de la famille meurt, il est important de ne jamais priver un enfant de la nouvelle de cette mort. Il perçoit l'expression changée des visages familiers. Ce serait grave, étant donné qu'il aimait cette personne et qu'il est inquiet de son absence, qu'il n'ose même pas poser la question. En même temps, ne pas le lui dire, c'est le traiter comme un chat ou un chien, l'exclure de la communauté des êtres parlants.

Souvent, on ment aux enfants sur ce sujet-là. On parle de voyage lointain, d'une maladie qui s'avère interminable et dont personne ne donne plus de nouvelles. La situation devient insolite, étouffante.

J'ai vu... on m'a amené des enfants en consultation, des enfants qui s'étaient dégradés au point de vue scolaire depuis une certaine date... On cherchait ce qui s'était passé. Eh bien, c'était depuis la mort du grand-père, ou depuis la mort de la grand-mère, de laquelle on ne leur avait pas parlé. Quand l'enfant demandait à la voir : « Tu sais, elle est partie à l'hôpital, elle est très malade. » Et puis, c'est tout. On fuyait, on changeait de conversation. Eh bien, ce petit, il fallait seulement lui expliquer que sa grand-mère était morte et l'emmener au cimetière pour voir où vont les corps des gens qui sont morts. Lui parler du cœur qui aime qui, lui, n'est pas mort, tant qu'il y a des gens qui se souviennent de ceux qu'ils ont aimés. C'est la seule manière de répondre à un enfant.

Ce serait très bien qu'à l'occasion du 1er Novembre, les familles fassent un tour dans les cimetières, si beaux à ce moment-là, et puis qu'on réponde à toutes les questions des enfants qui déchiffreront les noms sur les tombes, les dates... Ça leur semblera très lointain, il y aura beaucoup de réflexions. Après, ce sera très gai. Qu'on fasse un bon petit goûter, après, et qu'on dise : « Eh bien, nous, on est bien vivants pour l'instant. »

Vous avez dit tout à l'heure que la mort d'un animal, ce n'est pas la même chose que la mort d'un être humain.

Je voulais dire la mort d'un animal qu'on tue pour la boucherie.

LORSQUE L'ENFANT PARAÎT

Moi-même, je n'ai jamais pu retrouver de souvenirs datant de l'âge de deux ou trois ans autres que celui d'un petit drame de mon enfance. J'avais un petit canard, un canard que quelqu'un avait gagné à la loterie et qu'on m'avait donné. Je jouais avec ce canard tous les jours, dans une cour. Et puis, j'avais décidé que sa maison était dans une caisse. Cette caisse était inclinée contre un mur. Un jour, le canard a dû passer trop près de la caisse, laquelle lui est tombée dessus, et il est mort. Ça m'a affligée beaucoup. C'est le souvenir d'enfance qui remonte le plus loin pour moi. Je pense donc que la mort d'un animal peut être extrêmement importante pour un enfant.

Mais cela touche le problème de la mort de tous ceux que nous aimons. Quand cet être vivant meurt, c'est tout un pan de notre vie, de notre sensibilité, qu'on ne retrouvera plus. Vous avez souffert de la mort de ce petit canard, d'abord parce que vous pouviez vous croire coupable, par négligence; la mort nous rend coupables. C'est curieux, en fait, parce qu'il n'y a rien de mal à mourir, puisque nous devons tous mourir. Mais quand nous y sommes pour quelque chose, alors nous nous faisons reproche d'avoir atteint en quelque sorte à ce qui était si doux et si bon, agréable et vivant, dans le lien avec l'autre, lien qui a été brisé. Je crois, en effet, qu'il ne faut jamais se moquer d'un enfant qui pleure son chat, son chien, son petit canard. Pas plus qu'il ne faut se moquer d'un enfant qui garde les morceaux d'une poupée ou d'un nounours délabré... L'enfant ne fait pas la différence. Tout ce qu'il aime est vivant. Bien sûr, d'une vie différente. Alors, il ne faut pas jeter les morceaux d'un objet qu'un enfant a aimé. Quand un petit canard, un petit chat ou un petit chien meurt, les enfants aiment l'enterrer, c'est-à-dire donner à cette créature un rite de deuil. Tous les humains acceptent la mort à travers un rite de deuil. Et pourquoi pas? Respecter cette manière qu'a l'enfant de surmonter le mystère, car c'est pour nous un mystère, pas plus d'ailleurs la mort que la vie.

C'est le bébé qui crée la maman

(Nourritures)

Une lettre concerne le problème de l'allaitement. Cette femme est enceinte actuellement et vous demande de parler des avantages et des inconvénients de l'allaitement maternel. Il faut dire, en élargissant la question, que dans certaines maternités, il y a presque une sorte de terrorisme de l'allaitement : il faut allaiter! *Il y a beaucoup de femmes qui s'en font de gros problèmes, parce qu'elles s'aperçoivent rapidement qu'elles ne pourront pas le faire.*

Il y a aussi le contraire, à savoir : certaines cliniques et certains hôpitaux communiquent aux femmes qui voudraient allaiter une espèce d'angoisse : « Ah! mais vous ne serez jamais libres si vous allaitez. » Je crois que chaque femme va réagir selon la façon dont elle-même a été maternée : si sa propre mère l'a nourrie au sein, ou bien si elle a regretté de ne pas l'avoir nourrie au sein... J'ai vu des mères qui n'avaient pas de lait et qui voulaient absolument allaiter, alors que, visiblement, l'enfant n'obtenait pas ce qu'il lui fallait. Que les mères évitent sur ce sujet les idées *a priori;* qu'elles attendent l'arrivée du bébé. C'est le bébé qui crée la maman. Avant, elle peut dire tout ce qu'elle veut : « Je ferai ceci, je ferai cela. » Le bébé est là : elle change complètement d'avis. Alors..., qu'elle ne pose pas de questions avant son arrivée. Vivons au jour le jour les joies et les peines de la vie, sans nous faire des programmes.

Mais il y a un petit instant, vous disiez que cela peut venir de problèmes que la mère a eus avec sa mère à elle, dans son enfance... On m'a dit que vous aviez une petite anecdote à ce sujet...

Elle serait un peu longue à raconter!... C'est bien celle de la maman qui avait accouché pendant la guerre? Elle est extraordinaire, cette histoire. Moi-même, qui étais à l'époque en formation psychanalytique, je n'en suis pas revenue. Ça se passait à l'hôpital où j'étais, à ce moment-là, externe. A la salle de garde, l'interne nous dit : « Nous avons une femme qui a accouché, qui est superbe et a une montée de lait formidable, on va pouvoir en nourrir trois... » Pendant la guerre, on manquait de lait. Là-dessus, le lendemain : « Vous ne savez pas ce qui s'est passé? Eh bien, elle a nourri son bébé une fois, et puis, le lait, complètement coupé... » Personne n'y comprenait rien. Moi, j'ai dit : « Il faut parler avec cette femme. Il se peut que sa mère ne l'ait pas nourrie au sein et qu'en sentant le bébé à son sein, une sorte de culpabilité profonde soit remontée en elle. » Naturellement, rire général dans la salle de garde... C'est ça, les idées des psychanalystes! Quelques jours passent — j'allais là deux fois par semaine : je suis accueillie par des hurlements avec une haie d'honneur... On me dit : « Vous ne savez pas ce qui s'est passé? — Non, je ne sais pas. — Eh bien, le lait est revenu. — Ah! — J'ai raconté toute l'histoire ainsi que votre idée, dit l'interne de la maternité, à la surveillante. Et la surveillante a parlé avec cette maman qui s'est mise à sangloter en disant qu'elle avait été abandonnée et n'avait jamais connu sa mère. La surveillante a eu la présence d'esprit que n'ont pas eue les autres...; elle a materné cette jeune maman, a été douce et affectueuse avec elle, lui disant : " Vous, vous êtes faite pour être une bonne maman et vous garderez votre bébé. " Et elle a ajouté : " Je vais vous le donner, moi, le biberon que votre maman ne vous a pas donné. " Et après avoir placé le nourrisson entre les bras de la mère, elle a donné, elle, à la mère, un biberon en la prenant dans ses bras avec tendresse. Le lait est revenu peu de temps après. » C'est une histoire vraie.

LORSQUE L'ENFANT PARAÎT

Une question précise maintenant sur l'alimentation des enfants. La mère est d'origine vietnamienne : « Mon fils est très difficile; à sept ans presque, il ne se nourrit que de riz, de pâtes, de viande de bœuf, de pommes de terre, à l'exception de tout autre légume. Il refuse les légumes verts. Pour les fruits, il n'accepte que les oranges, les bananes ou les pommes. Moi, j'essaie d'introduire beaucoup de variété dans les menus, mais l'enfant refuse de manger ce qu'il n'a pas choisi. Est-ce que cela ne risque pas de compromettre sa croissance ? » Cette mère ajoute qu'elle ne fait pratiquement pas de cuisine vietnamienne et que, de toute façon, l'enfant la refuse; lorsqu'il allait à la cantine, il acceptait de manger à peu près tout; mais il a demandé lui-même à revenir manger chez ses parents.

Cet enfant mange une nourriture tout à fait suffisante pour lui. Il ne mange pas de légumes verts, mais il mange des pommes, des oranges, des bananes... Je ne crois pas qu'il y ait quoi que ce soit d'inquiétant dans cette histoire. Le plus inquiétant, c'est que la mère s'en inquiète.

Alors, qu'elle se rassure ?

Qu'elle se rassure. Je pense qu'il se comporte comme ça pour faire marcher sa mère. Qu'elle ne s'en tracasse plus. Qu'elle fasse, pour elle et son mari, des petits plats qu'ils mangeront tous les deux. A lui, qu'elle fasse ce qu'il demande, toujours la même chose. Et quand il verra qu'ils se réjouissent d'un petit plat, au bout d'un certain temps, il en mangera aussi, surtout si sa mère ne s'inquiète plus du tout et le laisse véritablement choisir et manger ce qu'il veut.

Encore un moment à la maison

(Ici l'école et là la publicité)

Il ne faut pas oublier toutes celles ou tous ceux — très nombreux — qui nous écrivent simplement pour nous envoyer, comme ça, un petit mot d'encouragement et pour nous dire : « Tout va bien chez nous. »

Justement, là, il y a la lettre d'une femme qui a deux fils, de six et trois ans, et qui nous remercie de dédramatiser des situations assez courantes, tout en nous disant combien la vie de famille apporte chez elle de joies, malgré les mille et un problèmes que posent les enfants; on arrive à les résoudre, parce qu'on est une famille grande et unie. Elle nous écrit également que, selon elle, les psychologues compliquent la vie de famille.

Nous tentons, nous, de ne pas trop compliquer les choses, mais plutôt de les débrouiller.
Voici une sorte de lettre-plaidoyer concernant l'école et la maison. Institutrice de maternelle, la mère est actuellement en disponibilité; elle a deux jumeaux, à la maison, qui ont dix-neuf mois : « Dès que les enfants commencent à avoir entre quinze et dix-huit mois, tout le monde se met à les regarder en disant : " Il faut qu'ils aillent bientôt à l'école, il ne faut pas qu'ils restent trop longtemps à la maison. " Mais moi, j'aurais plutôt envie de les garder encore un moment à la maison. Et puis, si je leur faisais l'école moi-même? Est-ce que ce serait grave? On vit bien soixante-dix ans, à peu près. Alors, pourquoi ne pas essayer de

garder ses enfants cinq ou six ans à la maison?... » De plus, elle vous demande : « Comment organiser cette école à la maison? »

Elle a tout à fait raison, cette femme, si les parents peuvent garder les enfants jusqu'à l'âge de ce qu'on appelle actuellement « la grande école », et que les enfants arrivent à cette grande école en étant véritablement « socialisés » : c'est-à-dire connaissant des petits camarades, sachant jouer seuls et avec d'autres, sachant être séparés des parents, et surtout habiles de leurs mains, de leur corps et de la parole, sachant à la fois s'amuser et être stables; car c'est ça, le sens de l'école. Seulement, il y a une chose encore ici : ce sont *des* jumeaux. Vous avez dit *deux* — on dit toujours *deux* jumeaux. Ce sont *des* jumeaux, ils sont très jeunes. Certainement, ils ont besoin, assez tôt, de vie sociale. Quand les parents ne peuvent pas donner à leurs enfants une vie sociale de deux ou trois heures par jour, dans un jardin public ou entre mères qui s'arrangent pour grouper leurs enfants, je crois que c'est mauvais. Et ce manque de vie sociale entre enfants, c'est à quoi pallie l'école maternelle. Si quelque part, il y a plusieurs enfants, il ne faut pas hésiter à les grouper en « pseudo-classes maternelles », de trois à quatre petits.

De la même mère une autre question : « Dans ce cas-là, si c'est bien pour mes enfants, qu'est-ce qu'il faut faire? Est-ce qu'il faut organiser des horaires, comme à l'école, c'est-à-dire leur donner des habitudes, faire une petite maternelle, ou faut-il les occuper au gré de leur humeur? »

A partir de trois ou quatre ans, suivant les enfants, il est bon de les habituer à se stabiliser sur une tâche. Vingt minutes par-ci, vingt par-là, pendant le courant de la matinée. Choisir des objets que l'enfant groupera lui-même : « Tu vas essayer de les peindre, ou faire du piquage, ou des collages... » Je crois qu'il est bon que l'enfant ne le fasse pas d'une façon seulement ludique; qu'il fasse quelque chose qui l'intéresse, mais d'une façon régie par une discipline d'horaire et de lieu. Pas n'importe où, pas dans la cuisine un jour, dans la chambre un autre jour. Voilà! Un même endroit, où l'on a toutes ses petites affaires et où l'on s'habitue à les ranger dans une boîte — celle des affaires dites « de l'école ».

La fin de cette lettre : « Malgré ce plaidoyer, si je sentais que je devais gêner en quoi que ce soit l'épanouissement de mes enfants par mon projet, je n'hésiterais pas un seul instant à y renoncer. » Alors, peut-on la tranquilliser?

Absolument.

Qu'elle n'y renonce pas?

Qu'elle n'y renonce pas, malgré les petites difficultés pécuniaires que ça entraîne, d'après ce qu'elle dit.

Une autre lettre, assez brève celle-ci : « Nous avons un petit garçon de trois mois. Cet enfant est très vif, très gai. Il est même, paraît-il, en avance pour son âge. Nous avons décidé, avec mon mari, que j'allais m'arrêter de travailler jusqu'à ce qu'il ait environ deux ans, ce qui va me permettre de m'occuper de lui et de continuer notamment à l'allaiter. Cependant, cela va nous poser de petits problèmes financiers si je ne travaille pas. Alors, nous avons pensé à les résoudre, ces problèmes financiers, pour une petite part en tout cas, en faisant poser le bébé pour des photos publicitaires. » Elle vous demande ce que vous en pensez, et, surtout, si cela peut être nuisible pour un bébé, d'être, disons, « utilisé » si tôt, pour gagner sa croûte. Sinon, si vous êtes d'accord, jusqu'à quel âge peut-on faire faire ce genre de travail à un enfant jeune, sans risquer de se retrouver avec un petit cabotin à la maison?

Il y a une question d'abord : si cet enfant « nourrit », se nourrit et nourrit sa famille, tout petit, je crois que, à quelque inconvénient, on pourrait pallier en mettant, chaque fois qu'il aura gagné un cachet, une part — mais une bonne part, mettons dix à quinze pour cent, peut-être même *fifty-fifty* — sur un livret de caisse d'épargne de l'enfant. Ainsi, quand il sera grand, et qu'il le saura, il sera très fier d'avoir aidé sa famille et d'avoir permis à sa maman de rester avec lui. Sinon, il sentira avoir été un peu « exploité ».

Jusqu'à quel âge? Certainement, trois ans est un âge difficile à dépasser pour un travail de mannequin, une sorte de petit exhibitionnisme passif; alors, qu'on fasse attention. Une photo de temps en temps, mais ne pas créer un système de rentabilité par ce moyen au-delà de deux ans, deux ans et demi.

Il n'y a pas de « doit parler »

(Paroles et baisers)

Voici une mère dont la fille de dix-huit mois a toujours été un bébé facile à élever, qui dormait bien, mangeait bien, souriait beaucoup, enfin... une enfant parfaitement heureuse; depuis les vacances, elle a complètement changé. Pendant trois semaines, la mère est allée en France avec l'enfant, et elles ont fait une sorte de tour de la famille, avec des étapes d'un jour ou deux : beaucoup de kilomètres, presque quatre mille en très peu de temps. Depuis le retour de ces vacances, la petite fille ne supporte plus d'aller dans les bras d'une personne autre que son père ou sa mère. Elle pleure pour rien. Si sa mère lui demande, lorsqu'elle passe l'aspirateur, de pousser une chaise ou un petit bureau, l'enfant refuse et se met à hurler. La mère s'interroge sur la signification de ce changement d'attitude. Elle précise aussi, à la fin de sa lettre, qu'il y aura bientôt (au mois de février) un petit frère...

Cette dernière phrase est très importante parce que, si ce bébé doit naître en février, cela veut dire qu'il était en route au mois de juillet. Or, le tournant s'est passé au mois de juillet. Cette fillette avait donc six mois à ce moment-là et elle passait deux épreuves importantes en même temps : changer de cadre, voir beaucoup de personnes nouvelles et, surtout, sentir — car les bébés sentent — que sa maman était enceinte. J'ai connu une femme, qui a eu beaucoup d'enfants, qui me disait : « Je m'apercevais toujours que j'étais enceinte — parce qu'elle nourrissait, et il n'y avait donc pas d'autres signes de sa grossesse — aux réactions du dernier. Celui-là régressait, voulait toujours être dans mes bras, braillait dès que je lui demandais quelque chose... Me voilà enceinte à nouveau, pensais-je, et c'était vrai. » Alors, notre petite a senti ça. D'autre part, dix-huit mois, c'est un âge où on accapare énormément la mère. Il faudrait que la mère passe beaucoup de temps, qu'elle manipule beaucoup d'objets en parlant avec cette enfant, qu'elle joue à des tas de choses. Il faut qu'elle explique aussi à sa petite fille qu'elle souffre parce que sa mère va avoir un bébé et que ce bébé n'est pas pour lui faire plaisir à elle, mais parce que sa mère et son père ont décidé d'avoir un autre enfant; lui expliquer également qu'en ce moment ça lui fait de la peine mais qu'elle en sera très contente, plus tard.

Une autre lettre concerne un petit garçon de dix-sept mois, enfant unique, qui a des difficultés de propreté, pour le pipi surtout : « Nous, les jeunes mamans, nous sommes souvent désorientées par les manuels, les conseils, les idées toutes faites pour élever un bébé. Mon enfant, à dix-sept mois, ne parle pas. A quel âge est-ce qu'un enfant doit parler? »

Il n'y a pas de « doit parler ». Mais, pour qu'un enfant parle à l'âge où il aura à parler, il faut qu'on sente que, lorsqu'on lui parle, il est vivant, il vous regarde, il fait des mimiques et que de son côté, il cherche les contacts, veut se faire comprendre. Et puis, surtout, l'enfant ne parle pas facilement quand il est le seul interlocuteur de sa mère ou de son père. Un enfant apprend le langage parlé en voyant sa mère parler de lui, ou pour lui, à son père, l'introduisant dans la conversation lorsqu'elle parle de quelque chose. L'enfant doit parler à d'autres personnes aussi : parler, pour un enfant, c'est apporter ses joujoux et d'autres choses similaires. Il ne faut pas lui dire : « Tu nous déranges », mais « Tu peux écouter ce que nous disons. »

LORSQUE L'ENFANT PARAÎT

Je crois que cette dame, quand elle écrit langage, pense aux mots du langage parlé.

Mais oui, mais le langage de mots ne vient sainement que lorsque l'enfant a quelque chose à dire. Or, il dit beaucoup de choses, fait comprendre beaucoup de demandes, avant même de parler. Que cette mère ne s'inquiète pas pour la parole. Un garçon parle généralement plus tard qu'une fille. On le sait. Les filles ont généralement la langue bien pendue, parce que, justement, elles n'ont pas de zizi. Il faut bien qu'on les remarque par autre chose.

Je n'aurais pas pensé à ça.

C'est pourtant ça. Les garçons parlent plus tard. Parfois, les aînés parlent plus tôt, parce qu'ils ont très envie de s'introduire en tiers dans la conversation du père et de la mère. Mais le second, il n'est pas pressé; c'est le premier qui parle pour lui, chaque fois qu'il a besoin de dire quelque chose. Dix-sept mois, pour un garçon, c'est très tôt. Je dois dire que la mère ferait bien mieux d'essayer d'avoir des échanges avec son fils, des échanges manuels, des observations d'objets manipulés, des jeux parlés avec ses ours en peluche, plutôt que : « Sus au pipi! Sus au caca! » Dix-sept mois, c'est un peu trop tôt pour le siège. Au contraire, ce n'est pas trop tôt pour l'adresse manuelle, les empilages de cubes, les jeux de balles, et les jeux de bouche : faire des bulles, chanter avec rythme : « Broubroubrou », des tas de bruitages. Que la maman joue à des bruitages, chante des chansons, c'est la meilleure manière d'enseigner à parler à un enfant.

La mère ajoute que ce petit bébé est très affectueux, très bien entouré, par elle-même et par son mari, et qu'ayant l'habitude de cette affection dans sa famille, lorsqu'il rencontre d'autres enfants, ou même des animaux, il a tendance à être très, très affectueux. Alors, elle nous dit : « *Une de mes amies, qui a un bébé de quatorze mois et demi, et que mon fils embrasse, cajole, etc., reproche à mon fils d'être casse-pieds, d'être trop collant. Est-ce qu'on peut faire quelque chose à cela?* »

C'est peut-être vrai, je ne sais pas. Cela irait assez avec le fait qu'il ne parle pas. Quand les enfants ne parlent pas, ils ont tendance, avec les bras et la bouche, à faire du corps à corps, c'est-à-dire à embrasser. Il est probable que cet enfant a été un peu trop cajolé, embrassé. J'en profite pour dire aux mamans que c'est bien agréable pour elles d'embrasser la chair du bébé — c'est si doux —, mais les petits enfants, avant deux ans, deux ans et demi, confondent embrasser avec un peu de cannibalisme. Et, au lieu d'aimer en parlant, en coopérant dans l'agir, dans le jeu avec des objets, ils aiment au corps à corps. Je crois que ce petit en est là, en ce moment. Je crois que, lorsque l'autre enfant est là, il faut lui dire : « Tu sais qu'il est petit. Il va croire que tu le manges. Peut-être que, toi aussi, tu crois que grand-mère, ta tante, moi, quand nous t'embrassons, nous te mangeons... Eh bien! défends-toi. Tu vois, lui, il veut se défendre, et sa maman le défend parce que lui, il n'aime pas ça. » Il ne faut pas qu'il continue. Ce n'est pas bon, ni pour le petit, ni pour lui, de jouer comme ça à des embrassades « suce la pomme » tout le temps. Dix-sept mois, c'est l'âge moteur, acrobate et déménageur, l'âge du jeu de balle, l'âge du touche à tout, un tout bien plus intéressant que les personnes.

Bref, ce petit fait sans doute à un plus petit ce qu'on lui a fait et lui fait encore, et qu'il a subi. Il a été un objet pour son entourage. Manipulé, embrassé, cajolé, quand il aurait dû être associé à la vie des adultes par le langage et l'agir en coopération. Ceux qu'on élève en nounours ou en jeune chiot, se croient tels : et en grandissant, ils agressent.

Il sera artiste

Lorsqu'on a un enfant, on souhaite bien sûr qu'il aille « le plus loin possible », comme on dit, et, pourquoi pas, qu'il devienne artiste, par exemple. Une mère qui a trois filles (neuf, sept et six ans), nous écrit à propos de l'aînée et de la plus jeune, qui manifestent des dispositions assez extraordinaires pour le dessin. L'aînée, dit-elle, déjà quand elle était toute petite (dix-huit mois), aimait beaucoup dessiner. C'est d'ailleurs devenu, avec sa poupée, presque son unique occupation. Ses dessins sont toujours de la même inspiration : des princesses, des fées, avec des robes très longues, remplies de broderies, de motifs extrêmement géométriques et très précis, un petit peu étonnants pour une enfant de cet âge. Par contre, à l'école, c'est une élève moyenne et qui a même quelques petites difficultés. La plus petite — qui a six ans, est très calme et s'entend très bien avec les deux autres — fait des dessins aux couleurs très vives, qui sont souvent, dit la mère, sans rapport avec la réalité : elle semble voir les objets dans ses couleurs à elle : « Par exemple, un énorme soleil avec de beaux rayons rouges ou oranges, très vifs. » La question : « Y a-t-il des choses à déduire de ces dessins ? » Autrement dit, est-ce qu'il faut expliquer les dessins des enfants ?

Surtout pas. En revanche, je crois que ce qui peut intéresser l'enfant, c'est de parler ses dessins. S'il ne les montre pas, il ne faut pas en faire grand cas. Mais si l'enfant vient montrer à sa mère ses dessins, qu'elle ne dise pas béatement « Il est très beau » sans plus. Elle doit le faire parler de ce qui est représenté, de l'histoire qu'il y aurait là-dedans : « Et encore?... Et là?... Par exemple là? et là? Qu'est-ce que c'est? Ah, oui! Eh bien, tu vois, je n'aurais pas vu que c'était ça. » Qu'on parle autour de ces dessins. C'est cela qui est intéressant pour l'enfant, et non pas qu'il soit admiré. L'enfant dont on admire les dessins peut être porté à se répéter, comme il semble que ce soit ici le cas pour l'aînée. Peut-être cette aînée a-t-elle voulu intéresser sa maman au moment de la naissance des deux autres. C'est peut-être la raison pour laquelle elle s'adapte moins bien à l'école. C'est difficile pour elle : il lui faut toujours, par son activité, intéresser maman. Je crois que ce serait bien à présent que sa mère l'aide, en inventant, par exemple, un jeu de découpage des dessins, si l'enfant veut bien, certes; que ses fées, ses princesses, et tout ça, soient placées dans certains cadres : des châteaux, des routes, et puis, qu'il se passe des histoires entre ces personnages. Ça animera l'enfant et ça l'aidera à s'activer à l'école.

Quant à la petite, qui a le sens des couleurs..., on voit de plus en plus d'enfants qui ont le sens des couleurs. Je me demande si ce n'est pas la télévision en couleurs, ou bien tous les magazines pleins de couleurs; lorsque nous étions enfants, il n'y avait pas tout ça.

Tous les enfants ont une période « artistique » de dessin; tous ont aussi une période « artistique » musicale. Il est bien de développer ce goût à l'époque où ça intéresse l'enfant. Pour ce, il ne faut pas que l'adulte cherche à expliquer le dessin, mais à en faire parler l'enfant.

Je pense que cette question est posée parce qu'on sait que vous êtes psychanalyste : les psychanalystes ont la réputation de trouver quelquefois des explications assez étonnantes...

Ce ne sont pas des « explications ». Tout simplement, l'enfant *s'exprime* par le dessin; et ce dessin c'est l'enfant encore qui, le jour venu, le traduit en paroles.

Ce n'est pas la peine de les disséquer, en tout cas.

Surtout pas. C'est d'ailleurs pour ça que je n'ai jamais écrit sur les dessins d'enfants et sur leur interprétation. Un enfant qui n'arrive pas à s'exprimer en paroles, peut s'exprimer en dessins. Et puis, il faut savoir qu'il y a des enfants qui cessent le dessin, justement parce que les parents sont à l'affût de ce qu'ils veulent y dire. Car les enfants, lorsqu'ils s'expriment seulement par un dessin avec un psychanalyste, c'est précisément parce que ce dessin est *leur secret,* et qu'ils veulent encore le garder. D'ailleurs, il y a également d'autres choses : on peut fabriquer des marionnettes, on peut jouer avec la parole, avec des sons, on peut également jouer avec le modelage. Une enfant qui ne fait que dessiner voit très souvent le monde en deux dimensions; c'est un peu, dans notre cas, ce que fait l'aînée. En revanche, le modelage, même très mal fait — parce qu'il représente des personnages qui jouent entre eux — est très vivant. C'est là tout ce qu'on ne peut pas faire à l'école. A partir du moment où l'on apprend les signes, où l'on écrit, où l'on fait des dessins pour l'école, ça devient « du scolaire », tandis que tout ce qu'on fait à la maison, c'est *de l'expression* qui peut, si la mère est disponible, amorcer des échanges entre l'enfant et elle; chose impossible avec une maîtresse d'école qui a beaucoup d'enfants. Il y a autre chose que la maman pourrait faire : aider ses petites filles (aussi bien la seconde, dont elle ne nous parle pas beaucoup) à modeler ou à dessiner sur de la musique; elle verra que l'enfant fait correspondre des ambiances de couleurs à certaines musiques. Les enfants doués aiment beaucoup ce jeu; ils aiment aussi dessiner des rêves, dessiner des histoires, écouter des histoires lues ou inventées par la mère, les illustrer. Ne pas oublier non plus que les enfants qui ne dessinent pas peuvent très bien devenir des artistes dessinateurs ou peintres après la puberté, et que les enfants doués dans l'enfance peuvent ne plus l'être après la puberté.

Voici une autre lettre, d'une mère de quatre enfants : une de cinq ans et demi, de « faux » jumeaux qui ont presque quatre ans, et puis, une toute petite fille d'un an. Sa question concerne l'une de ces fausses jumelles, qui s'appelle Claire, qui est très câline, très sensible et qui, comme on dit, semble avoir une sorte de tempérament d'artiste. Je vous rappelle son âge : quatre ans à peu près. « La musique a une très forte attraction sur elle. Il lui arrive, par exemple, d'être un peu triste ou même de pleurer quand une musique qu'elle trouve agréable s'arrête. Elle est, d'autre part, très souvent distraite. Nous sommes d'accord, mon mari et moi, pour ne pas accorder trop d'importance à tout cela, pour ne pas l'influencer au point de lui créer des problèmes. » Elle vous demande néanmoins quelles seraient les activités qu'on pourrait lui faire faire pour développer un peu ce don : « Est-ce qu'on peut déceler chez une enfant si jeune si elle deviendra un jour une artiste ? »

Si cette enfant a de l'oreille, si elle aime la musique, pourquoi ne pas commencer dès maintenant un enseignement musical, bien sûr avec un professeur qui s'intéresse à la spécificité de chaque enfant, et non pas quelqu'un qui va lui faire faire des gammes et des exercices qui la lasseront? Il y a aussi des disques — non, pas de ritournelles —, des disques qui sont très bien faits et qui expliquent à l'enfant les grands compositeurs. De même, il serait intéressant de lui faire entendre aussi de la vraie musique, et non pas uniquement de la musique de variétés ni de la musique enregistrée. Par exemple, s'il y a un harmonium ou un orgue à l'église, que la mère y emmène l'enfant si cela l'intéresse.

La musique est une expression extrêmement utile à beaucoup d'enfants sensibles. Puis, il y a la danse; parce qu'il ne suffit pas d'aimer la musique tout en restant passif : la musique parle aux sentiments mais aussi aux muscles, et il est important que cette petite sache exprimer avec tout son corps ce qu'elle ressent. Le sens musical commence extrêmement tôt. Si cette enfant est musicienne, il ne faut pas attendre pour l'élever dans la musique. Je voudrais dire aussi que je déplore qu'il y ait des petits pianos-jouets qui sont toujours à côté de la note, qui sont faux. C'est tellement important, l'oreille, qu'il ne faut pas la déformer. Il vaut mieux ne pas avoir d'instruments qui donnent des sons, que d'avoir un petit piano-jouet faux — ce qui est vraiment se moquer de l'oreille, un organe si sensible chez l'enfant. Un guide-chant serait beaucoup mieux; ou bien ces petits appareils qu'on appelle des *melodia*, qui ont des notes justes, et avec lesquels, en Allemagne, on fait l'éducation musicale des enfants à partir de deux ans. Il y a des basses, des moyennes et des sopranos, l'enfant choisira l'instrument qu'elle préfère. Lorsqu'il y a un piano dans la maison, veillez à ce qu'il soit accordé. Que les enfants ne tapent pas sur des « casseroles », et qu'ils apprennent à appeler chaque son par le nom qui lui correspond : les notes sont comme des personnes, on doit les connaître par leur nom et les reconnaître.

Ces enfants « artistes » ont-ils plus besoin d'aide que les autres, justement parce qu'ils sont plus sensibles?

De respect, plutôt! Déjà, tout enfant doit être respecté, mais un enfant « artiste » a des antennes, il sent les choses. S'il a une réaction insolite à quelque chose, il ne faut pas lui dire : « Comme tu es bête!... », ce que disent des parents, quand ils ne comprennent pas une réaction de repli ou de joie. Je crois que c'est très important, que les enfants « artistes » aient des moyens de s'exprimer et d'être respectés dans leur expression, qu'ils soient éduqués par des maîtres artistes dans la discipline qui les attire. Écouter de la musique, pas trop longtemps à la fois, aller au musée, regarder de la peinture, et le faire jeune, c'est très important.

Questions muettes

(Encore la sexualité)

Une jeune femme qui a vingt-trois ans, est mariée depuis trois ans, et est une « future » maman, future au sens fort du terme : elle n'a pas encore d'enfant, et elle n'est pas enceinte...

Elle s'y prend de bonne heure!

Elle vous demande si les parents peuvent vivre nus devant leur enfant, sans que cela risque d'être traumatisant pour celui-ci.

C'est toujours traumatisant pour l'enfant. Il faut que les parents respectent toujours leur enfant, comme un hôte d'honneur. Et devant un hôte d'honneur, ils ne se promèneraient pas nus! Pour un enfant, la nudité de ses parents est tellement belle, tellement séductrice, qu'il se sent minable à côté d'eux. Ces enfants développent des sentiments d'infériorité ou, pire, ils ne se voient plus eux-mêmes, et ils ne se sentent plus le droit d'avoir eux-mêmes un corps. Alors, que la mère et le père soient toujours décents, chez eux, comme les adultes le sont sur les plages, pas nus.

Une autre nous demande s'il faut expliquer à un enfant de trois-quatre ans pourquoi ses parents s'embrassent sur la bouche et ne font pas de même avec lui. Et une autre question, qui rejoint la précédente : « Est-ce qu'on doit embrasser un enfant sur la bouche chez soi, à la maison, et éviter de le faire en public? »

Non! ni là, ni ailleurs. C'est encore plus séducteur si ça se passe dans l'intimité. Je crois que les enfants comprennent extrêmement tôt que les parents ont des privautés entre eux, que, eux, n'ont pas le droit d'avoir. C'est précisément cela qui fait qu'un enfant est un enfant et que les parents sont des adultes. Dire : « Quand tu auras une femme (ou un mari), eh bien, tu le feras, toi aussi. » Bien entendu, c'est tout à fait inutile de mettre l'enfant exprès devant ce spectacle. Il y a des parents qui jouent à rendre l'enfant jaloux. C'est tout à fait inutile. L'enfant n'est pas fait pour devenir un voyeur.

Cela dit, lorsqu'un petit garçon ou une petite fille voit ses parents, qui se disent au revoir ou bonjour, s'embrasser sur la bouche, et vient aussi chercher ce baiser, faut-il le lui refuser?

Il faut l'embrasser sur la joue, et lui dire : « Mais non, toi, je t'aime bien. Lui, je l'aime et c'est mon mari, ou tu vois c'est ma femme. Une maman n'embrasse pas son enfant sur la bouche. » S'il y a une grand-mère ou un grand-père : « Je n'embrasse pas ma mère ni mon père comme je le fais avec ton père. Lui non plus. »

Une mère vous a entendue parler un jour de la fessée. Je me souviens qu'en en parlant, vous avez dit qu'il était mauvais de donner publiquement une fessée à son enfant.

Il ne faut jamais l'humilier...

Elle nous écrit ceci : « J'ai vingt-sept ans. J'ai un fils qui en a six. Je suis secrétaire dans une administration où je l'emmène quelquefois. Il y a quelques semaines, mon fils avait trouvé à l'école un jeu très intelligent, qui était de soulever les jupes des filles. » La mère n'avait pas jugé ça trop grave; elle a seulement essayé de lui dire qu'il ne fallait pas le faire, que ce n'était pas bien. Mais, un jour, le jeu a pris des proportions puisque le garçon, qu'elle avait emmené à son travail, a soulevé devant toutes les secrétaires, les jupes d'une jeune fille qui est devenue, paraît-il, rouge de confusion. La mère s'est fâchée, a déculotté son fils et lui a donné une fessée « comme jamais je ne lui en avais donnée, comme jamais je ne lui en donnerai plus d'ailleurs. Il a été humilié, mais au moins il a compris ».

C'est fait, c'est fait!

Mais qu'est-ce qui est le plus important? humilier ou guérir?

Comme toujours, *comprendre ce qui se passe.* Cet enfant, par son geste, posait tout simplement une question muette sur le sexe des femmes. On ne lui a pas répondu à temps. C'est pourquoi il a continué son jeu. Lorsqu'un enfant fait un geste comme cela, c'est qu'il a besoin d'explications de la part d'un homme et d'une femme, c'est-à-dire de son père ou de sa mère. Lui dire : « Tu as vu que les petites filles n'avaient pas le même zizi que les garçons, et tu ne veux pas croire que ta mère et les femmes n'en ont pas. Et pourtant, c'est comme ça. Et, alors, tu t'étonnes : Comment ton père trouve-t-il bien une femme, qui n'est pas faite comme lui? C'est comme cela la vie. » Si on lui avait répondu ainsi, l'enfant n'aurait pas eu ce geste public. Évidemment, je regrette que la maman ait été vexée, gênée, débordée par la colère et qu'elle ait réagi violemment... L'enfant se tient à carreau mais, quant à la question sur le sexe et quant au désir de savoir qu'il éprouve sur ce point, il l'a refoulé avant d'être au clair. Je le regrette.

Elle le regrette aussi.

Comme je l'ai dit, c'est fait, c'est fait... Mais il faut savoir qu'un enfant qui fait ce type de gestes est un enfant qui a besoin d'explications; les garçons — surtout quand ils n'ont pas de petites sœurs — ne veulent pas en croire leurs yeux, la première fois qu'ils s'aperçoivent, et particulièrement à l'école, que les filles n'ont pas le même zizi que les garçons. Ils restent convaincus pendant fort longtemps que leur mère, et les femmes adultes en général, ont, comme les hommes, un pénis. Et c'est là qu'il faut les renseigner, les éclairer. Leurs gestes sont donc des questions muettes.

Une autre question : « Est-ce qu'il est bon de faire assister une petite fille de quatre ans à l'accouchement de sa maman? » Celle qui nous écrit est enceinte et va bientôt accoucher.

Si la mère accouche chez elle, à la maison, à la ferme, il n'est pas nécessaire d'éloigner l'enfant, mais il n'est pas nécessaire non plus de la faire assister. Qu'elle puisse entrer, si elle veut, sortir, si elle veut. En tout cas, il vaut mieux s'en abstenir, surtout si ça ne se passe pas à la maison. Cela pourrait être traumatisant. Je sais que cela devient à la mode. Je ne pense vraiment pas que ce soit éducatif. C'est même probablement très frustrant pour une fillette, incapable d'en faire autant d'ici longtemps. Inutile sûrement, nuisible peut-être, telle est cette assistance d'un aîné à l'accouchement; et dans le doute, mieux vaut s'abstenir.

Par ailleurs, pour le bébé à naître, elle est tout à fait inutile. C'est de la présence de son père qu'il a besoin, autant que de celle de sa mère, dès sa naissance. Pour bien des femmes et des hommes, il est tout naturel d'être ensemble pour accueillir ce nouveau-né qui présentifie leur désir et leur amour conjoints.

Ce qui a été fait, a été fait

(Anxiétés)

Voici une lettre qui reprend certains de vos propos. C'est une mère qui nous écrit ceci : « C'est bien vrai ce que vous avez dit. C'est toujours l'aîné qui essuie un peu les plâtres dans une famille. » Elle a une fille de trois ans et demi, et un garçon, son petit frère, qui a deux ans et demi. Elle ne s'est vraiment sentie mère qu'à la naissance du fils; lorsque la première enfant est arrivée, elle et son mari venaient à peine de se dégager de leur milieu familial et elle a vu cette enfant un peu de l'extérieur : « J'ai dû accumuler les situations traumatisantes pendant les trois premières années de ma petite fille. Est-ce qu'on peut réparer les pots cassés? » Car elle a entendu dire que tout est joué à trois ans et qu'on ne peut pas revenir en arrière. Est-ce vrai? Et, si oui, peut-on, comme elle le dit, réparer les pots cassés?

Elle ne dit pas s'il y a vraiment des pots cassés. Elle se sent coupable, c'est tout. Cela ne veut pas dire que l'enfant ne se soit pas bien débrouillée au milieu de tout ça. Nous n'en savons rien...

Il faut dire qu'il y a eu quelques belles crises.

Quelques belles crises?... Il faut revenir sur ce qu'effectivement, à six ans, et pas à trois, tout est joué, la mère a raison en un sens. L'enfant s'est déjà construit un caractère, à six ans, d'après les expériences qu'il a vécues jusque-là. Pourquoi? Eh bien, parce que, au début de la vie, il est encore sans références. Il serait élevé par des Chinois, il parlerait chinois. Mais il se trouve qu'il parle français, et pas seulement la langue; il « parle » aussi le comportement des parents; il s'est instruit, il a appris que, pour devenir une grande personne, il faut être comme sa mère et son père. Cette enfant aura un caractère qui sera marqué par le type de relations qu'elle a eues, mais cela ne veut nullement dire que son caractère va être catastrophique et névrosé.

Ce qui a été fait, a été fait; à présent, ce qui est important, c'est de parler à l'enfant, lorsqu'elle sera grande, lorsqu'elle dira un jour : « Ah! mais tu ne m'aimes pas. — Si, je t'aime, mais figure-toi que, quand tu es née, je ne savais pas du tout ce que c'était, être une maman. Et peut-être est-ce toi qui me l'as appris... C'est grâce à toi que je l'ai su, pour ton frère. » Ce sera énorme, pour cette petite fille, d'entendre sa maman avouer avoir été maladroite, de l'entendre dire que c'est grâce à elle que maintenant elle l'est moins, pour le second ou pour le troisième enfant. C'est important de le dire à l'enfant, de ne pas lui cacher qu'en effet c'était difficile et que c'est pour ça qu'elle a eu souvent des colères. Les choses doivent être ouvertes entre parents et enfants; il ne faut pas essayer de « rattraper ». Ce n'est pas parce qu'on n'a pas donné assez de biberons à un enfant de trois à dix-huit mois et qu'il en a fait du rachitisme, qu'on va lui donner tout d'un coup à neuf ans les biberons qui lui ont manqué bébé. L'enfant s'est construite comme elle est : avec, peut-être, un caractère plus difficile que son petit frère — et encore, ce n'est pas certain; elle aura peut-être plus de défenses aussi, je n'en sais rien. Il est vrai cependant que la structure de la personnalité, tout ce qui se développera par la suite est déjà prêt à cet âge-là, avant trois ans... A ce moment, il faut comprendre le caractère de l'enfant, puisqu'il a déjà son petit caractère à lui, n'est-ce pas! Il faut surtout aimer son caractère. Il faut que lui-même, il aime son caractère, c'est-à-dire qu'il faut l'aider à se comprendre, parler avec lui de ce qu'il aimerait faire, par exemple... C'est l'enfant lui-même qui doit dire ce qu'il aimerait. Si c'est un garçon, le rôle du père est majeur — ou du grand-père, d'un oncle, d'un homme. La mère ne peut pas arranger toute seule les choses si l'enfant s'est déjà un peu replié. C'est vis-à-vis d'un homme qu'il va s'ouvrir. Et le père doit être là pour ça. A trois ans, on aime faire comme le parent du même sexe pour intéresser l'autre. On a aussi besoin de camarades du même âge.

Une autre mère nous écrit une chose amusante : « A vous écouter, si je n'ai pas été une mère parfaite, au moins je serai une grand-mère exemplaire avec les enfants de mes enfants! » Ses enfants ont maintenant onze, douze et treize ans, et elle pense avoir fait quelques petites erreurs d'éducation quand ils étaient très jeunes : « J'ai l'impression que les problèmes que j'ai eus viennent de la sensibilité de mes enfants. Je pense que, finalement, les enfants sont plus équilibrés, plus sereins, quand ils sont moins sensibles. »

C'est vrai.

Mais alors, dans ces cas d'enfants sensibles faut-il, disons, prendre des gants, agir différemment?

Non. Il faut d'abord leur reconnaître cette sensibilité. Bien sûr, un enfant plus sensible est un enfant qui a des joies plus intenses qu'un autre, des chagrins plus intenses aussi. On peut, peut-être, à ce moment-là, partager avec lui ses joies. Ce dont l'enfant a besoin, c'est qu'on mette des paroles sur sa sensibilité, ni comme bien ni comme mal, mais comme une donnée de fait qui lui est reconnue, et qui implique de sa part acceptation puis maîtrise, ni regret, ni honte.

Une lettre concerne un enfant de quatre ans, très agité et agressif : il présente également des signes évidents d'inadaptation scolaire, a des difficultés, une grande agitation verbale et motrice et un manque de concentration, qui l'empêchent de participer aux activités de sa classe. A la maison, il est très agressif, « *constamment en rébellion contre ce qu'on lui demande, il s'alimente mal, il mouille encore son lit. C'est un enfant anxieux* ».

Ça a déjà l'air d'être quelque chose de sérieux. Je crois qu'il faudrait que cette femme aille en consultation médico-pédagogique... Il s'agit de ce qu'on appelle un enfant instable, donc un enfant anxieux. Alors, pour ce qui est des « moyens du bord », en famille : il ne faut jamais, lorsqu'il est énervé, que la mère s'énerve avec lui; au contraire, qu'elle soit calme, qu'elle essaie de lui donner à boire : de l'eau à boire et de l'eau à jouer. Je l'ai déjà dit. Jouer avec de l'eau et prendre des bains tous les jours aide beaucoup les enfants nerveux. La musique les calme aussi, non, pas des mauvais petits disques, mais du Mozart, du Bach... Toutefois, en l'occurrence, je crois qu'il a besoin d'aller à une consultation médico-pédagogique.

Par ailleurs, la mère écrit : « Il mange mal. » Ce n'est pas vrai. Si elle le laisse vraiment tranquille, manger ce qu'il veut et sans le tracasser pour les repas, ce sera déjà beaucoup pour lui; c'est très mauvais de le faire manger quand il n'a pas faim : dans ces conditions-là, il ne mange que de l'angoisse, et c'est tout.

Comprendre une autre langue, adopter ses nouveaux parents

Parlons un peu d'enfants adoptés et de parents adoptifs. Une femme a adopté deux enfants : l'un a actuellement neuf ans; l'autre, qui est au centre des questions qu'elle se pose, est un petit Vietnamien, arrivé en France à l'âge de six mois et demi, à la fin du mois d'avril 1975. Il a un peu étonné sa mère adoptive par des spasmes et même des syncopes, lorsqu'il avait une quelconque contrariété. Cela se passait entre six mois et demi et neuf mois : par exemple, lorsque le biberon arrivait à sa fin, l'enfant était pris de spasmes violents. Avez-vous une explication à cela?

Oui. Il s'agit d'un enfant traumatisé par le fait même qui est à l'origine de son adoption. Il a été en pleine guerre, alors qu'il était au sein, brusquement séparé de sa mère; c'était le baroud autour de lui et ce petit a tout ça en mémoire. Je n'en suis pas du tout étonnée : un enfant de six mois, c'est déjà un grand bébé, qui connaît bien l'odeur de sa mère, le son de sa voix, les paroles en vietnamien. Tout cela a été brisé, peut-être par la mort de sa mère, en tout cas par son départ pour la France. Évidemment, il a retrouvé une sécurité existentielle, pour son corps; mais toute sa personne symbolique a été construite autrement et s'est arrêtée dans une brisure. Il a « subi » une deuxième naissance, en arrivant ici, en avion; ceci lui laisse comme un souvenir de « vie fœtale prolongée », pourrait-on dire, et une rupture qui a été une deuxième naissance très traumatique. Cela ne m'étonnerait pas qu'il soit même un peu retardé. Il a été repiqué, comme on dirait d'un végétal, dans un autre terreau. Maintenant, *c'est nécessaire qu'il repasse par des colères, c'est absolument nécessaire.* Ces colères, ces spasmes sont des façons de revivre, pour les épuiser, les traces des événements dramatiques vécus par lui.

A présent, il a deux ans, et ne veut pas être propre. Lorsque sa mère le change, il ne veut pas qu'on écarte de lui ses couches sales, comme s'il se rendait compte que tout cela lui appartient, et comme s'il ne voulait pas le perdre, comme si cela lui rappelait la covivance avec ses parents vietnamiens avant qu'il en ait été arraché.

Justement, dans son corps de besoins, survit le souvenir de son désir de sa première maman, d'avant l'âge de six mois. Dans son corps. Et dans sa vie symbolique, en français, il n'a pas encore deux ans. Il n'a même pas encore, pourrait-on dire, dix-huit mois, puisqu'il lui a fallu le temps de comprendre une autre langue, de s'adapter et *d'adopter lui-même ses nouveaux parents :* il lui a fallu au moins trois, quatre ou cinq mois pour cela. Si bien que cet enfant de deux ans, il faut le considérer comme ayant neuf mois de moins, sinon un an de moins, bien que son corps soit « plus âgé »... Au point de vue langage — et quand je dis langage, ce n'est pas « paroles » seulement, c'est aussi la manière de réagir affectivement — il a au moins neuf mois de moins.

Maintenant, la question des colères... Ce petit a été porté, dans les premiers mois de sa vie, dans un drame bruyant et angoissant; peut-être même y a-t-il eu des jours où il n'a pas été nourri. Il porte la guerre en lui et ses colères, c'est une manière, pour lui, de se retrouver lui-même du temps qu'il était avec sa maman de naissance. Comment sa mère adoptive peut-elle l'aider? En lui expliquant, maintenant qu'il est assez grand pour entendre le français, que lorsqu'il était petit, sa maman et son papa de naissance étaient dans la guerre, qu'ils sont morts ou disparus, qu'il était seul et que c'est pour cette raison qu'il a été recueilli en

France et y a retrouvé une autre famille. Même s'il n'a pas l'air de comprendre cela, en le lui répétant plusieurs fois, il entendra, cela donnera au moins un sens à ses colères : signes de sa souffrance morale. Et, surtout, ne pas se fâcher quand il est coléreux. Lui dire : « Oui, je comprends, c'était la guerre quand tu étais petit, et tu as encore la guerre en toi. Il faut que tu l'exprimes. »

Ce petit garçon, lorsqu'on se fâche, lorsqu'on veut lui donner la fessée, a une attitude assez étonnante : il rit. On a « l'impression que les punitions glissent sur lui ».

Ce n'est pas vrai. Les parents interprètent ce rire comme si « tout glissait sur lui ». Ce n'est pas ça. Il vit dans une forte tension nerveuse : le rire et les pleurs, ça peut être simplement la même chose. Ce ne sont que des expressions de sa tension. Il est sous pression, et il l'exprime de cette façon-là, probablement parce qu'il a une très grande fierté. Il ne faut surtout pas l'humilier. Lorsqu'il est coléreux, je crois qu'il vaut mieux l'emmener dans une autre pièce et lui parler à voix basse, calmement. Et, quand sa colère est finie, lui raconter ce que je viens de dire.

Que faut-il donc faire dans de tels cas ? parler aux enfants ? leur expliquer toujours leur situation antérieure ?

Oui, toujours. Et leur dire des mots comme : « père et mère de naissance », un *autre* pays, un *autre* endroit, une *autre* maison. Quand il s'agit d'enfants qui ont été en pouponnière, qui ont vécu dans une petite communauté d'enfants, avec quelques personnes adultes dont chacune avait la charge de plusieurs petits, ça étonne beaucoup les familles adoptives de voir qu'ils ne recherchent guère les adultes; en revanche, ils sont tout heureux quand il y a autour d'eux cinq, six enfants qui bougent, qui sautillent... Ils n'ont pas besoin de câlineries. Voilà ce qu'on peut dire : c'est l'habitude; ou plutôt, enfin, ce qui a été vécu dans les premiers mois reste en engramme, c'est-à-dire comme un mode connu et rassurant de vivre, enregistré en mémoire sur une bande magnétique. Cela s'exprime par des comportements agréables ou désagréables, par des comportements en quelque sorte insolites. Je crois que les enfants en trouvent eux-mêmes plus facilement l'explication si les parents la leur donnent avec des mots. Tout cela s'arrange par la suite, parce qu'un enfant adoptif adopte ses parents, comme ses parents l'adoptent.

Il y a aussi beaucoup de couples mixtes — je veux dire : de nationalités différentes — par exemple, des Allemands qui sont mariés avec des Françaises, des Français qui sont mariés avec des Allemandes, etc. Voici une mère allemande, dont le mari est français. Elle vous demande s'il existe un risque pour l'équilibre psychique d'un enfant à être élevé dans une famille bilingue, si l'on doit utiliser de préférence la langue maternelle ou la langue paternelle, tout en sachant qu'ils vivent actuellement en France. Elle vous demande également s'il y a des périodes particulières, dans le développement de l'enfant, où il serait préférable d'utiliser, soit la langue maternelle, soit la langue paternelle. Malheureusement, elle n'indique pas l'âge de son enfant. Il doit être très jeune, je crois.

Ni le sexe ?

Non... Je pense néanmoins qu'il doit s'agir d'un garçon puisqu'elle parle d'un enfant tout au long de sa lettre.

Nous savons que les fœtus entendent les sonorités des paroles, la voix des parents ; sans doute que ces parents parlaient et parlent entre eux, alternativement, en français et en allemand. Eh bien, ils n'ont qu'à continuer. Toutefois, il vaudra mieux que l'enfant fasse toute son école primaire dans la même langue, jusqu'à ce qu'il sache bien la lire et l'écrire. A ce moment-là, la mère, ou le père, l'aidera pour la langue de l'école, le français ou l'allemand, selon. Mais, étant donné que la mère est allemande, il est impossible qu'elle soit maternelle sans utiliser sa propre langue; s'il faut qu'elle déguise son parler naturel, en le coulant dans une langue qui n'est pas la sienne, elle n'aura plus les sentiments directs et intuitifs qu'une mère a naturellement pour son enfant.

Pas de risques, donc, de traumatisme pour l'enfant? En vous écoutant, je pense à un couple d'amis qui sont de nationalités différentes. Leur petite fille s'exprime parfaitement dans les deux langues. Au début, elle parlait une sorte de charabia assez étonnant, mais, un peu plus tard, elle s'est fabriqué deux mondes distincts. C'est-à-dire que, pour elle, il y avait des gens qui faisaient partie du monde allemand, et d'autres du monde français; elle ne répondait jamais à l'un dans la langue de l'autre.

Et pourquoi pas? Elle était très maligne. C'est tout à fait naturel. Il y a quand même une chose à ajouter : si un enfant, vers deux ans — lorsqu'il est en train d'apprendre bien une langue —, est transporté dans un autre pays, là, il faut l'aider; généralement, lorsqu'il arrête de parler sa première langue, il faut la lui reparler, lui rechanter des chansons de quand il était petit, tout en l'introduisant peu à peu, par des moyens tout simples (des noms d'objets...), dans la nouvelle langue : « Ici, ça se dit comme ça. » Qu'il continue néanmoins à parler avec ses parents comme il parlait auparavant. C'est avec des enfants, ses petits amis, qu'il apprendra l'autre langue.

Les enfants ont besoin de vie

(Loisirs)

Parlons maintenant des loisirs des enfants. Une lettre pose le problème pour un tout-petit. C'est une mère qui écrit : « J'ai un petit garçon de quinze mois. Je suis chez moi, mais il m'est un petit peu difficile de m'occuper de mon enfant parce que j'ai beaucoup de travail ménager et aussi du travail universitaire à faire. » Depuis quelques semaines, elle a l'impression que ce petit garçon de quinze mois s'ennuie : « Il erre, son pouce dans la bouche. Il vient toujours me demander de le prendre sur mes genoux. » Elle vous demande, en fait, s'il y a des jeux à imaginer, pour des enfants de cet âge. Ou, sinon, certains livres à conseiller?

Non, quinze mois, c'est trop petit pour des livres ou des choses comme ça. A quinze mois, les loisirs, ça se passe toujours en compagnie d'une autre personne. Il a besoin d'autres enfants. Je crois que, si cette mère est très occupée, elle devrait chercher une gardienne qui le prenne deux fois par semaine, par exemple, avec d'autres enfants. Et puis, elle pourrait tout de même jouer avec lui deux fois par jour, pendant une demi-heure. Qu'on joue avec des cubes, à se courir après, à grimper sur une échelle, ou aux jeux d'eau dont j'ai déjà parlé. Qu'elle lui montre comment on peut s'amuser autour de l'évier, où l'on fait couler de l'eau, avec des petites barques, une éponge, des joujoux... Elle a raison : son enfant s'ennuie. Que la mère lui parle de temps en temps. Autrement, l'enfant peut s'enfoncer dans l'isolement intérieur. Je crois qu'elle a raison de s'inquiéter et de chercher une solution.

Une autre — qui a cinq filles et un garçon — a eu sa dernière enfant à l'âge de quarante et un ans : cette petite fille a quatre ans maintenant. Elle est allée à l'école et, comme tous les enfants, elle a eu des petits problèmes de rejet. Elle ne s'est pas beaucoup amusée au début; maintenant, elle semble bien avoir accepté l'école. Pourtant, depuis son entrée en classe, la mère constate que cette petite refuse de dessiner, ce qu'elle aimait beaucoup faire auparavant. Quelle attitude faut-il adopter : est-ce que, comme l'a conseillé la maîtresse d'école, il faut attendre que le déclic se produise un jour?

Je ne crois pas du tout que ce soit embêtant. Cette fille est la dernière-née des cinq?

Oui, la dernière-née, les autres sont grands : vingt-cinq, vingt-trois, dix-sept, quinze et quatorze ans.

Donc, c'est comme une enfant unique, puisqu'il y a dix ans de différence entre elle et celui qui la précède. Je crois que c'est là la raison de son comportement : elle a eu un statut tout à fait particulier, entourée de beaucoup de personnes adultes. Il faut lui expliquer que c'est difficile d'aller à l'école parce que, avant cela, elle était toujours en compagnie de grandes personnes; mais qu'elle va voir que les enfants, c'est bien plus amusant que les adultes.

Cette petite fille accepte de dessiner seulement pour une petite cousine, qui est son amie.

Ce faisant, elle s'identifie aux grandes personnes qui s'occupaient d'elle. Je pense que son père devrait s'occuper un peu plus de cette enfant; c'est lui qui a la clé, pour lui faciliter le passage de l'état de bébé à celui de grande fille... J'ai un peu l'impression que, dans cette famille, tout le monde a un statut de parents, tout le monde est père-mère.

Quant au dessin, c'est plutôt la mère qui en est frustrée, semble-t-il. La petite dessinait auparavant, et elle ne dessine plus maintenant. Eh bien, c'est parce qu'elle a d'autres choses à faire, et qui la sollicitent! Il faut à peu près trois mois, à un enfant qui n'est pas du tout habitué à vivre avec des enfants de son âge, trois mois d'observations, pour se sentir chez lui à l'école. Ça viendra. Que la mère ne s'inquiète pas.

Une lettre assez souriante qui vous pose le problème de la venue, dans le foyer, d'un petit chien. Cette mère a deux filles de onze et sept ans. Ces enfants ne posent pas de gros problèmes. Elles sont gardées, pendant la journée, par une dame qui vient depuis cinq ans et demi à la maison; l'aînée demande de façon pratiquement permanente, depuis plusieurs mois, qu'on lui achète un petit chien. Alors, voilà : « Nous habitons dans un F 3. Cela nous pose des problèmes. Honnêtement, on a pensé aussi à toutes les servitudes que cela pouvait entraîner. Mais la demande de notre petite fille devient de plus en plus pressante. Qu'en pensez-vous? Est-ce que, pour Noël, on doit faire cet effort qui ne nous amuse pas tellement, ou est-ce que cela pourrait être un désir passager de notre enfant? »

C'est difficile, parce que, d'après ce que dit cette mère, il n'y a pas de place dans leur appartement. Le chien serait malheureux. C'est vrai que les enfants ont besoin d'avoir de la vie autour d'eux et que, dans les immeubles modernes, il n'y a pas beaucoup de vie. Peut-être pourrait-on trouver un animal moins encombrant, qui demande moins d'aller se promener, de descendre pour faire pipi, etc., un hamster, par exemple.

Je ne vous ai pas lu, volontairement, le post-scriptum de la lettre. Le voici : « Nous avons actuellement dans la cuisine un poussin de quatre semaines, que nous avons gagné à une loterie. Il est à ma plus jeune fille qui s'en occupe très peu. Par contre, l'aînée – donc celle qui demande le chien – s'en occupe et joue beaucoup avec lui; mais, bien qu'elle lui soit très attachée, là encore, il a fallu lui faire comprendre que d'ici deux mois, nous serions obligés de mettre le poussin à la campagne. » Bon! Mais il me semble qu'il y a un problème qui se pose : est-ce qu'on peut toujours refuser quelque chose à un enfant qui insiste tant?

Mais, bien sûr, quand le refus est motivé; ici il est motivé par le bien-être du poussin devenant coq ou poule, là par le bien-être du chien éventuel : un animal doit être aussi heureux que son maître. Or, si le maître est heureux d'avoir un chien, et le chien, lui, malheureux, c'est une chose qu'il faut éviter en expliquant la raison du refus des parents.

Et d'autres refus? Par exemple : une promenade, l'achat d'un livre, une séance de cinéma...

Les désirs sont d'abord imaginaires; ils trouvent leurs limites dans le possible : dans la « réalité ».

Je ne vois pas pourquoi refuser à un enfant quelque chose qui ne gêne pas les parents, qui ne lui est pas nuisible et qui ne l'est pas non plus pour ce qu'on achète. Maintenant, pour cette fille... peut-être serait-elle contente d'avoir un hamster. Un hamster, c'est quand même très gentil, et ça ne sent pas très mauvais; c'est amusant et ça demande des soins. C'est ça l'important : que l'enfant en prenne soin; l'aînée est capable de prendre soin du poussin, la petite, pas encore. Eh bien! est-ce qu'on a essayé les poissons rouges? ou la tortue? ou je ne sais pas quoi... En tout cas parler beaucoup avant de se décider pour l'achat d'une autre bête dont l'enfant aurait à prendre la responsabilité.

Il faut surtout avoir de l'imagination...

C'est ça. Les enfants aiment aussi faire pousser des plantes. En fait, *ils ont besoin de vie.*
Je crois que l'enfant dont on parle comprendra qu'elle ne peut pas avoir un chien. Peut-être a-t-elle envie de faire comme une

petite camarade qui a un jardin. Qu'on lui donne l'exemple d'un chien qui est malheureux, dans la maison de quelqu'un qu'elle connaît; *il faut parler avec elle.* Qu'elle ne croie pas que c'est parce que les parents veulent la brimer qu'ils refusent ce chien.

Une mère nous écrit : « Quand on a une petite fille, doit-on la cantonner dans son rôle de petite fille, lui offrir uniquement des choses féminines? »

Depuis que nous parlons ici, il a toujours été question de respecter le désir des enfants. Lorsqu'il n'y a qu'un enfant, généralement, il s'identifie aux enfants qu'il voit, qu'ils soient garçons ou filles : si un garçon tout seul va voir, par exemple, une petite voisine, une fille, il s'identifiera à elle alors que la petite voisine s'identifiera à lui. Si bien qu'il y a des jeux qui sont de « poupées » pour le garçon, de « voitures » pour la petite fille. Mais quand l'enfant est élevé tout seul, il imite son père si c'est un garçon, sa mère si c'est une fille... Cependant, il est certain que les garçons ont besoin d'avoir des poupées, des dînettes...

Les filles, vous voulez dire...?

Non, les garçons! Les garçons autant que les filles. Mais il se trouve que, quand les garçons et les filles sont ensemble, eux-mêmes veulent se distinguer l'un de l'autre, se différencier. Nous n'y pouvons rien. C'est comme cela quand les enfants sont petits. Ils aiment se différencier les uns des autres si bien que, généralement, les garçons sont plus épris de jeux moteurs et les filles de jeux conservateurs. Cela fait partie du génie naturel de chaque sexe. A partir de l'âge de trois ou quatre ans, les enfants aiment surtout jouer avec et comme ceux qu'ils aiment : s'il y a un enfant dominant, qu'il soit fille ou garçon, qui choisit les jeux, eh bien, l'autre y jouera, parce qu'il aime sa compagnie. N'empêche que si les garçons jouent avec des poupées, ils y jouent autrement que les filles, et les filles avec des autos autrement que les garçons.

Quand on touche au corps de l'enfant

(Opérations)

J'ai ici des lettres qui parlent d'enfants qui vont, soit subir une petite opération, soit être hospitalisés pour quelque chose de beaucoup plus sérieux. Une petite fille de deux ans et demi, enfant unique, doit prochainement être hospitalisée, en vue d'une opération à cœur ouvert. Cela va nécessiter une hospitalisation de deux mois, un certain nombre de jours de réanimation, donc des visites très limitées. Les parents disent, par ailleurs, que leur enfant va en nourrice par demi-journée, qu'elle s'y sent très bien, qu'elle aime beaucoup les contacts avec d'autres enfants, a déjà l'habitude de l'hôpital, où elle est allée souvent en consultation. Ils demandent comment préparer leur petite fille, très jeune, à cet événement.

Le plus important, c'est que les parents ne soient pas anxieux. Ce type d'opération est maintenant courant et n'est pas dangereux. Donc, il n'y a que le côté « psychologique » qui joue. Si l'on est obligé de faire cette opération, c'est que l'enfant, qui déjà ne vit pas si mal, sera beaucoup mieux après. C'est à cela qu'il faut surtout penser. Une opération est toujours quelque chose de pénible, mais son but est la guérison des troubles que présente l'enfant actuellement, et qui risquent de s'aggraver si on ne l'opérait pas tout de suite.

Comment l'aider? D'abord, ce n'est pas sûr qu'il soit impossible que la mère aille plus souvent près du lit de son enfant; qu'elle voie cela avec la surveillante; qu'elle lui demande la permission de tenir compagnie à son enfant. Ce serait mieux. Nombre de services le permettent. Pour le cas où elle n'obtiendrait pas cette « faveur », elle peut préparer à l'avance des poupées pour son enfant : qu'elle en achète quatre; elle en habillera deux, l'une en infirmière et l'autre en docteur, et elle les donnera à son enfant, à l'hôpital. On ne peut pas rapporter de l'hôpital les joujoux qu'on y a; alors, il faudra qu'elle ait préparé les mêmes costumes pour les deux poupées qui seront gardées à la maison et que l'enfant retrouvera à son retour. Elle facilitera ainsi le lien entre l'hôpital et la maison, parce que c'est justement ça qui est difficile : le retour de l'hôpital, contrairement à ce que la mère croit. L'hôpital, l'enfant y vivra pendant deux mois; c'est énorme, deux mois, à cet âge-là, c'est presque huit mois ou un an pour nous. L'enfant a besoin de retrouver à la maison les mêmes objets qui lui ont servi de compagnons pendant qu'elle y était.

Je crois que l'angoisse des parents pour leur petite fille vient également d'autre chose, à savoir de certains mots : « à cœur ouvert ». Ce « cœur ouvert », c'est une expression qui angoisse les gens, alors que, en réalité, il ne s'agit pas d'une opération dangereuse. Le cœur est un mot qui nomme symboliquement le lieu de l'amour; mais dans ce sens-là, que la mère le sache : on ne va pas changer le « cœur » de son enfant. Qu'elle le lui explique. « Le cœur que le docteur va opérer est celui de ton corps, mais ton cœur qui aime, personne ne peut y toucher, ni l'ouvrir. »

Une autre question, qui revient très souvent, concerne des enfants qui ont deux, trois, quatre ans, ou même quelques mois... C'est le problème des phimosis ou des hypospadias. Ce sont là des termes un peu savants. Il faudrait d'abord les expliquer très rapidement.

Il s'agit de petites anomalies de la verge des garçons; le phimosis, c'est le prépuce qui est trop étroit et qui peut gêner l'enfant pour uriner, mais surtout, qui le gêne à chaque fois qu'il a des érections. Cela lui donne des érections douloureuses; l'hiver, ça peut aussi gercer. Bien des enfants en sont gênés. Il n'y a donc aucun intérêt à conserver un phimosis. Mais ça, c'est le pédiatre qui doit le dire. Évidemment, l'opération du phimosis fait peur aux enfants; il faut leur expliquer qu'on la leur fait faire pour qu'ils aient une belle verge, comme papa, une verge qui puisse avoir des érections sans qu'ils en souffrent. Il faut aussi savoir que cette opération n'est pas très douloureuse.

Voici une lettre d'une maman dont le fils a un phimosis qui doit être opéré dans un an, un an et demi : « Vous vous rendez compte? Vous pouvez supposer que cette opération n'a rien de réjouissant, et même combien elle peut être traumatisante pour un petit garçon de quatre ans. J'avoue que c'est une perspective qui me panique énormément. Je n'ose pas en parler à mon enfant, parce que j'ai peur de lui communiquer mes propres angoisses. Mon mari et moi n'en parlons jamais, comme si nous voulions exorciser notre angoisse. » Cela prend des proportions, parfois!

Oui, mais s'agit-il d'un phimosis...?

Ah! pardon..., d'un hypospadias assez marqué, dit-elle.

C'est tout à fait différent. Dans un hypospadias, l'orifice de la verge au lieu d'être au centre du gland, se trouve sous la verge, quelquefois très près du gland, quelquefois assez près de la racine de la verge. C'est d'ailleurs ce dont souffrait Louis XVI; il a été opéré adulte, parce que sans cette opération, il ne pouvait pas être père. Un enfant qui a un hypospadias mouille ses culottes, il ne peut pas faire autrement. C'est très gênant pour un garçon. Cela étant, je ne sais pas pourquoi les parents en sont angoissés, puisque après l'opération il sera, au contraire, beaucoup plus heureux. C'est une opération qui est désagréable, en effet, mais ces désagréments ne sont rien à côté de l'agrément d'avoir une verge normale, comme les autres garçons. Voilà ce qu'il faut lui dire. Les parents sont toujours anxieux quand on touche au corps de leur enfant. Mais, dans ce cas-là, ils ont tort, car l'enfant — et il faut le lui expliquer — sera beaucoup plus heureux après.

Tout cela pose en gros le problème de l'hospitalisation des enfants. La conclusion, c'est qu'il ne faut pas dramatiser cet événement?

Non, d'autant que les enfants, à l'hôpital, sont généralement heureux; dès qu'ils vont un peu mieux, ils ont de la compagnie. Ce qu'il faut, quand l'enfant va à l'hôpital, c'est ne jamais manquer la visite promise; c'est très important. Si la mère prévoit qu'elle ne peut pas passer tel jour, qu'elle ne laisse pas croire le contraire. Souvent, à l'hôpital, l'enfant ne peut voir ses parents que derrière des vitres. Et les parents se mettent à pleurer, parce que leur enfant pleure; ils sont angoissés. Cependant, c'est normal que l'enfant pleure : à ce moment-là, il faut que les parents aient le courage de supporter ses cris. Qu'ils ne s'en aillent pas, en se disant : « Puisqu'il pleure quand il me voit, je ne reviendrai plus. » Il vaut mieux que l'enfant pleure, crie, ait le chagrin d'avoir vu sa maman sans pouvoir être dans ses bras, plutôt que de lui éviter ce chagrin sous prétexte que ça les remue trop, et la mère et l'enfant. Tant pis! Il faut que la mère ait le courage d'être remuée, sans trop le montrer. C'est bon pour l'enfant (même s'il pleure) de voir sa maman, et même si elle pleure! Ce serait bien pis de ne pas la voir et de se croire oublié d'elle.

Un bébé doit être porté

(Apaiser)

Voici une mère dont le fils (qui a dix-huit mois) a eu pratiquement dès la naissance des vomissements assez répétés, avec symptômes nerveux « habituels » du nouveau-né. Vers ses onze mois, il a été confié pendant une dizaine de jours aux grands-parents; à partir de là, il s'est mis à se taper la tête contre son lit. Cela a pris des proportions importantes puisque, maintenant, ce geste est devenu pour l'enfant un moyen de pression : il sait que, quand il se tape la tête contre le lit, ses parents viennent tout de suite. La mère précise également que son enfant a été circoncis à neuf mois (pour un phimosis), et qu'il a certainement gardé un souvenir un peu douloureux de cette opération : « Je voudrais comprendre ce que cela veut dire. Est-ce que c'est un enfant qui cherche une réponse à une question? Comment peut-on expliquer ses troubles? » Par ailleurs, c'est un enfant heureux, un enfant qui joue beaucoup...

Donc, les difficultés sont arrivées après le passage dans la maison de ses grands-parents, passage qui, lui-même, a suivi d'assez près l'opération du phimosis... Je crois qu'il s'agit d'un petit qu'on n'avait pas préparé, par de claires explications, à son opération. Vous savez, je l'ai déjà souvent dit, qu'il n'est jamais trop tôt pour dire la vérité à un bébé.

On ne l'a pas préparé pour cette opération, pas plus que pour son séjour chez ses grands-parents. Actuellement, quand il se tape la tête (c'est-à-dire quand il est en demi-sommeil ou même dans le sommeil), c'est le père qui, plus souvent que la mère, devrait lui caresser la tête d'arrière en avant, lui dire : « Tu sais, quand tu étais petit, nous t'avons laissé chez tes grands-parents, et tu ne savais pas que nous allions venir te rechercher. Nous ne te l'avions pas expliqué et tu t'es cru en prison. Tu t'es cru prisonnier. Et maintenant, tu tapes comme un prisonnier contre les barreaux. Mais tu n'es pas prisonnier. Nous t'aimons. Et puis, papa et maman sont à tes côtés, dans la chambre. Je suis là tout près. » Car il s'agit d'un enfant précoce; ce que la mère nous raconte de ses vomissements du temps où il était bébé, c'est déjà un signe qu'il avait besoin de compagnie, une compagnie particulière, pas n'importe qui.

J'en profite pour dire que les enfants qui ont des vomissements ont besoin d'être beaucoup plus souvent pris dans les bras. Il y a un système, dans l'éducation des petits (et certains pédiatres y adhèrent), selon quoi il ne faut pas donner de « mauvaises habitudes » aux enfants; il ne faut pas, soi-disant, les bercer; il ne faut pas, soi-disant, les porter contre son corps. Mais si, *il le faut.* Évidemment, ça ne durera pas jusqu'à vingt-cinq ans. On changera peu à peu la façon d'être avec l'enfant. Mais il faut absolument que le petit sente qu'il bénéficie d'une sécurité totale. Or, cette sécurité, il ne l'a que lorsqu'il se cogne, pourrait-on dire, contre sa maman. Dans son berceau, il cherche à se cogner contre sa maman, mais seulement, c'est le berceau qu'il trouve. Alors, la première chose, c'est de capitonner le berceau avec beaucoup de coussins...

C'est ce qu'ils ont fait. Ils disent d'ailleurs que, depuis, l'affaire prend moins d'importance.

Bien sûr! Peut-être faut-il ôter les barreaux du lit... Il faut aussi raconter à ce petit garçon son opération du phimosis, et pourquoi on l'a opéré. Que ce soit le père qui lui explique toutes ces choses concernant sa virilité future; il a été blessé au départ. Il ne faut pas oublier que, pendant des mois, ce petit a souffert chaque fois qu'il urinait, qu'il avait une érection, c'est-à-dire sept à dix fois par jour. C'est pour ça aussi qu'il était très mal à son aise et que l'opération était nécessaire. Il faut lui parler de cela, et ce n'est pas trop tôt pour le faire, dix-huit mois. Même à deux mois, ou à six jours, il n'est pas trop tôt pour parler à un enfant de sa sensibilité, des épreuves qui sont les siennes : lui dire qu'on va faire au mieux pour l'aider, mais qu'on ne peut pas lui éviter certaines épreuves.

Vous parliez des pédiatres, il y a un instant. Or, voici une lettre d'une pédiatre, figurez-vous. Elle voudrait que vous parliez de ce qu'on appelle les « coliques du nourrisson »; les enfants qui en souffrent, pour le reste bien portants, crient de façon prolongée, quelquefois pendant six ou huit heures par jour.

Je pense qu'un bébé qui pleure comme ça a eu une naissance un peu traumatique, ou qu'il est un enfant plus sensible à la brusque séparation d'avec sa mère, ou, encore, que quand il était *in utero,* sa mère était anxieuse. Ce qu'il faut, c'est encourager les mères à tenir le plus souvent possible leur enfant contre leur corps. Quand elles ne peuvent pas le faire, qu'elles leur parlent, qu'elles les approchent le plus près de l'endroit où elles travaillent, qu'elles les bercent quand ils pleurent. Il n'y a aucun intérêt à laisser un enfant pleurer, sous prétexte qu'il a des coliques et que ça passera. Il sent le monde, et son monde, c'est maman, n'est-ce pas. Bien sûr que crier, c'est mieux que ne pas crier et souffrir. Toutefois, il ne faut pas non plus le laisser crier tout seul. Il faut qu'il entende une voix qui le comprend. Un bébé doit être porté. Ce sont les mœurs actuelles qui font que l'enfant n'est pas entouré, par des grand-mères, ou une famille nombreuse. Sinon, le bébé devrait être dans les bras, quand il ne dort pas. Il y a beaucoup d'enfants qui pleurent et qui n'ont besoin que d'être pris dans les bras, d'être bercés; qu'on leur parle, que leur maman ne soit pas anxieuse. Il y a aussi ceux qui ont des difficultés à digérer le lait et qu'il faut aider. Il y avait, autrefois, beaucoup de remèdes de bonne femme, très simples; j'en ai appliqué à l'un de mes enfants qui pleurait, c'était un produit qui favorisait le caillage du lait de vache à la manière dont caille le lait de femme. C'était la guerre, il n'y avait pas de lait et moi, je n'en avais pas assez pour mon premier : le sirop de papaïne l'a soulagé. Maintenant il y a des laits très bien adaptés aux enfants.

Il y a encore quelque chose à faire de plus, à quoi les mamans pensent rarement, c'est de masser gentiment, par-dessus les langes, le ventre de leur enfant; ça aide aussi que l'enfant n'ait pas froid au ventre; et s'il est mouillé, de lui mettre une bouillotte. Toutes ces petites choses sont d'importance.

Ne pas oublier qu'il y a, par ailleurs, des bébés qui ont vraiment mal au ventre, parce que quelque chose de plus grave se prépare.

Et puis — je le répète — parler au bébé sur un ton très gentil, très calme, ne jamais lui dire : « Tais-toi! », en hurlant. Car alors, l'enfant se taira, mais il aura encore plus d'angoisse, à ne pas pouvoir la manifester pour se soumettre au désir de sa mère.

Il sera terrorisé mais ne manifestera plus rien.

Voilà! et c'est pire. Il vaut mieux, au contraire, lui dire : « Eh bien, tu as mal au ventre, mon pauvre petit. » Des choses comme ça, toutes simples, en faisant sa cuisine, son ménage... Et puis, dès lors que la maman le peut, elle va le bercer un peu, lui masser le ventre, lui parler. Voilà ce qu'on peut dire. Mais c'est toujours difficile. Tenez, nous avons dans le même ordre d'idées une lettre qui m'a beaucoup intéressée : celle d'une mère de jumeaux..., si vous pouviez la retrouver.

Je l'ai là. Cathy et David sont des jumeaux nés prématurément — à sept mois et demi — et, de ce fait, raconte la mère, ils sont restés pendant un mois et demi au service des prématurés :

« *Vers l'âge de cinq à six mois, j'ai eu besoin de confier mes enfants à plusieurs reprises à une garderie, et ceci...* »

Elle dit même « une halte garderie »... C'est très intéressant qu'il y ait des endroits comme cela, où les enfants ne restent pas obligatoirement toute la journée.

« *...trois ou quatre heures par jour, chaque fois. Les conditions d'accueil étaient excellentes. Cependant, voici ce qui se passait à l'heure du repas et du change : les puéricultrices revêtaient, à ce moment-là, une blouse blanche, et prenaient les enfants; les miens se mettaient aussitôt à hurler; les hurlements commençaient dès que les blouses blanches approchaient et duraient le temps des soins... Alors, j'ai pensé que mes enfants assimilaient les puéricultrices en blouse blanche aux infirmières qu'ils avaient connues au service des prématurés et, pour donner confiance aux jumeaux, pour leur montrer que les blouses blanches ne signifiaient pas une séparation d'avec moi, j'ai moi-même revêtu une blouse blanche, lorsque je leur donnais le bain ou le biberon à la maison. A partir de ce moment-là, plus aucune réaction de frayeur ou autre, à la maison.* » Au bout de plusieurs jours, quand elle a remis ses enfants à la halte de garderie, il n'y a plus eu aucune réaction aux blouses blanches des puéricultrices.

Ça montre combien les enfants ont besoin de la médiation maternelle, pour tout ce qui est nouveau. Ici, ce n'est pas du nouveau qu'il s'agit, c'est du passé qui a été angoissant et auquel les enfants ne voulaient pas retourner; cette maman a vraiment fait preuve d'une intuition et d'une intelligence maternelles dont je la félicite.

Bébés collés, jumeaux jaloux

Reprenons la même lettre, pour en venir à la question que la mère vous posait. Le petit garçon et la petite fille, qui ont maintenant cinq ans et demi, ont progressé ensemble, sans qu'on puisse dire que l'un dominait l'autre. Ils étaient très différents l'un de l'autre, avaient des centres d'intérêt nettement distincts; il y a toujours eu entre eux à la fois une grande émulation et une grande rivalité, jusqu'à l'âge de cinq ans, quand ils sont allés à l'école. A ce moment-là, on avait l'impression que la fille était plus avancée que son frère : « On sentait qu'elle dominait le garçon, surtout par sa débrouillardise. » Vers cinq ans, c'est le garçon qui a fait un bond en avant, très brutal, surtout au niveau de l'école. Ils étaient dans la même classe et il semble que la maîtresse a beaucoup complimenté le garçon de ses progrès. La mère précise bien que, dans la famille, ni son mari ni elle-même n'ont fait de comparaison entre les deux enfants, ni de commentaires : « A partir de ce moment-là, j'ai eu l'impression que la petite fille se laissait écraser par son frère. Elle avait même tendance à régresser : langage moins bon, troubles de mémoire, etc. » Cette situation dure maintenant depuis six bons mois. La mère a demandé que ses enfants soient dans deux classes différentes, ce que d'ailleurs les enfants ont accepté avec beaucoup de plaisir. La question est : « Comment aider la petite fille à sortir de cette impasse, comment faire pour qu'elle retrouve confiance en elle-même? »

J'ai l'impression que cette petite fille vient de découvrir sa féminité, à savoir ce qui la différencie de son frère. Longtemps, comme ils étaient jumeaux, cela allait de soi : la question ne se posait même pas. Il est possible que les parents ne leur aient pas assez parlé de la différence entre eux, ne leur aient jamais dit des choses très simples comme : « Toi, tu deviendras un homme; toi, tu deviendras une femme », dès leur très jeune âge. Je crois aussi qu'elle a eu la malchance d'être en classe avec une maîtresse. Si c'était un maître, comme elle a la langue bien pendue — c'est normal pour les petites filles —, elle aurait été toutes voiles dehors pour lui. Le garçon, à ce moment-là, se serait dit : « Bon! ici encore, c'est elle qui a le dessus! » Mais, à l'école, le garçon a rencontré d'autres garçons. Il s'est dit : « Tiens! ils sont comme moi et, elle, elle n'est pas comme moi. » Peut-être que les parents n'ont pas assez parlé de la différence sexuelle. C'est pour cela que les enfants se sentent à présent soulagés d'être séparés. Car les jumeaux de sexe différent, comme ceux-là, ne peuvent pas être amoureux l'un de l'autre, comme ça se passe normalement entre garçons et filles à partir de trois ans : tous les enfants qui sont à l'école, à cet âge, garçons et filles — qu'ils le disent ou non —, ont un petit fiancé ou une petite fiancée parmi leurs camarades. Et une petite fille tient son frère à l'œil; jusque-là, c'était elle sa préférée. Mais voilà que, lui, il a maintenant comme copains des garçons et puis, peut-être, une petite fille qui l'attire. Elle s'est sentie délogée de sa place de seul compagnon et, en même temps, de seule fille pour son frère, c'est normal. Il faut que ses parents lui expliquent cela. Il faut dire à ces enfants dès maintenant, que, l'amitié, ils l'auront toujours, mais que, frère et sœur, il faut bien qu'ils arrivent à se séparer, puisque chacun d'eux est fait pour avoir un autre compagnon plus tard, elle un garçon qui sera son fiancé puis son mari, et lui, une autre fille, plus tard sa femme.

Et lorsqu'il s'agit de « vrais » jumeaux, deux filles ou deux garçons?...

LORSQUE L'ENFANT PARAÎT

Alors là, c'est tout à fait différent, parce que la rivalité est grande entre deux jumeaux. Généralement, elle est camouflée jusqu'à l'âge de la puberté : jusque-là, ils sont d'habitude comme un binôme, on ne peut pas les séparer. Et c'est dommage. Les parents qui voient ça, auraient intérêt à les habiller différemment dès qu'ils sont tout petits, à leur donner des jouets différents, même s'ils les échangent entre eux... à les faire inviter séparément chez des amis différents quand cela est possible, à les mettre dans des classes différentes. Mais c'est vrai qu'il y a des jumeaux inséparables. S'ils se développent bien, sans se nuire l'un à l'autre en classe par trop de dépendance, et s'ils le désirent vraiment tous deux, on peut les laisser ensemble.

Il est toujours mauvais d'élever tout pareillement deux enfants rapprochés, ce l'est aussi pour des jumeaux.

Ce qui, il faut bien le dire, n'est pas connu; on voit tellement de petits frères, ou de petites sœurs habillés de la même façon...

Justement. Or, les jumeaux devraient être très individualisés, dès qu'ils sont petits, parce que, sinon, ils se collent l'un à l'autre : il y en a un qui est dominant, l'autre qui est dominé, et c'est mauvais pour les deux. C'est peut-être pire pour le dominé que pour le dominant. Il vaudrait mieux, dès que possible, les séparer. Quant à la classe, deux maternelles différentes, si c'est faisable... Il faut agir de la sorte le plus tôt possible parce que, lorsqu'ils ont déjà pris l'habitude d'être toujours collés ensemble, on ne peut plus les séparer et, au moment de la puberté, ça se transforme en une guerre terrible : aucun d'eux n'admet l'arrivée d'un troisième élu de l'autre. Il y en a toujours un qui se pose comme rival de l'autre, si celui-ci se met à faire attention à un petit camarade. Il vaut donc mieux qu'ils ne soient pas, sans arrêt, sous les yeux l'un de l'autre. Qu'ils soient jumeaux ou non, les enfants doivent être vus par leurs parents comme des personnes totalement différentes. C'est très important, même s'ils se ressemblent beaucoup.

J'ai souvent entendu dire, autour de moi : « Les jumeaux, on ne les sépare pas. » Ce n'est pas parce que, avant de naître, ils ont été ensemble, qu'il faut qu'on continue à les voir comme le reflet l'un de l'autre. C'est comme si on les « chosifiait » : on les réfère toujours à leur passé... Il faut les juger aujourd'hui et, *aujourd'hui,* ils sont différents. Généralement, ils ont un parrain et une marraine différents; que ceux-là les emmènent séparément. Vous voyez, il faut tout le temps les distinguer l'un de l'autre, leur permettre de développer des personnalités aussi différentes que possible.

Et puis, là aussi, ne pas hésiter à parler, à expliquer...

Naturellement.

Dire « non » pour faire « oui »

(Obéissance)

*Cette lettre-ci pose le problème de l'autorité dans la famille :
« Je voudrais bien savoir à partir de quel âge on peut exiger d'un
enfant l'obéissance : ramasser ses jouets, rester à table, aller
au lit, arrêter de jouer, fermer une porte. » Cette femme a un
enfant de deux ans. Elle ajoute : « Il faut que je ruse à longueur
de journée afin de me faire obéir car, depuis quelques mois maintenant, il entre dans une période du " non " systématique, qui
s'affirme de plus en plus. »*

Cet enfant est en train de muter sa psychologie de bébé, qui
ne pouvait pas manquer de faire ce que sa maman lui demandait; auparavant, il était toujours comme sa mère le voulait,
parce que sa maman et lui ne faisaient qu'un. Il arrive maintenant à distinguer « moi-moi » de « moi-toi » : il devient autant
« moi » que sa maman. C'est la période du « non », qui est une
période très positive si la mère la comprend. L'enfant dit « non »,
pour *faire* « oui ». Ceci veut dire : « " Non ", parce que tu me le
demandes » et, immédiatement, « mais, en fait, *je* veux bien le
faire, *moi* ».
La maman pourrait beaucoup aider son enfant, en lui disant :
« Tu sais, si ton père était là, je crois qu'il te le dirait aussi. » Elle
ne doit pas insister trop. Quelques minutes après, l'enfant le fera.
Il le fera pour devenir un « homme », et ne pas rester un
« enfant » qui est commandé, comme un chien, comme un « petit »,
qui a besoin d'un maître. Or, lui, il est en train d'advenir à la

possibilité de dire : « Moi... je... » Ce n'est pas très commode pour la maman, mais c'est un moment très important.

La mère parle aussi de « ranger ». Eh bien, un enfant ne peut pas ranger sans danger avant trois ans et demi-quatre ans. Un enfant qui range trop tôt peut devenir obsessionnel...

A savoir ?

Quelqu'un qui, plus tard, fera les choses pour les faire, mais non pas parce qu'elles ont un sens : selon une espèce de rite. Il n'est plus dans le vivant : il est soumis comme une chose aux autres choses. Alors que l'utilité de ranger, les parents, eux, la connaissent bien, l'enfant, pas du tout : plus il y a du désordre, plus il se sent dans le droit de vivre. Quand un enfant joue, il met du désordre, c'est obligatoire. Il n'a pas encore *son ordre*. *Son ordre* va arriver à sept ans. Il peut néanmoins commencer à ranger à quatre ans, surtout si, chaque fois qu'il est question de ranger, la mère lui dit : « Bon! Maintenant, avant de faire autre chose, nous allons ranger. Tiens! Aide-moi. » Elle fait les trois quarts du travail, il en fait le quart, à regret, mais il le fait. Au bout d'un certain temps, il le fait aussi parce qu'il voit son père ranger. Mais attention! Les garçons dont le père ne range jamais ont beaucoup de peine à devenir « rangeurs ». Il faut se faire aider par le père qui peut, par exemple, dire à son fils : « Tu vois, moi, je n'ai pas appris à ranger quand j'étais petit. Cela me gêne beaucoup. Je ne retrouve pas mes affaires. Ta mère a raison. Essaie de devenir plus *rangeur* que moi. » Et, c'est un fait connu, les garçons ne deviennent pas « rangeurs », justement, parce que c'est leur mère qui voulait qu'ils rangent, quand ils étaient petits, et qu'ils n'ont pas été aidés par leur père, soit par l'exemple, soit en paroles qui leur font comprendre la gêne que le désordre apporte à la vie quotidienne.

Quant aux autres problèmes : rester à table ou aller au lit? Si un enfant dit simplement « Non » et n'y va pas?

Mais, ce n'est pas « bien » d'aller au lit quand on n'a pas sommeil! L'important, pour les parents, c'est d'avoir la paix, à partir d'une certaine heure du soir. A ce moment-là, il faut dire : « Eh bien, maintenant, c'est l'heure de *nous* laisser tranquilles; *nous* voulons être tranquilles! va dans ta chambre et tu te coucheras quand tu auras sommeil! » C'est tout. L'enfant se couchera, non pas parce qu'on l'y oblige, mais parce qu'il a sommeil; ou, alors, il s'endormira sur un bout de tapis, à un endroit où il aura moins froid; une heure ou deux après, les parents le mettront dans son lit. Les rythmes de la vie, il faut que l'enfant les apprenne par lui-même. Si c'est la mère qui commande et décide de tout, finalement, il n'aura plus son corps à lui : son corps appartiendra encore à l'adulte. C'est un danger pour l'acquisition de l'autonomie.

Une autre lettre concerne également les petits problèmes du soir dans les familles. Une mère écrit : « J'ai un petit diable qui a quatorze mois. Mais déjà, à huit mois, il avait cassé les barreaux de son lit pour pouvoir descendre et taper à la porte quand il ne voulait plus dormir. Maintenant qu'il a quatorze mois, il a trouvé un autre système. Il s'endort très souvent devant la porte-fenêtre de l'appartement. Il finit par s'endormir par terre. Nous n'avons pas voulu le perturber. Nous avons simplement installé un tapis un peu plus épais, pour qu'il n'ait pas froid. Assez curieusement, depuis que nous avons installé ce tapis, il y va de moins en moins. » Et les questions : « Qu'est-ce qui peut attirer un enfant dans le coin d'un appartement? Le paysage, derrière la porte-fenêtre, ou les lumières dans la rue? Peut-être aussi le frais, parce que c'est un enfant qui n'aime pas du tout les draps et les couvertures, qu'il repousse perpétuellement? Pourquoi y va-t-il moins depuis qu'il y a un tapis? »

C'est un peu compliqué; je crois que, même si la mère n'avait pas mis de tapis, au bout d'un certain temps il aurait fait la même chose. Au début, l'enfant va vers quelque chose qui lui semble être une issue : il aimerait bien, par exemple, aller se promener dans la rue. Pourquoi pas, après tout, puisqu'il n'a pas sommeil? Alors, il va là où, peut-être, il y a à voir quelque chose. Il se distrait. Il ne sait pas encore lire, regarder les images tout seul. Donc, il va voir ce qui bouge, la vie...

Quand les enfants se couchent, il ne faut pas ranger leurs jouets avant qu'ils s'endorment. Il faut d'abord les coucher et ranger les jouets après. Les jouets, ça fait partie d'eux-mêmes... : ça va dormir parce que, eux, ils vont dormir. Et, cet enfant, il voit que la vie continue. Peu à peu, il s'habituera à son propre rythme et à ses besoins de repos et de sommeil. Dans quelque temps, il montera seul dans son lit. Pour l'instant, il en a cassé les barreaux, c'est bien; il n'en a plus besoin.

A huit mois, c'est déjà une belle performance!

Oui, c'est qu'il est fort! Dès qu'un enfant devient un peu acrobate, il faut mettre à côté de son lit, pour qu'il n'en tombe pas, un système d'escaliers, ou une chaise, un petit tabouret, pour qu'il puisse descendre facilement de son lit en enjambant les barreaux : rien n'est plus mauvais pour un enfant qui ne dort pas, que de se sentir enfermé dans une cage. Surtout pour l'enfant unique, c'est difficile... Dès qu'ils sont deux ou trois dans la même chambre, c'est très bien, parce qu'ils s'amusent jusqu'au moment où le premier s'endort.

A propos de la période du « non » chez les enfants...

Elle se place autour de dix-huit mois pour les garçons très précoces; chez d'autres, à vingt et un mois... C'est un moment à respecter, à ne pas prendre à contre-pied. Ne rien répondre. L'enfant fera un peu plus tard ce que sa mère lui a demandé.

Revoici le repas familial. C'est une mère qui vous écrit : elle a une fille de cinq ans, qui est l'aînée de deux autres enfants. Son mari et elle ne sont pas d'accord quant à la façon d'apprendre à cette enfant (très jeune) à bien se tenir à table : « A mon avis, mon mari lui demande beaucoup trop pour son âge, car il exige que cette petite fille se tienne droite, les coudes au corps, mange la bouche bien fermée, sans faire de bruit. Et, moi, j'estime qu'il faudrait plutôt aller par paliers, attendre que quelque chose soit acquis pour aller plus loin, pour demander plus. Pendant la semaine, les enfants prennent leurs repas dans la cuisine mais, le dimanche, les repas deviennent réellement éprouvants pour tout le monde, à cause des remarques constantes de mon mari à notre fille. Comment arriver, en fait, à un équilibre entre repas d'éducation, d'une part, et repas d'agrément, d'autre part? Que peut-on vraiment demander à un enfant de cinq ans? Est-ce qu'il ne faut pas attendre un peu plus? » Autre aspect, qui est assez important : « Mon mari donne à notre fille des coups de fourchette, légers, bien sûr. » Cette dame s'empresse de préciser, par ailleurs, que le papa est exemplaire, qu'il joue beaucoup avec ses enfants, qu'il les aime bien, qu'il suit leurs études, qu'il leur lit des livres... Mais, enfin, à table, cela frise quand même un peu l'hystérie...

C'est bien ennuyeux que la mère nous écrive sans que le père nous ait donné son avis lui aussi. Je dois dire que cette petite, à cinq ans et demi, devrait manger tout à fait comme une grande personne. Il est possible qu'à force de faire manger les enfants seuls, dans la cuisine, la mère ne leur ait pas appris à manger proprement. Un enfant peut le faire sans problèmes à trois ans. Tout à fait comme un adulte. Je crois que le père voudrait, en quelque sorte, que sa fille soit bonne à manger des yeux; il la traite même un peu comme une denrée alimentaire : il la pique avec une fourchette! Il voudrait que sa fille soit vraiment parfaite — parce qu'il l'adore, probablement — et elle doit sentir cela. Je me demande si tout ça ne vient pas surtout de l'angoisse de la mère, si la petite n'en joue pas un peu. Elle sent très bien que son père et sa mère sont brouillés, à cause d'elle, pour l'histoire des repas. Il faudrait, au lieu de se mettre dans tous ses états à propos de ce qui se passe à table, que la mère prenne la petite fille, le jour où le père n'est pas là, et qu'elle lui dise : « Écoute, nous allons nous arranger pour que tu manges parfaitement bien; ton père a raison : il faut que tu arrives à manger bien. Ça t'amuse peut-être, que ton père, à table, ne s'occupe que de toi. Eh bien, moi, je n'aime pas ça. Ce serait beaucoup plus agréable si, à table, on parlait d'autre chose. »

On dirait que c'est la guerre au moment des repas. Pour la mère, c'est très mauvais. Pour la petite, ce n'est ni bon ni mauvais, cela n'a aucune importance, pour ainsi dire, puisque ce sont des privautés de papa vis-à-vis d'elle qu'elle obtient, en rivale triomphante de sa mère. Ce qui est ennuyeux, c'est qu'il n'y a plus de repas de famille. Alors, que la mère fasse cet effort auprès de sa fille. Je crois que celle-ci peut arriver à manger proprement en moins d'une semaine.

Si vous me permettez une remarque personnelle, il y a quand même une grande marge entre manger proprement et être à l'armée... Est-ce qu'on peut vraiment demander à une enfant de cinq ans, non seulement de manger proprement, mais aussi de se taire, de manger la bouche fermée? Est-ce vraiment important pour son éducation?

C'est important uniquement parce que son père l'exige...

Aurait-il raison de ne pas y attacher d'importance?

S'il n'y attachait que l'importance nécessaire, eh bien, je suis sûre que la petite mangerait déjà proprement. Elle provoque son père pour qu'il y ait des histoires; c'est très drôle, à cinq ans, de voir que papa et maman se disputent à cause de soi. Et, même si sa mère ne le dit pas, la fille, elle, le sent et, finalement, c'est elle qui est la reine pendant le repas, puisque le père ne s'occupe que d'elle. Je me demande si la mère ne pourrait pas prendre à part son mari — en dehors, bien sûr, des heures de repas et pas devant les enfants — et lui dire : « Et si les enfants continuaient à manger avant nous, même pendant le week-end, jusqu'à ce qu'elle mange parfaitement bien? » Peut-être que, lui, ça l'amuse beaucoup aussi. Je n'en sais rien. Là c'est déjà un autre problème : celui du père, qui, lui, n'a pas écrit de lettre et ne se plaint de rien, recommence à tous les repas le même scénario, comme s'ils étaient, lui et sa fille, deux clowns qui se jouent un sketch réussi.

Une question que j'allais vous poser c'est : y a-t-il une période du gros mot? Je m'explique : une mère de trois enfants — deux garçons de sept et quatre ans et une fille de trois ans — nous écrit ceci : « Personnellement, je ne suis pas trop sensible aux gros mots. Mais, enfin, c'est quand même un peu délicat en société, quand les gens sont là, d'entendre les enfants se balader dans l'appartement en jurant comme des charretiers. Ce n'est pas une habitude dans notre famille de dire des gros mots. Donc, ça vient de l'école. » Elle ajoute : « Le dernier, d'acquisition récente, c'est " putain ". Ils disent : " Putain! Putain! Putain! " La précédente mode, qui était " caca boudin ", semble déjà être tombée en désuétude, ce qui me paraît de bon augure pour les suivantes. (...) Qu'est-ce que je dois faire? dois-je faire la sourde? »

Pour un enfant, dire des gros mots, *ça le pose*. C'est formidable, il est vraiment une grande personne. Et même en écrire sur les murs, dès qu'il sait écrire, c'est formidable. Ce qu'il faut leur dire c'est, par exemple : « Eh bien? Qu'est-ce que vous savez comme gros mots? » Ce sera vite fini. Il y en a quatre, cinq... Et le père dira : « Tu n'en sais que quatre, ou cinq? Écoute! Apprends-en davantage parce que, à l'école, il faut que tu en aies de nouveaux. » Et puis, au père d'en inventer, n'importe lesquels, s'il est à court. Et de dire aussitôt : « Ça, c'est pour l'école. Ici, tu dois vivre comme tes parents. Mais, surtout, il faut tous les savoir. Et si tu ne sais pas les écrire, je te montrerai comment on les écrit. » L'enfant en sera très content : c'est donc permis quand il est au milieu de ses camarades parce que *ça le pose* et, à la maison, on vit comme à la maison; chaque maison, chaque famille, selon son style.

Quand les enfants sont dans leur chambre, avec la porte fermée, eh bien, la maman ne doit pas écouter à la porte. C'est leur monde à eux. Et quand, par hasard — ça arrive — ils prononcent des gros mots devant tout le monde, il faut leur dire : « Ici nous sommes en société. Fais comme les grandes personnes..., sans ça, tu auras l'air d'un bébé. » Quand il s'agit d'enfants qui ont *vraiment besoin* de prononcer des gros mots, alors, la mère dit : « Ça, tu vas le faire au cabinet. Tout le gros va se faire au cabinet. Alors, vas-y! Je t'en prie, soulage-toi au cabinet. » Et elles seront très étonnées, les mères, d'entendre les enfants hurler dans les cabinets tous ces gros mots et, après, de les voir contents. Parce qu'*ils ont besoin* de les sortir. Il y a aussi ce qu'on appelle des enfants « répondeurs ». La réplique de la maman doit être dans le genre : « Tu sais, moi, je n'ai rien entendu, j'ai mis mes filtres. » L'enfant ne sera pas dupe : la réponse signifie que ce n'est pas bon de dire tout ça. Et parce que la mère l'a fait entendre avec malice, l'enfant lui en sera reconnaissant.

Nus, devant qui?

Nous avons déjà évoqué les problèmes de la nudité des parents devant leurs enfants, et vous y aviez répondu assez rapidement, parce que ça ne semblait pas un problème très important... Eh bien, il y a une avalanche de lettres de contestations et surtout beaucoup de naturistes qui nous écrivent...

Alors, ce serait intéressant d'en parler plus longuement.

D'abord, les naturistes : « Nous emmenons nos enfants régulièrement dans des centres de naturistes. Nos enfants n'ont jamais honte de leur corps ou du corps de leurs parents. » Ça leur paraît, par ailleurs, un excellent départ pour l'éducation sexuelle de leurs enfants.
Puis une lettre d'une mère, qui n'est pas d'accord non plus sur ce que vous avez dit : « Il faut être naturel en tout. » Elle vous reproche, donc, d'avoir un jugement trop tranché sur le nu. Enfin, d'autres n'ont pas très bien compris ce que vous aviez dit; ils ont compris que, selon vous, il ne fallait pas que les parents montrent de la tendresse devant leurs enfants. Alors là, je crois que c'est un autre problème; il ne faut pas tout mélanger...

D'abord, je n'ai jamais parlé de honte. C'est justement le contraire. Les enfants sont très fiers du corps de leurs parents : pour eux, leurs parents sont toujours parfaits dans leur nudité, comme partout ailleurs. Mais, il y a des périodes dans la vie de l'enfant où il ne voit pas toutes les choses. Quand il est petit, il ne voit pas les organes sexuels, par exemple. C'est seulement à partir du moment où il s'aperçoit de la différence sexuelle (et pas seulement sexuelle), de la différence entre toutes les formes, qu'il commence à « voir » vraiment, à observer les corps. Les adultes doivent savoir, par exemple, qu'un enfant, entre dix-huit mois et deux ans et demi, n'a pas du tout le sens du volume et de la différence. Le moment où il s'aperçoit des différences est très important, puisque c'est là que se structure la réalité. A cet âge-là, la différence de volume est donc, pour l'enfant, différence de beauté : *le grand est mieux que le petit;* il se sent inférieur aux adultes, alors que, à ce même moment, il est déjà capable d'une parole aussi bien formulée que celle d'un adulte. Cependant, il n'est pas capable de valoir autant, sur le plan sexuel et sur le plan corporel, que ce « merveilleux » papa ou cette « merveilleuse » maman. Voilà précisément ce que je disais.

Quant aux adultes qui, sur les plages, se dénudent, eh bien, c'est *du social,* et cela n'intéresse ni plus ni moins les enfants que tout ce qu'ils découvrent dans le monde. Qu'ils sachent que leurs parents sont bâtis comme tous ces autres adultes, pourquoi pas? Mais, les parents, c'est autrement important : le fait d'avoir quotidiennement sous les yeux leur nudité fait que les enfants continuent de ne pas vouloir les voir. Ils y mettent comme un — comment dire? — comme un cache imaginaire, parce que la nudité des parents, leur beauté, les blesse. Et ça, les parents ne le comprennent pas.

Au contraire, à partir de cinq ans et demi, six ans, sept ans selon les enfants, ceux-ci ne font attention à rien d'autre qu'à eux-mêmes et à leurs copains. Donc, à partir de là, les parents peuvent faire ce qu'ils veulent, à condition de ne pas obliger les enfants à faire comme eux. Mais les enfants sont mis de nouveau en état d'infériorité, au moment de la prépuberté. J'ai vu moi-même pas mal d'incidents psychologiques chez des fillettes qui devaient subir ou avaient subi des vacances en camp de nudistes pour la première fois; les parents pensaient que leur fille était

« assez grande », et elle-même était très contente à l'idée d'aller là. Et puis, au retour, les parents ne comprennent plus pourquoi ces jeunes filles — parce que j'en ai vu au moins six — s'éteignent, deviennent très timides. Quand j'ai eu l'occasion de les voir en psychothérapie, à l'hôpital, c'était comme si elles s'étaient caché la réalité : *elles ne voulaient plus rien voir du tout.* Elles se cachaient également à elles-mêmes : « Moi, je suis tellement laide! Moi, je suis tellement moche! Les autres filles sont tellement bien! » En réalité, elles étaient particulièrement bien bâties. Ça donne à réfléchir. C'est même très curieux que, plus les jeunes filles et les jeunes garçons sont beaux, plus ils se croient moches. Pourquoi? Parce que, si tout ce qu'ils ont se voit..., qu'est-ce qui se passe pour leur *valeur* de personne? Ce qui devient inquiétant au moment de la puberté, c'est qu'ils se sentent dévorés des yeux par les autres.

Voilà pourquoi j'ai dit que la nudité des parents n'est pas sans danger pour leurs enfants; ce n'est pas du tout parce que je trouve cela inconvenant. Il y a des moments très particuliers dans l'évolution de la sensibilité des enfants. S'il s'agissait de nudité entre enfants à peu près du même âge, il n'y aurait aucun sentiment d'infériorité. Tout cela, pour ceux qui ont demandé mon avis... Ceux qui savent ce qu'ils doivent faire, qu'ils continuent! Il ne faut pas les inquiéter.

Est-ce qu'il serait logique, par exemple, pour ceux qui pratiquent le naturisme, d'aller passer des vacances dans un camp de naturistes et, une fois rentrés à la maison, de ne plus se montrer nus devant leurs enfants?

Pourquoi pas? Mais enfin, je crois qu'il faudrait demander d'abord aux enfants leur avis et ne pas leur imposer quoi que ce soit. Chaque fois qu'il y a des difficultés entre parents et enfants, c'est parce que l'enfant n'a pas été libre de dire non à ce qui lui était proposé, ou parce que dans le cas où il a acquiescé et où, à l'expérience, il change d'avis, son refus n'est pas accepté.

LORSQUE L'ENFANT PARAÎT

Certaines lettres parlent d'une sorte de « retour au naturel ». Une mère nous dit : « On ne se cache pas pour manger et l'on ne se cache pas pour dormir. Pourquoi est-ce qu'il faudrait se cacher lorsqu'on se baigne ou quand on se déshabille, par exemple? » D'autres parents pensent aussi que le fait de se promener nus devant les enfants peut être un excellent début d'éducation sexuelle.

Moi, je ne le crois pas. Les parents qui se montrent nus en toute occasion ne permettent tout de même pas aux enfants de toucher leur corps ou leur sexe. Jusqu'où ça irait, en fait? C'est extrêmement troublant, pour un être humain, de ne pas être initié à l'interdit de l'inceste. C'est sur l'interdit de l'inceste que se construit la valeur d'un sujet : il ne *peut* pas, au point de vue de l'énergie de sa libido (c'est-à-dire de la richesse de son énergie sexuelle), retourner à sa mère (si c'est un garçon), à son père (si c'est une fille).

L'énergie sexuelle — pour en donner une image —, c'est un peu comme une rivière, qui part de sa source et va à l'océan. Eh bien, si une rivière s'arrête en chemin, elle devient un lac, qui n'a plus de dynamique. Et, si la rivière remonte à sa source, où va-t-elle se déverser? Elle va s'accumuler, s'accumuler : c'est cette accumulation d'énergie qui crée des tensions chez l'enfant.

L'interdit qui frappe l'inceste n'est pas assimilé par l'enfant avant, au plus tôt, sept, huit, neuf ans selon les enfants. Avant cela, l'enfant qui a une excitation sexuelle veut toucher ce qui l'excite; et à ce moment-là, il entre dans un état de tension sexuelle qui, chez les garçons, est visible dans l'érection; chez les filles, cet état ne se voit pas, mais il est tout aussi réel et ressenti avec précision, excitant un désir de corps à corps.

Quant à l'éducation sexuelle, cela n'a presque rien à voir avec la forme et l'apparence des organes sexuels. Il s'agit surtout d'une éducation de la sensibilité, qui commence justement par l'interdit de téter sa mère toute sa vie, l'interdit de se faire torcher par elle toute sa vie, l'interdit de pouvoir avoir des privautés sexuelles avec elle. Cette mère nous dit : « Nous mangeons devant tout le monde... » Bon! Peut-être que tous ses besoins, elle les fait en public, devant sa famille! Mais, cela m'étonnerait qu'elle aille jusqu'à demander à ses enfants d'assister à ses rapports sexuels...

Non. D'ailleurs, elle précise qu'il n'est pas question de faire de l'exhibitionnisme. Elle ne va pas aller chercher l'enfant quand elle se déshabille. Mais elle précise néanmoins : « Nous ne fermons aucune porte à nos enfants. » Voilà!

Mais alors, il faut qu'elle permette à ses enfants de fermer, eux, leur porte s'ils le veulent. Car, certains enfants, vers sept, huit ans, ne veulent pas être vus nus par leurs parents. C'est curieux, mais c'est vrai. Et on peut voir aussi des parents qui les grondent : « Tu dois laisser ta porte ouverte quand tu te laves », alors que l'enfant veut justement la fermer. Il faut toujours respecter ce que l'enfant désire lorsque ce n'est pas nuisible. Or, lorsqu'on s'impose trop, finalement, il veut se défendre et souffre de ne pas pouvoir le faire. D'ailleurs, je crois que la plupart de ces parents qui ont le désir de « nature », de nudité, ont eu eux-mêmes des parents par trop rigides. Ceux qui ont eu des parents naturistes savent très bien qu'il y a eu une période de leur vie où ça les a gênés et où, au lieu de stimuler leur sexualité à travers leur sensibilité, cela a stimulé une réactivité sexuelle qui ne faisait vibrer que le corps. Or, le corps et les sentiments doivent aller de pair. C'est toute une maîtrise de soi que d'arriver à l'âge adulte, avec à la fois désir et maîtrise du désir et responsabilité de ses actes. Pourquoi les humains cachent-ils par pudeur leur sensibilité sexuelle? Justement parce qu'ils ne veulent pas être à la merci de tout un chacun qui, en voyant dans leur corps le signe de leur désir — un désir physique qui ne correspondrait pas à leur sensibilité, à leur éthique ou à leur intelligence —, pourrait profiter d'eux. Mettant à nu leur désir, ils se retrouveraient désarmés devant n'importe qui : « Eh bien, tu me désires. Alors allons-y. » Ce qui distingue sur le plan sexuel les humains des animaux, c'est bien l'amour de l'autre associé au désir; c'est l'éthique humaine qui réprouve le viol comme atteinte à la liberté de l'autre, et désir non accordé par le langage entre les partenaires.

Au moment des pulsions incestueuses de l'Œdipe, au moment de la puberté, les pulsions sexuelles peuvent déborder les barrières de la morale consciente et créer chez les individus des conflits existentiels. Ce sont des périodes sensibles, où le rôle des adultes vis-à-vis des jeunes qu'ils ont la charge d'aider à connaître et maîtriser leur désir, n'est pas de profiter du trouble de la sexualité sans expérience des jeunes. A court terme, cela provoque séduction et dépendance, le contraire de l'autonomie et de l'accès au sens des responsabilités. A long terme, cela entraîne refoulement ou dérèglement de la sexualité, avec éventuellement des conséquences non seulement sur la génitalité adulte mais aussi pour l'équilibre de la personnalité et la confiance en soi, du fait des échecs culturels qui s'ensuivent.

Voilà pourquoi le parti pris nudiste de certains parents me semble aussi dangereux, dans l'éducation, que le parti pris du silence total concernant le corps et que l'absence d'information. C'est au nom de la prophylaxie des névroses que je dis ceci.

« On dirait qu'elle est morte »

(Agressivité)

Voici encore une maman déroutée. Elle a écouté avec beaucoup d'attention ce que vous avez dit sur le problème de la mort... « Moi, j'ai quand même une question à vous poser sur un côté du problème que vous n'avez pas abordé. C'est le désir de l'enfant de tuer son père ou sa mère, suivant son sexe. Le désir, notamment, de ma fille que je sois morte. Ce problème, j'essaie de le comprendre. J'avoue que c'est un peu difficile. Son plaisir, c'est de jouer au papa et à la maman avec nous. Alors, elle se raconte ceci : " Tu serais le papa — elle dit ça au père —, tu serais le bébé — à sa mère — et moi, je serais la maman... " Il nous arrive très souvent d'entrer dans son jeu, mais, parfois, on n'en a pas envie. La petite dit alors : " Bon! Je suis le papa et vous les enfants. " Et si on lui demande où est la maman, elle répond : " Elle est morte. " L'autre jour, elle était avec une de ses amies, âgée de six ans, aucune des deux ne voulait être la maman. " Eh bien, on dirait qu'elle est morte... " »

Vous voyez, les enfants utilisent le conditionnel; ce conditionnel est très important pour entrer dans le fantasme, dans le monde imaginaire. Car c'est dans un monde imaginaire que cela se passe, un monde totalement différent de la réalité. On voit des petits garçons, par exemple, jouer avec un fusil ou un revolver et « tuer » tous les gens... Eh bien, ils sont ravis quand on leur dit : « Ça y est, je suis morte! » tout en continuant à vaquer à ses occupations. Ils ont besoin de fantasmes leur permettant de quitter cette terrible dépendance qu'ils ont vis-à-vis des parents dans la réalité. Ils imaginent alors qu'ils sont dans un autre monde où ils pourraient être des adultes : *si* l'on était dans ce monde-là... Mais, on n'y est pas. Et ce n'est pas du tout la peine que les parents se mêlent aux jeux des enfants. Il vaut mieux qu'ils ne s'en mêlent pas. Cette dame nous dit encore : « Oui, je sais bien, le complexe d'Œdipe... » C'est vrai. C'est comme cela que ça se vit, et ce qu'il faut c'est que les parents ne prennent pas un air chagriné. Au contraire, qu'ils acceptent verbalement d'être morts, mais qu'ils ne miment ni ne jouent à être morts, puisqu'ils *seraient* morts, *si* on était dans un autre monde. Tout cela, c'est très positif pour l'enfant.

Vous venez de parler d'enfants qui jouent avec des fusils ou des revolvers. Il y a beaucoup de parents qui s'insurgent contre, justement, cette industrie du jouet un peu meurtrier. Est-ce que ça vous choque ? Faut-il empêcher les enfants d'avoir ce genre de jouets...

Si on ne leur en offre pas, ils en fabriquent avec du carton ou avec n'importe quoi. Ils ont besoin de ces fantasmes de maîtrise de la vie et de la mort. C'est ça, un être humain. Il faut qu'il arrive, si l'on peut dire... je ne trouve pas le mot exact, mais ce serait quelque chose comme à « apprivoiser » les mystères de la vie. L'enfant se met dans un monde imaginaire pour y arriver. C'est grâce à ces jeux que l'enfant supporte ensuite la réalité, la restriction à la liberté, imposée à tous par la nature des choses, par la souffrance, par les lois sociales, par la mort. Si les enfants ne pouvaient pas jouer, ils se trouveraient, sans défense, devant cette horrible tuerie qui existe dans le monde. L'imaginaire sert à se défendre du drame de la réalité. Mais que les parents n'entrent pas dans ce jeu; ce n'est pas la peine non plus de dépenser beaucoup d'argent pour ces jouets de guerre. Qu'ils sachent en revanche que les enfants ont besoin d'y jouer...

Enchaînons sur l'agressivité... Une mère a quatre enfants : une fille de sept ans, un garçon de cinq ans, une fille de vingt-deux mois, et puis un tout jeune fils, qui a deux mois maintenant. Le garçon de cinq ans est très agressif. Il est également très souvent « dans les nuages » et devient hargneux quand on essaie de le sortir de son rêve...

Il s'agit d'un second, après une fille, position difficile pour le garçon : il est probable que, pour la conquête de la réalité, il aurait envie d'avoir l'âge de sa sœur. L'enfant n'est pas encore capable de bien faire la différence, si on ne l'y aide pas, entre grandir à l'image de l'autre et prendre sa place. Pour lui, c'est le danger. Il voudrait faire tout ce que fait sa sœur. Il voudrait *être* sa sœur pour être grand, mais pas du tout pour devenir sexué comme une fille; en fait, il voudrait devenir comme son père mais sa sœur, plus grande, semble lui barrer le chemin. Je crois que, dans cette famille, le père devrait s'occuper davantage de son fils, avoir des moments de jeu et de paroles seul à seul avec lui : un fils doit être élevé par son père beaucoup plus tôt qu'une fille. Quelquefois, quand le père sera avec son fils, qu'il lui dise : « Oui, les filles ne pensent pas comme *nous*. Toi tu es l'aîné des garçons; elle, elle est l'aînée des filles. Tu es le second en âge, mais tu es l'aîné des garçons. » Comme ça, il permettra à la fille et au garçon de se développer distinctement. A partir de trois ans et demi, ils ont à se développer très différemment quant à l'image de leur corps différemment sexué : la fille en identification à la mère, le garçon en identification au père, et cela jusqu'à leur complète autonomie, qu'on peut placer au plus tôt à l'âge dit de raison, celui de la denture définitive encore incomplète : mettons huit à neuf ans.

Le garçon est agressif. A l'école, par exemple, ça se traduit par des bagarres mémorables...

Il veut « montrer » *qu'il est* un garçon.

La mère ajoute : « Je ne sais plus trop que faire. Je voudrais qu'il arrive à contrôler cette agressivité spontanée. » Et, elle ajoute, entre parenthèses : « Chez nous, peu de télé ! » Donc, je crois qu'elle pense à l'influence nocive des films...

Peut-être oui... Mais ici, il s'agit plutôt de l'influence insuffisante d'un homme adulte dans la vie de ses enfants, surtout de ce garçon. Il faut que la mère s'arrange pour qu'il aille avec des garçons, qu'elle lui dise : « Tu es un garçon, ta sœur est une fille. Tu es le premier des garçons et c'est pourquoi tu es comme ça. Ton père va t'aider, tu ne peux pas rester toujours aussi agressif. Toute ta force c'est très bien, mais tu peux l'utiliser autrement. » Le père lui montrera des jeux de garçons, des jeux sociaux, des jeux de force et de maîtrise, des jeux d'adresse, tout ça... La mère s'occupera davantage de sa fille. La combativité est une qualité sociale, une marque de virilité (mais aussi de féminité) éduquée.

Existe-t-il des cas d'agressivité, en général ?

Ce garçon-ci est à l'âge le plus agressif : c'est entre trois ans et demi et sept ans que les garçons sont le plus agressifs, jusqu'au moment où ils ont découvert que la virilité, ce n'est pas l'agressivité, en elle-même, ni la force spectaculaire, mais l'usage qu'ils en font dans l'acceptation des lois de la société, l'intelligence de la conduite et des buts, le respect et la tolérance des autres, l'esprit de participation, l'amitié, l'amour, la responsabilité. Tout cela, chez un petit gars fougueux, demande l'amour et l'attention d'un père qui reconnaisse dans son fils ces qualités, et l'incite, en lui donnant confiance, à les développer. Tout cela ne se fait pas en quelques semaines. Il me semble que cette mère est trop anxieuse et que le garçon est en mal de père. Peut-être elle-même n'a-t-elle pas eu de frère ? Des mères fille unique sont démunies face à l'éducation des garçons, et des pères fils unique face à l'éducation de leurs filles.

« On », c'est qui?

(Papa et maman)

Une mère vous pose une double question. Elle a une petite fille de trois ans, qui est tout à fait adorable mais qui, par ailleurs, pleure, dès qu'on lui demande de faire quelque chose, et ne dit jamais pourquoi...

Qui, « on »? Elle dit que c'est « on » qui demande. Est-ce la mère qui demande, ou qui?

C'est elle ou le père...

...parce que cette fillette est peut-être à un stade dont j'ai parlé déjà, le stade de l'opposition. Dès lors, elle voudrait s'opposer à la mère, si c'est la mère qui veut imposer son désir, ou s'opposer au père ou à sa grande sœur... Il n'y a jamais de « on » pour un enfant. Jamais. C'est toujours telle ou telle personne. C'est peut-être une enfant qui a peur, qui se sent inférieure à la tâche que les parents lui proposent (ce serait une enfant, comme nous disons dans notre jargon, « inhibée », qui n'ose pas agir). Peut-être a-t-elle, deux ou trois fois, été maladroite et se croit-elle vraiment très maladroite. Je ne peux pas répondre à une question qui est trop vague.

Il y a dans la même lettre une question plus précise. Cette dame a lu dans un article les théories d'un psychologue américain, qui s'appelle le Dr Gordon, et qui part de ce que la plupart des manuels recommandent aux parents qui ne sont pas d'accord avec leur enfant, de lui présenter un front uni.

Il s'agit là d'une erreur fondamentale. Deux individus différents ne peuvent pas être toujours du même avis...

Bien sûr... et l'enfant en prend conscience très vite?

Cela pose surtout la question de l'opinion que chacun est en droit d'avoir et de soutenir. On discute et puis, on n'est pas du même avis : le père et la mère, ou la grand-mère et la mère, enfin deux personnes adultes ne sont pas du même avis. L'enfant entend qu'ils ont un différend. Je crois que, lorsque des parents en arrivent ainsi à des discussions entre eux, si l'enfant est présent, il faut le lui faire remarquer : « Tu vois, nous nous entendons bien. Et pourtant, nous avons des idées différentes. C'est comme ça. » Lorsqu'il s'agit de prendre une décision pour l'enfant — il y a des parents dont l'un gronde l'enfant pendant que l'autre trouve qu'il exagère — dans ce cas-là, il vaut mieux que les parents parlent ensemble du problème en l'absence de l'enfant. Car ce sont des parents, souvent, qui seraient d'accord pour faire à l'enfant une même remarque, mais à condition justement que l'autre ne la fasse pas; dès que c'est l'autre qui la fait, ils sont tentés de dire le contraire, comme s'ils étaient visés et que l'autre leur reprochait indirectement : « Tu élèves mal ton enfant... » C'est l'esprit de contradiction : un mode de discussion dont l'enfant fait les frais lorsque c'est à son sujet que les parents s'y engagent.

Des adultes qui règlent leurs comptes...?

C'est ça. Une quérulence derrière laquelle il y a souvent de l'insatisfaction sexuelle. C'est bien dommage, mais qui peut empêcher ça? Je crois qu'il vaut beaucoup mieux être naturel et dire à l'enfant : « Tu vois, même si nous nous entendons bien, que nous t'aimons, nous ne sommes pas d'accord sur beaucoup de choses. » Cependant, il y a des enfants — surtout à partir de quatre ans et jusqu'à sept ans — qui utilisent énormément les différends entre leurs parents. Par exemple, ils vont demander une permission à leur mère qui la leur donne, alors que le père à qui ils avaient demandé la même permission avait dit non. « Mais maman a dit oui! » Ils mettent, de la sorte, constamment les parents en contradiction. Dans ce cas, conscients du manège, les parents devraient étudier la question et se dire que leur enfant est en train de s'amuser à les mettre en bisbille. C'est au moment du complexe d'Œdipe que les enfants jouent à ce jeu à trois. Cela peut devenir, si on n'y veille, un jeu pervers : se mettre bien avec l'un contre l'autre, afin que ce ne soit pas lui-même, mais l'un des parents, qui soit le tiers exclu. C'est, pour l'enfant, une période difficile.

Et si, par exemple, un père explique quelque chose à son fils en employant non pas les mots « ma femme », mais « ta mère »? Est-ce que c'est important, ça aussi? Je vous ai entendu dire cela; est-il vrai que l'enfant comprend la différence de terme?

Si c'est vrai? Mais oui! C'est très important, surtout à partir du moment où l'enfant a sept ou huit ans. Quand la fille ou le garçon, par exemple, sont odieux ou impertinents avec leur mère, le père étant présent, c'est au père de leur dire : « Je ne permettrai à personne dans ma maison d'être odieux et irrespectueux avec ma femme. » La mère doit faire de même, quand le fils dit devant elle des choses critiques ou désobligeantes sur le père. Il arrive que le père absent (ou la mère absente), un enfant parlant à l'autre parent lance des médisances ou des attaques. Il choisit généralement des griefs dont il sent qu'on est bien prêt, en son for intérieur, de les accepter. Il faut que le parent ait le courage de couper court : « Écoute. C'est mon mari (et non ton père) ou, c'est ma femme (et non ta mère). S'il ne te plaît pas, eh bien, cherche ailleurs. Mais ce n'est pas à moi que tu vas venir raconter ça. Si tu as quelque chose à dire à ta mère (ou : à ton père) dis-le-lui directement. Je n'ai aucun besoin de savoir ce qui se passe entre vous. »

C'est important, que les parents sachent ainsi parler : ne serait-ce que pour que l'enfant sente qu'ils se respectent l'un l'autre et ne se surveillent pas mutuellement.

Mais il faut savoir aussi qu'un enfant peut chercher à parler à son père, ou à sa mère seuls, sous le couvert de parler de l'autre; après une réponse comme celle que je viens de dire, cela peut s'arranger très bien. « Tiens nous n'avons pas si souvent l'occasion de parler tous les deux, si tu me parlais de toi? », etc. Ou bien : « Si nous parlions ensemble? » Je dis cela, parce que, bien souvent, les enfants ne savent pas comment engager la conversation et croient que c'est en se plaignant de l'un qu'ils seront écoutés de l'autre. Quand ils recherchent, en fait, un colloque singulier.

Comment parler de Dieu à un enfant? Et à quel moment? La question nous est posée sous une forme plus personnalisée, qui nous ramène aux désaccords entre parents. Il s'agit d'une mère qui a une fille de huit ans; elle est divorcée et remariée depuis deux ans. Elle a, de son nouveau mariage, un bébé de quatre mois. Son précédent mari était témoin de Jéhovah; et la petite de huit ans adhère aux idées de son père. La mère vous demande ce qu'il faut répondre à cette enfant, lorsqu'elle juge tout en termes de bien *et de* mal *: « Celui-ci est bon; celui-ci est mauvais », ou lorsqu'elle lui dit à elle-même : « Tu seras détruite si tu ne deviens pas témoin de Jéhovah. » La mère nous écrit : « Je suis un peu consternée, parce que j'ai passé mon temps à essayer d'ouvrir l'esprit de mon enfant, à lui parler des problèmes de liberté de pensée, à l'élever, justement, dans l'équilibre, et pas en lui donnant des directives en noir et blanc. »*

Je vais répondre d'abord à la question : « Comment parler de Dieu? »

Eh bien, tout simplement, depuis que l'enfant est tout petit, si les parents sont croyants, qu'ils lui parlent de Dieu comme ils le feraient à quelqu'un de leurs amis, simplement comme ils pensent et sans mièvreries. Sans « se mettre à sa portée » comme on dit. Simplement, donc, que l'enfant en entende parler. Puis, un beau jour, il aura l'intuition de ce qu'est Dieu, pour ses parents, qui en parlent. Et ça se fera de soi-même... Pour tout ce qui est important, c'est ainsi que l'on devrait procéder. Parler devant lui, sans le faire à son intention, parce que les adultes aiment à parler de ce qui leur importe.

Mais, on parle toujours, pour les enfants, de l'âge de raison...

La question de Dieu se pose implicitement, bien avant l'âge de raison, car ce n'est pas une question de raison ou de logique. C'est une question d'*amour,* de parler de Dieu. Et c'est le répondant majeur de l'amour des parents qui sont croyants, pour leur enfant. Une chose importante, c'est de ne jamais joindre Dieu à la punition : Dieu qui punit ne peut pas exister puisque, pour les croyants, Dieu est toute bonté et toute compréhension de l'être humain. Voilà une réponse générale à une question générale.

Et à quel moment? quand on veut? comme on veut?

Comme on veut, oui. Et toujours de la façon dont la mère en parle habituellement. Quand elle est heureuse, elle parle de Dieu d'une certaine façon. Elle en parle autrement quand elle est malheureuse : elle le prie, elle le loue. Eh bien, qu'elle fasse comme d'habitude, et son enfant l'acceptera ou ne l'acceptera pas. Cela n'a pas d'importance. Qu'elle continue d'être elle-même.

Alors, pour passer à la lettre de cette mère un peu consternée parce que sa fillette juge tout en bien ou mal...

Elle peut dire à l'enfant : « Tu me déroutes. Mais je comprends, puisque c'est ton père qui a cette croyance, que tu sois d'accord avec lui. Tu es sa fille et tu peux penser comme il pense. » Et quand l'enfant lui dit : « Tu seras détruite », que la mère ne se fasse pas trop de bile, parce que l'enfant, à cet âge-là, est très contente de dire quelques petites « vacheries » à sa mère. A sept, huit ans, on a besoin de dire : « Eh bien, maman, toi, tu ne comptes pas autant que moi dans la vie. » C'est normal. Que la mère réponde : « Je comprends que cela te fasse de la peine, mais moi j'ai confiance parce que je fais ce que je peux. Tu prieras pour moi ton Jéhovah. » Qu'elle parle comme ça, très gentiment, sans critiquer les croyances du père. L'enfant sentira qu'elle a tout à fait le droit d'avoir la croyance de son père, puis, peu à peu, elle respectera sa mère, justement parce que sa mère se montre tolérante.

Je vous rappelle que la mère est remariée depuis deux ans. Sa fille a maintenant huit ans; elle en avait six quand ses parents se sont séparés. Est-ce que ça peut venir de là?

Naturellement. La fillette est très contente d'apporter dans ce foyer — surtout qu'il y a un autre enfant — l'ombre ou la lumière de son papa : « Moi, j'ai *mon* papa! » Elle amène, comme ça, les croyances du père à l'appui de ses désirs de rivalité, pour bien *se poser* comme différente du petit, qui a un autre père qu'elle. Elle tâte le terrain, si je puis dire, pour exprimer l'ambivalence de son amour envers sa mère (et son beau-père). Pourquoi pas?

Jouer à l'Œdipe...

Eh bien, nous y voilà : le fameux complexe d'Œdipe. La question concerne quiconque a un enfant : qu'est-ce qui va se passer? Mon fils ou ma fille, font-ils un complexe d'Œdipe? Je voudrais partir de deux lettres : voici une mère séparée de son mari depuis six ans et qui a un garçon de six ans : il est né un mois après la séparation. Elle écrit : « J'ai entendu parler du complexe d'Œdipe et on me dit que l'enfant, pour le surmonter, a besoin de la présence du père. Or, mon fils, lui, ne l'a jamais vu, son père. Alors, comment aider mon enfant à résoudre son problème? » J'ajouterai « éventuel », car il n'est pas sûr que cet enfant ait un quelconque problème.

Elle ne dit pas du tout comment se comporte ce garçon, s'il est possessif et jaloux de sa mère, si elle-même ne voit jamais d'autres personnes?...

Elle précise justement qu'elle habite chez ses parents, qu'elle a vingt-huit ans et qu'elle ne sort jamais. Elle n'a pas d'amant. Je prends l'autre lettre, avant de vous laisser répondre : elle vient d'une mère de deux enfants, une fillette de quatre ans et un petit garçon d'un an. Or, depuis l'arrivée dans la famille du petit garçon, la fille, elle, est en opposition constante, plus particulièrement avec son père. Avec la mère, elle se montre exigeante, très tyrannique. Elle accapare beaucoup le petit frère; elle le couve. Elle va à l'école avec plaisir et assiduité. Mais on a un peu l'impression qu'à la maison, elle se défoule. « Or, note la mère, il me semble que, pour une fillette, comme on me l'a dit, la situation œdipienne devrait provoquer l'attachement au père et la jalousie envers la mère. Ma fille ne rentrerait-elle pas dans les normes? »

Il semble que cette petite fille soit en plein complexe d'Œdipe, justement, c'est-à-dire qu'elle est très jalouse que le père ait donné un enfant à sa mère, et pas à elle. Alors, elle se l'accapare, comme dit la mère, pour faire semblant que c'est elle la maman du bébé. Elle joue à prendre ce bébé, parce que ce n'est pas juste que son père ne lui ait pas donné, à elle qui l'aime, la joie d'être mère!

On peut donc rassurer cette mère... Sa fille est dans les normes! Et pour revenir à l'autre lettre...

Cette jeune femme, elle-même, en vivant chez ses parents, semble avoir, comme on dit, arrêté un peu son évolution, au moment de la naissance de son enfant. Elle s'est consacrée à l'élever chez ses propres parents : il semble donc qu'il y ait un homme — son grand-père — et que l'enfant peut se développer garçon en identification à cet homme, puisqu'il est là. Mais peut-être que cet enfant est assez possessif; ou peut-être aussi considère-t-il sa mère comme une grande sœur, puisqu'il vit chez ses parents à elle. Je ne peux rien dire là-dessus. D'ailleurs, elle ne dit pas si son fils a des problèmes. Toutefois, il doit porter le nom de son père, puisque, d'après la lettre, elle a été mariée avec cet homme. L'enfant sait donc qu'il a un père, et que c'est son grand-père qui a pris, en quelque sorte, le relais pour lui.

La situation est complexe pour ce garçon. De toute façon, son identité de garçon, il l'a certainement. Quant à elle, elle a certainement une identité de fille, mais je ne suis pas sûre qu'elle ait encore actuellement une liberté et une identité de femme. Peut-être est-ce le jour où cette femme se permettra de vivre sa vie de femme, que son enfant se montrera jaloux de l'homme qui aura plus de droits sur elle que n'en ont son propre père et son fils. En tout cas, un élément d'entrée dans le complexe d'Œdipe, c'est-à-dire cette relation où l'enfant s'identifie à l'adulte, en voyant dans cet adulte l'image achevée de lui-même et le modèle pour devenir adulte, cet enfant l'a certainement dans son grand-père. Pour l'instant, il doit sans doute marquer le pas et rester un peu « ignorant » concernant la sexualité...

Comment les parents doivent-ils réagir lorsque le complexe se manifeste?

Eh bien, selon leurs propres désirs à eux. Savoir d'abord que c'est là quelque chose de normal. Dire à l'enfant : « Quand tu seras grand, tu feras ce que tu voudras. Pour l'instant, tu ne peux pas encore avoir une femme à toi (si c'est un garçon) ou un homme à toi (si c'est une fille). Tu aurais envie d'être déjà une grande personne, tu voudrais faire comme les adultes. Peut-être, comme bien des petits garçons, tu voudrais devenir le mari de ta mère (ou la femme de ton père). Ce n'est pas possible pour de vrai. C'est comme ça, la vie. »

Encore une fois, ne pas hésiter à dialoguer avec l'enfant.

Bien sûr. Et puis, dire au garçon que, quand son père était petit, il a souffert des mêmes choses que lui; et que, lorsque sa mère était petite, elle a souffert des mêmes interdits que sa fille, etc.

Le complexe d'Œdipe, maintenant qu'il est entré dans le domaine public, les gens se posent des tas de questions là-dessus, alors qu'il a toujours existé, bien avant qu'on en parle. Et surtout, ceux qui le craignent ne se rendent pas compte que le complexe se manifeste de manière différente de ce à quoi on s'attend. Par exemple, dans une famille où il y avait trois enfants (dont deux garçons, les aînés), il se trouva que deux ou trois soirs de suite la mère était sortie avec le père. Les garçons sont venus lui dire : « Mais, enfin, pourquoi sors-tu toujours avec celui-là et jamais avec nous ? » Nous, c'était le commando des garçons. Alors, la mère, un peu déroutée : « Mais, c'est mon mari. J'ai bien le droit de sortir avec lui ! » Et l'un des enfants de dire : « Mais nous aussi, on veut être ton mari. » La maman ne savait pas quoi répondre. Là-dessus, l'autre garçon répond au premier : « Ben, tu comprends, lui c'est son mari pour faire des enfants, et puis nous, on serait des maris comme ça ! » La mère conclut : « Il a raison. C'est vrai. » Et voilà. Ils se sont tus, un peu marris de ce que la maman eût un mari.

Une autre façon qu'a le complexe de se manifester : le garçon qui aime son père, qui veut s'identifier à lui, qui veut qu'il ait toujours raison et qui, en même temps, aime sa mère, qui voudrait qu'elle ait des privautés avec lui... : « Tu sais, peut-être qu'il (le père) ne rentrera pas ce soir. Alors, s'il ne rentre pas ce soir, ou bien très tard, en attendant, je peux m'asseoir à sa place, hein ? Parce que c'est bête de laisser comme ça une place vide. » Bien sûr, à des propos comme ceux-là il faut que la mère ait de la présence d'esprit, c'est une mise à l'épreuve. Elle doit répondre : « Cette place, elle n'est jamais vide ; qu'il soit là ou pas, c'est la place de ton père. Il est toujours là, même quand il est absent, moi, je pense à lui. » Il est très mauvais que, sous prétexte que le père n'est pas là, la mère laisse prendre sa place par le fils ; celui-ci se donne alors, dans son imaginaire, le droit, par rapport à sa mère, de se croire son mari. C'est encore pire quand ça se passe dans le lit, simplement parce que la mère aime avoir chaud : « Pourquoi pas, puisque mon mari n'est pas là ? que mon fils vienne dedans ! » Cela serait très mauvais pour les enfants.

Vous voyez, c'est comme cela que le complexe d'Œdipe se manifeste dans la vie de tous les jours. Que la maman fasse attention. Qu'elle ne laisse jamais le glissement se faire, jamais un fils (ou une fille) prendre les prérogatives qui sont celles du mari à son égard, du père à l'égard des plus jeunes, parce que ces petites prérogatives, pour les enfants, dans leur vie imaginaire, c'est comme s'ils avaient le droit, reçu de leur mère (qui ne dit rien consent), de désirer remplacer le père. Et ceci les culpabilise et les gêne dans leur développement. Pour une fille, c'est la même chose. Je me rappelle d'une petite fille, un matin que son père venait de partir après avoir gaiement claironné au revoir — elle avait à ce moment-là trois ans — elle était en pleine période d'amour incendiaire pour son père, qu'elle avait accompagné à la porte. Puis en se précipitant, elle est venue se réfugier contre sa mère : « Oh, papa, je le déteste! — Ah oui? dit la mère, et pourquoi le détestes-tu? » Après un moment de silence, en se nichant contre sa mère (sur un ton désespéré) : « Parce qu'il est trop gentil! »

Un autre type de question, en apparence : « Comment faire comprendre à un garçonnet de cinq ans, qui est plein de vie et de soif d'apprendre, qu'il y a quand même des moments où il faut laisser la parole aux grandes personnes, qu'il doit se taire parfois, ne serait-ce que quelques minutes, dans la journée? C'est un enfant qui est très intelligent, très sensible, mais alors, quel bavard! Je me réserve pourtant le droit, même en sa présence, d'essayer de parler un peu avec mon mari, d'écouter la radio, sans être constamment interrompue. Qu'en pensez-vous? »

L'enfant essaie de garder un amour possessif et jaloux sur la mère, il veut l'accaparer. C'est sans doute un enfant unique, ou alors très loin d'un autre éventuel.

Il a un petit frère qui a, lui, dix mois, donc est très jeune...

C'est ça; le premier a été longtemps un enfant unique. Il n'a pas encore, dans son petit frère, un interlocuteur valable, si bien qu'il veut s'identifier aux grands, à son père. Il est en plein Œdipe, cet enfant. Il veut garder la mère pour lui, l'empêcher de parler à son mari. Mais ce n'est pas à elle de le rejeter. C'est au père de dire : « Maintenant, je veux parler avec ta mère, tais-toi. Si tu ne veux pas écouter, va-t'en. » Et puis, très gentiment, le père, s'il veut vraiment avoir une conversation avec sa femme et que ce petit bavard l'en empêche, lui donnera par exemple un chewing-gum ou un caramel. L'enfant le mangera et, après cela, le père dira : « Tu vois ! ce n'est pas parce que nous parlons tous les deux que tu es délaissé. Voyons, il faut t'y faire... » C'est quelque chose qu'il faut prendre avec humour. Visiblement, cet enfant défend sa position d'aîné. Peut-être est-ce que le père, quand il a des moments libres, ne s'occupe pas assez de lui et ne l'incite pas assez à devenir grand. Ce n'est certes pas commode, quand il y a un petit frère qui commence à prendre de l'importance, un petit qui ne parle pas encore... et un père triomphant rival sur toute la ligne ! A moi, pour moi, je la veux !

L'enfant aux prises avec le complexe d'Œdipe souffre. Il mérite compassion. Il a besoin d'amour chaste de la part de ses parents, et de paroles vraies concernant le désir interdit entre géniteurs et engendrés, comme entre enfants d'une même famille. Les parents doivent s'abstenir autant de le taquiner que de le blâmer, s'abstenir aussi de propos amoureux équivoques à son égard, de privautés ambiguës sous le couvert de câlins incendiaires, de joutes rivales soi-disant ludiques où l'enfant peut encore espérer triompher dans son désir incestueux. Tout cela ne ferait que retarder son développement psychosexuel.

Si la prohibition de l'inceste n'est pas clairement signifiée et acceptée entre sept et neuf ans au plus tard, les conflits œdipiens se réveillent à la puberté, aggravant les problèmes de l'adolescence, autant pour le jeune que pour ses parents et même pour les enfants plus jeunes, car les aînés sont fauteurs alors, à leurs yeux, de troubles au foyer et de drames entre les parents. Que de familles souffrent ainsi de ce que les parents se sont laissés prendre au piège de l'œdipe de leurs aînés. Chacun des parents a gardé son préféré sans lui permettre de se faire, dès sept à neuf ans, des amis personnels hors de la famille, et sans l'avoir découragé à temps d'une amitié inconsciemment amoureuse, homosexuelle ou hétérosexuelle avec l'un des parents, ou avec un frère ou une sœur. C'est à la puberté des aînés que tout craque dans la violence ou la dépression, quand ce n'est pas dans la délinquance pour les jeunes et la dissociation du couple parental... Il n'y a ni tort ni raison... C'est la conséquence du désir incestueux et de ses pièges quand ils ne sont pas déjoués à temps. A ce moment-là, il faut sans tarder recourir à la psychothérapie psychanalytique — très efficace heureusement.

Des questions qui reviennent

(La séparation; les jumeaux)

Il y a des questions qui décidément reviennent : et d'abord le problème de la présence prolongée des mères auprès de leur enfant.
Une mère a trois enfants : un garçon de quatorze ans, une fille de sept et une autre petite fille de quatre ans; c'est cette dernière qui lui pose pas mal de problèmes : « J'ai cessé de travailler au moment où j'attendais cette petite, écrit la mère. Donc, elle a été élevée dans les meilleures conditions possibles, puisque j'étais toujours là pour m'en occuper. Et pourtant, elle devient de plus en plus difficile, et rend la vie impossible à tout le monde. J'essaie de la comprendre et d'avoir de la patience, mais elle me déprime, me fait sortir de mes gonds, m'épuise (...). Depuis quelque temps, elle frappe sa sœur et se mord elle-même pour se punir. Si elle est seule avec moi ou avec sa sœur, elle est charmante. Cela peut durer pendant des jours et des jours, mais, dès qu'une autre personne arrive, elle devient infernale. Je présume que c'est pour qu'on s'occupe d'elle. Je n'ose plus inviter ses petites amies à la maison, parce qu'il y a toujours des colères, des pleurs. Et lorsque j'essaie d'expliquer calmement son comportement, elle me répond : " Bon, allez, on va essayer d'être gentil. " Malheureusement, cela ne dure jamais très longtemps. Je suis un peu désespérée de voir que j'ai si mal réussi avec elle. »

Je crois qu'il y a déjà un an que la mère aurait dû reprendre son travail; je ne comprends pas pourquoi elle ne l'a pas déjà fait. Lorsque l'enfant dit : « *On* va essayer d'être sage », c'est comme si elle sentait qu'il ne s'agissait pas que d'elle, mais d'un trio qui va essayer d'être sage. Elle n'est bien que lorsqu'elle est à deux... Et puis, il n'est pas du tout question du père, dans cette lettre. Il n'est pas question non plus que, lorsqu'elle bat sa sœur, ou est en colère contre sa sœur, celle-ci soit ou non agressive avec elle. Je ne comprends pas très bien. Pourquoi est-ce que celle de sept ans, si elle est battue par la petite, ne se défend pas? C'est pour cela que la petite est obligée de se mordre après, parce qu'elle trouve devant elle une mère qui se déprime et une sœur aînée qui a l'air d'être un tapis-brosse. Je ne pense pas que ce soit la plus petite qui soit la plus atteinte dans cette famille. J'ai l'impression que la mère a voulu trop faire pour elle, et trop longtemps. C'est la seule qu'elle ait entièrement élevée. Pour les autres elle n'avait pas cessé son travail. C'est une enfant « gâtée ». Sans doute la grande sœur se croit-elle moins de droits à l'amour de sa mère. Peut-être se laisse-t-elle battre par la petite pour gagner cet amour-là?

Ce qui part d'un bon sentiment...

Oui, mais on dit aussi que l'enfer en est pavé! A présent, cette mère devrait se remettre à sa propre vie aussi, peut-être reprendre du travail, sortir de la dépendance à sa petite. Cette enfant paraît mal partie. La sœur de sept ans aussi. Et puis, et puis... le fils, et le père, surtout, là-dedans? Lorsqu'une mère est déprimée, il y a toujours un enfant de la famille, celui qui a le plus de vitalité, qui devient insupportable. On dirait que c'est l'électrochoc du pauvre. C'est une façon d'empêcher la mère de tomber dans la dépression. On a l'impression que l'enfant ne veut pas voir quelqu'un de dépressif et fait tout un ramdam pour que ça vive, là-dedans; sinon, ça ne vivrait pas assez.

Il serait bon que la mère consulte pour elle-même un psychanalyste. Qu'elle tente d'éclairer le sens de sa dépression. Oui, je pense que le problème vient d'abord de la mère, et aussi de la grande sœur qui n'ont pas assez de défense, face à une petite qui a l'air d'être assez virulente : elle a été élevée avec beaucoup d'égards et, maintenant, elle en a assez. On en fait trop pour elle. Elle n'a pas, en face d'elle, des gens qui soient à la hauteur de son agressivité. La mère devrait reprendre du poil de la bête, puis se remettre à travailler. Et dire à la sœur aînée de ne plus céder à la petite ni être trop maternante. Tout rentrera dans l'ordre, surtout s'il y a un père pour s'occuper d'elle, ou un grand-père, qui ne la laissent pas faire : cette petite fille dit « on » au lieu de dire « je » parce que c'est un désir ni de fille ni de garçon qui en elle fait la loi. Elle souffre et fait souffrir. Elle se sent coupable. Elle appelle au secours et « on » se lamente!

Justement, à propos de reprise du travail, une question revient assez souvent, c'est celle du « salaire maternel ». Beaucoup de femmes n'ont pas la possibilité de rester à la maison pour s'occuper de leurs enfants, pour des raisons d'existence pures et simples. D'après vous, la période des soins est assez limitée dans le temps?

Oui, si l'on entend, par là, la nécessité qu'il y ait une personne à la maison tout le temps : ce sera jusqu'à l'acquisition de la démarche délurée, du bien parler et du bien se débrouiller physiquement, c'est-à-dire vingt-quatre à trente mois, au plus tard trois ans. Moi, je serais tout à fait d'accord pour l'institution d'un salaire, d'une allocation pour la mère qui reste à la maison, jusqu'à cet âge-là de l'enfant, et pourquoi pas le père? Il y aurait des exceptions, pour des enfants qui seraient un petit peu plus fragiles que d'autres. A partir d'un certain âge, qui reste à déterminer pour chaque cas, l'enfant peut aller dans une garderie, matin et soir; il n'a plus besoin d'être avec sa mère, une fois qu'il sait se débrouiller tout seul et qu'il sait être avec d'autres enfants. Éduquer un enfant n'est pas se consacrer à lui en se négligeant, encore moins en négligeant conjoint, autres enfants et vie sociale.

Deux objections, maintenant, à propos des jumeaux... J'ai là deux lettres, très différentes : l'une vient d'une vraie jumelle qui écrit : « Je me demande pourquoi tous les docteurs, tous les psychiatres, tous les sociologues s'obstinent à dire qu'il faut absolument séparer les jumeaux. Je ne suis pas du tout de cet avis. » Elle est bien placée pour le dire, puisqu'elle est une vraie jumelle. Elle parle de l'amour fraternel : « Je vous dis tout cela pour vous montrer que, à mon avis, il n'y a rien de plus beau, de plus agréable, qu'un profond amour fraternel. Je crois que cet amour ne peut exister que chez de vrais jumeaux. Pourquoi vouloir les séparer? Pourquoi risquer de les priver de cette chose si merveilleuse? J'ai d'ailleurs maintenant deux fils, de quatorze et quinze ans, qui se disputent à longueur de journée. Cela fait mon désespoir. Étant donné le peu de différence d'âge, je les ai élevés presque comme des jumeaux. » Et elle s'étonne de leurs réactions...

L'amour « sororal » existe. Que cette femme ait été ou non jumelle de sa sœur, elle aurait aimé sa sœur, et sa sœur l'aurait aimée. Il y a beaucoup de sœurs qui s'aiment. Il n'est pas nécessaire pour cela d'être jumelles. Mais peut-être que, dans ce cas-là, le fait d'être vraiment la réplique l'une de l'autre les a aidées. En tout cas, deux enfants qui sont séparés d'un an, ceux-là, on a intérêt à ne pas les élever en jumeaux...

Remarquez, d'ailleurs, que cette femme ne parle pas de son amour conjugal...

Vous avez employé — je vous reprends —, vous avez employé le mot « sororal »?

L'amour « sororal »! Eh bien, entre des sœurs! n'est-ce pas français? on ne peut dire « fraternel », quand il s'agit de sœurs.

Les filles aiment beaucoup être en doublet et s'entendre en famille. Jusqu'au moment où elles se disputent le même homme, quand elles deviennent jeunes filles... Les garçons, rapprochés ou jumeaux et amis, le sont moins étroitement que des filles. Ajoutez que l'amour entre frère et sœur peut être lui aussi authentique et sans ambiguïté toute la vie.

L'autre lettre maintenant, celle-ci d'une mère : « Je vous ai écoutée parler des jumeaux. Je vous ai entendue dire qu'il fallait les habiller différemment. Eh bien, pour moi, s'est révélé vrai le contraire. J'ai eu des jumeaux, garçon et fille. Je les ai toujours différenciés. Lorsqu'ils étaient dans le même parc, la fille mordait toujours son frère. Ensuite, je les ai séparés. Je les ai mis chacun dans un parc. Mais la petite arrivait toujours à rapprocher son parc et à mordre son frère. » Cette dame a eu un autre enfant, après. Et, toujours cette petite fille mordait le dernier arrivé : « Un jour, j'ai habillé les enfants de la même façon — j'ai finalement habillé tout le monde pareil. Je les ai donc traités en jumeaux, comme on a l'habitude de le faire, et tout a disparu, tout s'est calmé (...). Seuls les parents savent vraiment ce qu'il faut faire devant une situation donnée. On ne devrait pas essayer de se construire un enfant-type, de faire entrer son enfant ou ses enfants dans le moule d'une sorte d'enfant idéal. On a tendance maintenant à ne connaître que par le livre, par le cinéma ou par autre chose... »

Oui. Et même en écoutant Françoise Dolto! La personne qui m'écrit a raison, chacun doit chercher réponse à ses propres questions. C'est juste. Il n'y a pas d'enfant-type. Ici, la fille qui mordait ses frères a été feintée par l'uniforme unisexe!

Voilà donc deux lettres qui contrarient ce que vous aviez expliqué...

Non, elles citent des cas particuliers où d'autres solutions ont porté leur fruit.
Et j'y ai déjà insisté : je remercie beaucoup qui a pris le temps de m'écrire pour contester mes réponses. Je voudrais que les

mères et les pères comprennent bien l'esprit qui les anime, ces réponses. Je réfléchis aux moindres détails des lettres et j'essaie, à l'aide de tous ces éléments, de réfléchir avec eux : mais non à leur place. Si des parents ont réussi, dans des difficultés analogues à celles qu'on a relatées, en agissant tout autrement que je ne le conseille, je suis heureuse de faire état de leurs témoignages. Cela peut aider d'autres parents. Et nous n'avons que cela pour but.

Des enfants agressifs, ou agressés?

(Retour d'école)

Encore une série de questions. Il s'agit d'une mère qui a une petite fille de cinq ans et demi, un petit garçon de quatre ans et demi et une autre petite fille, de deux ans. Elle va bientôt avoir un autre enfant. Sa question concerne la fille de cinq ans et demi, qui est l'aînée. Elle va à l'école, est assez grande pour son âge et aussi un peu ronde, elle ressemble d'ailleurs à sa mère. Un jour, elle est rentrée de l'école extrêmement triste. Ses parents l'ont interrogée et elle a raconté que d'autres enfants de sa classe la traitaient de « grosse patate pourrie », ce qui a semblé la démoraliser énormément. Le problème précis serait le suivant : comment peut-on aider un enfant à acquérir son propre système de défense, ou même d'autonomie, dans un milieu qui n'est pas le milieu familial?

Je crois que c'est la mère qui s'est déprimée quand l'enfant lui a raconté ça. En parlant avec la petite fille, on peut lui dire, par exemple : « Qu'est-ce que tu aurais pu répondre? Je crois que la petite fille qui t'a dit ça, elle est jalouse. Je ne sais pas de quoi, mais elle doit être jalouse. » Car c'est très fréquent, que les autres enfants injurient un enfant dont ils sont jaloux. Bon! Maintenant, il y a des enfants qui ont à souffrir à cause d'un enfant « sadique » à l'école. Dans ces cas-là, les mères et les pères ne doivent s'adresser ni à la maîtresse ni aux parents de l'enfant qui a injurié le leur. Qu'ils aident eux-mêmes leur propre enfant, à l'école, en allant parler à celui qui l'a injurié : « Alors, qu'est-ce que tu as dit, à ma fille? C'est très mal ce que tu as fait là », etc. Qu'ils fassent la leçon, qu'ils grondent l'enfant qui a fait un mal moral réel à leur enfant. Cette semonce d'homme suffit; il faut, après, aider : « Pourtant, tu es mignon. Pourquoi es-tu aussi méchant avec ma fille? que t'avait-elle fait? rien, alors pourquoi? Tu lui as fait de la peine. Allez faites la paix! »

Voyez-vous, un enfant qui injurie un autre enfant, c'est souvent parce qu'il souffre, et en veut à cet autre qui lui paraît plus heureux ou plus aimé que lui. Il l'envie, voudrait être son ami.

Il y a aussi beaucoup d'enfants qui ne savent pas répondre à de banales sottises et en font un drame. Alors là, on peut réfléchir à la maison à des réponses possibles. Il y a beaucoup de choses qu'on peut, par exemple, répondre à « patate pourrie ». On peut trouver, en famille, des choses très drôles, que l'enfant apprendra et saura dire. Joutes verbales et sens de la plaisanterie.

Il y a aussi le cas des enfants qui sont constamment battus par d'autres. Là, c'est différent. Si cela semble sérieux, le père doit y aller voir. Souvent, c'est un petit qui agresse le grand : le grand a peur de sa force et ne voudrait pas taper un petit parce que, par exemple, dans sa famille, ça ne se fait pas. Il y a aussi des enfants qui — on ne sait pourquoi — se laissent battre, et même provoquent les autres à les battre, mais alors ce n'est pas seulement à l'école. Nous ne pouvons pas entrer dans les détails, mais pour ces petits masochistes en herbe, ces apeurés de tout, il y a un moyen qui les aide beaucoup, c'est de dire : « Je pense que tu ne fais pas attention à la façon dont les autres te battent. Tu te réfugies tout de suite, tu te caches, ce n'est pas ainsi que tu sauras jamais te défendre. Fais bien attention, au contraire. Alors tu remarqueras les coups qui font mal, et ceux qui font *mieux* mal. » Il faut dire ceci : « *mieux* mal », bien que ce ne soit pas très correct. Avec l'autorisation de recevoir des coups et de faire attention à la façon dont il les reçoit, généralement l'enfant triomphera de sa difficulté au bout de quelques jours, il saura répondre et ne sera plus ennuyé par les autres.

Très souvent aussi, il s'agit d'un enfant unique auquel, à la maison, on a inculqué qu'il ne fallait pas qu'il soit batailleur, que ce n'était pas joli. Alors, rentré à la maison, il raconte : « Les autres me battent, ils sont méchants, tous me battent... », et les parents répondent : « Défends-toi, défends-toi ! » Mais il n'a pas appris à se défendre, puisqu'il n'a pas eu l'occasion auparavant d'être agressif. Encore une fois, un enfant encouragé à faire bien attention à la façon dont il est agressé, sait très bien, au bout d'un certain temps, rendre les coups, et se faire respecter. C'est un apprentissage.

Bien d'autres choses se passent dans les écoles. Souvent, les enfants, entre eux, ont ce dialogue classique : « Moi, mon père, il est plus fort que le tien. Moi, mon père, il est plus intelligent que le tien. Moi, mon père, il est plus riche que le tien », etc. Alors, que faut-il faire lorsque les enfants, rentrés chez eux, racontent cela ? Faut-il les laisser régler le problème eux-mêmes ou les aider à y répondre ?

Il faut savoir d'abord à qui l'enfant s'adresse. Imaginons que c'est à son père que l'enfant s'adresse en expliquant : « Tu sais, l'autre, il dit que toi... » Si le père a confiance en lui-même et connaît sa propre valeur, eh bien, qu'il réponde : « Mais, il est idiot ton camarade. S'il dit que son père est bien parce qu'il est riche, c'est qu'il n'est pas sûr que son père l'aime autant que, moi, je t'aime. Ce n'est pas la voiture ou les habits qui prouvent que les gens sont bien. » Enfin, des choses comme ça... Chaque enfant aime son père, et, quand il se sert de ces moyens-là pour dire à son père ce que l'autre a dit de lui, c'est pour être sûr que son père est fort, qu'il n'est pas humiliable. Le père peut en ressortir grandi. C'est le cas quand il sait répondre : « Mais moi, je me trouve quelqu'un de très bien. Je n'ai pas besoin que les autres le disent. Et tu peux lui répondre : " Mon père est quelqu'un de très bien. Et moi aussi, son fils, je suis quelqu'un de très bien ". » Voilà !

LORSQUE L'ENFANT PARAÎT

Il est inévitable que des enfants se vantent de leur père. Je me rappelle un dialogue que j'ai surpris — les enfants ne savaient pas que je les écoutais — entre deux enfants de trois, quatre ans. L'un disait : « Moi, mon papa, il a une moto, elle marche très vite. » Et l'autre : « Mon papa, il a une moto qui marche très vite, très vite, très vite. » Alors, on en est arrivé aux très vite, très vite... entassés et cela a duré cinq minutes; puis, il y en a un qui a dit : « Eh bien, moi, mon papa, il a une moto qui ne s'arrête jamais! » Pour en finir, l'autre lui a craché dessus et ils se sont séparés. Qu'est-ce que ça peut faire? Ce sont des histoires entre enfants.

Le mot de la fin, on va le laisser à une lettre qui nous dit : « Il est bien vrai que l'enfant bouleverse complètement une vie, transforme les êtres et leur fait donner le meilleur d'eux-mêmes. Être parent, ce n'est pas quelque chose d'inné, mais quelque chose qu'on apprend. »

On pourrait même dire que c'est en deux sens que l'enfant est le père de l'homme!

FIN DU PREMIER TOME DANS L'ÉDITION BROCHÉE

Écrire pour s'aider soi-même

J'ai là la lettre d'une mère à laquelle vous avez déjà répondu — mais le curieux est que le problème était alors réglé depuis plusieurs jours. Voilà : « Il y a eu une sorte de petit miracle. Ma fille de deux ans, qui se réveillait chaque nuit depuis l'âge de six mois, a totalement cessé de se réveiller depuis un mois et demi. Un soir, comme je la couchais, elle m'a dit : " Eh bien, je vais maintenant au dodo. " C'était la première fois qu'elle le disait elle-même; elle entendait sa mère le lui demander tous les soirs et, elle, elle souhaitait dormir évidemment. La mère termine : « Quand vous m'avez répondu, quelques jours plus tard, j'avais déjà réglé mon problème sans savoir comment ni pourquoi, si ce n'est, peut-être, ma détermination à vouloir le régler. Mais c'était tout intérieur. »
C'est assez extraordinaire, non?

Je suis très heureuse de cette lettre, parce qu'elle va tout à fait dans le sens de ce que j'essaie de faire depuis le début, c'est-à-dire aider les parents à s'aider eux-mêmes dans les relations avec leurs enfants.

Je crois que la lettre qu'une mère écrit quand elle a un problème lui permet de prendre déjà un peu de recul par rapport à celui-ci : elle réfléchit, formule sa lettre en sachant qu'elle sera lue; elle l'écrit donc avec toute son âme, si je puis dire. Moi, je la lis de la même façon. De ce fait, il se passe quelque chose à travers la lettre et la lecture de celle-ci, et à travers ceux qui écoutent.

Parce qu'elle sait que mon but n'est pas de donner des recettes — chaque enfant, chaque relation parents-enfants étant différents — mais d'arriver à ce que les parents comprennent qu'ils ont les moyens de résoudre eux-mêmes leurs difficultés. A notre époque, les gens ont pris l'habitude de demander à d'autres de résoudre leurs problèmes à leur place. Or, si chacun se mettait à réfléchir calmement, honnêtement, écrivait son problème en détail, en sachant qu'il sera entendu — c'est ça l'essentiel, savoir que quelqu'un vous écoute —, alors il s'écouterait avec une partie de lui-même qui serait beaucoup plus lucide que celle prise dans le maelström de l'angoisse, de l'inquiétude, du problème aigu.

C'est ce qu'a fait cette maman, et l'enfant, elle aussi, a compris, en sentant comment ses parents s'intéressaient à elle. La mère avait pris du recul en face de ce qui semblait un caprice et dont le sens, en fait, était justement d'intéresser la mère : alors l'enfant, elle, a compris qu'au lieu de l'intéresser par son corps, qui fait et répète toujours la même chose, elle l'intéressait en tant qu'être humain qui se développe pour devenir peu à peu une grande fillette. C'est ce travail-là que font ceux qui nous écrivent. Et je suis très heureuse, parce que c'est ce que je cherchais : que les parents considèrent que leurs enfants sont là non pas pour leur poser des problèmes, mais pour vivre avec eux en grandissant, en évoluant, c'est-à-dire en changeant de façon d'être un peu tous les jours, par paliers. La vie est plus forte que tout si on la laisse s'exprimer sans se fixer à tel moment où ça grippe : qu'on réfléchisse alors au problème, au moment où il a commencé, et même qu'on écrive pour soi-même, qu'on se demande : « Enfin quoi! Que s'est-il passé? », qu'on en parle et qu'on n'attende pas une réponse toute faite.

Cette dame n'a pas attendu ma réponse! Elle a trouvé sa solution. Et il s'est trouvé que ma réponse a été pour elle une confirmation du cheminement qu'elle avait fait.

Accueillir de manière civile

(Accouchement)

Vous êtes peut-être au courant du congrès de pédiatrie qui a eu lieu en 1977 à New York et au cours duquel des médecins américains, dont certains sont d'ailleurs des autorités dans leurs pays, se sont prononcés pour le retour à l'accouchement à la maison, disant que, trop souvent, les médecins — surtout aux États-Unis; je ne sais pas comment ça se passe en France — considéraient la grossesse comme une sorte de maladie qui dure neuf mois. Ils sont également tout à fait contre les accouchements provoqués. Et ils disent, finalement, qu'il n'y aurait aucun obstacle à ce que les femmes puissent de nouveau accoucher chez elles. Beaucoup de Françaises qui ont lu cette information ou en ont entendu parler voudraient avoir votre point de vue là-dessus.

L'accouchement est quelque chose de normal, ce n'est pas une maladie. Cependant, dans l'état actuel de l'organisation des maisons — avec les petits logements, les difficultés à s'y mouvoir quand on est nombreux —, déjà, pour une multipare (on appelle « multipare » une femme qui a eu plusieurs enfants), ce serait difficile. Une femme qui a eu deux ou trois enfants sans problème pourrait très bien accoucher à la maison, à condition d'être aidée. Qu'on ne dise pas, sous prétexte que c'est physiologique, qu'elle accouche de son bébé et que, tout de suite, elle vaque à ses occupations — ce qui se faisait autrefois dans les campagnes et qui provoquait des descentes de matrice chez les femmes. Il faut le temps que les muscles reprennent leur place et que le ventre de la femme redevienne tonique. Il faut du repos après l'accouchement. Mais, en effet, quand tout va bien, il est inutile de rester à l'hôpital plus de vingt-quatre heures.

Si tout s'est bien passé, si la maman peut être aidée à la maison, non seulement le bébé est beaucoup mieux chez lui, mais la mère aussi est beaucoup mieux chez elle. Et surtout, pour les enfants, si elle en a déjà, c'est mieux de voir la mère à la maison et de voir le bébé tout de suite. Et puis, à la maison, il y a le père. Car c'est terrible : sous prétexte qu'un homme est père, il n'a plus sa femme pour parler avec elle de ce moment pour tous deux si important. Et ce bébé, qui a entendu *in utero* (c'est-à-dire quand il était à l'état de fœtus) la voix de son père toujours mêlée à celle de la mère, tout à coup, est orphelin de voix d'homme, de voix de père, et, trop souvent à l'hôpital séparé de sa mère, il n'entend brailler que des nourrissons. Il est soigné par quelqu'un, mais c'est pour lui comme un désert de quelques jours; et, quelques jours, pour un nourrisson, c'est comme quatre ou cinq mois pour nous.

Donc, je suis tout à fait d'avis que l'accouchement doit se passer le plus simplement possible. Mais je pense que, pour un premier, ou même un deuxième bébé — et surtout si ces deux accouchements ont été difficiles —, il vaut mieux continuer d'aller à l'hôpital. C'est tout de même la sécurité pour le bébé et pour la mère — quitte à revenir chez soi le plus vite possible.

Il pourrait y avoir d'ailleurs (on en forme en ce moment) des assistantes familiales. Ce n'est pas du tout compliqué d'aider une jeune accouchée; des assistantes feraient de petits stages dans les hôpitaux ou dans les cliniques privées d'accouchement pour apprendre à donner les soins aux accouchées et aux bébés. Cela pourrait même, peut-être, faire partie — en coûtant moins cher aux hôpitaux — de l'allocation de maternité [1]. Elles aide-

---

[1]. On me signale qu'il existe, depuis 1945, des associations de travailleuses familiales reconnues par un décret du ministère de la Santé datant de 1949; ces travailleuses

raient les mères pendant une quinzaine de jours pour que celles-ci se reposent vraiment. Comme il y a toujours un petit état dépressif, physiologique, qui suit un accouchement, ces assistantes parleraient avec la mère, l'aideraient moralement, matériellement aussi, car elle en a besoin, surtout parce que les enfants précédents sont un peu jaloux et plus exigeants quand la mère est présente que lorsqu'elle n'est pas là.

Dans un congrès de pédiatrie dont nous parlions, il a aussi été question de l'accouchement provoqué : les médecins américains sont tout à fait contre.

J'en suis contente, et que cela vienne d'Amérique! Parce que cet accouchement provoqué n'a été institué que pour la commodité des accoucheurs.

Pour aller plus vite?

Pour aller plus vite, pour être plus tranquilles. Absolument comme des machines. Or, il n'y a pas d'accouchement qui ne soit déjà quelque chose d'humain. Il y a des femmes qui accouchent lentement. D'autres qui accouchent plus vite. Il y a des femmes qui commencent le travail, puis marquent un temps de repos, et pour qui on doit attendre patiemment, sans angoisse, la reprise du travail, parce que cet enfant-là est ainsi et que cette dyade, cette symbiose mère-enfant, a du mal à se séparer. Il faut aider la mère afin qu'elle se sente en parfaite sécurité, qu'elle puisse parler de ce qu'elle ressent, et aussi aider l'enfant à naître. Mais,

---

familiales sont formées pour venir en aide aux mères surmenées ou rentrant précocement chez elles après un accouchement. Ces associations ont des filiales dans tous les départements. Les femmes intéressées peuvent s'adresser à leur centre de Sécurité sociale ou à l'assistance sociale de leur ville. Il existe aussi une revue sur ce sujet : *les Travailleuses familiales,* éditée par la Documentation française, 29-31 quai Voltaire à Paris, VIIe.

surtout, ne jamais violenter, ni en gestes ni en paroles, parce que la violence subie et l'angoisse éprouvée par une parturiente mal assistée dans sa souffrance créent un climat de tension psychique qui marque la relation mère-enfant au début de la vie du nouveau-né, et cela se paie parfois très cher plus tard.

On parle beaucoup d'accouchement sans douleur mais aussi, de plus en plus, de naissance sans violence (c'est le titre d'un livre, d'ailleurs [1]*). A ce sujet, une future maman vous demande : « Quelles pourraient être les conséquences, positives ou négatives, sur le plan physiologique ou sur le plan psychique, de la méthode traditionnelle, qui se préoccupe surtout de la non-douleur de la mère? »*

Il est évident que ce livre a révélé au public la possibilité de faire naître un bébé sans le traumatiser; ou plutôt le moins possible, étant donné que la mutation de fœtus à nouveau-né constitue déjà un traumatisme naturel; c'est une mutation avec toute une transformation de corps : modification circulatoire, ventilation pulmonaire, apparition d'un monde de sensorialité subitement différent de celui où vivait l'enfant jusqu'alors (température, lumière, sonorité, tactilité, etc.).

Cette méthode d'accouchement est évidemment la suite de l'accouchement sans douleur. J'espère que, dans quelques décades — parce que ça ne peut pas se faire du jour au lendemain, c'est quelque chose qui commence —, beaucoup d'enfants seront accouchés dans ces conditions, c'est-à-dire avec peu de bruits, pas de lumière intense et la proximité de la mère pendant les premières heures de la vie. Jusqu'à présent, on était surtout attentif à voir si l'enfant avait bien tout ce qu'il lui fallait, sans penser que c'est déjà une personne et qu'il faut l'accueillir — comment dire? — d'une manière civile. Il était accueilli comme un petit

---

1. Frédéric Leboyer. *Pour une naissance sans violence*, Éd. du Seuil.

mammifère, moins bien même, car un petit mammifère est soutenu par sa maman qui le lèche, l'aide, le garde près d'elle. Les humains n'avaient pas encore pensé à cela. Nous commençons à y penser, probablement parce que nous nous sentons tellement « stressés » par la civilisation que nous réalisons soudain que les enfants peuvent être « stressés » inutilement à la naissance.

Cela dit, cette correspondante habite la province et je ne sais pas s'il y a une clinique qui accouche de cette façon dans sa région. S'il n'y en a pas, qu'elle ne se mette pas martel en tête. Ayant lu ce livre, elle a déjà compris qu'il faut réduire au minimum les traumatismes que son enfant pourra avoir. Qu'elle cherche à le garder près d'elle, au moins la journée, pour qu'il soit très vite dans son odeur. S'il a souffert, lui, au moment de l'accouchement, qu'elle sache lui en parler très tôt. (Vous savez que je dis souvent qu'il faut parler aux bébés de ce qu'ils ont eu comme épreuves. La voix caressante et modulée de la mère est le meilleur des baumes après des difficultés.) Qu'elle lui dise : « Mais tu es fort maintenant. Tu es grand. Tu vas bien. » Etc. Je crois que ça marchera bien.

En ce qui concerne les avantages de la naissance sans violence, puisqu'elle me pose la question, je sais que des études ont été faites sur des enfants ayant été accouchés de cette façon — puisque cela fait une trentaine d'années maintenant que cette méthode a été inaugurée. Il est très net, dans les familles à plusieurs enfants où un seul a été accouché de cette façon, que celui-ci n'a absolument pas d'angoisses — ni à l'obscurité, ni au bruit, ni à la solitude —, alors que les autres en ont. C'est assez remarquable de constater, dans tous les cas, cette différence. (C'est la seule qu'on puisse voir, puisqu'on ne peut pas comparer un enfant accouché d'une façon au même enfant accouché autrement! On ne peut faire d'observation que dans une famille nombreuse, et d'après les statistiques. Il est certain que ces enfants ont beaucoup plus de confiance en eux et sont moins angoissés que les autres dans des situations qui, d'habitude, angoissent les petits.)

Tu as eu un père de naissance

(Mères célibataires)

Je vous propose d'aborder le problème des mères célibataires. Une de ces mamans écrit : « J'ai un petit garçon de sept mois et je m'inquiète de la façon dont l'absence du père va retentir sur lui. Faut-il suppléer au père dans l'avenir ? A quel moment l'enfant risque-t-il de se sentir frustré de ne pas en avoir eu ? Faut-il lui parler de ce père inconnu, même s'il ne pose pas de questions, de façon qu'il ne se sente pas trop différent des autres enfants ? Ne sera-t-il pas gêné, dans sa croissance, pour s'identifier en tant qu'homme, du fait qu'il sera surtout entouré par des femmes ? »

Une fille, autant qu'un garçon, a besoin de présence masculine pour bien se développer. Cette femme n'a pas de parents masculins du tout ?

Elle n'en parle pas; elle dit : « ...du fait qu'il n'aura pas, de façon habituelle, un être masculin comme modèle dans tous ses actes quotidiens. »

Il me semble bien étonnant qu'une femme puisse vivre sans jamais être amicalement au contact d'hommes ou de couples.

Elle s'interroge surtout sur le fait qu'il n'y a pas d'homme à la maison.

Peut-être au foyer; mais le garçon en connaît, il voit des gens, des enfants qui ont père, mère, frères et sœurs. Et plus tard, à l'école, la population enfantine et adulte autour de l'enfant lui représentera la sexualité sous la double forme masculine et féminine. En tout cas, il est impossible qu'un enfant, fille ou garçon, se développe en croyant — faute de conjoint légal ou de compagnon sexuel de sa mère — qu'il sera femme en grandissant (si c'est un garçon), ou que son désir est interdit vis-à-vis de l'autre sexe (si c'est une fille qui veut en tout s'identifier à sa mère célibataire). Ce ne sont là que deux exemples pour approcher un grand problème, celui du dire de sa conception nécessaire à un enfant; dire où s'enracine son savoir sur lui-même et sur sa valeur pour qui l'aime et assure son éducation.

Mais beaucoup, et cela se comprend, se demandent par quel biais aborder cette vérité-là.

Chez un enfant élevé par sa mère dans des circonstances particulières, le dire vrai concernant le père de naissance (géniteur est le mot juste, mais les enfants parlent de « père de naissance » et de « mère de naissance ») doit se référer au *nom de famille*, c'est-à-dire au patronyme de l'état civil, patronyme sous lequel l'enfant va être inscrit à l'école (et que bien souvent, jusque-là, il a ignoré). Ce nom peut être celui d'un père qu'il ne connaît pas : d'un père qui l'a d'abord reconnu puis est décédé ou l'a délaissé, en particulier dans une famille où il n'y a pas, pour suppléer, de grands-parents ou d'oncles paternels; ou bien encore la mère a divorcé, alors que l'enfant était en bas âge, et elle s'est remariée ou a repris son nom de jeune fille; autre cas, l'enfant porte le nom de jeune fille de sa mère restée célibataire ou vivant en concubinage avec un homme qu'il appelle « papa ». De toute façon, c'est en référence à son nom, dans l'état civil, que ce qui concerne son géniteur doit être expliqué à l'enfant, fille ou garçon.

J'imagine que le problème est à traiter à part quand l'enfant porte le nom de sa mère.

LORSQUE L'ENFANT PARAÎT

Si l'enfant porte le nom de jeune fille de sa mère, il n'est pas impossible — aujourd'hui ou plus tard — qu'il se pose la question de l'inceste de sa mère avec son grand-père maternel ou un oncle maternel; surtout si l'un ou l'autre de ceux-ci occupe une place tutélaire. L'absence d'explication concernant le nom et la loi qui l'a imposé à l'enfant, à sa naissance, à partir des circonstances de sa conception et des relations de sa mère de naissance avec son père de naissance, entrave toujours, tôt ou tard, l'intelligence du langage, la vie affective ou la vie sociale. Et il faut là-dessus des explications claires, plusieurs fois répétées au cours de la croissance, données par la mère ou des familiers. Il faut en somme que l'enfant connaisse la loi qui régit son patronyme. Et si la fille ou le garçon d'une mère célibataire porte le nom de celle-ci et grandit de surcroît à travers une vie familiale sans hommes, voire sans autre famille, l'enfant risque de se vivre comme un attribut de sa mère, tel un enfant parthénogénétique (né de femme seulement). C'est un mensonge, et l'enfant en est marqué d'irréalité fondamentale; de plus, il est angoissé, frappé d'insécurité devant le problème éventuel de la mort de mère, sans qui son existence n'est pas légalement assurée. Toute mère célibataire doit prévoir qui prendra la charge de son enfant au cas où elle disparaîtrait, et le lui dire. L'insécurité existentielle d'un enfant sans famille maternelle et paternelle n'est pas assez connue; j'ai vu de ces enfants entrer dans une angoisse génératrice de débilité névrotique à partir de cinq ans, l'âge où le problème de la mort des parents ne peut être éludé. Ces enfants-là n'avaient aucune réponse à une question muette, qu'ils n'osaient pas aborder avec leur mère, seule responsable d'eux : elle, en fait, avait prévu cette éventualité, mais n'en avait jamais parlé avec l'enfant, lequel, par angoisse, entrait dans une régression névrotique.

Mais revenons au problème du nom. Dans le cas concret d'aujourd'hui, cas d'une mère célibataire dans un milieu féminin, la vérité concernant sa conception doit être dite au garçon, sans blâme sur la personne du géniteur, quelles que soient les circonstances de la relation sexuelle dont l'enfant est issu, et, si possible, sans pathos ni sentiment de culpabilité ou sacrificiel de la part de la mère; quelles qu'aient été et que soient peut-être encore ses difficultés pour faire face à ses responsabilités, elle a eu du moins la joie de mettre son enfant au monde et de l'aimer, joie qu'elle doit à l'homme qui l'a rendue mère. Cela dit, elle a raison de vouloir parler à son enfant. Il faut lui expliquer : « Toi aussi, tu as eu un père de naissance. Mais tu ne le connais pas parce que je ne me suis pas mariée avec lui. » De même, si la mère vit avec un homme, qui dans la réalité fait couple tutélaire avec elle mais n'est pas le père de naissance de l'enfant, je crois qu'il faut toujours le dire assez tôt, c'est-à-dire au plus tard avant l'âge de l'école, et même si l'enfant n'en parle pas.

Voilà donc pour les explications concernant le père à l'occasion du nom. A part cela — je parle à la spécialiste que vous êtes —, comment d'une manière générale, les enfants réagissent-ils à l'absence de père?

Vous voulez dire : les enfants de mère célibataire?... Il n'y a pas de « manière générale ». Tout dépend de la façon dont la mère parle à l'enfant de son géniteur, de la façon dont elle l'a aimé et de la façon dont elle accueille, dans ses relations émotionnelles et affectives, la présence des hommes autour d'elle, comme aussi les relations émotionnelles de son enfant vis-à-vis d'eux. Dans le cas de cette femme qui a elle-même refusé d'épouser le géniteur, il faut qu'elle montre à l'enfant, à l'aide de photos de cet homme lorsqu'elle le fréquentait, qu'il a existé pour elle; et d'après des photos d'elle, enfant, qu'elle-même a eu un père, son grand-père maternel à lui, etc. Et puis, s'il dit un jour en voyant un homme : « Ce monsieur-là, je voudrais bien qu'il soit mon papa », qu'elle lui réponde : « Tu vois, tu as un modèle de père dans ton cœur. » Si son enfant est un garçon, elle peut ajouter : « Il ne tient qu'à toi de devenir aussi bien que lui »; mais s'il lui montre un Noir et que lui est blanc, elle doit lui dire : « Non! Tu ne deviendras jamais noir, parce que ton père de naissance était blanc »; que s'il lui montre un monsieur tout petit alors qu'il est longiligne, elle lui dise : « Non! tu seras probablement grand, ton père de naissance l'était et tu l'es déjà maintenant pour ton âge. » Ainsi, par référence au corps, elle pourra déjà, sans nier la réalité du géniteur, proposer à l'enfant des modèles. Il y en a assez parmi les sportifs, les gens de la télévision, etc. Il s'y intéressera beaucoup.

Elle doit lui expliquer aussi qu'il est un cas particulier, en ce sens qu'elle ne vit pas avec quelqu'un qu'il peut appeler « papa », mais qu'il lui est possible de se choisir des hommes pour le conseiller et répondre aux questions qu'il se posera quand elle ne pourra pas le faire. Ce qu'une mère célibataire doit savoir, c'est qu'il y a beaucoup de choses qu'elle ne pourra pas expliquer à son fils. Qu'elle lui dise alors : « Tu vois, je suis une femme. Je n'ai jamais été un petit garçon. Je ne sais pas te répondre. » C'est d'ailleurs une réponse que toute mère de garçon doit faire dans les familles les plus classiques, où trop souvent les fils prennent l'habitude de se référer à leur mère seule, avec la complicité ou le laisser-faire, hélas, du père.

Il ne faut pas que la mère remplace le père?

Ce n'est pas qu'il ne faut pas, elle ne *peut* pas. Tant pour les filles que pour les garçons, des substituts masculins tutélaires et chastes sont nécessaires. Une mère seule n'est plus femme. Dans les meilleurs cas, elle est comme « neutre ». Elle peut être responsable sur le plan juridique, responsable sur le plan de l'éducation morale, mais elle ne peut pas répondre à tout — et surtout pas à ce qui est affectif, sensible et émotionnel, en particulier chez un garçon. Si elle le fait, elle s'immisce beaucoup trop dans sa sensibilité. Qu'elle lui dise : « Ça, ce sont des choses de garçon », et qu'elle lui conseille de demander à tel ou tel ami qu'elle a, tel ou tel oncle qui est marié. Ou que, s'il questionne une parente mariée, celle-ci, tout en ne refusant pas de répondre de sa place, le renvoie à son mari : « Il saura mieux te répondre que moi, parce que moi, je suis une femme, comme ta mère, je n'ai pas l'expérience d'un homme qui, comme toi, a été garçon et adolescent, avec des problèmes qui se posent à tous ceux de ton sexe. » De même, une fille qui n'a jamais connu d'homme avec sa mère ne peut pas en confiance lui parler de ses émois pour les garçons. Elle sent sa mère frustrée. Et si elle lui parle, c'est qu'elle est encore petite fille sous la dépendance prudentielle d'une mère qu'elle prend plutôt pour une grande sœur orpheline.

C'est donc très difficile d'élever un enfant sans père.

Oui, certainement, mais il y en a qui savent se tirer de ces difficultés, celles qui disent la vérité et qui continuent de vivre sentimentalement, sexuellement, comme elles le peuvent, leur vie de femme, en travaillant, en ayant une vie sociale de citoyennes, en ne se refermant pas sur leur solitude, en incitant leurs enfants à une vie de relation avec des camarades de leur âge, sans leur cacher les difficultés, mais sans les emprisonner dans un amour inquiet et possessif.

Ce n'est pas facile, ce programme, pour une femme seule.

Peut-être. Mais vous savez, si le développement psychosexuel et affectif d'un enfant élevé sans père par une mère célibataire est difficile, il ne l'est pas plus que, dans bien des cas, celui d'un enfant unique ou dernier-né de mère restée veuve très tôt, et que ni la famille maternelle ni la famille paternelle ne peut ou ne veut aider.

Quand une mère idéalise un père défunt, par exemple, c'est, pour l'enfant qui ne l'a pas connu ou l'a à peine connu, aussi nuisible que de se trouver dans l'ignorance concernant son géniteur et ce que, dans la réalité, ont été les relations de sa mère et de son père, bref, ce qui a donné un sens suffisant à son existence pour qu'il vive. Un père idéalisé par une mère au veuvage inguérissable est écrasant pour un fils, qui se doit alors, à la période œdipienne, de jouer le mort social et sexuel pour rivaliser avec lui. Il y a aussi des veuves qui, d'être inconsolables, provoquent la névrose de leurs enfants, tout autant que telles femmes abandonnées avec un enfant qui se braquent du coup contre tous les hommes, c'est-à-dire contre la vie en elles-mêmes.

Ici encore nous retrouvons le problème de la parole. La mère a existé d'abord biologiquement à travers la gestation et le sentiment de responsabilité qu'elle entraîne. Puis elle existe par ses actes et ses paroles dans tout ce qui est l'éducation de son enfant. Le père absent, lui, existe symboliquement dans la parole de la mère et de quiconque l'a, de son vivant, connu, aimé, et peut le décrire à l'enfant tel qu'il était. Tout enfant, dès lors que sa mère n'a pas créé pour lui un *black-out* sur l'homme qui l'a rendue mère, peut être mis en relation avec qui a connu et apprécié son père, et entendre parler de lui. Et chaque fois que c'est possible, la mère doit taire sa déception, permettre cette rencontre avec quelqu'un qui n'a pas les mêmes raisons qu'elle de souffrir de ce qui n'a pas pu avoir de suite.

Je vous le redis, pour une mère seule, la façon d'élever ses enfants, c'est d'abord de leur délivrer la vérité sur leur conception : le sens de leur vie s'y enracine; puis, à partir de leur plus jeune âge, de les référer à des adultes des deux sexes en face desquels, elle-même, situe sa propre façon de vivre, tout en incitant ses fils et filles à opter, eux, selon leurs affinités naturelles parmi ceux qu'ils rencontrent : il importe qu'ils aient des exemples ailleurs que dans un cercle familial rendu d'autant plus étroit qu'il n'y a pas ou plus de père.

Ce serait d'ailleurs la même chose si, la mère étant partie ou défunte, le père restait seul pour élever ses enfants.

Voici une autre lettre, celle d'une mère célibataire qui a adopté, alors qu'il avait dix mois, un bébé de mère vietnamienne et de père soldat noir américain : tous deux sont morts. Cette dame écrit que l'enfant est très gentil, n'a pas de problèmes, mais qu'elle le trouve nonchalant et pas assez agressif. « Il a déjà eu à subir, écrit-elle, des réflexions désagréables concernant sa couleur. »

D'abord, pas assez agressif par rapport à qui et à quoi? Et pourquoi parle-t-elle de réflexions désagréables? « N'es-tu pas chinois? » lui a-t-on dit : eh bien, pourquoi ne lui explique-t-elle pas l'histoire de son père et de sa mère? Je crois que ce serait très bien qu'elle le fasse et qu'elle lui dise que c'est grâce aux œuvres de la Croix-Rouge (probablement) qu'elle, qui le pouvait et le demandait, a obtenu de s'occuper de lui, et que ses parents de naissance seraient certainement très heureux de savoir qu'il est élevé par elle qui en a les moyens, en France. Il faut qu'il puisse répondre, quand on lui pose des questions concernant son père. Si elle lui a donné l'existence symbolique de celui-ci, il ne sera pas frustré. Il pourra en parler, comme les autres enfants, dire : « Mon papa à moi, il est mort à la guerre du Viêt-nam. C'était un soldat américain. » C'était un soldat noir. Parmi tous ces soldats américains, il y avait beaucoup de Noirs. Qu'elle lui montre des photos des journaux de l'époque. Je crois qu'il faut absolument lui dire la vérité. Et que son type d'Asiatique métissé lui soit expliqué, qu'on lui parle de sa mère de naissance vietnamienne qui a disparu de sa vie du fait de la guerre.

« J'ai peur qu'il souffre ou qu'il s'accroche trop à moi, écrit-elle encore. D'autant qu'il n'a même plus de grand-père. »

Mais non, il ne souffrira pas si elle lui parle. Et là encore, cette femme n'est pas seule au monde. Il y a des hommes et des femmes autour d'elle. L'enfant trouvera des modèles de ce qu'est vivre parmi eux. Je crois qu'elle se débrouillera très bien. Mais je comprends qu'il y ait des mères célibataires qui se posent des questions. C'est bien que celle-ci les pose. Et si, plus tard, elle a quelques problèmes, elle pourra demander à un psychologue masculin de s'occuper de son fils et de lui redire les choses qu'elle lui aura dites avec sa voix de femme, afin qu'il entende une voix d'homme lui parler de son histoire et l'aider à assumer son destin.

Troisième situation : une femme qui a décidé, en commun accord avec l'ami dont elle a eu un enfant, de rester célibataire et d'assumer totalement la charge et l'éducation de celui-ci. Catholique d'origine, elle se demande si, bien qu'ayant perdu la foi, elle ne devrait pas faire baptiser son enfant. Et là-dessus elle ajoute : « Ne serait-il pas bon tout de même de donner à mon enfant un parrain et une marraine? N'est-il pas bon, surtout lorsqu'un enfant n'a pas de père, ou ne voit presque jamais d'hommes, de multiplier les liens affectifs autour de lui? »

« Multiplier » les liens affectifs avant qu'il ne s'en crée lui-même, je ne sais pas, mais avoir des amis qui s'engageraient à prendre l'enfant en charge s'il arrivait quelque chose à la mère, certainement. Ce serait une sécurité pour eux deux, si l'enfant pouvait avoir comme parrain et marraine des adultes, des familiers, qui seraient des répondants au cours de son éducation, mais aussi au cours des incidents qui peuvent arriver dans la vie réduite d'une femme seule avec son enfant. Je crois que ça, c'est important. Si elle veut prendre, comme elle dit, un parrain et une marraine, il s'agit de trouver un couple avec qui elle est assez liée et qui accepte sa façon de voir les choses; qui accepte aussi que ce parrainage, le jour où il se décidera, soit une petite fête. Je crois qu'il faut attendre pour cela que l'enfant soit un peu plus grand. La mère peut déjà lui parler de ceux qui ont accepté cette responsabilité. Ce sera, par exemple, le jour de son premier anniversaire : on fera une fête. Parrain et marraine seront présents, l'enfant apprendra pourquoi il appelle « parrain » et « marraine » ces deux adultes qui sont différents des autres et en qui il peut avoir confiance.

Elle se demande aussi s'il faut les choisir dans la famille, parmi des gens proches, ou ailleurs.

On a souvent coutume de prendre un parrain et une marraine dans la famille. Je trouve dommage, surtout pour un enfant qui n'a pas de famille du côté paternel, de doubler ainsi une relation qui est, déjà, une relation de coresponsabilité acceptée légalement s'il s'agit de la famille maternelle proche. Ça suffit d'être oncle, d'être tante pour un enfant. Il est préférable de choisir un parrain et une marraine étrangers à la famille, et pas trop jeunes. C'est quelquefois l'usage de prendre un autre enfant de quelques années de plus. Je crois qu'il vaut mieux choisir des adultes — de l'âge de la mère si possible, ou peut-être un peu plus jeunes qu'elle — et qui prennent leur rôle au sérieux. Parce que, quand une mère est seule responsable de son enfant, c'est en effet sérieux pour elle de se dire : « S'il m'arrivait quelque chose, il faudrait qu'il y ait quelqu'un qui prenne ma suite pour l'éducation. »

Quant à le faire baptiser? Pourquoi, puisqu'elle n'a plus, semble-t-il, cette croyance vivace en elle? Mieux vaut le soutenir, éventuellement, plus tard dans les options qui lui seront propres. J'ajoute que bien des enfants baptisés ne savent pas la responsabilité spirituelle de leurs parrain et marraine à leur égard, la responsabilité que ceux-ci ont accepté d'assumer. Et, de ce que cet enfant ait ou non un parrain et une marraine devant les fonts baptismaux, ne dépend pas encore qu'il y ait un homme et une femme qui acceptent leur responsabilité envers lui. Or, c'est ça, un parrain et une marraine. Et si l'enfant, en définitive, en a, il doit le savoir. Bien sûr, ce n'est pas à un an que la mère pourra le lui expliquer; mais c'est au cours de son développement, à deux, trois et surtout autour de cinq, six ans, qu'il faudra reprendre la question : « Pourquoi on a choisi cette marraine ? » Parce qu'elle a un rôle très important, un rôle de remplacement, s'il arrive quelque chose à la mère. Et le parrain doit remplacer pour lui le père qu'il n'a pas. Il s'est engagé à être vis-à-vis de lui un homme de bon conseil et il le soutiendra jusqu'à l'âge adulte dans ses difficultés.

L'enfant touche-à-tout

(Déambulation, exploration)

Une question qui revient très souvent, c'est celle des « touche-à-tout », c'est-à-dire des enfants qui commencent à marcher et qui, en se promenant dans l'appartement, se transforment quelquefois en tornade. J'ai là deux lettres que je vous lis à la suite. D'abord celle d'une mère qui ne dramatise pas la situation mais écrit simplement : « J'ai un petit garçon de treize mois. Depuis deux mois qu'il marche, il est plein de vie et il nous épuise. Dès qu'il est réveillé, il grimpe partout. S'il est dans la cuisine, il prend les casseroles, les couvercles et fait un tintamarre épouvantable en les tapant sur le réfrigérateur ou le carrelage. S'il est dans la salle de bains, c'est le tube de dentifrice qui passe dans le lavabo. S'il est dans la salle commune, il touche aux boutons de la télévision, etc. Que dois-je faire? Le laisser tout détruire dans la maison? Placer hors de sa portée tout ce à quoi il ne devrait pas toucher? Ou lui interdire tout sans arrêt? »

La deuxième lettre concerne une fillette de onze mois qui explore l'appartement à quatre pattes, bien sûr, et porte tout ce qu'elle trouve à la bouche. La maman, comme la précédente, pose le problème à l'intervention. Doit-elle laisser faire l'enfant, en essayant de limiter les dégâts, la laisser jouer seule, ou toujours jouer avec elle pour empêcher qu'elle porte les objets à sa bouche?

Ce sont deux problèmes liés : la déambulation et l'exploration. Il est normal qu'un enfant mette tout en bouche et ce d'autant plus qu'il n'a pas de paroles pour nommer ce qu'il touche. J'en ai déjà parlé, de ce touche-à-tout. La petite de onze mois paraît précoce; mais on doit le plus possible éviter de dire : « Ne touche pas ! » Il faut bien sûr que la mère ôte de sa portée tout ce qui peut être véritablement dangereux. Et puis, chaque fois qu'elle le peut, qu'elle assiste l'enfant du regard et de la parole. Si l'enfant met des choses à sa bouche, qu'elle la surveille en lui disant : « C'est telle chose, tel objet, tu sens le goût? C'est du cuir, c'est du carton, c'est du tissu, c'est de l'étoffe, c'est du velours, c'est du tricot... » Et qu'ensuite elle reprenne les objets. Que toute la maison soit ainsi explorée par l'enfant et que la mère lui donne le vocabulaire de tout ce qu'elle touche, palpe, prend et met à sa bouche, quand elle est présente lors de ces explorations.

Le reste du temps, lorsque la maman ne peut pas suivre son enfant des yeux et commenter tout ce qu'il fait, qu'elle le mette dans une pièce séparée des autres par une petite barrière à claire-voie (que son mari peut lui bricoler) à la hauteur de l'enfant avec, dedans, des boîtes en carton, de petits meubles, des joujoux, des tas de ces bidules dont les enfants ont besoin. Il faut que l'enfant ait la liberté de toucher à tout et de mettre à sa bouche, mais que ce ne soit pas dangereux.

Maintenant, dehors, bien sûr il n'est pas bon pour un enfant de manger de la terre, de la boue, des choses sales. C'est pourquoi les joujoux qu'il emmène avec lui sont plus intéressants. Mais ils ne le deviennent qu'à partir du moment où ils ont un nom et sont inclus par les dires de la mère les concernant à la relation qu'a l'enfant avec elle.

Revenons maintenant au petit garçon de treize mois qui marche depuis deux mois. Il a, comme la petite fille, besoin de connaître tout, de savoir comment on touche et à quoi sert ce qu'il touche. Il ne faut pas se contenter de lui dire : « C'est un couvercle de casserole », mais : « Tu vois, ce couvercle-ci est plus grand que celui-là », et lui en montrer un autre : « C'est pour mettre sur telle casserole »; et le faire chercher entre deux ou trois casseroles : « Sur laquelle est-ce que ça va? Non, tu vois, pas sur celle-là, sur l'autre. » Ceci, une demi-heure matin et soir. C'est la leçon de choses de l'enfant touche-à-tout dont j'ai déjà parlé. Quant au bruit qu'il fait, au tintamarre dont cette mère parle, elle peut, pour le maîtriser, jouer de temps en temps avec lui à des jeux de rythmes (les enfants adorent cela) en chantant des mots ou des comptines de son invention. Ces exercices moteurs, sonores et verbaux sont excellents pour un bébé. Et puis, que la maman n'oublie pas d'ouvrir l'échelle de ménage pour qu'il s'exerce à y monter et à en descendre. Et surtout qu'elle le promène, le fasse courir, jouer au ballon, une ou deux heures par jour (en deux fois, bien sûr), parce que c'est un enfant moteur. Qu'il ait aussi des jouets sur lesquels il puisse s'asseoir, avec lesquels il puisse avancer, faire « tut-tut »; des chaises qu'il puisse pousser partout.

Les jeux sensoriels, assistés par les paroles maternelle et paternelle, cela commence très tôt, dès le berceau : vue, ouïe, toucher, préhension; prendre, lâcher, donner, lancer, attraper. A partir de la déambulation, vient la maîtrise des choses dans l'espace; l'exploration et l'expérience du corps, à l'imitation de ce que font les adultes et les familiers. L'intelligence humaine est là à l'œuvre, et l'acquisition du langage gestuel mimique, sonore et verbal, pour le plaisir de connaître le monde, de le maîtriser, et de communiquer avec les autres.

J'ai, sur le même thème, une troisième lettre intéressante en ce que les difficultés viennent paradoxalement, peut-être, de ce que c'est une maman très désireuse de bien faire. Et d'abord, elle vous pose une question très générale : « Je sais que vous êtes pour une politique d'extrême douceur (ne jamais élever la voix, tout expliquer posément) avec les jeunes enfants. Cependant, comment, avec un bébé de douze mois qui commence à marcher et à toucher à tout, exercer les premières sanctions? Comment, petit à petit, l'amener à obéir à un ordre important? A mon avis, de la douceur et de la compréhension jusqu'à un laisser-faire total — qui est une des tendances chez certains jeunes parents évoluant dans les milieux de la psychologie ou de la pédagogie moderne —, il y a un fossé. »

Ce n'est pas parce qu'on interdit quelque chose qu'il faut le faire en hurlant. Et la douceur n'exclut pas la fermeté ni certains interdits motivés par la prudence.

Maintenant, pour commencer à toucher à tout, j'ai eu à l'instant l'occasion de dire qu'à onze mois il faut encore enlever toutes les choses dangereuses et laisser l'enfant expérimenter, non pas comme l'écrit cette dame, en le mettant dans son parc, mais au contraire en lui laissant des caisses en carton (pour qu'il puisse jouer avec, se cacher dedans), des petits tabourets, des petits obstacles qu'il pourra escalader.

Oui, je vous interromps pour lire la suite de la lettre, parce que, là, il s'agit de l'expérience précise de cette maman...

Elle a l'air d'être une mère esclave, esclave du bien faire, d'après ce qu'elle dit.

Elle écrit : « Voilà ce que je fais : je me mets avec mon fils dans le parc. Je lui montre comment enfiler des anneaux sur un bâton. Je lui empile des cubes. Il a alors une réaction très drôle que je voudrais que vous m'expliquiez en me disant si elle est générale : il lance des coups de pieds dans les piles de cubes que je fais sans chercher à les reformer. Il parvient, après un ou deux essais, à enfiler les anneaux sur le bâton. Je l'encourage. Et puis, soudain, tout cela commence à l'ennuyer. Il se met à pleurer rageusement, s'agite et jette tout à l'extérieur du parc; il n'est manifestement pas intéressé par tous ces jeux d'adresse qui sont de son âge. »

Ils ne sont pas encore de son âge. Son énervement en est la preuve. Et puis pourquoi cette femme se met-elle dans le parc avec son enfant? Si elle est présente, qu'elle le laisse à quatre pattes aller partout dans l'appartement.

J'en profite pour vous dire que beaucoup de questions nous arrivent sur : « Quels jeux? A quel âge? » Alors, cette dame se trompe totalement?

Oui. Ce qu'elle veut lui faire faire là, ce sont des jeux que découvre tout seul, pour le plaisir, un enfant de dix-huit mois. Lui, au contraire, est à l'âge des jeux de toucher. Donc, que la maman ne l'enferme pas dans un parc, mais lui apprenne à toucher les choses : qu'elle lui mette dans une caisse des tas de petits objets — ce que j'appelle des « bidules » : bobines, bouts de tapis, pelotes de laine, vieille sonnette, clés, vieille serrure, enfin, je ne sais pas, tout ce qu'elle peut trouver intéressant quant au toucher. Qu'il ait aussi des joujoux (de petits animaux, de petites poupées, un camion en bois, du papier de couleur, un sac, une valisette, des chiens, des chats en peluche, en caoutchouc, une trompette, un tambour, etc.). Et que la maman laisse l'enfant manipuler tous ces objets en les nommant et en en parlant avec lui. Voilà pour l'âge où il en est maintenant. Il n'en est pas du tout à ce qu'elle veut lui faire faire et dont il ne prend pas l'initiative.

Dans un autre passage de la lettre, elle écrit qu'elle se promène dans l'appartement en lui donnant la main « parce qu'il aime mieux ça », et qu'alors elle ne peut rien faire d'autre.

Voilà une mère qui ne supporte pas de mécontenter son enfant. Mais alors, jusqu'à quand? Non, ce n'est pas possible! Il faut que cet enfant qui aime s'occuper tout seul puisse le faire, comme je viens de le dire. Et qu'elle ait ses propres occupations de femme.

Et quand elle aura besoin de le mettre dans le parc, il n'est pas utile qu'elle s'y mette avec lui?

Le parc ne doit pas être employé à longueur de journée. Seulement quand la mère ne peut pas surveiller l'enfant. Mais sans s'y mettre elle aussi! En ce moment, il est surtout à l'âge où il aime jouer tranquillement en lançant des objets. Qu'elle le mette dans son parc le moins possible, qu'il soit dans la maison à courir derrière elle. Et quand il aura treize, quatorze mois — dès à présent, si elle le sent assez habile —, qu'elle ouvre l'escabeau de ménage pour qu'il apprenne à grimper. Un enfant qui grimpe (sur des tables par exemple) — là où ce n'est pas dangereux, bien sûr — est un enfant intelligent musculairement. C'est ça qu'il doit devenir. Et dès qu'il pourra, maintenant si déjà ça l'intéresse, qu'elle le laisse jouer avec l'eau autour du bidet.

Ce qu'il est important de savoir, c'est comment introduire l'enfant à la connaissance des choses permises et des choses dangereuses à toucher. On peut commencer à le faire avec le stylo de papa ou de maman, ou la boîte de couture de maman, par exemple : on les regarde, on les observe bien, mais il ne faut pas les toucher. Il y a beaucoup d'autres choses aussi — ou plutôt certaines choses — que l'enfant ne peut toucher qu'avec l'aide de l'adulte. Ensemble, on apprend à les connaître et à les manipuler (vers dix-huit mois) : mais cela doit se faire progressivement, pas plus d'une demi-heure par jour, la mère expliquant tout avec des mots corrects, et seulement si ça intéresse l'enfant; sinon, qu'elle ne le fasse pas (mais je crois que ça intéresse beaucoup les enfants).

Et peut-être est-il à l'âge d'écouter chanter des comptines, d'écouter raconter des histoires. A onze mois, l'enfant aime regarder des petits livres en étoffe et savoir ce qu'il y a sur chaque image.

Elle peut aussi lui faire reconnaître les personnes, l'emmener se promener, regarder les ouvriers qui travaillent en lui expliquant ce qu'ils font — toujours si ça l'intéresse —, parler avec d'autres personnes. Et surtout, qu'il soit avec d'autres enfants. Ce serait bien si elle pouvait trouver une amie qui ait un enfant du même âge : ils joueraient ensemble dans le parc si les mamans sont occupées, ou autour quand elles sont tranquilles.

Ou encore, qu'elle le laisse sauter sur un lit, par exemple, grimper dessus, en redégringoler. Tout cela, c'est de son âge. Mais pas tous ces jeux savants qu'elle veut lui faire faire et qui l'embêtent.

Il n'y a pas de belle main

(Enfants gauchers)

Un certain nombre de parents vous ont écrit pour vous parler des enfants gauchers. Voici d'abord une mère dont la fille de trois ans et demi est effectivement gauchère. Elle a toujours sucé son pouce et attrapé les objets de la main gauche. Pour manger, elle utilise la main gauche; elle tape dans un ballon de la main gauche...

De la main gauche ou du pied gauche?

Du pied gauche. Et de la main gauche, quand elle l'attrape à la main.

Elle est vraiment gauchère.

Maintenant, elle dessine de la main gauche et écrit « de droite à gauche ». Sa mère ne veut pas la contrarier. « De temps en temps, on essaie de lui faire exercer sa main droite, mais on se rend vite compte que ce qu'elle fait est très malhabile. D'un autre côté, elle commence à confondre " avant " et " arrière ", " dessus " et " dessous ", " matin " et " soir ", "demain " et " hier ". C'est une enfant qui, par ailleurs, a parlé très vite, s'exprime bien; mais je me demande si cette espèce de confusion — à la fois, donc, dans sa façon d'écrire et dans son langage — ne vient pas du fait qu'elle a toujours été très lente et que, moi, je l'ai toujours un petit peu bousculée. » La mère vous demande si cela peut aboutir à une dyslexie?

Il y a là beaucoup de problèmes différents. Cette petite fille a l'air d'être en opposition avec le sens de l'écriture. Or, ça ne va pas tout à fait avec la « gaucherie », car il y a des enfants qui ont cette difficulté tout en étant droitiers. Elle paraît être opposée à ce que « en haut » soit en haut et « en bas » en bas... Elle voudrait que demain soit hier. Il semble qu'il y ait là une attitude affective d'opposition qui prend des aspects multiples, et qui serait en rapport, en effet, avec un « dérythmage » que la mère aurait provoqué en la bousculant sans cesse.

Elle écrit d'ailleurs : « On est très ouverts à la vie dans la famille, mais on a une vie très mouvementée. Il faut arriver à tout faire. » Et la lenteur de cette enfant, si vous voulez, était un obstacle.

C'est possible. Mais c'est un problème tout différent de celui des gauchers habituels. Je peux dire aux parents, en général, que tous les enfants se servent autant de leur main gauche que de leur main droite — à part les rigoureux droitiers précoces, qui sont assez rares. Généralement, les enfants se servent des deux mains, des deux pieds. Plus ils se servent longtemps, dans tout ce qui est moteur, des deux côtés du corps pour devenir aussi habiles, mieux ça vaut. C'est pour cela qu'il ne faut pas parler aux enfants d'une bonne et d'une mauvaise main.

On peut très bien leur apprendre que, pour dire au revoir, on donne la main droite. Mais quand l'enfant donne la main gauche, il ne faut pas lui dire : « Donne ta belle main! » Tout simplement, on donne la main droite, et l'enfant doit donner celle-là; mais si on nous enseignait à donner la main gauche, nous y réussirions aussi bien : c'est une question de convention. Ce n'est pas que la main soit belle ou pas belle.

L'important est que l'enfant ne soit pas contrarié dans une structure neurologique qui s'établit lentement, au fur et à mesure de son évolution, et qui s'aperçoit avec l'adresse à écrire, avec l'adresse à jouer à des choses qui demandent du soin. Il faut être aussi heureux d'avoir un enfant gaucher qu'un enfant droitier. Peut-être sait-on qu'aux États-Unis certains outils sont fabriqués différemment à l'intention des droitiers ou des gauchers, ces derniers, dit-on, représentent trente-six pour cent des consommateurs.

C'est considérable, par rapport à la France.

Oui. En France, les gens sont obligés de s'adapter, d'être droitiers pour user de certains outils, ce qui n'est pas toujours commode. Ce qu'il faudrait, c'est que les enfants soient respectés dans leur « ambidextrie », c'est-à-dire qu'ils puissent travailler avec les deux mains aussi longtemps qu'ils le veulent. Mais non pas — quelle que soit leur main préférée — qu'on les autorise à écrire à contresens : les langues qui s'écrivent de droite à gauche, un droitier les écrit de droite à gauche; donc, le sens de l'écriture n'a rien à voir avec la « gaucherie », n'est-ce pas ?

Cette enfant pose deux questions différentes : tendre la main droite, cela est obligatoire pour tous. Sinon, elle sera, dans l'avenir, mal vue, comme on dit, par certaines personnes : même si c'est idiot. Il vaut mieux ne pas se mettre dans la situation de faire mal juger son enfant pour une convention. De même, la convention d'écrire de gauche à droite en français est tellement importante que laisser l'enfant prendre l'habitude d'écrire de droite à gauche — qu'il soit gaucher ou droitier —, c'est le gêner pour l'avenir. Il vaut mieux lui dire : « Tu n'as pas écrit. Tu as dessiné. Je veux bien. Mais, si tu écris, c'est de gauche à droite. » Je crois qu'il faudra que cette mère demande conseil à quelqu'un. Cette enfant présente, sur la base apparente d'une latéralisation gauchère, une complication qui n'est pas due à cela. C'est autre chose. Peut-être veut-elle se donner une particularité ? Je ne sais pas. Mais, en tout cas, il faudrait qu'elle consulte... Et arrêter pile l'écriture de droite à gauche, car la petite serait très gênée plus tard.

Une autre lettre sur le problème de la gaucherie vient d'une enseignante. Sa fille a cinq ans et demi et utilise sa main gauche de préférence à la droite. La mère ne l'a jamais contrariée à ce propos. Elle écrit : « J'en ai parlé récemment à la psychologue de l'établissement où je travaille, qui l'a testée, et qui m'a dit, après le test, que finalement ma fille était ambidextre avec une légère prédominance à gauche. » La psychologue a donc conseillé de demander à l'enfant, avec douceur, mais de lui demander quand même d'utiliser sa main droite au maximum. C'est ce que la mère a fait. Seulement, maintenant, l'enfant va changer d'école. Et l'institutrice qui en aura la charge est d'un avis différent. Elle, elle est d'avis de laisser faire. Alors la mère ne sait plus quel parti prendre. « Moi, à la maison, je la contrarie quand même légèrement, puisque je lui demande d'utiliser au maximum sa main droite. Et voilà qu'à l'école, on ne va pas lui faire la même demande. »

Ici encore, le problème ne semble pas avoir été creusé jusqu'au bout — enfin, jusqu'où je pense qu'il faudrait aller. Savoir ce que la psychologue a conseillé précisément à la mère et si c'est pour tout qu'elle voulait que l'enfant se serve de sa main droite? Si c'est pour tout, c'est très mauvais. Mais non si c'est pour certains gestes, comme écrire ou donner la main droite — je l'ai dit tout à l'heure.
Intervient surtout ici une question d'œil. Les enfants écrivent tout près de leur nez, même s'ils ne sont pas du tout myopes, ils écrivent ou regardent les images de tout près, à dix centimètres de leurs yeux. Ils manipulent les objets tout près de leur visage, alors qu'ils voient très bien de loin. Il faut savoir

qu'on peut être droitier ou gaucher de l'œil et même de l'oreille. Droitier de l'œil, de la main et du pied, c'est la formule de latéralisation du droitier complet. Or la psychologue a raison si la petite est à la fois ambidextre ou à petite dominance gauchère de la main, et droitière de l'œil. Si l'enfant est gauchère de l'œil, il est préférable qu'elle écrive de la main gauche jusqu'au moment où elle y renoncera d'elle-même. Généralement, les enfants droitiers de l'œil et gauchers de la main se corrigent tout seuls vers huit, neuf ans. Ils ne peuvent pas se corriger avant. S'ils le faisaient plus tôt, ils auraient le torticolis en écrivant; parce que l'œil droitier et la main gauchère, ou inversement, ça oblige à avoir tout le temps le cou tendu quand on écrit, le papier tout près de son nez, comme le font les jeunes enfants. Vers neuf, dix ans, les enfants écrivent beaucoup plus loin du visage et ceux qui sont franchement ambidextres se rééduquent tout seuls. J'en ai vu cinq ou six qui se sont rééduqués ainsi, vers dix ans, parce qu'ils se sont aperçus qu'ils pouvaient écrire aussi bien de la main droite, et qu'après tout, c'était plus commode de faire comme tout le monde et que l'écriture était plus jolie.

Bref, je ne sais pas si la mère a bien compris ce que la psychologue avait dit. Il faut qu'elle sache si l'enfant est ou non droitière de l'œil. Si elle l'est, en effet — et si elle est assez habile de la main droite —, on peut l'aider à écrire avec cette main. Car il y a intérêt, quand l'enfant est petit, jusqu'à dix ans, que la main utilisée soit la même que l'œil directeur.

Pour résumer, il ne faut pas contrarier systématiquement un gaucher.

Mais naturellement! Ce n'est pas sain, et cela peut être nuisible. C'est d'une structure neurologique qu'il s'agit. Contrarier un gaucher vrai peut entraîner une inhibition de son expressivité et fréquemment induire soit la maladresse de toute sa motricité, soit le bégaiement, soit plus profondément l'angoisse.

Voici enfin la lettre d'un père : « *J'ai un garçon de quatre mois et demi et une fillette de deux ans et sept mois. Manifestement, ils se servent tous les deux plus souvent de leur main gauche que de la droite. Le bébé ne comprend pas encore très bien, mais, pour la fille, sa mère et moi lui faisons beaucoup de remarques. On lui dit que, pour faire quelque chose, on se sert de la main droite.* » *Mais elle a l'air d'avoir décidément beaucoup de difficultés motrices avec sa main droite. Elle ne peut pas, par exemple, pousser un objet suivant une direction précise avec cette main-là.* « *Ça m'embête, écrit le père, je trouve ça grave, parce que je ne connais aucun personnage de l'histoire, ou au moins de l'histoire contemporaine, qui ait été gaucher. Ma femme m'a dit avoir vu une femme-médecin se servir de sa main gauche... J'espère qu'elle ne se trompe pas...* » *Ce monsieur a l'air, en somme, de faire une liaison précise entre l'intelligence, le fait d'être droitier...*

...et la réussite sociale.

Je ne sais pas si c'est une question de réussite sociale...

Comme si c'était anormal d'être gaucher! Eh bien, je l'ai dit, ce n'est pas du tout exceptionnel. Il serait dangereux de corriger un enfant spontanément droitier, pour le rendre gaucher, il en va de même d'un gaucher pour le rendre droitier. Je ne comprends pas l'inquiétude de ce père. Je pense que la difficulté majeure vient de ce que les parents ne peuvent pas montrer directement à leur enfant les gestes à faire comme eux-mêmes les font. L'enfant doit s'identifier à l'habileté de ses parents, mais avec la main qui est pour lui la plus faible; eux, donc, ne peuvent le conduire à faire exactement comme eux. C'est peut-être ça. En tout cas, on doit toujours se réjouir d'avoir des enfants qui sont comme ils sont et qui, droitiers ou gauchers, n'essaient pas de faire semblant d'imiter leurs parents. L'imitation est simiesque; l'identification, elle, est un processus symbolique et langagier qui conduit à prendre des initiatives et à mener à bien leur réalisation sans nuire ni aux autres ni à soi-même, en particulier sans contrarier sa nature.

Le père vous demande encore si c'est trop tard ou trop tôt pour intervenir.

Ce n'est ni trop tôt ni trop tard. Les enfants sont comme ils sont, comme ils ont à être. Maintenant, on ne peut pas encore dire, à deux ans et demi, que cette enfant ne deviendra pas habile aussi de sa main droite. Elle est plus habile de la main gauche, ce qui la rend pour le moment nettement gauchère. Mais il est très possible que, vers quatre ou cinq ans, elle soit plus habile de la main gauche pour certaines choses, et assez habile, cependant, de la main droite; elle serait alors à même de se servir de ses mains avec beaucoup d'adresse. Parce qu'un droitier qui n'est que droitier, et qui n'est pas habile de sa main gauche, est lui aussi souvent gêné.

L'aise, l'agilité, l'harmonie et l'efficacité de nos gestes viennent en fait de l'équilibre physiologique de tous les fonctionnements de notre corps, accordés aux efforts que demande la maîtrise motrice. Il s'agit de tout un ensemble (nerveux, squelettique, musculaire, circulatoire et viscéral). Or nous avons des organes viscéraux et sensoriels symétriques (et il ne s'agit pas seulement de nos membres supérieurs et inférieurs) : cette symétrie concourt à l'harmonie de nos mouvements, depuis les plus inconscients, comme les mimiques du visage, les mouvements du larynx, de la bouche et de la langue qui président à l'émission de la voix et de la parole, jusqu'aux mouvements les plus conscients que nous pouvons commander et exercer volontairement. Reste que, chez tous, un côté domine l'autre naturellement; et que la précision n'est pas toujours du même côté que la force. On appelle droitiers ou gauchers ceux qui — justement — allient d'un même côté force, précision et habileté.

Que ce père, après cela, observe les sportifs dans les compétitions à la télévision. Il en verra beaucoup, et parmi les meilleurs internationaux en boxe, escrime, tennis, football, qui sont gauchers. Peut-être sera-t-il rassuré!

Ce sont les objets qui sont à notre service

(Ordre ou désordre?)

J'ai d'abord deux lettres, dont l'une qui vous demande de parler de l'ordre, et l'autre du désordre. J'ai pensé qu'on pouvait, avec les questions qu'elles posent, essayer de faire le point sur ce sujet, parce qu'il est vrai que beaucoup de parents aiment avoir une maison rangée, des mères surtout qui sont toute la journée chez elles et supportent assez mal le désordre. La lettre d'un médecin d'abord : il ne précise pas de quel enfant il s'agit, mais vous demande simplement : « Pouvez-vous nous conseiller sur la façon d'amener un enfant à être ordonné sans toutefois le rendre maniaque? Autrement dit, comment lui apprendre à ranger ses affaires sans tuer sa spontanéité et en le respectant? »

On ne peut pas amener un enfant à ranger avant quatre ans — pour un enfant doué, vivant et en bonnes relations avec le monde extérieur. Mais avant, il faut que l'enfant voie ses parents ranger les choses. Lui dire : « Écoute, je ne retrouve pas mes affaires parce que tu as dû y toucher. » Et, après avoir cherché avec lui : « Tu vois! Tu les emmènes un peu n'importe où. » Il faut lui faire remarquer que sa vitalité, tout à fait inconsciemment, lui fait prendre les choses, les laisser à un endroit quand elles ne l'intéressent plus et s'emparer d'une autre chose : c'est ça, un enfant. On ne peut pas lui enseigner l'ordre avant quatre ans, mais on peut lui en parler avant.

LORSQUE L'ENFANT PARAÎT

Et après quatre ans, donc?

Pour enseigner à ranger à un enfant, il ne faut pas le lui demander toute la journée (pendant qu'il est dans l'action, c'est impossible), mais à la fin d'une demi-journée. A l'heure du déjeuner, quand on range la pièce où l'on va se réunir pour le repas, on lui demande : « Tiens! Aide-moi. Tout ça, ça va dans ta chambre. Tout ça, dans la mienne — s'il y a plusieurs chambres. Ça, dans tel placard, etc. » Mais, le soir, quand sa chambre est en désordre, il est impossible de tout ranger avant que l'enfant ne soit dans son lit ou près de s'y mettre. C'est au moment où l'enfant se range lui-même, range son corps dans son lit pour dormir, qu'il comprend que les choses, elles aussi, doivent être rangées, en tout cas, que cela n'est plus pour lui « contre nature », c'est-à-dire désagréable.

Ranger, ce n'est pas être maniaque de l'ordre. Cela veut dire que l'on met toutes les affaires dans un endroit réservé à l'enfant (un coin de la pièce, un panier, un casier à jouets, un placard). Il ne faut pas commencer à mettre telle chose à tel endroit, telle chose à tel autre : lorsque les enfants sont petits, ils ont besoin d'avoir un fatras personnel.

A quatre ans, l'enfant comprend très bien qu'il doit ranger. Et la mère peut, mais pas avant cinq ans, lui dire : « S'il y a des choses à toi qui traînent ailleurs que dans ta chambre, tant pis, je les confisque. Tu les mets toujours là où elles ne devraient pas être; il ne doit y avoir de jouets à toi ni dans notre chambre, ni dans la salle à manger, ni dans la cuisine. » Dans la chambre de l'enfant, en revanche, on ne peut pas faire de l'ordre, sauf une fois par semaine, au moment du grand ménage.

Ce n'est que vers huit ans que les enfants rangent d'eux-mêmes. Avant, quelquefois, ils rangent leurs affaires scolaires, surtout s'ils sont plusieurs enfants — ils protègent leurs propres affaires des plus petits, ou des aînés qui voudraient les leur chiper —, à condition qu'on leur ait donné un coin particulier et, si possible, fermant à clé. Il est important que chaque enfant ait un coin à lui, surtout dans une famille nombreuse, où chacun puisse mettre ce qu'il a de précieux hors de la portée des autres, avec, par exemple, un cadenas — un cadenas à clé, ou à lettres. (Et qu'il ne dise pas aux autres où il met la clé du cadenas : ou alors, c'est qu'il aime qu'on vienne lui piquer ses affaires.) On ne peut pas enseigner le rangement autrement que par l'exemple — comme tout, d'ailleurs.

C'est un peu l'idéal que vous décrivez. Mais, si on a décidé d'inculquer l'ordre à un enfant avant quatre ans, cela risque-t-il, comme vous le demande ce médecin, de tuer la spontanéité chez l'enfant?

Oui, cela risque de le rendre maniaque, comme écrit ce médecin, c'est-à-dire obsessionnel : le petit n'a pas la liberté de jouer comme un autre enfant; il est un petit vieux avant l'âge pour ce qui est du rangement; il a comme « besoin » que tout soit à sa place; c'est comme si son corps était dérangé; il se sent mal à l'aise dans sa peau dès que les choses ne sont pas rangées. Et ça, c'est un signe obsessionnel.

Un enfant est, au contraire, bien dans sa peau avec tous ses jouets, livres, vêtements en désordre autour de lui. A condition, bien sûr, que le père ou la mère ne soient pas maniaques et ne le grondent sans cesse à ce propos : ce qui signifie qu'ils n'aient pas la manie de l'ordre et ne veuillent pas la lui imposer. Ce qui crée un dommage, parce que les gens maniaques, intolérants aux surprises et aux mouvements de la vie, sont tout à fait mal à l'aise dans les relations sociales — qui dérangent toujours. Or, l'important, c'est la relation. Les objets sont faits pour servir à la relation, dans le jeu et en suscitant l'intérêt. Ils ne nous commandent pas. C'est nous qui nous en servons.

Après l'ordre, parlons un petit peu du désordre. Une correspondante vous demande si, à votre avis, le désordre est un simple trait de caractère et s'il dépend de la seule volonté du sujet d'y remédier — ou bien s'il peut être constitutif d'une personnalité? Dans ce cas, on peut difficilement demander à quelqu'un en qui le désordre est profondément implanté, d'y remédier. Elle précise qu'elle a trois enfants, un de trois ans et un de neuf ans, qui sont, dit-elle, « assez réussis pour l'ordre », et un de dix ans et demi très désordonné. Son mari est, lui aussi, très désordonné. Elle écrit : « C'est un homme merveilleux. Il est très minutieux dans son métier, mais à la maison c'est épouvantable. Je ne suis pas du tout une mère torchon-balai. J'aime simplement pouvoir retrouver quelque chose que je cherche chez moi. Et je n'ose pas trop demander. » Un jour, son fils de dix ans et demi, après avoir rangé sa chambre avec sa mère, lui a dit : « Tu sais, je n'aime pas ma chambre comme ça. Quand elle est rangée, je m'y sens seul, isolé. Les jouets, quand ils sont étalés par terre, sont un petit peu comme mes amis. »

Le fils aîné veut certainement s'identifier à son père. Ce dernier donne un exemple de désordre, et ça fait partie, pour l'enfant, de la façon d'être de son père. Je crois qu'il a dû l'entendre dire : « Moi, je n'aime pas quand c'est rangé comme ça. Je ne me sens pas dans la vie, etc. » Il fait comme son père : ce n'est pas étonnant. Mais peut-être aussi a-t-il la même nature que son père. Si la mère range davantage, l'enfant s'y mettra un peu plus que son père, parce que ça doit le gêner quelquefois, le père. C'est vrai qu'il y a des gens qui perdent une bonne heure par jour à cause de leur propre désordre... Et qu'il y en a d'autres aussi qui passent, chaque jour, une bonne heure à ranger inutilement des choses qu'ils pourraient très bien avoir autour d'eux.

Ce qui m'intéresse dans ce que dit ce garçon, c'est qu'il aime bien que les choses soient par terre. J'ai souvent remarqué que les enfants aiment que le sol soit jonché de leurs petites affaires personnelles. Ça m'a toujours étonnée, car, moi, je n'aime pas que les choses soient par terre, mais à ma portée, sur une chaise. Mes chaises sont souvent encombrées quand je n'ai pas le temps de ranger; mais je ne laisse rien par terre, ou alors, c'est que je n'ai plus de place sur les chaises! Mais les enfants ne sont pas comme ça. Il faut dire qu'une chaise, pour un adulte, c'est peut-être comme le sol pour un enfant. Je n'en sais rien.

En tout cas, il faut bien éduquer les enfants, et ce n'est possible que par l'exemple. Alors, cet enfant-là est pris entre l'exemple d'une mère qui ne range peut-être pas trop et d'un père qui est très désordonné. Il apprendra à ranger ce qui lui est précieux quand il voudra le défendre de ses frères et sœurs. Là, nous revenons au sujet précédent : qu'il ait une place qu'on peut fermer à clé. La maman lui dira : « Les choses que tu veux retrouver, débrouille-toi pour les retrouver. » Et puis, pour le reste, que la mère, une fois par semaine, pousse un coup de gueule pour qu'on range un peu.

Chose curieuse, c'est vers quinze ans que l'ordre devient tel qu'il doit être pour chaque adulte; ce n'est vraiment qu'à cet âge que les gens apprennent à ranger d'une manière qui n'est ni compulsive ni maniaque, mais pour que leur vie en soit facilitée. Avec leur ordre à eux! Chacun a le sien. C'est pour cela qu'une mère ne peut pas imposer à son enfant son type d'ordre. Chacun trouve le sien vers quatorze, quinze ans.

Mais alors — je reviens à la question du désordre —, trait de caractère, ou élément constitutionnel et inguérissable?

Ni l'un ni l'autre : façon de vivre. Est-ce qu'on a du désordre dans sa pensée? Il y a des gens qui sont très ordonnés dans leurs pensées et désordonnés dans la vie pratique. D'autres pour qui c'est le contraire. Je ne peux pas dire. Je n'en sais rien.

Une troisième lettre à propos de l'ordre et du désordre. Une réflexion, plutôt. Vous avez d'abord jeté un coup d'œil sur l'écriture et dit que l'auteur était certainement très jeune d'esprit. Or, cette personne est institutrice honoraire de maternelle. Et elle vous apporte un témoignage...

...oui, très remarquable.

...qui, je crois, vaut qu'on y consacre pas mal de temps. D'abord, elle écrit : « Il y a deux sortes de désordre. Le vrai : on cherche quelque chose, et on ne sait plus où c'est. On n'en trouve plus que la moitié... » Elle écrit que ça, c'est un vice, de la paresse, de la bêtise intellectuelle.

Oui. C'est un désordre intérieur qui se manifeste à l'extérieur. Et dont les gens souffrent.

...et puis l'autre, que nous appelons désordre, nous, les adultes, quand il s'agit des enfants, et qui n'en est pas. Et elle raconte une anecdote de l'époque où elle était jeune suppléante : « J'arrive dans une maternelle pour un court remplacement. On me donne la classe des bébés... »

Des plus jeunes.

Des enfants, donc, entre deux et trois ans. « ... La directrice de l'école me dit : " Vous voyez, il y a des casiers; le soir, ils rangent leurs ours et leurs seaux comme ceci : un casier par enfant, un ours et un seau par casier. " Le soir arrive — les enfants ont un flair prodigieux, ils ont dû sentir quelque chose —, je leur demande d'aller ranger leurs affaires : ils mettent alors tous les ours d'un côté, par deux, et de même tous les seaux de bois de l'autre. J'interviens : " Ce n'est pas comme cela que vous rangez d'habitude? " Et ils répondent : " Mais c'est parce qu'ils s'ennuient! " »

Les nounours?

Oui.

Mais, bien sûr!

« *Ça m'a paru tout à fait valable, continue-t-elle. J'ai laissé faire. Voilà tous les ours assis face à face. A quatre heures, la directrice entre et dit : " Mais comment ? Et les bonnes habitudes ? Et l'ordre ? " Moi, je lui explique : " C'est parce qu'ils pensent que les ours s'ennuient ! " Je dois dire que la directrice m'a regardée avec inquiétude. Puis, elle a dit : " Allez ! Remettez-moi tout cela comme il faut ! "* » Et notre institutrice conclut : « *Tant pis pour les bébés qui étaient victimes, chaque soir, d'une agression affective, parce qu'on les obligeait à n'être pas gentils avec leurs ours.* »

En somme, pour cette directrice, les choses étaient plus importantes que les enfants. Mais justement, pour les enfants, il n'y a pas de « choses ». C'est ce que je disais aux mamans : il ne faut pas tout ranger, le soir, avant que l'enfant ne se soit endormi, ou en train de s'endormir, parce que les choses qui sont par terre sont des choses vivantes, qui font partie de son cadre. Là, pour ces petits enfants, les nounours, c'est ce qui restait à l'école après eux. C'est pour être ensemble qu'on va à l'école. Ce n'est pas pour être dans un casier. « Séparez-vous. Ne communiquez pas ! » Combien de fois a-t-on entendu cela dans les classes primaires ? Quand un enfant est en train de faire un devoir, il ne faut pas qu'il dise à son voisin ce qu'il écrit. Pourtant, la classe, c'est fait pour communiquer. Et les ours, même les ours, il ne fallait pas qu'ils communiquent ! C'est terrible !

Mais enfin, est-ce que ça dérangeait ?

Dès lors qu'ils étaient tous bien rangés ensemble ! Vraiment !

Voici la suite : « *De la même manière, les adultes — une mère, par exemple — pensent de quelque chose : " Ça traîne ". Et l'enfant, lui, pense : " Ça se fait voir. " Quand on aime quelque chose, on aime le voir...*

Mais oui.

... Quand les jouets ont disparu, c'est la pire des choses, parce que cela veut dire que plus rien n'existe. Tandis que, quand un jouet est sorti, il est vivant [c'est ce que vous disiez il y a un instant] et participe à la vie de l'enfant, même si celui-ci ne s'en sert pas. Vous savez, j'enrage quand je vois sur des journaux des idées de décor pour chambre d'enfants. »

N'est-ce pas ce que j'ai dit à propos des meubles d'enfants? On m'a répondu : « Oui, mais les fabricants de meubles d'enfants, que vont-ils trouver comme acheteurs avec ce que vous racontez? » C'est vrai qu'avec des caisses ornées par le papa, on peut si bien faire des petites maisons, des garages pour les autos. C'est le rôle des pères, justement, de bricoler des choses vivantes, qui sont des lieux de rangement pour les enfants, mais à leur portée, pas trop hauts, des endroits adéquats pour mettre les jouets et les retrouver.

La lettre poursuit — c'est un témoignage vraiment intéressant : « Il faut quand même expliquer aux gens, aux maniaques de l'ordre pour les enfants — de l' " ordre " — que nous ne sommes pas limités par notre peau. Moi, par exemple, ma bibliothèque, je la considère un peu comme l'annexe de mon cerveau. J'aurais envie de souligner tout cela, parce qu'on m'a tellement dit dans ma jeunesse : " Jette-moi toutes ces saletés! " Si j'avais écouté, je n'aurais pas cette magnifique collection de journaux historiques dans laquelle je peux me replonger maintenant que je suis un peu plus âgée. J'ai toujours reproché aux parents de ne pas avoir le sens de la hiérarchie des valeurs. Le ménage, ce n'est pas la priorité indiscutable. » Elle cite l'exemple d'un enfant qui rentre de colonie de vacances : *« La première chose que les parents notent, c'est que sa valise est beaucoup plus lourde que quand il est parti. " Qu'est-ce que tu as ramené? (L'enfant avait rapporté des pierres, parce que le moniteur, un étudiant en géo-*

logie, avait su intéresser les enfants aux cailloux.) Tu vas en garder une ou deux en souvenir. Que veux-tu qu'on fasse de cela? " *Et le reste est allé à la poubelle!* »

C'est refuser le respect à la personnalité naissante d'un enfant.

Elle remarque encore que, quelquefois, les parents exigent l'ordre parce qu'ils n'ont eux-mêmes pas assez d'imagination. « *Mais, s'il y a trop de voitures dans une chambre, achetez un garage!* »

Ou que le père en fabrique un, avec une caisse en carton qu'il orne, qu'il peint. Ça l'amusera beaucoup et l'enfant sera si heureux que papa ait fabriqué le garage de ses voitures. Ce n'est pas la peine d'acheter des garages.

Elle poursuit : « *Pourquoi les parents se plaignent-ils que les enfants jouent par terre? Par terre, c'est la plus grande surface possible. C'est normal qu'un enfant traîne par terre. Une table d'adulte, c'est trop haut. Une table d'enfant, c'est trop petit, c'est mal foutu, ça ne sert à rien.* »

Mais oui! Est-ce que nous pourrions faire quelque chose, nous, avec une table qui serait à la hauteur de notre nez? La table est à hauteur du nez de l'enfant.

Et elle termine en donnant quelques conseils pratiques aux parents : « *Les enfants s'opposent souvent aux ordres. Par contre, ils sont très, très perméables aux exemples. Vous n'avez qu'à leur expliquer que, quand on range, au moins, on trouve ce qu'on cherche; et leur montrer, par exemple, que l'aiguille est déjà enfilée, prête à coudre, etc.* »

Oui. Que les outils sont dans la boîte à outils et qu'on les y remet quand on a fini de travailler... Mais cela, il faut que les enfants voient leurs parents le faire. Ils le feront parce que les parents l'auront fait; pas tout de suite, mais l'exemple portera avec le temps.

Quoi ajouter d'autre?

Que cette lettre est merveilleuse et que, pour ce témoignage, son auteur doit être remercié.

(Quelques semaines plus tard)

Un certain nombre d'objections sont arrivées à ces réflexions sur l'ordre et le désordre. Cela semble concerner énormément de parents...

Et ça se discute.

Effectivement. Certains trouvent même que vous avez fait une sorte d'apologie du désordre, que vous auriez dû être, disons, plus directive et déclarer : « Le désordre, c'est mauvais. » Je ne m'arrêterai pas à ceux-là. D'autres vous posent des questions précises en se référant à certains points où vous les avez un peu étonnés.
Par exemple, vous avez dit que les enfants devaient avoir un endroit fermé à clé par un cadenas. A ce sujet, on vous écrit :
« Je suis mère de quatre enfants, de neuf ans, sept ans et demi, six ans et quatre ans et demi. Je comprends qu'il faille que chaque enfant ait un coin réservé. Mais pourquoi parler de fermer à clé? Ne vaudrait-il pas mieux apprendre aux enfants à respecter le coin de l'autre tout en sachant, justement, que ce coin est accessible. » Cela donnerait, si vous voulez, plus de poids à l'ordre.

Alors, ça, c'est l'idéal. Mais c'est extrêmement difficile d'obtenir l'idéal, de but en blanc, car les enfants ont chacun des natures différentes et, surtout, il y en a qui en envient beaucoup un autre — c'est un aîné qui regrette sa petite enfance et voudrait les choses du petit; c'est un petit qui croit que ça fait grand de prendre les choses du grand. Or il faut aider les enfants à se défendre sans violence si possible, c'est-à-dire à avoir une défense passive. Avec un placard qui ferme à clé, pas à clé mais au cadenas (et le mieux, c'est un cadenas à lettres pour qu'on ne puisse pas perdre la clé ni la voler), les parents aident celui qui est tout le temps piégé par l'adresse d'un autre à chiper : « Les choses qui te sont précieuses, tu peux, de cette façon, les mettre à l'abri. Maintenant, débrouillez-vous et tolérez-vous les uns les autres. »

Ce que dit cette dame de l'apprentissage du respect des biens d'autrui est juste. Mais il y a vraiment des enfants qui sont persécutés par des frères et sœurs qui leur volent leurs affaires...

Donc, inutile de tenter le diable...

J'ajoute que ce placard fermé est aussi le signe que chacun se défend d'être violé dans les contacts avec autrui. Il y a ce qu'il permet et ce qu'il ne permet pas. C'est symbolique. Bien sûr, quand les enfants sont grands, ce n'est plus nécessaire. Ça l'est, justement, quand ils sont petits, pour qu'ils apprennent ce que j'appelle une défense passive.

Et ce n'est pas tout : ils doivent comprendre que, quand ils se plaignent d'un autre qui leur a pris leurs affaires, c'est pour faire bisquer maman, pour qu'on gueule, qu'on se dispute, que l'autre soit grondé, etc. Tout cela ne doit plus exister. Ça laisse aux parents une grande sérénité et ça leur permet surtout de donner l'exemple, en respectant, eux aussi, leurs enfants, sans avoir l'air tout le temps touchés parce que l'un d'eux est touché. Car, quand un enfant crie et que sa mère, tout de suite, attaque celui qui le fait crier, c'est comme si l'enfant qui a déclenché la réaction de la mère faisait partie d'elle. Les enfants ne comprennent pas, dans ces conditions, qu'ils sont eux-mêmes face au monde dont le petit frère fait partie, dont la mère fait partie. Qu'elle dise : « Eh bien, défends-toi, débrouille-toi. » Et qu'elle donne l'exemple, la première, du respect vis-à-vis du bien d'autrui, de la tolérance aussi pour ceux qui ne sont pas tous ni toujours vertueux ! Il y a beaucoup de petits et de petites saintes-nitouches qui empoisonnent la vie de leurs frères et sœurs avec des mères prêchi-prêcha : « Mais voyons, il est petit, sois gentil avec lui », « Comment ! des frères et sœurs qui se chamaillent ! Il faut s'aimer entre soi ». Non, un placard à soi, un tiroir à soi, la défense passive, quoi, c'est beaucoup plus moral et plus efficace. Et puis c'est un coin cachette aussi vis-à-vis des grandes personnes, pour ses petits trésors, son journal, ses souvenirs, ses économies...

Ici, on conteste gentiment l'âge que vous avez indiqué pour l'apprentissage de l'ordre chez l'enfant : « J'ai lu dans les livres de Maria Montessori que la période de sensibilité à l'ordre chez les enfants se situait entre dix-huit mois et deux ans. » Ce n'est pas l'âge que vous avez évoqué...

Pas du tout. C'est très intéressant cette réflexion de Mme Montessori. Il ne faut pas oublier qu'elle était italienne et que, en Italie, les enfants grouillent les uns sur les autres dans les familles. Ils ne savent plus où leur corps s'arrête et où celui des autres commence. Ils couchent tous ensemble. Il y a de petits espaces. Et ils sont élevés très nombreux ensemble.

C'est une question de civilisation.

La question est de savoir où les autres s'arrêtent et où soi-même l'on commence. Ce qui est très vrai, c'est que, par exemple, quand des parents reçoivent des adultes, si ceux-ci laissent leurs vêtements dans un endroit (la dame son sac, le monsieur son chapeau...), on est sûr que l'enfant de dix-huit mois va rapporter le chapeau, la canne ou le manteau au monsieur, le sac à la dame... Parce que, pour lui, tout ce qui appartient à une personne fait corps avec elle. Mais cela doit être dépassé, justement : ce ne sont pas les objets qui font l'unité d'une personne, c'est sa maîtrise des objets à distance, des objets qu'elle laisse quand elle n'en a pas besoin et qu'elle retrouve quand elle en a besoin. C'est cette notion qui est importante; or elle s'acquiert plus tard. Entre dix-huit mois et deux ans, deux ans plus deux ou trois mois, tout ce qui appartient à une personne (ses vêtements, etc.) est vu comme si c'était la personne. C'est presque fétichiste. Et, à la période que Mme Montessori indique, là, il ne s'agit pas de l'ordre, mais de fétichisme de l'espace personnel. Il ne s'agit pas d'interdire ce mode de défense contre un sentiment de dispersion. Mais ce n'est pas à cultiver.

Cette même personne a des enfants qui ne rangent pas, mais ils sont tout à fait capables de le faire quand on leur explique que c'est nécessaire...

C'est-à-dire de temps en temps.

... Voilà tout le sens de la question : peut-on à la fois être ordonné et ne pas avoir le sens du rangement; avoir le sens du rangement et ne pas être ordonné?

On peut avoir le sens du rangement et avoir la flemme de ranger. Se dire : « Pourquoi ranger? Ce n'est pas la peine. » Et, en effet, ranger c'est se mettre au service des objets pendant une heure où l'on pourrait faire autre chose de plus passionnant, n'est-ce pas? C'est un peu ressenti comme ça par les enfants. C'est pourquoi il faut leur dire, de temps en temps : « Eh bien, maintenant, il y a un peu trop d'affaires partout, il faut que vous rangiez. » Ils le font très bien quand on ne leur demande pas sans arrêt, de façon lancinante : « Range... Range tes affaires, range tes affaires. » Il n'y a rien qui puisse dégoûter davantage du foyer familial que d'entendre toujours la même chose. Puisque cela ne sert à rien, pourquoi continuer? Mais, une fois de temps en temps, et surtout, avec l'aide de maman, c'est nécessaire aux enfants et au bon ordre d'une maison, pour qu'on y vive.

Je voudrais encore ajouter, en me référant à ce que je disais tout à l'heure du fétichisme, que les objets que l'on met un peu partout peuvent être, pour l'enfant, une manière d'étaler son territoire personnel, de faire que celui-ci soit partout. C'est à dessein que l'enfant met ses jouets dans la chambre de ses parents, pour bien marquer qu'il y est; il veut montrer qu'il maîtrise le lieu, par leur intermédiaire : pour être partout chez lui.

J'en profite pour parler ici de ces enfants qui se trompent au point de dire « chez moi », alors qu'ils sont « chez nous ». Je ne sais pas pourquoi les parents laissent dire cela, quand eux, généralement, disent « à la maison » ou « chez nous ». L'enfant dit « chez moi », parce qu'il veut être le petit maître ou la petite maîtresse de la maison.

Faut-il essayer de corriger ce défaut ?

Oui. Que les parents demandent à l'enfant : « Mais enfin, pourquoi dis-tu " chez moi " ? Tu sais bien que c'est chez nous ici ? Chez toi, c'est ta chambre — si l'enfant en a une —, c'est ton placard. Mais, partout, c'est chez nous, ce n'est pas chez toi. » Il faut toujours que les mots soient justes. Quand on y pense, ne pas gronder l'enfant, mais remettre les choses en place, car qui ne dit rien consent : peu à peu, l'enfant étale sa possessivité totale et ne sait plus du tout, ensuite, la limite entre ce qu'il a à acquérir en se développant et ce qui lui est dû (parce que ça appartient à ses parents et que c'est chez lui).

Il y a aussi le désordre des objets qui n'intéressent plus — dont j'ai déjà parlé pour l'enfant de moins de quatre ans — et que chacun laisse à l'endroit où il s'en est désintéressé pour aller s'occuper d'autres objets. C'est un désordre tout à fait différent de celui qui consiste à affirmer un peu partout son territoire. C'est plutôt une négligence et une trop grande vitesse du désir qui font qu'on ne va pas ranger l'objet précédent. C'est là, comme je l'ai dit, que l'éducation peut jouer : « Tu vois, tu joues avec cela maintenant ; quand tu voudras rejouer avec les jouets que tu as laissés et que tu as éparpillés un peu partout, tu ne pourras pas. Allez, ramassons. » Il faut aider l'enfant. C'est la mère et l'enfant qui rangent. A ce moment-là, il en est très content.

Mais, avant tout, je le répète : ce sont les objets qui sont à notre service et pas nous qui sommes au service des objets.

Une autre lettre sur la question de l'ordre. C'est une femme qui est secrétaire. Elle est très désordonnée et garde tout, même les papiers, les ficelles... « Évidemment, ça donne une très mauvaise image de moi, écrit-elle. Je suis en opposition avec mon grand fils qui, lui, est exceptionnellement maniaque du rangement. Il a de grosses difficultés de relations avec moi. Moi, je suis très attachée aux choses, mais je n'ai pas d'ordre. Y a-t-il un moyen d'améliorer nos relations ? »

Je crois qu'ils ont tous les deux des difficultés un peu contradictoires. Il y a là quelque chose à quoi je ne peux pas répondre. C'est une façon de vivre entre eux. Il faut bien qu'il y ait des tensions entre mère et fils. Ils les trouvent à propos de l'ordre, mais ils les trouveraient à propos d'autre chose. Chacun est comme il est. Voilà.

Une dernière lettre, pour terminer, sur le désordre. Elle commence par un témoignage qui, je pense, vous fera plaisir. C'est une mère qui vous écrit : « Vous avez dit que c'étaient les enfants qui fabriquaient leurs parents petit à petit. Je suis tout à fait d'accord ; quand ma petite fille est née, je me suis fait la réflexion que les bébés sont de vrais bébés dès le début, et que les parents, eux, ne devenaient pas de vrais parents du jour au lendemain, que c'était toute une évolution. » Elle vous demande ensuite de parler du désordre : elle représente peut-être un cas particulier, mais elle pose une question très générale. Elle écrit : « Moi, je ne suis pas désordonnée dans l'espace mais dans le temps, c'est-à-dire que je suis absolument incapable de me tenir à un horaire. Mon bébé [elle a un enfant de quatre mois] a été nourri à la demande, tout simplement parce que je n'arrivais pas à respecter un horaire. Curieusement, les réveils, les montres, les pendules semblent se détraquer à mon contact. Je ne suis jamais à l'heure et je me demande si cela est bon pour mon bébé. Je lui donne à manger quand elle a faim; je la baigne quand elle est sale. Et, de temps en temps, le matin, je l'emmène promener parce que, ainsi, je peux faire autre chose l'après-midi. »* Elle a lu ou entendu dire souvent par des pédiatres, des grands-parents aussi, qu'un bébé a besoin d'horaires réguliers. On — les grands-parents en particulier — lui dit qu'elle est en train de « gâter » définitivement son enfant en accédant à ses moindres désirs, faute de régularité. Elle remarque, avec un peu d'humour, que sa fille lui paraît « délicieusement normale pour l'instant malgré tout », mais elle vous demande si son attitude peut avoir des conséquences pour l'avenir.*

Je trouve cette lettre très intéressante parce qu'elle montre que les gens ont une idée abstraite des parents et habituent leur enfant à avoir une vie réglée par la pendule. Or il n'y a pas très longtemps que les gens vivent en fonction de l'heure. Longtemps, les humains ont vécu selon leurs besoins et les saisons. Maintenant, par exemple, les enfants doivent boire des jus de fruits tous les jours! Mais quand il n'y avait pas nos moyens de locomotion, il n'y avait pas de fruits frais l'hiver. On se débrouillait bien sans le sacro-saint jus d'oranges que les mères croient indispensable de donner à leurs enfants. Et les gens n'étaient pas dévitaminisés pour autant. Pour en revenir à la question de cette personne, je crois que chaque enfant a la mère qui lui convient quand c'est celle qui l'a porté. Il ne faut pas qu'elle s'inquiète pour son bébé. Peut-être est-ce gênant vis-à-vis de son mari, de ses amis et connaissances, de ne pas avoir d'horaires, si par exemple elle les invite à déjeuner à treize heures et que le repas n'est prêt qu'à quinze heures; ils protestent, ils n'ont plus faim tellement ils ont eu faim... Je n'en sais rien. Mais le bébé qui a eu cette maman qui l'a porté selon ses rythmes à elle et sa façon d'être avec son corps, ce bébé est normalement éduqué par cette mère qui est la sienne. Ce qui serait beaucoup plus grave, c'est si, maintenant, ce bébé allait en crèche, parce que son rythme humanisé, celui de la relation à sa mère qui est tout à fait régulier pour lui, serait changé et le déréglerait. Maintenant, si cette fillette a, comme on dit, « racé » du côté de la famille de son père et si, dans celle-ci, les femmes ont des rythmes alimentaires et des rythmes de vie réguliers, quand elle aura deux ans et demi, trois ans, elle réclamera, en houspillant sa mère : « Maman, il faut sortir. Maman, j'ai faim. » Et alors, peu à peu, la mère s'accoutumera, elle. Comme elle aura déjà été éduquée par son bébé, elle sera éduquée par sa fillette. Puis, si cette dernière, ensuite, dans la société, est gênée par rapport aux autres, elle l'aidera à composer avec ce dérythmage naturel. L'affection qu'on porte aux autres aide à faire des concessions; je crois d'ailleurs que cette femme le fait très bien — eh bien qu'elle continue!

Que les grands-mères se rassurent donc : ce ne sera pas une enfant gâtée, comme on dit?

Ce ne sera pas plus une enfant gâtée que sa mère, qui ne semble pas être une femme gâtée. Elle a ses rythmes propres, avec le soleil : ils sont différents des autres. Elle n'est pas réglée sur la pendule, mais sur elle-même. Il y a des gens comme cela. Il faut s'accepter tel qu'on est et comprendre que les chiens ne font pas des chats; cette maman n'a pas pu faire un autre enfant que celui qu'elle a porté en elle et qui est habitué à ses rythmes, en s'en trouvant fort bien. Alors, pour le moment, tout va bien. Cette femme a assez d'humour et de respect de son enfant pour que cela continue le jour où l'enfant devra rythmer ses journées sur le temps que l'école lui imposera. On n'en est pas là!

Tu vois, j'avais envie de te donner une fessée

(Violence des enfants, violence des parents)

Il faudrait parler de la fessée et du problème de la violence...

De la violence des parents?

...vis-à-vis des enfants. Voici une mère qui a du mal à se maîtriser elle-même. Auparavant, il faut expliquer qu'elle a trois enfants qu'elle adore, qui sont très beaux et qui ont tous été désirés : une petite fille de cinq ans et demi, et deux garçons de trois ans et sept mois. A la naissance du dernier, la petite fille s'est mise à détester son « puîné », c'est-à-dire le frère qui venait après elle, « parce que, a-t-elle expliqué, il n'est pas beau ». Quand sa mère lui a dit : « Mais enfin, il ressemble à papa, donc il est beau », la petite fille s'est mise à pleurer et a répondu : « Ce n'est pas vrai. C'est moi qui ressemble à papa. Lui, il n'est pas beau. Je ne l'aime pas. » Ça, c'est un petit peu le tableau de la famille.

La vraie question maintenant. La mère écrit : « Je me sens parfois dépassée par les événements. Je perds patience, ne peux plus me contrôler. Je bous et je frappe. » Elle précise : « Je suis effrayée de mes réactions de violence. A certains moments, je déteste ma petite fille. Je le lui montre en la secouant, mais aussi en la regardant avec, comme on dit, " un regard mauvais ". Vous vous rendez compte? Moi qui rêve d'harmonie et d'équilibre, je me laisse aller à la violence et à la brutalité. » Elle est d'ailleurs convaincue — c'est comme ça qu'elle termine sa lettre — que la fessée est surtout le signe d'un échec.

Il y a deux faits intéressants dans cette lettre. D'une part, la petite fille ne veut pas admettre que son premier frère ressemble à son papa. Probablement parce que la mère ne lui a pas expliqué clairement le sens du mot « ressembler ». L'enfant a dû entendre dire autour d'elle qu'elle ressemble à son père (« Sa fille, c'est son portrait tout craché », comme on dit), c'est-à-dire quoi? Que le visage de la petite fille ressemble à celui du papa petit, aux photos du papa petit. Mais la mère n'a pas spécifié : « Bien sûr, vous ressemblez tous à votre papa, puisque vous avez le même. Mais ton frère, qui est un garçon, deviendra un père quand il sera grand. Toi, qui es une fille, tu deviendras une mère. Vous n'avez pas le même sexe. Ton frère a le même sexe que ton père. Toi, tu as le même sexe que moi. Tu vois, ce n'est pas pareil, même si tu ressembles à ton père comme, moi, je ressemble à mon père aussi. » Les ressemblances, pour l'enfant, ce sont celles des visages. Celle du sexe, si on ne la lui dit pas avec des mots, il ne la comprend pas. C'est comme si ce frère, simplement parce qu'il est un garçon, avait pris à la petite fille sa qualité d'enfant de son père. De plus, l'enfant a dû se sentir très frustrée de ne pas avoir une petite sœur à la naissance du troisième, pour qu'on soit plus fortes du côté des femmes dans la famille. Enfin, elle est certainement jalouse de sa maman qui a eu un bébé et elle en voudrait un aussi; car, à trois ans, toutes les petites filles rêvent de cela.

A plus forte raison à cinq ans et demi.

Elle n'a peut-être pas été jalouse à la naissance du premier petit frère, parce qu'elle n'avait que deux ans; mais pour celui-là, à cinq ans et demi, oui. Car, il y a deux ans qu'elle attend que son papa lui donne un bébé : et il faut qu'elle y renonce. Évidemment, c'est difficile.

Il est certain que ce n'est pas en donnant des fessées que la mère va s'en sortir.

Elle dit : « Ça me désespère. »

Eh bien, est-ce qu'elle ne pourrait pas, quand elle sent au bout de ses mains la fessée qui arrive, se précipiter dans une autre pièce et, là, taper sur un coussin? Ce serait bien plus drôle. Et, à l'enfant qui assisterait à cela, elle dirait : « Tu vois. J'avais tellement envie de te donner une fessée que je la donne au coussin. » Si l'enfant veut s'amuser, elle battra les coussins avec sa mère et ça se terminera dans les rires. Je crois qu'il faut que cette femme arrive à tourner sa colère en amusement. Parce que « rire aux éclats » est aussi une manière de terminer les histoires. Il ne faut pas tout prendre au tragique.

Une parenthèse pour remarquer qu'il y a beaucoup de lettres de parents un peu « rétro », si vous voulez, qui pensent que maintenant on va trop loin dans le laisser-aller et qu'il faut quand même, de temps en temps, donner une bonne fessée.

C'est-à-dire que cela soulage les parents.

Avez-vous pratiqué la fessée, vous?

Jamais. D'abord, j'en aurais été bien incapable. Je bousculais mes enfants par moments en leur disant : « Attention! Aujourd'hui, je suis panthère noire! » Ils souriaient et disaient : « Attention! Maman panthère noire, ça va barder! », et ils s'en allaient dans une autre pièce. Il y a des jours où on est énervé, bien sûr : il faut le dire aux enfants, les prévenir, et les mettre hors de la pièce où l'on se trouve. Et si, de temps en temps, on les bouscule un peu, ce n'est pas grave. Mais il faut essayer de ne pas en arriver à l'état de tension de cette maman. Je crois que, déjà, de me l'avoir écrit, ça l'aura aidée. Je sais, ayant été moi-même dans ce cas, qu'il est difficile d'avoir trois enfants rapprochés. Mais il faut arriver à les mettre hors de sa portée quand on se sent énervé comme ça.

Cette dame termine sa lettre en écrivant que l'attitude de sa fille et sa violence à elle l'inquiètent tellement qu'elle se demande si elles ne devraient pas aller toutes les deux voir un psychologue.

Sa fille, certainement pas! Mais elle, peut-être pourrait-elle parler avec une psychologue-psychanalyste. Pour la petite, il faudrait trouver des activités de son âge. Qu'elle ne soit pas tout le temps avec ses frères et sa mère. C'est trop dur pour elle de voir sa maman s'occuper de bébés bien à elle, et, elle, de ne rien avoir du tout. Que la mère essaie de s'arranger avec une parente, ou une amie, et même que l'enfant parte quelques jours ou aille coucher le soir chez une petite amie. Ça arrangerait les choses. Et puis que le père s'occupe de sa « grande fille ». Je crois que ça soulagerait aussi la mère.

Voici un témoignage très différent, qui fait référence au sadisme naissant des enfants. C'est une femme qui a, sur ce sujet, un point de vue assez particulier et éloigné du vôtre. Je crois qu'il reflète un courant de pensée de certains parents. « Quand il avait cinq, six ans, écrit-elle, mon fils — qui en a maintenant quinze — a, un jour, fait preuve de cruauté envers notre petite chienne. Il lui a lié les quatre pattes et l'a abandonnée sous la pluie. Alors, voilà ce que j'ai fait. Aidée de ma mère, et bien que cela nous en coûte, je lui ai attaché les pieds et les mains et l'ai laissé ainsi — pas sous la pluie quand même — juste le temps de sécher l'animal. » Et elle continue : « Depuis, il n'y a absolument plus eu aucun problème. » Elle termine sa lettre en écrivant : « Ne nous prenez pas pour des tortionnaires. Il est très dur d'infliger un sévice à son enfant, mais nécessité oblige. » Moi, j'avoue que... Bon, *c'est un témoignage. Mais était-ce, selon vous, la meilleure solution?*

Elle dit dans cette lettre qu'il est devenu extrêmement gentil et bon avec les animaux?

Et avec les enfants aussi.

A priori, la punition me semble un peu effrayante. Cependant, le fait que la maman a eu beaucoup de difficultés à l'infliger à son fils corrige tout. Elle a agi en partant de l'idée qu'elle avait de son rôle, élever un être humain à devenir un être humain. C'est tout à fait différent du cas des parents qui mordent leurs enfants par vengeance parce que ceux-ci les ont mordus, et encore plus fort. Il y a, dans ce témoignage, deux choses à remarquer : d'abord, l'enfant était déjà grand, apte à réfléchir, il avait déjà près de six ans; ensuite, il ne semble pas qu'il y ait eu un père, puisque c'est la mère et la grand-mère qui ont agi. Je crois que si le père avait été là, il aurait pu raisonner l'enfant. Ce qui serait intéressant, c'est que cette mère en parle aujourd'hui à son fils et de savoir si le fils se souvient de l'incident, s'il se rappelle l'époque où il était cruel avec les animaux et s'il pense qu'il y aurait ou non une autre solution pour d'autres enfants que lui. Parce que nous ne pouvons être aidés que par des témoignages sur ces cas-là.

Bien sûr. Cela dit, le sadisme à rebours des parents peut être un jeu dangereux?

Oui, cela peut conduire l'enfant à recommencer parce qu'il prend un goût pervers aux sensations fortes qu'il éprouve tant en forçant qu'en subissant. Pour ce garçon qui était déjà « grand » et semblait très intelligent, cela s'est bien passé. Mais cette attitude est à proscrire absolument avec les très jeunes enfants. Car leur agressivité envers les animaux vient généralement de ce qu'encore plus petits ils se sont, à tort ou à raison, sentis « sadisés » de la part de grands enfants ou d'adultes trop exigeants : soit qu'ils aient séjourné à l'hôpital, comme livrés sans explications et sans défense à des soins dont ils ont souffert, soit pour de tout autres raisons, parfois seulement morales. Des récits ou des images de la vie ou de films leur sont peut-être restés en mémoire. Ce sont parfois aussi des enfants chétifs, mal à l'aise dans leur corps, rejetés par leur entourage, sans joies.

La même personne rapporte un témoignage analogue d'une de ses amies dont le fils, qui avait très peur des piqûres lorsque le médecin venait ou lorsqu'on le soignait, avait lui-même piqué, un jour, son chien à coups d'épingle : la maman lui en fit autant. « Il a compris, écrit notre correspondante, ce qu'il avait fait, et c'est maintenant un charmant garçon de dix ans qui dorlote son chien. »

L'expérience, relatée par la personne qui nous a donné le précédent témoignage, est forcément vue sous le même angle, n'est-ce pas ? Mais peut-être cet enfant-là avait-il peur des piqûres parce qu'on ne lui avait pas expliqué que le médecin les lui faisait pour le soigner et que, pour soigner un chien, c'est le vétérinaire qui les fait. Là encore, la punition semble avoir porté, mais je ne dis pas que la méthode utilisée est la bonne. En tout cas, pour ceux-là, tant mieux ! Mais qu'on leur demande s'ils ont trouvé, à ce moment-là, que c'était le bon moyen [1].

---

1. Ces enfants n'ont-ils pas changé du fait de leur développement, et malgré les attitudes agressives de leurs éducateurs en réponse à la leur ? Le voleur volé, l'agresseur agressé... ça ne vole pas haut ! Des adultes demeurés enfants bien souvent et « passionnés », sans recul, sans compassion, qui appliquent la loi du talion... C'est triste, quand l'adulte se sent réduit à cela vis-à-vis d'une jeune à éduquer.

La mère s'arrache les cheveux, le fils est comme un poulet déplumé

(Mères exaspérées)

Nous allons aborder ici un thème qui « culpabilise » beaucoup de mères. Celui de ces femmes qui, à force de vouloir se dévouer à leur enfant, finissent par en être (et lui avec elles) exaspérées. Nous abordons le problème en douceur, en revenant à la question de la mère à la maison. Voici des réactions à ce que vous aviez dit précédemment de cette présence, qui n'est justifiée que jusque vers deux ans et demi, trois ans. Une femme vous fait remarquer que les enfants ont peut-être plus besoin d'avoir leur mère à la maison quand ils vont à la grande école, qu'ils ont des devoirs à faire, que lorsqu'ils ont moins de trois ans. « Ce n'est pas parce que les enfants vont à l'école toute l'année, écrit-elle, qu'ils n'ont plus besoin de leur mère au retour. Il y a aussi les périodes de vacances. Imaginez ce qui se passe pour les enfants quand ils sont douze heures à la maison, seuls, sous leur propre responsabilité. »

J'ai dit que la présence de la mère est, à mon avis, nécessaire à son enfant jusqu'au moment où celui-ci peut prendre contact avec autrui par la démarche délurée et la parole nette, c'est-à-dire, chez les enfants qui se sont développés sainement, vers vingt-cinq, vingt-huit mois. Ensuite, que la mère reste à la maison, ça ne peut être profitable pour l'enfant que s'il est mis au contact d'autres grandes personnes et d'autres enfants. C'est pourquoi j'ai conseillé aux mères qui restent au foyer de se mettre en rapport avec d'autres mères et de se relayer à trois ou quatre pour prendre les enfants à tour de rôle dans la semaine afin que ceux-ci prennent l'habitude d'être ensemble. Il n'est d'ailleurs jamais trop tôt pour faire cela, et pour s'entraider entre femmes.

Mais surtout, il y a des mères qui sont isolées chez elles et qui deviennent enragées à s'occuper seules de leurs enfants; comme on dit, elles « tournent chèvre ». Et, bien sûr, elles ne sont pas bonnes pour leur enfant. Dans ce cas, et si elles ne peuvent voir d'autres mères dans la journée, il est préférable qu'elles travaillent et mettent leurs enfants à la crèche. Mieux vaut une mère détendue qu'on ne voit que le soir qu'une mère énervée qui s'arrache les cheveux, qui crie toute la journée et qui, lorsque le mari rentre en fin de journée, est dans un état d'épuisement. Maintenant, qu'une mère veuille rester à la maison pendant toute l'éducation de ses enfants, pourquoi pas, si elle le peut, si elle n'est pas à bout de nerfs quand vient le soir.

Il est certainement très agréable pour des enfants d'avoir une mère qui s'occupe d'eux quand ils rentrent de l'école. Mais pour ce qui est des jours de congé et des vacances, il est bon qu'ils aient des loisirs intelligents, surtout à partir de six, sept ans; et, parce que la mère, souvent prise par les travaux de la maison, n'a pas toujours le temps de le faire, il est important qu'ils puissent s'occuper hors de chez eux à des loisirs créatifs. De plus, les enfants ont besoin d'être avec d'autres enfants. Il existe pour eux des ateliers un peu partout. Ou bien — comme pour les petits — plusieurs mères peuvent se grouper et s'entendre pour que l'une d'elles, chaque mercredi, réunisse tous les enfants et organise une activité : un mercredi, l'une leur fait faire des marionnettes, le mercredi suivant, une autre les emmène promener, etc. Que les mères ne se sentent plus isolées avec leurs enfants et contraintes de tout leur apporter, mais s'entraident. Les enfants doivent apprendre à devenir sociables et, pour cela, c'est aux mères de commencer par l'être entre elles.

A propos de la présence de la mère à la maison encore : « *Vous avez parlé l'autre jour d'une petite fille de quatre ans qui était insupportable. Je ne comprends pas que vous ayez conseillé à la mère de retravailler, alors que celle-ci expliquait qu'elle préférait rester à la maison pour mieux élever son enfant.* »

Il s'agissait d'une petite fille dont la mère disait qu'elle était devenue « le petit Hitler » de la maison; en plus, personne ne comprenait pourquoi la sœur aînée, que la mère n'avait pas gardée étant petite, était devenue le souffre-douleur de la plus jeune et se laissait faire. Je crois que quelque chose n'allait pas dans les relations entre l'enfant et sa mère. C'est pourquoi je disais à cette dernière de retravailler. Parce qu'il est mauvais qu'un enfant de quatre ans reste à la maison s'il n'y est pas heureux et ne rend pas les autres membres de sa famille heureux. Si mère et enfants sont à la maison ensemble, c'est pour avoir plus d'échanges entre eux et partager la joie d'être réunis. Sinon, ce n'est pas la peine. Comme, à partir de trois ans, un enfant n'a plus besoin de *sa* mère, la meilleure solution pour cette enfant dont vous parliez et pour sa mère était bien qu'elles se séparent dans la journée. Cette enfant n'était pas heureuse, gâchait sa vie et celle de sa sœur surtout. Quant à la mère, où était pour elle son beau rêve de rentrer chez elle, pour y vivre heureuse?

Voici maintenant une mère qui a, dit-elle, longtemps hésité à vous écrire. Elle avait un petit peu honte parce qu'elle déclare elle-même : « *Je n'osais pas vous exposer mon problème de peur que vous pensiez de moi :* " *Elle ne sait pas résoudre son problème. C'est une femme-enfant.* " *Et puis, non! Je crois que vous ne le penserez pas. J'ai trop besoin de vous le dire.* » *Et elle s'ex-*

plique. Elle dramatise énormément la situation, car elle dit dans sa lettre que, souvent, elle en vient à pleurer, alors que ce qu'elle décrit est une situation que connaissent journellement des centaines de familles. Elle a un petit garçon de seize mois qui est en bonne santé, qui mange bien, qui a le sommeil léger mais qui dort bien; en un mot, qui pousse sans problème. Mais il est capricieux : « *Il hurle toute la journée, écrit-elle, si, par malheur, je n'ai pas tourné la tête au moment où il me le demandait. C'est peut-être mal de parler ainsi de son enfant, mais aujourd'hui, je n'en peux vraiment plus.* » *Et elle décrit une journée type :* « *Le matin, c'est terrible. Lorsqu'il se réveille, vers sept heures, ce sont des hurlements. A partir du moment où il a vu son biberon, il n'a pas la patience d'attendre que celui-ci chauffe. Au moment de la toilette, c'est encore pire : il refuse le contact avec l'eau. Je n'arrive pas à lui laver le visage ni les fesses, ni même à lui nettoyer les oreilles ou lui couper les ongles... Je suis très patiente de nature, mais j'avoue que, depuis trois ou quatre semaines, j'ai de plus en plus recours à la fessée, ce qui me rend malade — et n'est d'ailleurs pas plus efficace. Lorsqu'il est avec son père, si par exemple je m'en vais de la pièce, continue-t-elle, il est beaucoup plus calme qu'avec moi. Je vous écris cela parce qu'il y a des choses qu'on n'ose pas raconter à son mari.* » *Évidemment, si le mari, en rentrant le soir, trouve l'enfant très calme, il a tendance à penser que sa femme dramatise.*

Et il trouve une femme excédée, près de craquer. Je crois que c'est un enfant très intelligent mais qui, à ce qu'il semble, ne parle pas. C'est pourquoi il crie pour s'exprimer. Je pense que c'est parce que depuis l'âge de neuf, dix mois, il n'a pas eu de paroles sur tout ce qu'il pouvait toucher, tout ce qu'il pouvait faire. Peut-être même a-t-il déjà été dressé à la propreté sphinctérienne. Peut-être est-ce aussi un enfant qu'on a malmené, à qui on a pris des choses et qui a besoin de prendre; pour qui la mère représente une partie de lui qui lui a été arrachée et que, sans paroles, il ne parvient pas à la remplacer et à rentrer en communication avec elle. Est-ce cela? Je n'en sais rien. Peut-être aussi cet enfant ne voit-il pas assez d'autres enfants?

Mais est-ce qu'un bébé de seize mois a besoin de voir d'autres enfants?

Certains, oui. A neuf mois, dès que l'enfant se déplace à quatre pattes, il a besoin d'apprendre à toucher toutes les choses de la maison en sachant leur nom et, surtout, de ne pas être obligé de faire pipi, caca, dans le pot. C'est peut-être de là que vient le problème de cet enfant : il est réduit à l'état de chose par sa maman qui le lave, et tout ça. Or, à seize mois, il pourrait très bien patouiller tout seul dans l'eau. Elle n'a pas besoin de le laver. Puisqu'elle semble être à la maison, elle peut tout simplement laisser couler le bain, le mettre dedans et c'est tout. Il s'amuse. Et puis, une demi-heure après, il sera propre. C'est un enfant qui semble ne pas vivre comme un enfant de son âge. Quant à la mère, il semble qu'elle ait vraiment besoin de se reposer pour que, lorsque son mari rentre, elle soit encore sa femme.

Elle est dépassée par les événements.

Dans ce cas, elle pourrait essayer de mettre l'enfant chez une gardienne ou, pourquoi pas, à la crèche toute la journée, pendant au moins trois ou quatre semaines, le temps pour elle de se reprendre. Que ce soit le père qui l'y emmène et aille le rechercher, pour qu'elle ne se fatigue pas. Ou peut-être a-t-elle besoin d'aller dans une « maison maternelle », comme il en existe, où l'on prend la maman avec l'enfant, parce que c'est elle qui, en ce moment, est déprimée. C'est à cause de cela que l'enfant ne sait plus ce qu'il fait et est comme une boule de nerfs. Mais je n'ai pas assez d'éléments pour en dire plus. Je peux simplement remarquer qu'un enfant qui aime jouer avec l'eau est un enfant en bon équilibre. Un enfant calme quand son père est seul avec lui, aussi.

J'abandonne cette lettre pour vous poser une question plus générale. Ne craignez-vous pas de faire bondir beaucoup de mères en disant qu'à seize mois il n'est pas nécessaire de nettoyer les oreilles, couper les ongles ou laver la figure d'un enfant?

Oui, mais on voit que cet enfant n'est pas comme les autres : le laver, c'est comme si on lui enlevait la peau. Je ne sais pas pourquoi il est devenu comme ça. Mais dans son cas, il vaut mieux ne pas l'ennuyer avec la toilette. J'ai l'impression que c'est un enfant qui s'est senti beaucoup trop chosifié par la mère. Elle a comme peur de lui; et lui est en insécurité avec elle. La preuve, c'est que, quand le père est là — qu'il voit moins souvent, et qui est moins « après lui », comme on dit —, il est sage. Ce petit me fait penser à un tableau de poulet déplumé. Et la mère s'arrache les cheveux!

Alors, qu'elle ne s'arrache surtout pas les cheveux!

Non. Qu'elle fasse un peu moins de nettoyage. Qu'elle le mette dans la baignoire et qu'elle le laisse s'amuser. Et puis, quand il crie... qu'elle chante! C'est tout. Mais le pourra-t-elle? Je crois qu'elle a besoin de repos tout court et d'être aussi un peu soulagée de l'enfant.

Une autre mère vous écrit : « J'ai une petite fille qui n'a pas encore un an. Je l'adore... quand elle ne pleure pas...

Elle n'aime pas un enfant vivant!

...J'ai beau me raisonner, quand elle pleure, je crie plus fort qu'elle... »

LORSQUE L'ENFANT PARAÎT

C'est ennuyeux pour l'avenir.

Elle demande : « Pouvez-vous me dire ce que je devrais faire...

Certes!

...quand il m'arrive d'exploser...

Une psychothérapie, madame!

...parce que j'ai l'impression que ma fille a peur de moi par moments. »

Ce n'est pas étonnant. Cette femme n'arrive pas à se maîtriser. D'ailleurs, son écriture aussi le montre. C'est une femme qui est à bout de nerfs. Elle aime la petite, bien sûr! Mais, en fait, elle aime une enfant imaginaire, pas une enfant réelle. Il faut absolument qu'elle fasse une psychothérapie. Et je suis sûre qu'elle retrouvera alors des souvenirs où elle-même a été traitée comme ça — car une femme fait avec son enfant ce qu'on a fait avec elle —, pas forcément par sa mère d'ailleurs, peut-être par une personne de passage, quand elle était à l'âge de crier. En tout cas, elle a raison de s'inquiéter. Il faut qu'elle entreprenne une psychothérapie — non pas qu'elle prenne des médicaments pour se calmer, il ne s'agit pas du tout de cela — pour comprendre, en parlant avec quelqu'un de façon régulière, ce qui se passe en elle quand son enfant se montre simplement sensible et vivante.

Le père n'est pas un nourrisson

(Incommunicabilité paternelle?)

Lorsque nous lisons des lettres de mères ou des lettres qui concernent des familles même très nombreuses, on parle rarement des pères.

Oui, si bien que, quelquefois, on croit qu'il n'y en a pas.

Voici donc la lettre d'un père qui s'interroge sur ce qu'il appelle l' « incommunicabilité paternelle ». Il a l'impression que souvent, à cause de leur travail, les pères n'ont pas le contact aussi facile que les mères avec leurs enfants. Et il écrit : « Je crois que c'est par le contact physique plus que par des paroles que le père peut le mieux donner une preuve d'amour. » Il explique ensuite : « J'ai un fils de sept ans et demi et une fille de six ans qui refusent mes câlins, mes caresses et mes baisers. Ils le font parfois en riant et semblent se moquer de moi. Dernièrement, au moment de les conduire à l'école, leur mère ayant été couverte de baisers, j'ai fait semblant d'être jaloux, et mon fils m'a répondu : " Toi, tu n'as pas droit aux baisers parce que tu ne m'as pas fait naître ". » Je crois que ça lui pose un gros problème à ce père.

C'est très intéressant parce qu'il y a peut-être d'autres pères qui réagissent comme cela. Ce monsieur a créé lui-même les conditions dont il souffre maintenant, parce que ce n'est jamais par le contact physique que l'amour pour le père se manifeste. Il peut y en avoir, bien sûr, quand le bébé est petit, pourquoi pas? Mais très tôt, ils ne doivent plus exister, ou le moins possible. Le père, c'est celui qui met la main sur l'épaule et dit : « Mon fils! » ou « Ma fille! »; qui prend sur ses genoux, chante des chansons, donne des explications sur des images de livres ou de magazines en racontant les choses de la vie, sur tout; il explique aussi les raisons de son absence, les raisons pour lesquelles on agit de telle ou telle manière; puisqu'il est souvent à l'extérieur, l'enfant peut supposer qu'il connaît le monde plus que la maman qui, elle, connaît surtout les choses de la maison. Je crois que ce monsieur se conduit, vis-à-vis de ses enfants, comme un nourrisson avide de baisers. C'est pourquoi ceux-ci en viennent à penser qu'il ne compte pas dans leur vie.

En ce qui concerne la responsabilité du père dans la naissance, comme je l'ai dit souvent, quand une mère explique à son enfant de deux ou trois ans qu'il était dans son ventre avant de naître, elle ne doit pas oublier d'ajouter : « Mais tu n'y étais que parce que ton père a désiré que tu naisses. C'est lui qui a d'abord voulu ta naissance. Toi, tu as voulu naître garçon. Toi, tu as voulu naître fille. Mais nous étions tous les deux pour te concevoir. » Il vaut mieux dire le mot exact, « concevoir », que le mot « faire » qui, pour les enfants, s'emploie surtout pour les excréments ou les choses manipulées et fabriquées avec les mains.

Pour en revenir à cet homme, il peut encore se rattraper auprès de ses enfants en leur disant : « Vous avez pu penser que j'avais besoin d'être embrassé. Mais vous vous êtes trompés. Je croyais que vous étiez trop petits pour que je vous parle et que vous me parliez. Maintenant, cela va changer, on va essayer de réparer ça. Si vous le voulez, je vous sortirai, je vous emmènerai voir des choses intéressantes, tous les deux ou séparément. » (Car ce ne sont pas les mêmes choses qui intéressent garçons et filles.) Mais surtout, que les pères sachent bien que ce n'est pas par le contact physique mais par la parole qu'ils peuvent se faire aimer d'affection et respecter de leurs enfants.

*A propos de paroles, ce même père explique un peu plus loin :
« Mon fils est souvent muet devant* nos *questions. Il ne veut
jamais dire — ni à sa mère ni à moi — ce qu'il fait à l'école. Quant
à ma fille, plus jeune d'un an, elle a des gestes de révolte, lève le
coude — ce qui est une façon de lever le poing à mon égard — et
se bute devant* nos *paroles. » Apparemment, ces enfants-là ne
sont pas très sensibles à la parole.*

Ce n'est pas cela. On dirait que ces deux parents n'ont pas entre eux de conversation personnelle, ne sont pas vraiment des amis adultes et ne vivent que par leurs enfants. On dirait qu'il y a, dans cette famille, une manière de vivre un peu « nursery ». Ces enfants semblent jeunes d'esprit, puisqu'ils jouent encore à taquiner leurs parents comme des bébés, et ceux-ci aiment se faire embrasser aussi, comme des bébés. Si les parents, quand ils se retrouvent le soir, parlaient de ce qui les intéresse, de ce qu'ils ont fait dans la journée, et demandaient à leurs enfants de se taire en leur disant : « Si ça ne vous intéresse pas, allez jouer! », je crois que ceux-ci comprendraient que leurs parents ont une vie d'adultes où les enfants ne sont pas indispensables. C'est très important. Dans beaucoup de familles, l'enfant est roi, les parents dépendent de lui et s'il ne raconte pas ce qu'il a fait à l'école, eux se sentent frustrés. Or, d'une part, je l'ai déjà dit, les enfants ne peuvent pas à la maison parler de l'école ni à l'école de la maison, en tout cas, ils ne le peuvent pas sur commande. D'autre part, ce dont ils ont besoin, c'est d'avoir une vie propre avec leurs camarades et des parents qui leur donnent la sécurité, qui ont des conversations entre eux, fréquentent des amis de leur âge; des parents à qui ils peuvent s'identifier pour grandir, et non des simili-camarades de leur âge.

Un problème proche du précédent. C'est la femme, cette fois, qui vous explique son cas. Elle est mariée depuis quatre ans. Elle a vingt-huit ans, son mari a bientôt quarante et un ans et leur enfant trois ans. Elle écrit : « Depuis sa première année, mon fils est jaloux de mon mari. Cela crée un climat de tension épouvantable, surtout lorsque nous sommes tous les trois ensemble. Je n'ai pas un caractère à gâter les enfants ni à céder à leurs caprices. Mon fils, tout en ne manquant de rien, a été élevé avec poigne. Mais cela n'a servi à rien, parce que mon mari, pour qui cela a beaucoup compté d'avoir enfin un enfant, à trente-huit ans, s'est toujours conduit avec lui de façon radicalement différente. Il critiquait, devant lui, ce que je disais à l'enfant. Maintenant, à trois ans, celui-ci n'obéit plus ni à moi ni à son père — qu'il appelle, de plus, par son prénom, ce qui lui retire encore de l'autorité. Je voudrais que vous me disiez comment me comporter vis-à-vis de cet enfant. » Elle ajoute à la fin de sa lettre : « Je garde un bébé depuis quelques mois; bien que mon fils paraisse l'aimer, j'ai l'impression que ça n'arrange pas la situation. »

Dans cette famille, la mère a le rôle de gendarme et le père le rôle maternant. Mais, surtout, le père semble avoir été subjugué par l'arrivée de ce bébé. Il n'aimerait pas, lui, être grondé. Alors, il se met à la place du petit qui l'est par la maman. Je ne sais pas très bien comment ça peut s'arranger. Je crois qu'il faut que la maman parle à l'enfant et lui dise : « Écoute! Lui, il est mon mari. Toi, tu es mon fils. » Et que le père fasse de même : « C'est ma femme. Et quand je suis avec elle, j'aimerais que tu me laisses tranquille, parce que, quand tu seras avec la tienne, je te laisserai tranquille aussi. Entre hommes, on peut faire cela l'un pour l'autre. » Il faut qu'ils parlent l'un de l'autre en termes de *mari* et *femme*, et non pas seulement de « papa » et « maman ». Quand ils parlent à l'enfant de leur conjoint dans sa relation aux enfants, qu'ils disent « ton père, ton papa, ta mère, ta maman. Votre père, votre mère ». Exemple : « Va dire à ta maman... » et non « Va dire à maman ».

Dans sa lettre, cette dame explique qu'elle a élevé son fils avec poigne. Mais est-ce possible avec un enfant qui n'a pas encore trois ans?

LORSQUE L'ENFANT PARAÎT

Enfin, qu'est-ce que ça veut dire?

... D'autres personnes, d'ailleurs, vous demandent votre avis sur les façons « modernes » d'élever les enfants, c'est-à-dire le laisser-faire total.

Ce n'est pas plus moderne... c'est « je-m'en-fichiste ».

Où est donc la frontière entre le laisser-faire et la poigne?

Le tout est de parler intelligemment avec un enfant. Quelqu'un qui, devant un enfant, rit de lui ou se moque de ce qu'il dit à un autre adulte, ou se moque de l'adulte avec son enfant, ne respecte ni l'enfant ni l'adulte. En fait, ces grandes personnes se comportent comme des enfants. Et l'enfant, le vrai, n'a plus sa place. Les parents, en se mettant à sa place, ne sont plus des exemples. Je pense que la meilleure des choses serait de le faire garder au-dehors, de temps en temps, pendant la journée. Il faut que le couple se retrouve. C'est à qui joue au tiers exclu ou au tiers coupable dans ce trio. C'est cela qui ne va pas.

Croyez-vous que le problème du bébé qu'elle garde peut avoir joué?

Sans doute. L'enfant se sent dépossédé et ne sait plus s'il doit s'identifier à une grande personne, et à laquelle? ou à un bébé, pour devenir lui-même. Ce garçon encore adolescent que semble être le père, s'il se mettait à être sévère et ferme, il se sentirait devenir femme puisqu'il a une femme à poigne. C'est très difficile pour le petit garçon et je crois qu'il se sent un peu « paumé » pour ce qui est de trouver sa place de garçon de son âge, bref son identité, pour devenir vraiment lui-même. Pour l'instant, il s'identifie à celui qui fait tomber les quilles. C'est ce que fait son père en critiquant le comportement de sa femme. C'est ce que fait la mère en critiquant le comportement du père.

Vous aviez, d'autre part, déjà dit ici qu'il est mauvais, pour un enfant, que les parents se contredisent devant lui?

Oui. Mais, puisqu'ils le font et qu'ils l'ont déjà fait... On ne peut pas revenir en arrière.

Mais, pour ceux qui voudraient éviter ce problème, il ne faut pas le faire?

Non. Si des parents ne sont pas d'accord, il est très important qu'ils ne le montrent pas à l'enfant mais qu'ensuite, ils en parlent entre eux. Il est difficile à un enfant de vivre avec deux parents sans cesse en contradiction. En fait, dans le cas présent, ils ne sont pas en contradiction : ils en sont à savoir à qui l'enfant obéira. Or, un enfant doit s'obéir à lui-même, c'est-à-dire faire des choses utiles et intéressantes. Et celui-ci, finalement, je crois qu'il s'ennuie parce qu'il ne fait rien d'intéressant. En outre, le climat créé par ses parents est pour lui un climat d'insécurité.

Et puis il est dangereux pour la structure psychique d'un enfant d'appeler ses parents par leur prénom ou par un surnom : c'est nier la filiation et la spécificité de la relation aux parents.

Passivité n'est pas vertu

(Enfants timides)

Où la gentillesse commence-t-elle à aller trop loin? Une mère qui a deux petites filles de six mois et quatre ans vous écrit : « J'ai été enseignante. Je me consacre maintenant à ma petite famille. L'aînée est très gentille et équilibrée mais est souvent "victime" de sa gentillesse : lorsqu'elle reçoit des coups à l'école, elle n'ose pas les rendre car, dit-elle, si sa maîtresse le voit, elle va se faire disputer. Hier, devant moi, un enfant de dix-huit mois l'a cruellement mordue plusieurs fois, l'a griffée et pincée. Ma fille pleurait, mais n'a pas voulu se défendre; elle disait de l'autre : " Elle est petite. " Comment faire pour aider cette enfant à se défendre? Est-ce qu'on doit lui apprendre un sport? »

Le karaté, peut-être!

Pourquoi pas? La maman explique aussi que cette enfant est très généreuse, qu'elle offre ses jouets et partage sa chambre sans problèmes avec d'autres enfants, mais qu'elle est souvent déçue et reste un peu penaude dans son coin.

C'est une enfant qui croit que la passivité est une vertu. Quand le bébé de dix-huit mois l'a mordue plusieurs fois, griffée, pincée, elle aurait pu au moins s'écarter de lui ou lui immobiliser les bras. Je ne sais pas. Peut-être croit-elle depuis qu'elle est petite, que c'est bien de se laisser avoir. Elle a peur de la maîtresse comme si c'était celle-ci qui devait savoir ce qu'un enfant peut supporter. Elle n'a pas du tout son autonomie. Il faut que la mère lui parle et, surtout, qu'elle joue avec elle à faire semblant de l'attaquer et que l'enfant se défende d'elle. C'est ainsi qu'elle peut lui enseigner à se défendre sans pour cela faire mal, à protéger sa petite personne. Il faut que l'enfant joue pour elle-même et non qu'elle fasse jouer sa petite sœur. Que la mère la laisse jouer avec sa sœur, bien sûr, mais que si la petite crie on n'en fasse surtout pas reproche à la grande. Qu'on ne lui dise pas : « Sois gentille », ou « Cède, ta sœur est petite ». Gentil est un qualificatif pour un nounours, et j'ai l'impression que cette enfant a un idéal de nounours, puisqu'elle ne bouge pas quand on l'attaque. Or, je dois le dire, c'est quelque chose qui arrive chez les enfants qui ont été propres trop tôt : la maman qui prend les excréments à son enfant petit, qui ne veut pas qu'il en ait, prépare sans le savoir, chez celui-ci, soit une trop grande passivité, soit au contraire, une exacerbation de l'autodéfense. Il semble, d'après la suite de la lettre, que ç'ait été le premier cas, ici.

En effet, à propos de l'enfant de six mois, la mère demande : « A quel âge faut-il faire l'éducation à la propreté? »

Amorcer l'éducation? pas avant quatorze mois chez un enfant qui a marché à onze ou douze mois. Et c'est vers dix-neuf, vingt mois que cet enfant sera, de lui-même, capable de devenir propre, les garçons plus tard que les filles. Mais avant, combien de choses il doit savoir et apprendre à faire! Des gestes d'agressivité corporelle, comme de taper dans un ballon, porter des choses lourdes, manipuler avec habileté des objets fragiles, maîtriser sa motricité, faire des efforts, éplucher des légumes, manier des tas d'outils, des couteaux, des ciseaux. Maîtriser motricité, force, agressivité pour l'utilité. Et aussi, pour le jeu. Or, il me semble qu'ici, l'aînée, justement ne joue pas avec son corps. Quant à la petite de six mois, elle ne mange pas seule et ne déambule pas encore à quatre pattes. Pas question de propreté.

Quand vous dites « jouer avec son corps », c'est en faisant une différence entre « jeux » et « sports »?

Bien sûr.

A propos de sport, beaucoup de lettres vous demandent : « A quel âge peut-on commencer à faire pratiquer un sport à un enfant? »

Quand il le désire. Quand un enfant dit : « Je voudrais faire du foot », la maman répond : « Je vais chercher si, à ton âge, il y a déjà de petites équipes. » Mais pas avant sept, huit ans pour un garçon déjà habile, déluré et sociable.

Quatre ans, c'est donc quand même un peu jeune?

Bien sûr! taper dans un ballon, ce n'est pas du foot. Mais l'enfant peut commencer par jouer avec d'autres enfants; avec son père et sa mère aussi, qui, en jouant ensemble et en l'intégrant à leur partie, lui enseignent à jouer. Pas plus qu'un enfant n'apprend à parler seul avec sa maman, il ne peut apprendre à jouer physiquement seul avec une personne. C'est bon pour commencer à s'exercer. Ce n'est pas « jouer ». Il faut jouer au moins à trois. C'est en voyant son père et sa mère jouer ensemble (aux quilles, au ballon, etc.) que l'enfant apprend à faire pareil. Le geste, c'est un langage. L'enfant l'apprend par désir et plaisir, et en observant les autres.

Or, j'ai l'impression que l'enfant dont nous parlions, pour y revenir, est muette de ce langage. Il faut lui enseigner le langage des gestes, le langage du corps. Alors, elle n'aura plus peur de sa maîtresse. Et elle pensera que celle-ci, si elle l'a grondée parce qu'elle s'est défendue, a fait ce qu'elle avait à faire, cependant qu'elle, de son côté, a fait aussi ce qu'elle devait faire. Il faut absolument que la mère, enseignante elle-même, débarrasse sa fille d'une culpabilité morbide devant les maîtresses.

Voici deux fillettes, de quatre ans et demi et deux ans, qui sont toutes deux très timides et sensibles — de cela, la mère ne s'inquiète pas, elle pense qu'en grandissant, avec le contact d'autres enfants à l'école, cela passera. Son problème, c'est que l'aînée a tendance à faire confiance à tout le monde; en particulier dans la rue, elle suivrait n'importe qui. La mère cite un cas précis : un jour, au sortir de la poste, une dame a demandé à l'enfant en passant : « Tu viens avec moi? », et la petite, immédiatement, l'a suivie. Là-dessus, cette personne lui a dit : « Mais enfin, il ne faut pas suivre tout le monde comme ça! » Il y a eu une autre expérience, un peu plus tard. Cela inquiète la maman qui se demande comment faire comprendre à sa fille qu'il ne faut pas faire confiance à tout le monde.

Je ne pense pas qu'on puisse le lui faire comprendre. La relation à la mère n'est pas tout à fait une relation élective, chez cette petite; probablement depuis la naissance de sa petite sœur.
Autre chose : elle n'ose pas s'opposer. C'est une enfant timide, qui a été élevée (ou qui a tendance) à être trop docile avec sa mère. Je crois que celle-ci peut commencer à changer les choses en ne lui imposant pas tout directement, en ne lui demandant pas une obéissance aveugle. Car cette enfant est comme aveugle : elle obéit à sa mère aveuglément. Elle suit n'importe qui parce qu'elle a pris un style d'obéissance, de dépendance totale à sa mère. Elle n'a pas une autonomie suffisante. Il faut que sa mère l'aide en lui demandant, par exemple, chaque fois qu'elle la sert : « Est-ce que tu veux de ceci? » pour que l'enfant puisse dire non, puisse dire qu'elle veut autre chose. Ce serait encore mieux de la laisser se servir elle-même. Qu'on développe chez les enfants des initia-

tives personnelles qui ne seraient peut-être pas celles que la mère aurait eues pour elles.

Cette dame nous a réécrit, le lendemain, qu'elle avait oublié de mentionner quelque chose concernant sa fille : quand celle-ci était plus petite, et qu'on la conduisait au jardin, elle semblait toujours plus attirée par les autres mamans, ou les grands-mères d'ailleurs, que par les enfants de son âge. A l'école, elle reste toujours à côté de sa maîtresse lors des récréations et ne veut pas aller jouer avec les autres enfants.

Je ne crois pas un mot de ce « toujours »! Je pense que c'est arrivé quand la maman était enceinte de la petite sœur ou à sa naissance — plutôt quand elle était enceinte. Les enfants sentent que la maman qui attend un bébé est attirée « vitalement » par un autre enfant. Par une certaine prudence, ils se font alors silencieux envers elle et cherchent quelqu'un qui ait une vitalité plus disponible à tous les enfants. C'est ça. Ou, si elle se comportait déjà ainsi avant la grossesse de sa mère, c'est qu'elle ne fréquentait pas d'autres enfants. Les bébés sont très vite attirés par les autres bébés : encore faut-il qu'ils en voient et que la personne qui les garde leur laisse faire de petites expériences de jeu avec les autres sans s'en angoisser.

Voici peut-être une autre forme du même problème. Nous parlons très souvent de familles de deux, trois, quatre, cinq enfants; mais on vous demande aussi de parler des enfants uniques. Telle cette mère qui écrit : « J'ai une fille unique de quatre ans et demi qui nous donne l'impression, à mon mari et à moi, de tout faire pour rester bébé le plus longtemps possible. Elle se promène avec un petit mouchoir qu'elle met sous son nez. Lorsqu'elle est avec d'autres enfants, elle ne cherche pas particulièrement à jouer avec eux. Elle reste dans son coin en silence. » Et la question précise est la suivante : « Que faut-il faire pour aider un enfant unique à se détacher un peu de ses parents et à s'intéresser aux autres — en particulier aux autres enfants de son âge — et à trouver une sorte d'harmonie ? »

C'est déjà plus difficile, à quatre ans et demi, quand cela n'a pas commencé tôt. Je dois dire que les enfants uniques sont malheureux en général. Il est frappant d'ailleurs de voir que, quand des parents ont été enfants uniques, ils ont généralement envie d'avoir plusieurs enfants. Et ce sont les enfants de familles nombreuses, surtout les aînés, qui aiment avoir un enfant unique, parce qu'ils ont, de leur côté, souffert de leur sujétion aux petits, de leurs responsabilités d'aînés. Il y a, dans la communauté des enfants, un charme qu'un adulte ne peut pas remplacer.

Je pense que cette enfant n'a pas été assez tôt mêlée par ses parents à d'autres enfants, tandis que ses parents, de leur côté, ne voyaient pas assez d'autres adultes. Quand un enfant unique vit avec des parents qui, eux, voient beaucoup d'autres parents, il commence à reverser sur d'autres adultes la relation à la mère, la relation au père et si ces adultes ont eux-mêmes des enfants, l'enfant unique joue avec eux. Mais il semble que les parents eux-mêmes se conduisent ici en parents d'enfant unique : or, on peut n'avoir qu'un enfant unique parce que c'est obligatoire, mais, en même temps, être très sociables. Je crois qu'il y a un problème de sociabilité chez cette femme, avec les autres femmes, depuis que son enfant est petite. En fait, tout enfant — et surtout un enfant unique, puisque la maman a davantage de temps — devrait être, dès le berceau, mêlé à la vie d'autres enfants. La mère, elle-même, devrait fréquenter des amies, que celles-ci aient ou non des enfants, ou qu'au moins, à la maison, il y ait des animaux : qu'il y ait des échanges, des chansons, de la joie, du mouvement quoi, une vie. Et que l'enfant ne représente pas, pour les deux parents, le centre de leur existence.

Elle dit qu'elle a toujours traité sa fille en enfant selon son âge, mais qu'il n'en est pas de même pour le père : « Mon mari s'occupe beaucoup d'elle, mais il la traite peut-être trop en adulte. » Et elle se demande si ce n'est pas par réaction que l'enfant cherche à rester bébé le plus longtemps possible. Croyez-vous que son analyse soit juste?

Je ne sais pas. Mais je ne pense pas qu'elle non plus ait traité sa fille en enfant de son âge. Parce qu'à quatre ans et demi — dès l'âge de trois ans même — une petite fille aime faire tout ce que fait la maman dans la maison : elle épluche les légumes, elle fait les lits, elle cire les chaussures, elle bat les tapis ou passe l'aspirateur, fait la vaisselle, lave et repasse... Elle aime aussi faire tout ce que fait le père quand il agit avec ses mains. Je pense que cette mère, sans s'en rendre compte, a traité longtemps sa petite fille comme une enfant de deux ans, deux ans et demi, et que c'est là le difficile. Peut-être que, maintenant, en invitant des petites filles avec leurs parents, et en vivant, eux, davantage avec des adutes (aux prochaines vacances, par exemple, s'ils le peuvent) au lieu de vivre repliés en petite famille refermée, amènerait-on cette enfant à devenir moins dépendante. Mais, je répète que c'est déjà un problème à quatre ans et demi. Car c'est dès l'âge de la marche que l'enfant devrait commencer à être mêlé à d'autres enfants et laissé libre de prendre des initiatives, soutenu par les paroles, l'attention amusée et les encouragements de ses parents.

Un conseil donc, pour tous les parents d'enfants uniques : pour essayer que celui-ci ne soit pas trop malheureux — puisque vous avez dit tout à l'heure qu'un enfant unique était malheureux —, il faut rencontrer avec lui beaucoup d'amis, le laisser chez ceux qui l'invitent et que lui-même en invite à son tour. A la maison, lui enseigner à se débrouiller seul. Rien n'est pire pour des enfants — c'est souvent le cas pour un enfant unique — que d'être le centre d'intérêt des parents?

Oui, on peut avoir des plantes à soigner, à aimer, et aussi des animaux domestiques si possible. Peut-être pas un chien si l'on vit à un étage élevé, mais un chat, un hamster, ou des poissons rouges, des canaris. Je dis « des », un couple qui aura des petits. Qu'il y ait mouvement, relations et vie à observer, à défaut de frères et sœurs.

Si je vous suis bien, vous êtes pour la famille nombreuse?

Nombreuse, non. Mais trois, c'est le bon nombre pour les enfants. Ils sont heureux quand ils sont à trois camarades ou frères et sœurs, pas trop éloignés d'âge les uns des autres. Sans cela, c'est l'un contre l'autre, ou bien c'est l'enfant unique. Trois, dans une famille, c'est déjà une petite tribu qui se défend, qui fait corps quand les parents en attaquent un — ce qui est excellent, n'est-ce pas? Quand ils sont loin des parents, ils font corps; ils sont deux à protéger le troisième, ou deux à attaquer le troisième, d'ailleurs. Mais enfin, ils font une petite vie sociale déjà. Être enfant unique, élevé en enfant solitaire entre ses deux parents et ses grands-parents, ce n'est pas drôle du tout. C'est pesant pour la vie du cœur, même si c'est plus facile pour la vie matérielle.

Commander à ses mains

(Le vol)

Les enfants qui volent : pour les parents, un gros problème. Une mère a trois enfants d'âges assez rapprochés : un garçon de sept ans et deux filles de six et quatre ans. Elle écrit : « L'aîné travaille bien et se conduit bien à l'école. A la maison, il est très raisonnable pour son âge. Mais il commence à voler : des crayons feutres à l'école, des piles électriques chez sa grand-mère, des stylos chez son copain de classe. Lorsque je lui demande pourquoi il fait cela, il répond : " Parce que c'est beau et que c'est neuf. " Comment, termine-t-elle, résoudre ce problème sans en faire une histoire? »

Je crois qu'à sept ans, c'est très difficile de ne pas en faire une histoire. Je voudrais répondre un peu complètement à cette dame. Elle a deux filles, dont l'une a un an de moins que le garçon. Elle a dû, même inconsciemment, les considérer un peu comme des jumeaux — peut-être l'ont-ils fait eux-mêmes. Et la différence sexuelle a dû ne se remarquer qu'assez tard chez un garçon qui n'a qu'un an de plus que sa sœur — car c'est vers trois ans que la différence sexuelle est aperçue par les enfants. Il est possible qu'on ait beaucoup admiré sa petite sœur, le « nouveau-né » quand il avait un an; qu'il l'ait bien supporté mais qu'il ait besoin, maintenant, par réaction, d'objets « beaux, neufs » pour se sentir davantage valorisé, plus beau, ou plus important qu'elle. Pourtant, à sept ans, qui est l'âge social, voler devient grave. Cette dame ne nous dit pas si elle a parlé de la question avec le père. De toute façon, qu'il y en ait un ou non, je pense qu'il faut toujours rendre les objets volés, en emmenant l'enfant. Peut-être se cachera-t-il derrière elle. Mais qu'elle l'emmène. Qu'elle ne l'humilie pas trop devant le maître d'école, la famille de l'enfant qu'il a volé ou la grand-mère, mais qu'elle lui explique : « Tu dois venir rendre ces objets avec moi, parce que tes mains ont fait quelque chose que ta tête de garçon intelligent ne voudrait pas faire. Tu vois, tu étais petit. Ta petite sœur n'avait pas de " quéquette "; elle était belle; on l'admirait. Peut-être t'es-tu senti moins beau qu'elle. N'empêche que maintenant, tu dois sentir que tu ne peux pas et que tu ne dois pas prendre les choses des autres. Tu ne serais pas content si on te prenait tes affaires. » Ce qui porte beaucoup aussi, chez les enfants, c'est de leur dire : « Écoute! si quelqu'un cognait à la porte et que ce soit un gendarme qui dise : " Madame, je viens arrêter votre mari parce qu'il est voleur ", ou " Madame, je viens vous arrêter parce que vous êtes voleuse ", que penserais-tu? Tu aurais honte. Eh bien, moi, ta mère (et, s'il a un père, ton père) j'ai (nous avons) honte de ceux de la famille qui font quelque chose qui n'est pas bien. Tu n'es plus un petit. Il faut absolument que tu te corriges, que tu commandes tes mains : quand tu as envie de voler, mets-les derrière ton dos. Et, bientôt tu pourras me dire : " Maman, j'ai gagné sur mes mains qui voulaient prendre quelque chose ". » Il faut donc bien faire une « petite histoire ».

D'autre part, est-ce qu'un petit enfant peut faire la différence entre prendre et voler?

Pas du tout.

A deux ou trois ans, souvent, dans les supermarchés, ils ramassent ce qui est à portée de leur main. Ce n'est pas grave. Faut-il déjà essayer de leur faire comprendre qu'ils ne doivent pas faire cela?

Il est indispensable de prendre ça au sérieux dès le plus jeune âge de l'enfant; non pas de le gifler (on ne doit jamais humilier un enfant), mais de taper sur la main voleuse, en disant : « Je suis sûre que, toi, tu t'es laissé avoir par ta main qui, comme une gueule de chien, ramasse n'importe quoi. Il ne faut pas la laisser faire. Une fille, un homme, ça doit commander ses mains. » Et rendre l'objet. Même si, pour la mère, c'est gênant, il faut qu'elle le fasse.

Il y a là une autre lettre qui comporte un préambule assez sympathique sur l'attitude envers les enfants en général. Cette dame écrit : « Ce qui est important, c'est d'avoir à l'esprit que l'enfant ne nous appartient pas, qu'il appartient à la société et qu'il va commencer à se former dans une dizaine d'années. Un enfant autonome, élevé dans le respect de soi, donc des autres, aura très vite le sens des responsabilités du monde. » Et elle vous demande ce que vous pensez de la méthode de Neil, qui consiste, paraît-il, à récompenser un enfant qui vole, en partant du fait que s'il vole, c'est qu'il est malheureux et que, en le récompensant, on lui montre qu'on l'aime. C'est assez éloigné de ce que vous aviez dit.

Je crois que cette méthode vise surtout à faire réfléchir les parents qui ne savent pas que le vol est une compensation, un manque. Mais cela dit, nous manquerons toujours de quelque chose!

Ensuite, il est certainement très bon qu'un enfant se sente aimé, même quand il vole; rien de meilleur, puisque c'est par amour qu'il s'adapte à la vie et à la loi des adultes. Mais enfin, l'enfant qui vole, généralement, n'aime pas être volé, lui. (Sauf cas particuliers — des enfants à qui c'est complètement indifférent que leurs affaires soient prises par d'autres. Ceux-là ne savent pas qu'ils volent puisque ce qui leur est pris les laisse tout aussi contents. Là, c'est la maman qui ne va pas être contente parce que aura disparu le cartable, le cahier de son enfant.) Mais, à partir du moment où un enfant a le sens de la propriété — et il l'a en général à quatre ans —, on peut lui donner celui de l'interdit du vol. Il faut le faire avec réflexion, je crois que c'est en expliquant calmement la loi de l'échange et ensuite en se fâchant quand il a volé qu'on l'éduque, plutôt qu'en le récompensant. Et, bien sûr, en lui faisant sentir que c'est parce qu'on l'aime qu'on veut le former à devenir un être humain, soumis à la même loi que tous, quel que soit leur âge.

Nous n'avons pas parlé d'âge jusqu'à présent. Voilà le cas précis d'un garçon qui va avoir quatorze ans et qui éprouve depuis quelques années le besoin de voler. La mère écrit : « Nous lui avons expliqué, son père et moi, que prendre des choses, ça s'appelait voler, que c'était mal, qu'il courait même des dangers éventuels s'il continuait à faire cela plus tard. Rien n'y fait. J'ai peur que cette habitude ne s'installe sérieusement. » Elle précise qu'il est fils unique et que, chez elle, il n'y a pas de problèmes.

Il n'y a pas de problèmes? Est-ce qu'il est productif, industrieux, bricoleur, travailleur?

C'est un enfant qui a été très précoce...

Oui, en paroles et en raisonnements peut-être; mais ce besoin de prendre et prendre encore... Bien sûr c'est en prenant que l'enfant apprend le langage : en prenant les mots. A l'école, il apprend encore en prenant ce que les autres ont trouvé. Mais il y a un âge où il commence à découvrir, trouver, construire et faire de ses mains. Et à ce moment-là, justement, où il devient lui-même industrieux, producteur, il ne cherche plus à prendre.

LORSQUE L'ENFANT PARAÎT

On nous dit de ce garçon que, s'il semble devenir physiquement un jeune homme, il reste, mentalement, un peu bébé, avec peu de réflexion, pas d'initiatives.

Voilà!

Un petit peu le contraire, si vous voulez, de ce qu'il était à l'âge de huit ans où il était toujours le premier de sa classe et avait, dit-on, un esprit inventif très développé.

Il était donc parti pour n'être pas voleur. Il a fait cette régression à huit ans. Il se passe certainement quelque chose dans sa famille qui explique qu'il n'y ait pas, pour lui, de fierté à devenir un garçon responsable, conscient de la dignité de son nom. C'est peut-être un problème avec son père, ou entre sa mère et son père.

Elle écrit effectivement : « J'ai, de mon côté, de gros problèmes avec mon mari...

Ah bon?

...mais cela ne peut quand même pas conduire mon enfant à une attitude semblable...

Mais si!

...ou alors je n'y comprendrais plus rien. »

Mais si, justement! C'est la dignité promise de devenir un homme comme son père qui lui est retirée depuis que la mère souffre de son mari et qu'il s'en rend compte. Cet enfant est en danger moral pour l'avenir du fait de ces difficultés. Il faut que les parents comprennent cela. Avant tout, qu'ils mettent l'enfant au courant. Et que la mère laisse son fils sentir que, même si elle a des difficultés avec son mari, celui-ci est un homme valable devant la société, même si comme mari elle le critique : un père auquel l'enfant peut s'identifier et faire confiance. Enfin, je crois que ce garçon s'ennuie dans ce foyer à problèmes, où la mère se plaint du père, qu'il a besoin d'être séparé du couple conflictuel, d'aller en pension.

Si cette mère aime son fils, elle doit changer d'attitude vis-à-vis de lui. Il a peut-être besoin d'être préparé à ce départ par une psychothérapie, si c'est possible dans la région où il se trouve. Parce qu'il me semble très mal parti : il était, avant huit ans, travailleur et intelligent. Maintenant, il est passif et rusé pour se procurer facilement tout ce qu'il désire. Mais il n'est pas fier de lui et ne se fait pas d'amis. Tout ce qu'elle dit montre qu'il vit passivement, comme un nounours de sa mère, qui, elle, dévalorise son père à ses yeux. Cela ne fait que le déprimer. Ses vols sont des compensations pour la tristesse du foyer. Il est possible encore à son âge, étant donné son immaturité, que, bien encadré, et sans autre souci que lui-même, dans la camaraderie de jeunes de son âge, il se réveille et retrouve à employer son intelligence à réussir. J'ai vu des cas semblables où l'éloignement de l'adolescent stoppé dans son développement permettait de surcroît au couple de se rétablir; en tout cas, de ne plus porter, par son échec, préjudice au moral du fils ou de la fille aînée — et, par voie de conséquence, aux autres enfants. Actuellement, la mère se ronge et camoufle les vols du fils auprès du père. Ces vols durent depuis plusieurs années. Elle n'a jamais fait rendre à l'enfant ce qu'il a volé. Elle est complice... hélas, comme beaucoup de mères qui se contentent de moraliser en paroles et de laisser faire.

Je le répète, à quatorze ans, ce garçon est en danger moral, déjà peut-être en détresse. Au cas où il n'accepterait ni la pension ni la psychothérapie, c'est elle qui devrait aller consulter pour changer sa propre attitude éducative, et sortir son couple de l'impasse.

Le droit de savoir le prix des choses

(Argent de poche)

Voici une lettre qui concerne un thème encore jamais abordé ici : l'argent de poche. Une mère vous écrit que, lorsqu'elle était petite, elle faisait partie d'une famille nombreuse et complètement « fauchée ». Elle recevait un peu d'argent régulièrement, avec quoi elle devait tout payer, et faisait une sorte de gestion par elle-même. Son mari, lui, dans son enfance, recevait une petite somme chaque semaine et devait toujours rendre les comptes de ce qu'il achetait avec. Elle explique : « Résultat, mon mari est mauvais gestionnaire. Par contre, il a des envies absolument énormes, rêve de choses qu'il pourrait s'acheter. Lorsqu'il arrive à les acquérir, il en éprouve un plaisir extraordinaire. Moi, au contraire, j'ai refoulé toute envie, quelle qu'elle soit, et je ne sais pas rêver. » Et elle vous pose la question suivante : « On a voulu que nos enfants aient, très tôt, le sens de l'argent. On leur parle de la vie chère, des problèmes d'argent. On leur explique qu'il faut gagner son argent en travaillant, que cela nécessite un effort. On ne leur paie pas systématiquement tout ce qu'ils réclament. Mais est-ce qu'on ne risque pas, comme cela, de les rendre trop raisonnables, trop réalistes, et finalement de les empêcher de rêver ? »

Il y a beaucoup de choses dans ce témoignage et cette question! Cette femme était dans une famille « fauchée », c'est-à-dire avec des parents « fauchés ». Probablement que ceux-ci ne se permettaient pas de rêver à ce qu'ils feraient « s'ils avaient de l'argent ». C'est pour cela qu'elle n'a pas de vie imaginaire. Parce que, finalement, tout le monde était logé à la même enseigne dans cette famille. Elle, elle a appris que l'argent était très précieux et a su le gérer dès qu'elle en a eu. Mais cela n'empêche pas qu'elle aurait pu rêver, quand elle était petite, en passant devant les magasins avec sa maman. Elles auraient joué, en faisant du lèche-vitrines, à offrir imaginairement des cadeaux aux uns et aux autres : « Tiens! Je te donne ce beau parapluie, maman. Je te donne ce beau sac. J'achèterais cette belle cravate à papa si j'avais de l'argent, si nous en avions... » — avec le *si* qui permet le conditionnel et aussi de jouer avec l'amour représenté par des cadeaux, comme on peut bien s'amuser! C'est ainsi qu'on aide les enfants à conserver une vie imaginaire.

Quant au mari de cette dame qui recevait de l'argent quand il était jeune, mais devait toujours rendre des comptes, en fait il n'en recevait pas vraiment. Quand je dis qu'un enfant peut recevoir de l'argent de ses parents, si c'est le style de la famille, je veux dire que, de même que les parents en ont un peu, eux, pour leur plaisir, il faut que l'enfant ait, à son niveau, un peu d'argent pour son plaisir. Que, par exemple, quand l'un des parents est content — a fait une affaire, si ce sont des gens dans le commerce, a réussi quelque chose si c'est quelqu'un dans la créativité, etc. —, il dise : « Tiens! je suis content de moi aujourd'hui! » Et ça se traduit par une petite pièce donnée à chacun. C'est un très grand bonheur pour l'enfant, parce qu'il se rend compte que l'argent fait partie d'un pouvoir que le père (ou la mère) a gagné et que ce pouvoir, il l'en fait aussi bénéficier, à sa façon et à son niveau. « Avec ça, qu'est-ce que tu vas t'acheter? » demandera-t-on plus tard. Alors, l'enfant va rêver à ce qu'il pourrait avoir avec une pièce que papa lui a donnée, un jour où il était content.

Lorsqu'on veut apprendre aux enfants la valeur de l'argent, c'est en parlant en chiffres du prix des choses et du budget mensuel qu'on peut le faire, pas en disant : « La vie est très chère. Il faut travailler pour gagner de l'argent. » Pas avec des adjectifs et des adverbes! Ce n'est pas du tout ça. Il faut que l'enfant sache le prix du pain, de la viande qu'on mange à table, des légumes; qu'il sache aussi ce que coûtent ses vêtements, ce que des vêtements semblables pourraient à peu près coûter; quel budget il faut prévoir pour lui quand il entre à l'école. Que chaque enfant le sache dès l'âge de six-sept ans, et pour beaucoup de choses. On peut lui expliquer : « Tu vois ça, c'est une gomme à tel prix », quand il a besoin d'une gomme; ou, pour un crayon : « On a intérêt à prendre un bon crayon. Tu fais attention, quand tu le tailles, à le tailler intelligemment, pour qu'il te dure plus longtemps. Tu pourrais avoir un crayon bon marché, mais ils sont moches, les crayons bon marché. » Ou encore, au lieu de lui acheter les fournitures scolaires qu'il demande, on lui dit : « Je t'alloue tant pour la classe. Nous allons voir ce que tu peux avoir avec cette somme. » Et, avec lui, on calcule avant d'acheter : comme font les adultes, finalement. On parle ainsi de ce qu'est l'argent de façon concrète et à partir d'objets concrets de consommation et d'utilité. Aussi, pour les objets de plaisir. Mais tout cela n'a de sens que s'il sait ce que gagne son père, quel est le budget de la famille.

Enfin, lorsqu'un enfant a son argent, on lui conseille de savoir où il passe. Parce qu'il y a des enfants qui reçoivent une certaine somme par semaine et qui ne savent pas comment elle est partie. Ça file comme ça. On peut leur expliquer : « Si tu avais fait tes comptes, tu te serais aperçu qu'avec l'argent de ces trois ou quatre semaines que tu as dépensé en imbécillités ou en bonbons, tu aurais eu de quoi t'acheter ce dont tu as envie aujourd'hui. Voilà. Des exemples concrets, pas des adjectifs ni de la morale...

Du concret, du réalisme. Ce qui donc n'empêche pas de rêver.

Absolument pas, pour peu qu'on parle avec des « si ». Dans notre vie de relations, il y a la réalité — et l'argent, c'est une réalité; il y a le rêve — et l'argent permet de rêver. Avec une petite somme, l'enfant peut dire : « Je pourrais acheter ceci. » Les parents le mettent en garde : « Ne te dépêche pas parce que, demain, tu auras peut-être envie d'acheter autre chose. » Résultat : l'enfant, tout en faisant des économies (les enfants apprennent à en faire), apprend à rêver et constate qu'un rêve peut s'user aussi. On a parfois besoin de le réaliser, mais parfois, il s'use et on a envie d'autre chose; l'enfant se dit alors : « J'ai bien fait de ne pas m'acheter tout de suite ce que je voulais, puisque, maintenant, c'est autre chose dont j'ai envie! » Ça, l'enfant qui a de l'argent de semaine arrive à le savoir dès l'âge de douze-treize ans. Il sait qu'en temporisant avec son argent, il est maître du pouvoir que donne celui-ci. Car il ne faut pas que l'argent nous mène. Il faut savoir le mener, en faire quelque chose d'utile. S'il y parvient, il se dit : « Ça valait le coup de se payer ça! » Autrement, les parents constateront : « Voilà, tu as voulu ça et c'est fini. Tout ton argent a filé. »

Et puis, il y a la vie symbolique. L'argent est aussi, malheureusement, un symbole de puissance. Mais quelle puissance, si on ne voit que celle-là, n'est-ce pas? Là, les parents peuvent expliquer à un enfant : « Ton père a beaucoup de valeur à mes yeux, même s'il gagne moins d'argent que l'autre monsieur de l'étage. L'important, c'est que nous, nous avons le sens d'une valeur qui n'est pas seulement une valeur d'argent. »

On peut ainsi aider un enfant à comprendre à la fois la valeur symbolique de l'argent et sa valeur réelle dans le concret, et sa valeur imaginaire, sa valeur *si...*

Toujours à propos de l'argent de poche, une mère vous pose une question — qui recoupe un peu la précédente — à la lumière d'un fait assez étonnant. Elle a deux filles de treize et neuf ans et un garçon de huit ans. Un jour, elle et son mari sont partis faire un petit voyage; ils ont laissé les enfants à la belle-mère; lorsqu'ils sont rentrés, deux cent soixante francs avaient disparu, d'un porte-monnaie qu'elle laisse d'ailleurs toujours en évidence. Elle a été extrêmement déçue. Elle écrit : « J'en aurais pleuré. Je ne les ai pas tapés. Je n'ai pas pu; je n'ai pas eu de réaction. J'ai essayé de leur expliquer. Mais croyez-vous qu'à leurs âges mes enfants soient capables de comprendre la valeur de l'argent, de savoir qu'il représente le travail de leur père? » Voilà ce qui nous ramène à l'argent de poche : permet-il d'éviter ce genre de mésaventure?

En fait, il ne s'agit pas seulement du problème de l'argent de poche mais du problème de l'argent en général.

De l'argent?

Oui. Ce qui est intéressant, c'est que cette dame se demande si ses enfants, à leurs âges, peuvent connaître la valeur de l'argent. Mais dans quel monde imaginaire les a-t-elle laissés vivre? Ce sont des enfants déjà en un sens asociaux; parce que ne pas connaître la valeur de l'argent dès l'âge de cinq ou six ans, c'est être asocial, dans notre monde. Je crois que tout est à ré-expliquer dans cette famille. Ce que gagne le père. Ce que coûte le nécessaire, la part laissée pour le superflu. Ce n'est que lorsque les enfants ont compris cela, qu'on peut généralement laisser le porte-monnaie familial en évidence. Pas avant.

Je précise que ce sont les deux plus jeunes — huit et neuf ans — qui ont volé l'argent.

Dans notre société, les enfants voient de toute façon d'autres enfants avoir de l'argent. Je ne sais pas si c'est bien ou mal. Je n'ai pas d'opinion. Ça dépend des familles. Mais ce qui est atterrant, c'est que ces enfants-là ne sachent pas du tout ce que représente l'argent, ce que leur père gagne, ce que coûtent leurs habits, un déjeuner, ne sachent pas, probablement, ce que coûte un bonbon ou un petit pain.

Maintenant, ils le savent puisqu'ils se sont servis de cet argent pour des achats.

Ils le savent un petit peu, mais ce n'est pas entré dans le langage de la vie courante. Ce porte-monnaie en évidence n'avait-il pas l'air de leur être offert? L'intérêt de l'argent de poche personnel, je le répète, c'est justement qu'on peut arriver assez tôt à ce que l'enfant ait son budget de loisirs, au moins à la semaine; et qu'il sache que, quand il a envie de quelque chose — et Dieu sait si les enfants ont envie de tout —, il peut en parler, pas forcément pour se le procurer, mais pour en parler, car ce sont des sujets de conversation, les choses dont on a envie. C'est être vivant que d'avoir des désirs, mais ils ne sont pas tous réalisables. Vivre responsable, c'est savoir cela.

Il ne faut pas oublier qu'il y a seulement quarante ans, à douze ans, un enfant (pas dans les familles bourgeoises) travaillait, gagnait de l'argent et en donnait à ses parents pour la maison. Aujourd'hui, ce n'est plus pareil, mais il est rare tout de même de voir un enfant de treize ans qui n'a jamais eu à limiter ses goûts et ses désirs en fonction de son argent de poche, c'est-à-dire de ce qui lui est alloué pour ses loisirs. Il lui est alloué, en fait, le droit de savoir, donc, de faire des économies pour se procurer quelque chose qui coûte plus cher que ce qu'il peut se payer en une, deux ou trois semaines de son argent de poche; et d'en parler.

Maintenant, généralisons. Je crois qu'il faut élever les enfants comme l'est, autour d'eux, la moyenne des enfants. Sinon, on les fait vivre dans un monde marginal. Il serait intéressant que les parents de ces trois enfants parlent avec d'autres parents de l'école : puisqu'il existe des groupes de parents d'élèves, qu'ils abordent cette question et se fassent une idée de ce que font les autres. Ou bien qu'ils demandent à chacun des trois enfants : « Tel camarade, est-ce qu'il a de l'argent de poche? Et toi, combien en as-tu? » Qu'ils soulèvent le problème. Je suis sûre que leurs enfants n'ont même pas osé leur en parler. C'est pour cela qu'ils en sont arrivés à ce vol impressionnant pour des enfants qui, jusqu'alors, n'avaient jamais manié d'argent. Inversement, je ne crois pas qu'il soit bon de donner trop d'argent à des enfants qui ne savent qu'en faire et se mettent à acheter des choses inutiles. Ce qu'il faut, encore une fois, c'est parler concrètement de l'argent, pour aider l'enfant à en comprendre la valeur : l'argent est un champ d'expérience important qui habitue l'enfant à la vie sociale.

Dans le champ de l'imaginaire

(Noël, contes, jouets)

On sent l'approche des fêtes de Noël à travers un certain nombre de questions.

Les enfants sont excités et les parents s'inquiètent!

C'est vrai. La mère d'un petit garçon de deux ans vous écrit : « C'est la première année que je me sens réellement concernée par ces histoires de père Noël. Je ne sais si on doit ou non parler du père Noël à un enfant, mais j'ai l'impression qu'on fait un énorme mensonge en lui parlant de ce personnage un peu mythique qui descend par la cheminée pour apporter des cadeaux. Ne serait-il pas possible de faire passer le merveilleux — dont vous dites que les enfants ont besoin — en parlant tout simplement de la nuit de Noël : " Les parents déposent des cadeaux dans les chaussures, quand il fait nuit et que les enfants dorment ", etc.? Sans père Noël, ne pourrait-on quand même entourer la fête de Noël de toute une part de féerie? » Et elle ajoute : « Je crois que c'est surtout à soi-même que l'adulte fait plaisir avec son père Noël. »

Cette dame n'a pas besoin de parler du père Noël à son fils, puisqu'il n'a que deux ans. Elle peut dire : « On met les chaussures dans la cheminée. Il y aura des cadeaux demain matin. » Seulement, c'est l'enfant qui entendra parler du père Noël par d'autres enfants autour de lui. Et un jour, il lui demandera : « Est-ce que le père Noël existe? » Elle répondra : « Je ne sais pas, mais je sais qu'il y a des cadeaux à Noël. » Et puis — je l'ai déjà dit —, nous avons tous au cœur envie de donner des cadeaux-surprises : alors, on appelle ça le père Noël... Elle fera comme elle voudra, n'est-ce pas? Mais c'est une histoire jolie et poétique. Elle est dans le champ de l'imaginaire. Il y a aussi le champ de la réalité. Je crois qu'il faut préserver les deux et ne pas penser que nous disons des mensonges à un enfant quand nous lui parlons d'un mythe.

Un mythe n'est pas un mensonge. C'est une vérité sociale qui s'accompagne de rites sociaux. L'important est d'éviter que ces rites ne soient plus que rituels. Je pense à ces parents qui font des scènes tout le temps et puis, un beau jour, « fêtent » Noël : repas amélioré, mais aussi menace qu'il n'y ait pas de cadeau, scènes, gronderies, confiscation du jouet « donné » par le père Noël; où est la fête?

Pour revenir à l'enfant, on peut s'amuser à le déguiser en père Noël dès qu'il en a envie, c'est-à-dire à trois ans et demi. Il sera le père Noël qui va mettre les cadeaux dans les souliers de ses parents. Et s'il voit un père Noël dans les magasins, on lui dira : « Tu vois, c'est un monsieur déguisé en père Noël. » L'enfant demandera : « Mais le vrai? » « Le vrai, on ne sait pas. C'est quelqu'un qui ne boit pas, qui ne mange pas, qui n'a pas eu un papa et une maman, n'est pas né et ne meurt pas. C'est quelqu'un d'imaginaire. » Et l'enfant comprendra très bien.

Une autre question de cette même dame concerne les livres de contes. C'est vrai qu'en période de Noël, on se demande quoi offrir, à qui, et quelles sortes de contes pour quel enfant? Elle écrit : « Je m'étais mis dans l'idée qu'il fallait bannir des histoires comme le Petit Poucet, Blanche-Neige *ou* la Chèvre de M. Seguin *jusqu'à un certain âge. »*

Oui. Et celui-là n'a pas encore l'âge.

Mais elle a entendu dire qu'il ne fallait pas craindre d'angoisser les enfants avec ce genre d'histoires. « On m'a dit, écrit-elle, que ces formes d'angoisses apaisaient celles qui existent déjà chez l'enfant ou, du moins, pouvaient les canaliser. Je ne sais trop qu'en penser parce qu'il est si tentant de raconter des histoires terrifiantes : on est sûr de passionner les enfants. La peur est-elle vraiment indispensable pour les appâter, capter leur attention? Là encore, je trouve que l'adulte se fait drôlement plaisir devant la crédulité des enfants. »

Puisqu'elle sent les choses ainsi, qu'elle fasse comme elle le ressent avec son enfant, tout simplement. Une autre mère sentirait la question différemment... Il n'y a pas un bien et un mal, un « il faut » ou un « il ne faut pas ». Tout dépend de la sensibilité des enfants, et elle ressemble généralement à celle des parents. Il y a des enfants qui racontent des histoires terrifiantes et qui aiment beaucoup cela. De toute façon, l'important, c'est qu'ils dessinent leurs histoires, et que, quand on leur en raconte, on leur montre des images. Ils ont besoin d'illustrer leur dire par des images. La preuve, c'est que ce petit garçon-là m'a fait un dessin : il a éprouvé le besoin d'illustrer la lettre de sa mère pour m'envoyer sa propre demande et établir sa propre communication avec moi.

Cela dit, je crois qu'elle a raison : les contes de Perrault qui, au XVIIe siècle, étaient des contes d'adultes, sont devenus des contes pour les enfants, mais pas pour les enfants de deux ans.

Pour quel âge, alors?

Six, sept ans. Ce sont des contes symboliques qui ont certainement une résonance dans l'inconscient de l'enfant, qui répondent à des craintes qu'il a eues quand il était tout petit : par exemple, retrouver son chemin parce que le monde est très grand; ou se demander « Est-ce qu'il y aura assez d'argent pour manger? » quand il entend sa maman s'écrier : « Il n'y a plus de sucre. Ah, là là! Nous avons oublié d'en acheter. Et aujourd'hui c'est lundi, tout est fermé!» Tout à coup, l'enfant se dit : « Tiens, il pourrait manquer quelque chose.» Que les mamans qui sentent leur enfant sensible à une remarque comme celle-ci expliquent : « Tu vois, c'est cette histoire-là qu'on a racontée!» Car une fois vécu dans la réalité, un petit événement peut parfois paraître énorme — surtout si la maman fait une scène pour quelque chose qui n'a pas d'importance. En fait, ce n'est pas terrible. Mais l'enfant, lui, ne voit pas les nuances.

Il n'y a pas de quoi jeter au feu la Chèvre de M. Seguin...

Il faut voir, n'est-ce pas, qu'à l'époque où ces contes ont été écrits et racontés, tous les enfants de familles pauvres manquaient du nécessaire, et que le conte répondait, chez les adultes, à des fantasmes qui leur étaient restés de l'enfance. Actuellement, les enfants fabulent sur n'importe quoi. Laissons-les fabuler. Je vous assure qu'ils n'écoutent pas ce qui ne les intéresse pas. Naturellement, il ne faut pas raconter de force à l'enfant une histoire qui nous fait plaisir à nous, ni, comme dit cette dame, « vouloir terroriser l'enfant». Que chaque mère fasse comme elle pense. Il n'y a pas une « bonne façon » de penser. Les contes sont bons pour les enfants qui les aiment. Et, en général, les enfants les aiment parce que leurs mères ne trouvent pas ça idiot. Mais il y a aussi des mères qui culpabilisent leurs enfants d'aimer des histoires pas vraies... Alors ces enfants-là affectent de dédaigner tout ce qui est imaginaire... C'est le procès de la littérature, finalement!

Voici une question qui concerne les jouets, les types de jouets à donner suivant les différents âges des enfants. Beaucoup de parents se posent cette question. On parle souvent aussi de jouets éducatifs. Il faut bien dire qu'il y a, d'une part, les jouets éduca-

tifs et, d'autre part, les jouets très commerciaux qui n'ont peut-être pas tellement d'intérêt. Que pouvez-vous dire à ce sujet?

C'est très difficile. Je crois que les jouets à donner sont d'abord ceux que l'enfant demande. Pour ceux-là, c'est simple. La maman emmène son enfant dans un magasin à un moment d'heure creuse — pas, évidemment, quand il y a foule, avec l'enfant qui touche à tout. (Qu'elle prévienne un magasin et demande : « A quelle heure peut-on venir sans trop déranger? Parce que je voudrais voir mon enfant au milieu des jouets pour me rendre compte de ce qui l'intéresse. » C'est comme ça qu'on voit.) Et pendant une ou deux heures, elle laisse l'enfant libre, en le regardant du coin de l'œil et en bavardant avec les personnes qui sont là. Une vendeuse suit l'enfant pour qu'il ne fasse pas trop de blagues et parle avec lui. Que ce ne soit pas la maman qui le fasse sinon, ce qui l'intéresse, elle, fatalement, sur le moment, intéressera l'enfant (je parle d'enfants de moins de cinq ans ou sept ans). Elle note ce qui retient l'enfant et elle voit ensuite ce qui va avec sa bourse — parce qu'il y a aussi cela.

Pour les jouets à choisir sans l'enfant, je crois qu'on oublie que tout ce qui est à assembler intéresse beaucoup les enfants jusqu'à cinq ans : les puzzles, les jeux de constructions, les pantins, les bonshommes qu'on défait et qu'on reconstitue. (Pas les poupées qui se défont, par contre. Celles qui peuvent facilement perdre leur tête, leurs bras ou leurs jambes, comme on en fait maintenant, conviennent aux parents parce qu'elles ne sont pas cassables : mais pour les enfants, ce n'est pas très bon. Car les poupées, ce sont des représentations humaines à cajoler.) Et puis, il y a les jouets qui font rêver, préférables aux jouets très perfectionnés et mécaniques qui ne durent pas : on les remue, on tourne une clé et puis ils fonctionnent pendant une journée; après, ils se cassent, ou on perd la clé, et ils n'intéressent plus du tout l'enfant; ça amuse les parents de faire picorer un oiseau ou sauter une grenouille, mais ça n'intéresse pas longtemps les enfants. En fait, rien ne vaut les jouets solides, petits : les autos, naturellement, pour les enfants, et bien au-delà de la simple enfance, jusqu'à quatorze, quinze ans parfois; les jouets que l'enfant construit et déconstruit; les trains électriques — tout le monde sait que c'est pour les pères, mais il n'empêche que ça intéresse aussi les garçons, à partir, disons, de douze ans, car avant ils ont besoin du père. Les poupées? Je suis contre les poupées qui font tout (qui pleurent quand on leur appuie par-ci, par-là, qui font pipi...) parce que... Qu'est-ce qu'elles ne font pas? Justement c'est cela qui va manquer. L'enfant ne s'intéresse pas du tout à ce qui se répète. Il veut pouvoir rêver sur un objet. Si on lui donne une poupée comme ça, tant pis, tant mieux : mais ce n'est pas celle-là qu'il voudra.

Une poupée qui parle, qui marche, qui tète...

Ce sont des curiosités scientifiques. Pour l'enfant, la poupée à cajoler, ce n'est pas ça. Ce qu'il aime, ce sont les poupées molles, douces, jolies de visage et puis beaucoup d'habits. Je ne sais pas non plus pourquoi c'est la mode de faire des poupées qui regardent en coin. Moi, ça me choque beaucoup. Il paraît que les poupées qui regardent les enfants les angoissent. Peut-être cela a-t-il été le cas une fois, avec un enfant craintif et peureux, et on en a conclu qu'il ne fallait plus faire de poupées qui regardent en face. Je ne trouve pas ça très malin, parce que, quand on regarde une poupée qui vous regarde en coin, eh bien, on ne se sent pas la mère de ce bébé, n'est-ce pas?

Une fois de plus, faire confiance aux enfants...

Encore une chose qu'on ne sait pas, c'est que les ballons à gonfler (par centaines il existe des sacs de cent ballons), c'est fantastique pour les enfants petits et même jusqu'à sept, huit ans : ce n'est pas dangereux dans la maison, ni pour les carreaux ni pour les objets, on peut taper dedans, les dégonfler, les regonfler, les tripoter, les percer. C'est merveilleux, le jeu des ballons gonflables.

Une autre question : Que pensez-vous des très, très grosses peluches ?

La grande dimension des animaux en peluche et des poupées est dangereuse pour les enfants. La proportion de la masse de l'enfant à la masse du jouet, quand il est éveillé et qu'il joue, n'importe pas. Malheureusement, les jouets sont dans un coin de la pièce et, à certains moments, quand l'enfant est fatigué ou malade, ils prennent une importance dans l'espace beaucoup plus grande que l'enfant lui-même qui, alors, se sent affaibli. En fait, un jouet d'enfant (un nounours en peluche, une poupée, etc.) ne devrait pas avoir une taille supérieure à la longueur comprise entre le bout du médius de l'enfant et le creux de son coude. Pour chaque enfant, c'est la bonne proportion, parce qu'elle représente celle du bébé pour un adulte.

Toujours à propos des jouets, voici un témoignage assez terrible d'une mère qui a trois filles de cinq, trois et un an. « En période de fin d'année, les enfants, en général, sont beaucoup trop gâtés. Une année, mes deux plus grandes filles se sont amusées, après avoir reçu une bonne douzaine de cadeaux, à piétiner jusqu'à la casser complètement une dînette qu'elles venaient de recevoir. » Elle a mis cette dînette à la poubelle et, immédiatement, les enfants se sont empressées de jeter tous les vieux jouets qui ne les intéressaient plus. Et elle poursuit : « Depuis, quand mes filles reçoivent un cadeau, nous leur laissons juste le temps de le découvrir et leur retirons ensuite en disant : " C'est à toi, mais tu as tous les jours pour jouer avec. " » Et puis, il y a tout un système organisé dans cette famille : on ne laisse aux enfants qu'un seul jouet à la fois; celui-ci doit être rangé soigneusement dans sa boîte avant qu'elles puissent en avoir un autre. Les enfants viennent chercher leur mère pour lui montrer qu'elles ont bien tout rangé avant d'avoir l'autorisation de sortir un autre jouet. Et la mère termine par cette phrase : « J'évite de leur offrir ce qu'elles aiment pour qu'elles puissent au moins rêver de quelque chose d'inaccessible. »

C'est stupéfiant! Cette mère voudrait que ses enfants rêvent à quelque chose... En fait, c'est le contraire qui se produit. Elles ne peuvent pas rêver : elles sont tellement dans la réalité! Et puis, elle ne comprend pas que la fête — la « fête » au sens d'éclater, d'être heureux —, ça peut être pour un enfant d'écraser des joujoux. Et surtout, qu'un joujou cassé, à moins que les morceaux ne soient dangereux, doit être laissé dans la caisse à jouets : car les enfants s'amusent beaucoup plus, par moments, avec des morceaux de jouets qu'avec des jouets tout neufs. Je dois dire que ce style d'éducation promet de graves troubles à ces enfants, dans l'avenir. Les jouets doivent absolument appartenir en propre à l'enfant et ce qu'il en fait ne regarde plus du tout les parents. Ce qui est donné est donné, pour en faire de la chair à pâté si cela amuse l'enfant.

Il n'y a pas de droit de suite des parents sur les jouets.

Non! C'est fini. Et il ne faut jamais confisquer un jouet à un enfant. C'est quelque chose de sadique. Et si on confisquait à une mère son enfant? Enfin! Les jouets, ce sont les enfants des enfants. Elle est inadmissible, cette lettre, à tel point que nous nous sommes demandé si cette correspondante ne nous faisait pas une blague. Mais non, ça a l'air vrai.

Et puis, cinq, trois ans et un an, c'est aussi trop jeune pour ranger.

On ne peut pas ranger sans danger avant quatre ans. On peut aider un enfant à ranger à partir de quatre ans : il range une chose sur dix, et la maman range le reste; et, comme je l'ai dit, le soir, au moment où l'enfant va se coucher, parce que tout se couche en même temps. Mais le monde doit vivre autour de l'enfant. Or, son monde, ce sont tous ses jouets épars autour de lui. On range le soir, et c'est ça vivre! Ces enfants-là sont dans un monde... inhumain.

Eh bien, j'espère que cette mère pourra un petit peu réfléchir à tout cela.

En tout cas, moi, je conseille aux parents de donner à leurs enfants les jouets dont ceux-ci ont envie et de ne jamais les leur cacher, ni les leur confisquer après qu'ils les ont reçus. S'ils n'en veulent pas, ils les mettront dans un coin et joueront toujours avec les mêmes. Mais ce qui appartient à un enfant lui appartient. Quant à donner à d'autres enfants les jouets inutilisés, il le faut bien; mais c'est l'enfant lui-même qui doit choisir ce qu'il donne. Que les parents ne croient pas qu'il doive toujours donner des jouets entiers, car les enfants, à l'hôpital ou dans les garderies, qui ont besoin de jouets, sont souvent beaucoup plus contents d'un jouet abîmé que d'un jouet neuf. Il faut aussi des jouets neufs, mais pas uniquement ceux-là. Les enfants aiment les morceaux de jouets.

Une autre question à propos des jouets. C'est une lettre d'une maman qui vous demande s'il faut donner tous les jouets en double à des jumeaux, de faux jumeaux, garçon et fille, qui ont dix mois?

Dix mois! Non, je crois qu'à dix mois, il vaut beaucoup mieux qu'il y ait de la variété. Qu'on ne s'interdise pas de donner parfois deux exemplaires du même jouet, mais, surtout, que cela ne soit pas un principe. Et quand ils grandiront, s'ils demandent chacun le même jouet, pourquoi pas? Je conseille de différencier les enfants jumeaux au moins quant à leurs vêtements pour qu'ils puissent les échanger et ne soient pas toujours habillés pareil, surtout pour que leurs camarades fassent bien la différence — en particulier pour des jumeaux qui se ressemblent, ce qui n'est pas le cas ici, puisqu'ils sont garçon et fille, il est préférable qu'ils aient des vêtements, des cahiers différents. Mais, pour les jouets, — de même qu'à tous les enfants — on doit donner ce que l'enfant désire : si deux enfants désirent le même jouet, eh bien, qu'ils l'aient! Jumeaux ou d'âges voisins, ne pas en faire un principe.

La réalité et l'imaginaire

(La fuite, la peur, le mensonge)

Trois lettres bien différentes touchent pourtant à la même difficulté. Une espèce de refus de la réalité. Voici d'abord une famille où il y a un garçon de cinq ans, un de vingt-six mois et une petite fille de quatre mois. Le grand pleurait, étant petit, d'une façon très inquiétante, d'après les grand-mères qui l'ont élevé : sans bruit et en allant jusqu'au bout de son souffle. On se demandait s'il allait reprendre sa respiration.

C'est quelque chose d'assez proche de ce qu'on appelle le « spasme du sanglot ».

Et puis, ça s'est très bien arrangé. Mais, maintenant, c'est son frère qui les inquiète. Il pleure, paraît-il, silencieusement, mais surtout jusqu'à se « tétaniser ». Il se raidit, les mains et le corps à la renverse. Après ces petites crises, il émerge, perdu, tout surpris et très fatigué. Pour éviter qu'il ne se blesse — il tomberait n'importe où, n'importe comment —, quand on s'aperçoit qu'il commence une de ces sortes de colères (et il faut y faire attention parce que tout se passe dans le silence), on l'allonge par terre, sur le ventre. La maman ne s'inquiète pas trop. Elle écrit : « Ça lui passera puisque c'est passé pour l'aîné. »

Elle a certainement raison. Mais elle écrit encore quelque chose qui me semble important : « Je vous signale qu'il n'a pas commencé à pleurer de cette façon à la naissance de sa petite sœur. Il le faisait déjà avant. Il a commencé à l'époque de Noël, après une grosse rhinopharyngite avec quarante de fièvre. » Or, ce qui m'intéresse, c'est que la mère était juste enceinte de trois mois. Et c'est généralement à ce moment-là, lorsqu'une mère est enceinte de trois mois, que celui qui est né avant fait des difficultés d'ordre psychosomatique : parce qu'on ne lui a pas dit la nouvelle, peut-être, ou qu'il l'entend dire sans que ce soit adressé à sa personne.

Quoi qu'il en soit, je crois qu'on peut aider cet enfant, quand il est ainsi, non pas en le couchant par terre, mais au contraire en le prenant dans les bras, et en lui disant tout bas à l'oreille : « Ce n'est pas parce que tu as une petite sœur que tu es moins aimé. » Une fois qu'il sera revenu à son état normal, qu'on lui explique : « Tu te rappelles quand tu as été malade, à Noël; tu savais que ta maman attendait une petite sœur et on ne te l'avait pas dit, mais toi, tu voulais retourner dans le ventre de maman parce que tu sentais bien que quelque chose se préparait. Tu avais raison! » Je suis convaincue qu'en quelques « colères », cela passera.

Si le cas est exceptionnel, il permet de rappeler à toute mère enceinte, même de quelques mois, qu'il faut le dire à ses enfants.

Pas toujours aussi tôt. Parce que attendre ensuite plusieurs mois, pour un enfant, c'est très long. A moins que celui-ci n'ait manifesté quelque chose, comme dans le cas que nous venons de voir. Là, l'enfant — un enfant de vingt-deux mois — était sensible et aussi télépathe — les enfants le sont, nous le savons, quand ils sont petits.

Mais je crois que ça va s'arranger.

Je serais tentée de me demander si le grand frère n'a pas, lui aussi, un peu fui la réalité dans la vie imaginaire, d'après ce qu'on nous écrit sur la façon qu'il a de jouer avec des tas de ficelles, des machines fictives; il n'aime pas que son frère vienne déranger tout ça, parce qu'il veut rester dans son monde imaginaire, il ne comprend absolument pas la plaisanterie, ni même le rôle des mots. Il est toujours dans les manipulations. Je crois qu'il faudrait que le père mette ses deux garçons au parfum de ce que la réalité est différente du rêve, en jouant matériellement avec eux. Ainsi guériront certainement ces petits troubles de fuite de la réalité.

On voit, une fois de plus, l'importance de la parole...

Et aussi de la sensibilité de chaque enfant devant un fait qui l'a un peu perturbé.

Changeons un peu de sujet : la peur chez les enfants. Une petite fille de dix ans a peur d'aller étudier seule ses leçons dans sa chambre si les parents sont dans une autre pièce; d'aller se laver les dents seule après un repas si les parents sont, eux, par exemple, dans la cuisine; de monter seule voir une petite amie qui habite deux étages au-dessus. Elle ne le fait que si sa petite sœur ou un des parents l'accompagne. La maman demande : « Est-ce parce que nous n'avons jamais voulu les laisser seules, même cinq minutes, quand elles étaient bébés? »

Oui, je crois que ça veut dire que la mère elle-même avait peur. Cette enfant s'est identifiée à elle et a développé une personnalité craintive.

La mère précise qu'effectivement elle-même a très peur des risques d'accidents, du feu, du gaz, des chutes, etc. Elle dit : « Je ne laisse pas mes enfants aller seules faire des courses. Je leur interdis, par exemple, formellement d'aller chercher leurs vélos dans le sous-sol [elle habite un grand ensemble] parce qu'on a peur des rôdeurs. J'ai un peu la peur des grands ensembles. »

LORSQUE L'ENFANT PARAÎT

En tout cas, il ne faut surtout pas se moquer de l'enfant. Et toujours éclairer tous les endroits sombres. On pourrait peut-être lui faire cadeau d'une lampe électrique qui serait suspendue par un cordon, pour qu'elle puisse éclairer partout où elle veut; et aussi lui demander de dessiner ce qui lui ferait peur ou de raconter ce qu'elle imagine. Parce que c'est une enfant très imaginative et qui ne raconte pas ses rêves. Que, lorsqu'elle a peur, la maman lui dise : « Viens, nous allons voir toutes les deux. Tu vois, ce sont des choses... » Et qu'elle les lui fasse toucher! Je crois aussi que c'est une enfant qui n'a pas été habituée à toucher les objets — comme je l'ai souvent recommandé — et qui, à cause de ça, reste dans l'imaginaire, sans référence sensorielle. Quand un enfant a compris que les objets ont des contours, que ceux-ci sont fixes et qu'on peut en faire le tour, quand il comprend qu'il peut tout toucher, il n'a plus peur de ce qu'il imagine, parce qu'il connaît les choses et sait qu'on les aborde de plusieurs façons. Il sait qu'il y a la réalité et l'imaginaire, que ce n'est pas du tout pareil. Si, pour le plaisir, on aime à conjoindre l'imaginaire à la réalité, il faut aider l'enfant à faire la critique du possible et de l'impossible lorsque la confusion de ces deux champs de représentation l'angoisse et lui gâche la vie. Est-ce que, dans cette famille, le père ne pourrait pas aider ses filles à critiquer la mère qui a peur de tout? On en rirait tous ensemble. Être prudent, ce n'est pas être obsédé par des dangers totalement imaginaires.

Un certain nombre de lettres vous demandent enfin de parler du mensonge. En voici une d'une mère qui ne sait quelle attitude adopter devant les mensonges de sa fille unique de six ans. Depuis la rentrée des classes, celle-ci a la fâcheuse habitude de « trafiquer la vérité ». La mère se demande si un enfant de six ans est suffisamment conscient pour savoir ce que sont le mensonge et la vérité. Ce problème la contrarie d'autant plus que le mensonge semble être commis avec un grand naturel.

L'âge où un enfant fait la différence entre la fiction et la réalité est très variable. Il est difficile de répondre précisément à cette dame, parce que comprendre l'enfant ne peut se faire que sur le plan des choses concrètes et elle ne nous cite pas d'exemple des mensonges de l'enfant.

Il peut y avoir différentes raisons pour lesquelles l'enfant ne dit pas la vérité.

Il peut s'agir de ce que nous appelons mythomanie : la petite fille raconte une fable, une chose pas vraie mais gratuite, qui ne gêne ni ne protège personne, qui est une simple invention. Bien sûr, il faut préserver la vie imaginaire d'un enfant. Il en a besoin. C'est la poésie des humains, parce qu'il y a si peu de choses que nous sommes capables de réaliser, nous sommes si impuissants que nous imaginons ce que nous ne pouvons pas avoir ni faire. La poésie et la comédie sont faites de ça. Pourquoi les adultes regardent-ils la télévision ? Parce que c'est du « pas vrai ». Nous baignons tous dans ce « pas vrai » qu'est la culture.

Il peut s'agir aussi d'une enfant qui cherche à entrer en contradiction avec sa mère, et qui ne l'a pas rencontrée dans le jeu. Je crois que la mère devrait chercher ce qu'il peut y avoir de drôle, pour l'enfant, à mentir. Et qu'elle réponde à partir de choses concrètes : « Je ne sais pas si c'est vrai, ce que tu me dis. Tu vois, ça, c'est la table, elle est blanche. Si tu me dis qu'elle est noire, je penserai : " Est-ce qu'elle a des yeux qui voient bien ? " ou " Elle dit ça pour rire, parce qu'elle voudrait qu'on joue à se disputer sur la couleur de la table. " »

Cette dame pourrait peut-être aussi se demander si elle et son mari n'ont jamais dit de mensonges à l'enfant. Par exemple, à propos de la naissance des bébés ou, au moment de Noël, au sujet du père Noël (thème qui se rencontre souvent dans la magie des enfants) : l'enfant sait déjà la vérité par des petits camarades et on continue à lui dire que le père Noël est vrai « pour de vrai », alors qu'il est vrai « pour de rire ». Or, le « pour de rire », c'est un autre champ que celui de la vérité, c'est le champ, le territoire, si l'on peut dire, de la poésie.

Bref, il faut chercher à comprendre cette enfant et non pas la gronder.

Peut-être, encore, l'enfant a-t-elle déjà faussement mis en cause quelqu'un, pour une action dont elle était seule responsable? Certains enfants mentent pour se déculpabiliser, simplement parce qu'ils sont intelligents. Il faut leur donner le sens de la responsabilité. C'est très important! J'ai entendu des enfants dire du « pas vrai » juste « pour que ce soit plus vrai », parce qu'ils ne comprenaient pas quelque chose... Je me rappelle, à ce propos, une anecdote : un jour, j'ai trouvé un placard que je venais de fermer, ouvert, et le contenu de joujoux répandu par terre. Mon fils, qui avait alors vingt mois et parlait très bien, me dit que c'était son petit frère (âgé de trois mois alors) qui était venu l'ouvrir. Je fus très étonnée; jamais il ne mentait. Or, peu de temps après, en marchant à un certain endroit, tout près du placard — un endroit où un adulte passait rarement, parce que c'était tout contre le placard —, je vis celui-ci s'ouvrir et ce qu'il y avait à l'intérieur dégringoler. J'avais compris! Après avoir refermé la porte, j'ai appuyé de la main, avec le poids qu'un enfant peut avoir, au même endroit et le placard s'est ouvert. J'ai appelé mon fils et lui ai montré : « Tu vois, lorsqu'on marche là, le placard s'ouvre. » Il m'a dit : « Mais oui. Je te disais! — Tu me disais quoi? Que c'était ton frère? Tu sais bien qu'il ne peut sortir de son berceau tout seul. — Je te disais que c'était pas magique. » Il avait voulu trouver un responsable parce qu'il avait peur que ce soit quelque chose de magique, si ce n'était pas lui, ni moi ni son père. C'était donc son petit frère! Et voilà! J'ai compris là que ce qu'au commencement je prenais pour un mensonge, n'en était pas un. Ou plutôt, si en effet c'en était un, c'était une explication à ses yeux plausible : puisque ce n'était pas lui, c'était son frère. Ceci montre qu'il faut réfléchir beaucoup à la raison pour laquelle un enfant dit quelque chose qui nous paraît mensonge ou absurdité.

Et ne pas se mettre en colère...

Autant que possible! La colère n'arrange jamais rien. Il y a, en tout cas, quelque chose de fautif de la part des parents lorsqu'ils pressent leur enfant : « Si tu dis que c'est toi, je ne te gronderai pas » : or, quand un acte, mettons gênant ou nuisible, a été fait, l'enfant doit arriver à l'assumer. Et il l'assume beaucoup mieux si on lui dit : « Ce sont tes pieds, ce sont tes mains, ce n'est pas toi qui voulais; je sais qu'il arrive que les mains fassent des choses que la tête ne voudrait pas faire », etc. Il faut parler et réfléchir avec l'enfant, mais ne jamais le tarauder pour savoir la « vérité ». Il ne faut jamais laisser un enfant s'enferrer dans un mensonge à but de disculpation, surtout quand il n'y a aucun danger en jeu. L'acte est commis. Il nie en être responsable parce qu'il ne peut assumer sa culpabilité? Il faut arrêter là. Dire : « Bon, je vois que tu as trop honte pour avouer. Tu as raison, mais fais en sorte de ne pas recommencer... — Mais si je te dis que c'est pas moi! — Bon, je te crois... Et puis ce qui est fait est fait. N'en parlons plus. Sache surtout, que même fautif, je t'aime et je te fais confiance : alors, toi, pardonne-toi ta bêtise si tu l'as faite; et si tu ne l'as pas faite, pardonne-moi de t'avoir suspecté. » La leçon porte à long terme. Et cela vaut mieux qu'un drame.

Que la réalité demeure dans les mots de la réalité

(Dire la mort)

La mort : un thème qui revient à travers les lettres. En voici deux. La première vient de parents qui vous demandent comment parler, à leur enfant de huit mois, d'un frère mort qu'il n'a pas connu et qui pourtant, est resté très présent dans leur cœur. La seconde est d'une mère qui a eu des jumeaux garçons il y a dix-sept mois. L'un, après être resté hospitalisé un mois et demi, est mort à l'âge de trois mois. Elle vous demande comment l'autre jumeau peut ressentir cette perte et comment lui en parler.

En ce qui concerne l'enfant de huit mois dont le grand frère est mort, deux choses me semblent à dire aux parents. La première est que cet enfant, qui est présent dans leur cœur, qui était aimé, a sa place à garder ; et il est bon qu'en famille ou avec des amis, on continue d'en parler devant le petit. La seconde est que, chaque fois qu'on en parle – ça peut déjà être fait à huit mois, ç'aurait déjà pu être fait –, on lui dise : « Nous parlons de ton grand frère que tu n'as pas connu. » Notez bien le mot. Parce que rien n'est plus nocif pour des enfants dont un aîné est mort en bas âge, que de leur parler du « petit frère » ; leur mère a tendance à dire : « Mon petit Un tel qui est mort » ; je crois qu'il faut dire au contraire « ton grand frère » ou « ton aîné », « tu es le second ». Il est important que, toujours, l'enfant entende qu'il est le second et qu'il a été la joie des parents, lui à qui, par bonheur, le destin a permis de dépasser l'âge auquel les parents continuent de se référer quand ils pensent à l'aîné. Lorsque nous avons perdu un être cher, nous avons tendance à le revoir au mieux de sa forme; quand c'est un adulte, on le revoit jeune, même si, de temps en temps, on pense à sa vieillesse... Mais quand il s'agit d'un enfant mort tôt, les parents ont tendance à se souvenir de lui tel qu'il était les derniers mois de sa vie. Ça les aidera beaucoup de parler à leur fils du grand frère « qui aurait tel âge ». Au fur et à mesure que l'enfant grandira, on lui expliquera : « Tu n'as pas ton frère. Ça t'aiderait peut-être si tu l'avais vivant, mais qui sait s'il ne t'aide pas, en étant quand même parmi nous, puisque nous y pensons? » Ce qu'il ne faut pas faire, c'est idéaliser cet enfant défunt : lui, serait parfait, lui, n'aurait pas fait de bêtises, etc.

Je retiens, en tout cas, qu'on peut parler de la mort d'un frère, même à un bébé très jeune.

Oui. Et à la première occasion, probablement le 1er novembre, au moment de la visite des cimetières, au moment où nous y allons porter aux morts témoignage de la pensée des vivants, il sera bon que le bébé y aille avec ses parents — sans qu'on en fasse un pathos — et qu'on lui parle du grand frère mort, disant : « C'est ici qu'il repose. »

A ce propos, nous avons là un témoignage. C'est la lettre d'une mère dont le petit garçon a, en ce moment, deux ans. Un mois et demi après la naissance de celui-ci, elle a perdu son fils aîné, qui avait trois ans, mort subitement d'une grave maladie. Elle avait également une petite fille de quinze mois qui adorait ce frère. La mère constate : « Un bébé peut comprendre beaucoup de choses et il faut ne rien lui cacher, mais lui dire la vérité. » A preuve, la petite fille de quinze mois qui a eu, à la mort de son frère, de gros troubles : elle l'a cherché pendant des jours et des jours; elle en avait abandonné ses jouets. A dix-neuf mois, on l'a conduite sur la tombe du frère; elle s'est complètement calmée à partir de ce jour.

C'est très important, cet exemple. Pourquoi la vérité porte-t-elle? Il serait compliqué d'en détailler les raisons, mais ce que je veux au moins faire remarquer, c'est que si elle n'est pas dite, dans les termes même que les adultes emploient pour affronter ces souffrances si difficiles à accepter, qui sont une part inévitable de nos épreuves, eh bien, l'enfant construit dans sa tête des fantasmes beaucoup plus dramatiques encore pour lui. Par exemple, cette petite fille de quinze mois qui cherchait son frère mort, pouvait croire que la maman l'avait jeté au cabinet, que le papa et la maman l'avaient mangé... — toutes ces choses qu'on trouve dans les contes de fées et auxquelles les enfants pensent. Il faut que la réalité demeure dans les mots de la réalité — c'est-à-dire de l'expérience des choses — et dite très simplement. Les parents croient que l'enfant va souffrir de la mort. Bien sûr! Plus tard! Mais cette enfant-là, c'était de l'insolite qu'elle souffrait, et cet insolite aurait pu la lancer dans une magie dont elle ne se serait pas sortie.

Quant à son petit frère de deux ans, la maman ne dit pas s'il a des difficultés vis-à-vis de cet aîné qui est mort. Mais comme il se trouve maintenant l'aîné des garçons, il est important qu'il lui soit dit très tôt : « Nous avions un fils qui était l'aîné. Toi, tu es le second » et qu'il ne prenne pas la place de cet aîné dans le cœur de ses parents, même s'il l'a maintenant devant la loi. Chaque être humain est irremplaçable pour ceux qui l'ont aimé.

Revenons à ces jumeaux dont l'un est mort.

La maman demande ce que l'autre peut ressentir. Ce n'est pas une question à laquelle nous sachions répondre, ce que peut ressentir un enfant... Ce que nous pouvons faire pour l'aider, c'est, comme dans le cas précédent, saisir l'occasion de conversations avec d'autres personnes, des conversations dont l'enfant est témoin, pour dire : « Oui, ils seraient deux si X... avait vécu. » Si l'enfant relève cette parole, on lui expliquera : « Il est mort parce qu'il avait fini de vivre, alors que nous espérions qu'il vivrait autant que toi. C'est bien que, toi, tu sois vivant; et ce n'est pas mal qu'il soit mort. Peut-être que tu le regrettes, parce que, quand vous étiez dans mon ventre, vous étiez tous les deux ensemble. Un jour, ce compagnon a disparu de ta vie. Mais, qui sait s'il ne te protège pas de là-haut où il est? » Cela, évidemment, selon les croyances que les gens ont. Je pense que les parents doivent dire *leur* vérité, celle de tous et puis la leur, quand ils ont des croyances. Même si l'enfant dit : « Mais, ça, tu n'en es pas sûre! », on peut lui répondre : « Peut-être, mais ça me fait du bien de le penser. »

Voici maintenant le témoignage d'une mère qui a longtemps hésité à vous écrire pour la simple raison que ce qui s'est passé, à l'occasion d'une scène qu'elle vous raconte, ne cadre pas avec ce qu'elle pensait devoir arriver.

Elle vous avait entendu parler de la mort et de la façon dont on peut l'aborder avec les enfants : leur expliquant qu'on meurt parce qu'on a fini de vivre, une réponse, disiez-vous qui, en général, libère l'enfant de l'angoisse. Or, elle a une fille de huit ans; et il y a quatre ans, une petite voisine, qui était une grande amie de la famille, et de la petite en particulier, est morte subitement sans raison apparente. (Elle n'avait jamais eu de maladie et jouait, ce jour-là, tout simplement à côté de sa mère.)

Cette femme écrit : « Au bout de quatre années, la peine commence à s'estomper un peu. Nous allons souvent au cimetière porter des fleurs; mais ma fille ne cesse de me parler de son amie morte. Après vous avoir écoutée, je me suis adressée à elle avec beaucoup de confiance et lui ai donné les explications que j'avais entendues de vous. Sa réaction n'a pas du tout été celle que vous aviez prévue : elle a été très, très violente. Elle s'est mise à crier : « C'est idiot! Tu te moques de moi. Bien sûr, j'ai fini de vivre si je suis morte. Mais alors, si cette petite fille, le matin, avait demandé la même chose à sa mère, sa mère lui aurait répondu : " Non, tu n'as pas fini de vivre ", et elle serait morte quand même. » La mère a été bouleversée par cette révolte et par l'angoisse qu'elle sentait chez sa fille. Pour arrêter la scène, elle lui a dit qu'elle n'en savait pas plus et a essayé de la calmer.

Quelques jours plus tard, elles ont réabordé tout cela. L'explosion de colère n'avait pas dissipé l'angoisse de l'enfant, comme la mère l'avait espéré sur le moment. Elle lui a alors parlé d'une dame très âgée : « Tu sais, quand cette dame était jeune, si elle avait demandé quand elle mourrait, sa mère n'aurait pas pu lui répondre. » Elle vous demande de reprendre ce thème « parce que le problème revient constamment. La semaine dernière encore, ma fille m'a demandé très doucement : " Arrête-moi à mon âge parce que je ne veux pas changer d'âge pour vivre tout le temps. " Je ne sais que lui dire, sinon que je l'aime et que j'espère que nous vivrons tous les cinq (il y a trois enfants) très longtemps. »

Je crois que cette enfant vit quelque chose de complexe, qui a l'air d'être en rapport avec la mort de sa petite amie, mais qui est, en fait, plutôt en rapport avec son âge — huit ans. Il est probable qu'elle fait actuellement des cauchemars. Les enfants, vers sept, huit ans, font des cauchemars sur la mort de leurs parents, ou d'eux-mêmes, mais généralement de leurs parents. Et ils se sentent coupables de leurs rêves. A partir de ces cauchemars, ils réfléchissent à l'éventualité de leur mort et, surtout, de leur abandon. La colère de cette fillette contre sa mère déguisait une moindre confiance dans le tout-savoir des parents — moindre confiance nécessaire chez les enfants de cet âge, qui découvrent, en effet, que leurs parents ne sont pas tout-puissants et tout-sachants.

Si cette petite fille continue de parler de son amie, il faut que sa mère l'aide à faire sortir toutes ses colères, y compris celles qui sont dirigées contre certains cauchemars qu'on a, qu'on ne peut pas ne pas avoir; pas plus qu'on ne peut grandir sans avoir perdu ses dents de lait. L'enfant ne s'est pas arrêtée à l'âge de sa petite amie, elle a continué à vivre, elle a huit ans. Je crois qu'elle a besoin d'entendre de la bouche de sa mère qu'il y a des choses difficiles à vivre mais que cela ne veut pas dire que vivre ne soit rien que pénible et que s'arrêter de vivre arrangerait tout. Quand on s'arrête de vivre, c'est comme si on jouait à être une chose. Les choses ne pensent pas, n'aiment pas, ne vivent pas. Il faut aussi lui expliquer : « Mais oui, c'est très difficile de quitter l'enfance pour devenir une grande fille, surtout que tu n'as plus cette petite amie pour bavarder de tout ça. Mais qu'attends-tu pour te faire d'autres amies? »

Et si l'enfant reparle de la mort : « Je ne peux pas te dire autre chose : celui qui meurt, au moment où il meurt, est en accord avec ce qui se passe. Il comprend sans doute ce que nous, vivants, ne comprendrons qu'en mourant. Mais toi, si tu ne veux pas être en accord avec ta vie tant que tu es vivante, autant dire que tu veux devenir une chose. Et moi, je ne veux pas avoir une fille qui est une chose. » N'est-ce pas? Il n'y a pas de vie sans la certitude de la mort un jour. Et c'est même parce que nous sommes certains de mourir que nous nous savons vivants. L'important c'est d'accepter notre destin : alors la vie prend son sens.

Peut-être faudrait-il cesser d'amener cette enfant au cimetière. Que la mère y aille, elle, mais que si la petite ne demande pas à y aller, on ne l'y emmène plus. Parce que ce culte pour les cimetières l'empêche, à la longue, de changer d'amies : comme si elle devait rester fidèle au souvenir de cette amie-là et ne pas s'en faire de nouvelles. Voilà ce que je peux dire.

Au total, je pense que la colère de l'enfant, à propos de la mort de son amie, il y a quatre ans qu'elle aurait dû l'exprimer. Elle l'a alors refoulée. C'est heureux qu'elle ait pu enfin l'exprimer. Mais actuellement, ce qui surgit est une colère nourrie par l'angoisse d'autres cauchemars et d'autres angoisses : devant l'idée qu'elle grandit et ne peut plus aimer son papa et sa maman de la même façon que jadis. Elle voudrait garder les illusions de l'enfance. Elle entre dans l'âge de la raison, elle prend conscience de son impuissance, de celle de ses parents, de celle de tous les humains devant le mystère de la vie et de la mort. Peut-être se pose-t-elle des questions sur le sexe, le sien, sur le rôle des hommes et des femmes dans la mise au monde d'un enfant, sur le plaisir qu'elle éprouve et qu'elle croit peut-être fautif. Il faut lui dire que le désir de donner la vie dans l'acte sexuel ne suffit pas, si un être humain ne désire pas naître et survivre. Que nul ne sait ce qu'est la vie, ni la mort. Nous n'en connaissons que les conditions, les plaisirs et les peines.

Et puis la mère trouvera les mots pour lui exprimer du mieux qu'elle peut son désir qu'elle vive et son amour pour elle.

Prendre du plaisir tous ensemble
et chacun à sa place

Un père, qui a deux enfants de trois ans et deux mois et demi, vous demande conseil sur deux plans bien précis. Sa femme et lui ont de petits problèmes entre eux à cause des repas des enfants. L'aîné, quand il est à table, refuse souvent de manger parce qu'il veut jouer ou se promener dans la maison. La mère prend cela très au sérieux : « Elle se rend malade, écrit le père, quand elle voit que l'enfant n'a rien pris. Pour ma part, j'ai plutôt tendance à le laisser faire et à considérer que ce n'est pas très important; après tout, j'ai été élevé comme ça : quand je n'avais pas faim, je ne mangeais pas et je mangeais mieux le repas suivant. » Je crois qu'on peut déjà répondre à cette question : est-il important, pour un enfant de trois ans, de prendre des repas réguliers?

Absolument pas! Ce qui importe avant tout, c'est que les repas se déroulent dans une atmosphère agréable. C'est-à-dire que les parents, d'abord, doivent eux-mêmes prendre du plaisir à table; qu'en même temps qu'ils se sustentent, ils mangent ce qui leur plaît. Quant à l'enfant, s'il a faim, qu'il mange. S'il ne mange pas, que les parents lui disent : « Tu as raison. Si tu n'as pas faim, il ne faut pas manger. » Ce n'est peut-être pas qu'il n'a pas faim, d'ailleurs, c'est qu'il aime mieux aller jouer. Généralement, à trois ans, c'est cela. Or, qu'il mange plus à un repas, moins à un autre, n'a aucune importance. Vous savez, manger régulièrement est une notion venue tardivement dans l'humanité. Ce n'est pas du tout nécessaire avant l'âge de la vie sociale. C'est vers sept ans que l'enfant se règle, aussi bien pour la nourriture que pour les autres besoins. Avant, avoir des repas réguliers est tout à fait inutile. Après, c'est commode. Mais, de toute façon, ce n'est pas indispensable.

C'est-à-dire que si l'enfant s'adapte bien à des heures de repas régulières, tant mieux; sinon, tant pis, il peut ne manger que quand il a faim?

Oui, mais de petits « casse faim », et seulement à sa demande : un enfant ne se laisse jamais mourir de faim. Mais il peut avoir la faim coupée par l'obligation de manger. Surtout, ce qu'il faut pour tous, je le répète, c'est que les repas des parents, pour eux, soient quelque chose d'agréable. Alors, que la mère laisse tomber, qu'elle ne gâche pas l'ambiance du repas pour elle et pour son mari, ni la joie de vivre de son enfant. D'ailleurs, à trois ans, généralement, les repas que l'enfant préfère sont le petit déjeuner et le goûter. Le soir, il mange à peine. Surtout, que les parents n'en fassent pas cas. Le père a raison : il a été élevé comme ça et est très bien devenu homme. Qu'il aide sa femme à accepter le rythme de l'enfant au lieu d'en faire l'occasion d'une espèce d'épreuve de force. On dirait que c'est l'estomac de la maman qui est dans le corps de son fils!

Le père remarque ensuite que les problèmes de son fils de trois ans sont apparus depuis la naissance du bébé, qui a maintenant deux mois et demi : l'habillage, le déshabillage, notamment, sont devenus pénibles. Mais c'est surtout le coucher qui est difficile, parce que l'enfant veut aller au lit à la même heure que ses parents, qui vont dormir aux alentours de onze heures. Le père écrit : « Lorsque ma femme essaie de le coucher vers huit heures, huit heures et demie, elle a beaucoup de mal. Elle y arrive de temps en temps, mais à condition de s'allonger à côté de lui. »

Là, ils sont partis tout à fait de travers. A trois ans, cet enfant n'a plus besoin d'être couché par sa mère. Qu'on le laisse simplement tranquille, prêt à dormir, toilette faite, en pyjama, tricot ou robe de chambre, et qu'il laisse ses parents tranquilles à partir d'une certaine heure dont le père doit décider : il jouera dans sa chambre ou se couchera selon son gré, mais sans plus déranger les adultes, sans faire de bruit. C'est le père qui doit régler cela.

Le père demande : « Peut-être, depuis la naissance de son frère, a-t-il besoin qu'on s'occupe plus de lui ? »

Sûrement ; mais ni comme d'un bébé ni comme d'un homme, n'est-ce pas ? Ce dont il a besoin, c'est d'être traité comme un grand garçon qui va se coucher dans sa chambre — je l'ai déjà dit plusieurs fois. S'il ne veut pas aller au lit très tôt, que son père joue un moment avec lui, aux dominos par exemple, voilà un jeu très bon, ou à faire des puzzles, ou à raconter une histoire sur des images. Et que le père, à une heure dont il décide — neuf heures, neuf heures et quart, ça dépend des enfants et des parents —, l'envoie dans sa chambre en lui disant : « Maintenant, c'est fini. Tu me laisses tranquille avec ma femme. Tu te couches quand tu en as envie. Si tu n'es pas fatigué, tu joues. Mais nous, nous voulons être tranquilles, sinon je me fâche. »

Maintenant, il y a deux mois et demi que le petit frère est né. Il est possible que les parents aient annoncé une petite sœur — ça arrive souvent quand l'aîné est un garçon — ou qu'ils aient été déçus que le bébé fût un second garçon. Alors, le grand ne comprend pas que, tout-puissants, les parents acceptent ce non-désiré. Que le père, dans ce cas, parle à l'aîné en lui disant que c'est la vie qui décide et non les parents. Quand il a été conçu lui-même, c'est lui qui a voulu être un garçon ; son père, son frère de même ; lui est le grand, l'autre le petit ; et ils ne peuvent pas être pareils ni avoir le même rythme de vie. Lui, bientôt, ira à l'école, se fera des copains. Son petit frère n'a pas besoin de lui, il ne sait encore que faire dans ses couches, téter et crier.

C'est au père de donner toutes ces explications, parce que le fils est à l'âge de s'identifier au père. Il a besoin que son père s'occupe de lui, lui montre comment se laver, s'habiller, se coucher seul comme un grand. Car lui est en même temps tenté de faire comme sa maman et aussi comme son petit frère. Bref, il ne sait plus si c'est bien de s'identifier à un adulte, et de quel sexe, ou à un bébé, et s'il doit jouer au mari tyran de sa femme ou au bébé qu'il a été en régressant. Alors il s'ingénie à angoisser sa mère pour rivaliser avec le bébé qui a besoin de ses tétées régulières, d'être habillé, déshabillé, changé; et il rivalise avec son père, en demandant à sa mère de dormir avec lui.

Voici une lettre charmante, témoignage de l'expérience d'une famille de cinq enfants. La femme écrit : « Nous vivons depuis trois ans dans une ferme et ne dépendons que de notre travail. L'éducation de nos enfants nous paraît essentielle, ainsi que la présence du père dans cette éducation. Celui-ci n'est plus considéré, comme en ville, comme la machine à rapporter de l'argent : il participe à la vie des enfants. Trop souvent, les parents se méfient, se placent presque en ennemis face à leurs enfants, essayant de lutter contre leurs défauts sans " se faire avoir ". Et les enfants ont l'impression que leurs parents sont contre eux. On voit aussi beaucoup de parents, surtout dans les milieux cultivés, qui se mettent au service de leurs enfants comme si ceux-ci étaient des rois. Ici, nous essayons d'être ensemble, avec tout ce que cela comporte d'exigences de la part des uns et des autres pour se comprendre, s'aider, et se respecter. Par exemple : les gros mots sont autorisés, sauf s'ils gênent quelqu'un (grands-parents, visiteurs) ou s'ils sont une insulte à autrui (on peut jurer tant qu'on veut lorsqu'on se tape sur un doigt, mais pas se permettre de dire " Ta gueule! " ou " Salaud! " à un autre). Quant à l'éducation sexuelle, elle se fait naturellement par l'observation des relations entre animaux (béliers et brebis, coqs et poules, etc.) basées sur l'instinct, et par la comparaison avec les liens et le respect qui existent entre nous, les parents. »

On croirait vous entendre.

Le lettre explique ensuite la vie de tous les jours : ils ont la chance d'avoir de la place, dans de vieilles bâtisses très inconfortables, pour recevoir des gens très divers, aussi bien des jeunes que les grands-parents ou des amis des grands-parents. Les enfants ont de deux à onze ans. L'aîné fait sa sixième. Les trois suivants vont à l'école du village, qui n'a que douze élèves — si les écoles étaient toutes comme ça! A la campagne, le travail de survie commande tout, et chacun, petit ou grand, y participe selon son âge et ses capacités. Il n'y a pas de « tours de rôle » pour les travaux de la maison : chacun choisit ce qu'il fera au jour le jour (balayage, vaisselle, etc.). Les enfants font la garde des bêtes deux jours par semaine, et à deux, alternativement, en choisissant leur compagnon. Les deux enfants qui ne sont pas de garde leur apportent le goûter. « Je ne peux encore prévoir comment se passera l'adolescence, écrit cette personne, mais je crois que le fait d'avoir très jeune des responsabilités, proportionnées à leur âge, permet aux enfants d'aborder la vie avec une vision objective et sérieuse des choses. Croyez-moi, malgré le travail, il leur reste du temps pour construire des cabanes ou faire des téléphériques entre les arbres. » Voilà un témoignage « humble », dit-elle; moi, je dis « merveilleux ». Merci.

Une fillette de dix ans pose, elle, beaucoup de problèmes à ses parents. Ceux-ci ont l'impression qu'elle traverse une mauvaise période. Elle ronchonne tout le temps et pour tout, parle dans sa barbe, d'un ton geignard. Les repas se passent souvent dans les pleurs. Et la mère explique que tout a commencé après des vacances qu'elle et son mari ont prises en laissant leur fille à la grand-mère maternelle. Elle se demande si l'attitude de l'enfant n'est pas une manière de se faire remarquer et d'avoir un petit peu d'affection — quoique ces vacances aient été très courtes puisqu'elles n'ont duré que huit jours.

L'attitude de cette enfant vient de ce qu'elle a souffert de la solitude, de l'éloignement et de l'absence de ses parents, peut-être pour la première fois, pendant les vacances. Mais ce n'est pas pour se faire remarquer.

D'autre part, l'enfant a eu très jeune des problèmes médicaux. Elle a été opérée d'un strabisme assez fort à un an et demi, puis à trois ans et demi et à six ans. De plus, à l'âge de quatre ans, elle a eu une éruption de psoriasis qui revient périodiquement depuis deux ans. La mère précise encore que la grand-mère paternelle préfère le frère aîné qui a treize ans. Elle écrit : « *Ce changement d'attitude est intervenu il y a environ six mois chez ma fille. Ne pensez-vous pas qu'il pourrait annoncer la puberté? Parce qu'elle dit souvent qu'elle a mal au ventre, mais je ne sais pas si c'est de la comédie ou la réalité. Sa poitrine est légèrement gonflée. Pourriez-vous expliquer comment se passe, sur le plan du caractère, la puberté?* »

Il y a plusieurs questions ici. D'une part, le problème particulier de cette enfant et, d'autre part, le problème général de la préparation d'une fillette à la puberté.

J'ai l'impression que cette enfant a été très marquée par ses problèmes d'yeux. Peut-être cela l'aiderait-elle si sa mère lui expliquait que, toute petite, elle a souffert d'être séparée de sa famille et mise dans l'obscurité (c'est ce qui se passe dans les jours suivant l'opération) et qu'à cause de ses yeux, jusqu'à six ans, elle a peut-être cru qu'elle n'était pas jolie. Souvent, lorsqu'un enfant est opéré des yeux, ses parents lui disent qu'on le fait pour qu'ils soient plus beaux ensuite. Ce n'est pas vrai — un petit défaut des yeux n'empêche pas la beauté —, mais l'enfant le croit. Il est possible aussi, comme l'écrit la mère, que cette enfant se sente moins « réussie » que son frère du fait de la préférence de la grand-mère paternelle pour ce dernier.

Mais la mère précise dans sa lettre que, lorsque la grand-mère gâte le grand frère, elle-même essaie de compenser vis-à-vis de sa fille.

C'est important cette lutte entre les deux femmes.

Elle écrit : « C'est tellement visible [la préférence de la grand-mère pour l'enfant de treize ans] que, pour prendre le contre-pied, j'ai l'air de chouchouter plus ma fille que mon fils — ce qui donne lieu, de la part de ma belle-mère, à un jugement un peu hâtif à mon encontre. »

Si c'est ce que fait la grand-mère vis-à-vis du garçon de treize ans — le « chouchouter » —, je le plains. Parce que, dans une famille, c'est toujours le préféré qui est à plaindre pour l'avenir, jamais l'autre. Même si ce dernier en souffre un peu, étant petit, c'est lui qui, plus tard, aura le plus d'indépendance. Alors, qu'elle ne s'inquiète pas du comportement de sa belle-mère envers sa fille. Qu'elle lui dise en manière de plaisanterie : « Tu vois, ta grand-mère, elle est vieille. Elle aime les petits garçons parce qu'elle se sent trop vieille pour plaire à un monsieur et se remarier. Il faut la plaindre. » Et aussi : « Tu deviens grande. Tu es l'aînée des filles. Lui est l'aîné des garçons. Garçon et fille, tu sais, c'est absolument différent. Et toi, en tant que fille, tu es réussie, tu ne pourrais pas l'être plus. Même si tu as eu des difficultés avec tes yeux quand tu étais petite. » De temps en temps, ce genre de conversation entre femmes où la mère donne à sa fille confiance en elle et en sa féminité, aide beaucoup plus que des chouchouteries.

Elle peut aussi, peut-être, parler à l'enfant de ses maux de ventre, en l'éclairant : « Je ne sais pas si tu as mal dans ton ventre qui digère ou si tu as, en ce moment, tes ovaires et ton utérus qui se préparent pour tes premières règles », et lui expliquer cela. « Tu devrais en être fière! » Et encore : « Tes seins commencent à se développer. Bientôt, nous achèterons ton premier soutien-gorge. Elle peut profiter de cette occasion, pour lui offrir un petit cadeau de jeune fille, une broche, un bracelet (même si la petite ne le met pas), en lui disant : « Tu vois, tu deviens jeune fille. »

D'autre part, cette fillette a-t-elle des amies? Parce qu'à dix ans elle devrait en avoir, les inviter, aller chez elles. Je crois qu'il lui faudrait des activités hors de sa famille. C'est une enfant qui s'ennuie et qui ne sait pas, peut-être, qu'elle est jolie et qu'elle a de la valeur. Car il n'est pas fait mention du père dans la lettre. La mère dit bien que la grand-mère paternelle aime dans son petit-fils la réplique de son fils quand il était petit, mais elle ne dit pas qui est en train de soutenir la féminité hésitante de la fillette, féminité qui est peut-être menacée du fait qu'elle cherche à s'identifier à son frère, qu'elle se croit lésée et que sa mère même la croit lésée en la comparant à lui, gâté et surprotégé. Voilà ce que la mère doit comprendre et aider sa fille à comprendre. J'ajoute un détail : une autre fois, quand elle et son mari partiront en escapade, elle fera bien de confier sa fille à une famille amie plutôt que de la jumeler à son frère.

Plus généralement, maintenant, pouvez-vous nous expliquer comment, sur le plan du caractère, se passe la puberté pour une petite fille?

C'est une profonde transformation pour l'enfant, elle s'ennuie parfois; les frères et sœurs, papa et maman, ne suffisent plus, elle a besoin de sortir du milieu familial. Quelquefois, elle a peur d'en sortir. Il faut alors l'y aider, l'inscrire dans un groupe, un atelier de jeunes, un séjour de vacances, mais sans la lancer tout de suite dans un milieu totalement inconnu. Cette femme, par exemple, pourrait emmener sa fille en week-end chez des parents ou des amis qui ont des enfants de son âge. Ou même, ils pourraient partir tous les trois, père, mère et fille, mais sans le frère qui ne peut plus être une constante référence : ils auraient ainsi l'occasion de parler tranquillement — à l'occasion d'une petite sortie, d'un dîner, d'un voyage, on parle davantage n'est-ce pas ? En parlant, on peut découvrir ce qui intéresse l'enfant, ses goûts, ses projets personnels d'avenir, l'encourager à se trouver un groupe de fillettes ou un groupe mixte de son âge, lui donner confiance.

Il faut insister, à cet âge, sur les conversations avec chacun des deux parents, séparément. Mais là, attention : père et mère ne doivent pas se raconter l'un à l'autre le contenu des confidences que le jeune garçon ou la jeune fille leur ont faites personnellement. Ce serait trahir sa confiance. Tout au plus, peuvent-ils encourager l'adolescent à demander conseil à l'autre parent, en lui faisant comprendre qu'un père et une mère ne voient pas les choses de la même façon et que deux points de vue différents sont éclairants, surtout quand ce sont ceux des deux parents. Chacun de ceux-ci a tendance, d'ailleurs, surtout pour les aînés, à réagir selon l'éducation qu'il a reçue, et cela aide le jeune à se mieux comprendre dans ses difficultés et ses contradictions : il prend conscience des points communs mais aussi des différences entre ses parents et est renvoyé à l'époque où ils ne se connaissaient pas encore. Si on ne veut pas qu'un mur de silence se dresse entre enfants et parents, vers dix, onze ans, chacun des parents doit ainsi provoquer des tête-à-tête avec chacun de ses enfants. Les provoquer et les répéter, toujours dans le cadre d'une activité intéressante pour tous les deux, l'adulte comme l'enfant.

Tu voulais naître et nous voulions un enfant

(Éducation sexuelle, questions directes)

Un problème revient souvent dans le courrier. C'est celui de l'éducation sexuelle ou plutôt des réponses que les parents cherchent, quelquefois de façon bien compliquée, à donner aux questions de leurs enfants. Ici, il s'agit de deux petites filles de quatre et trois ans, dont l'aînée a demandé récemment à ses parents d'où elle et sa sœur venaient. Les parents ont commencé par donner une explication par les fleurs. Ils ont eu l'impression que la petite fille n'accrochait pas, ne comprenait pas. Alors, dit la mère, « nous lui avons finalement expliqué que nous les avions eues après un acte sexuel, elle et sa petite sœur. Elle n'a d'ailleurs pas eu l'air d'être choquée de cette réponse ». (Donc, elle pensait d'abord que la petite fille risquait d'être choquée.) Elle vous demande : « Est-il courant que des enfants de cet âge posent ce genre de questions? Pensez-vous que nous avons eu raison de répondre par la vérité? » Je précise, pour que le tableau soit complet, que c'est une famille très libre, où tout le monde prend ses bains ensemble, les enfants, le mari et la femme.

Il faut répondre comme ils l'ont fait, directement. Expliquer que c'est par l'acte sexuel qu'un corps d'enfant commence à se constituer dans le ventre — on peut dire la « poche à enfants » qu'ont toutes les filles et qui devient plus grande quand elles sont mères, quand elles sont femmes. Mais je crois que la question que posait l'enfant était en même temps une question métaphysique. Eux, ils ont répondu à la question physique. Eh bien, il faut aussi dire aux enfants qu'ils sont nés parce qu'ils ont désiré naître. Car l'acte sexuel, ça n'explique pas tout. Je connais beaucoup d'adolescents qui croient que, s'ils sont, par exemple, trois enfants, c'est que les parents ont fait trois actes sexuels: puisque, soi-disant, c'est l'acte sexuel qui fonctionne — comme si c'était un fonctionnement de concevoir un enfant! Beaucoup d'enfants ne posent pas la question directement aux parents, mais se la posent entre eux. Leurs conversations à la maternelle sur ce sujet se réduisent souvent à un geste : « Ah oui! c'est comme ça qu'ils font les parents » — et ils mettent l'index d'une main dans le creux de l'autre main refermée; mais, sans paroles ni référence au beau ou au laid, au bien ou au mal. Le geste leur semble crédible et naturel.

Ces parents ont ici très bien répondu. Mais ça ne suffira pas, parce que, un jour, leur fille demandera : « Mais pourquoi? » Il faudra alors expliquer : « Parce que tu voulais naître et que nous voulions aussi un enfant. Nous nous sommes rencontrés tous les trois et tu as commencé à pousser dans mon ventre. » Il ne faut pas en rester au fonctionnement qui fait, si j'ose dire, d'un corps, de la viande humaine.

Il faut aussi parler d'amour.

Absolument! Et aussi du plaisir qu'on y prend quand on s'aime. Et en même temps, dans la foulée, quand les enfants continuent à en parler et à poser des questions, leur dire que l'acte sexuel ne peut conduire à procréer un enfant que lorsque le corps de la fille et celui du garçon sont devenus adultes; et qu'entre un homme et une femme qui le désirent tous les deux, et qui ne sont ni frère et sœur, ni mère et fils, ni fille et père; parce que c'est la loi de tous les humains du monde entier. On a écrit beaucoup de livres — et il y en a qui sont bien faits — sur l'initiation des enfants à la naissance. Mais, pour ma part, je n'en connais qu'un qui enseigne à l'enfant, en même temps que le savoir sur la vie physique et la reproduction, l'interdit de l'inceste. Or ça doit être dit en même temps. Cela devrait même être dit à l'école, en maternelle, dès que les enfants abordent cette question. C'est là la différence entre les humains et les animaux.

En vous écoutant, je pense que ce genre de thème, il n'y a pas tellement longtemps, était encore tabou et que, souvent, dans les familles, on ne répondait pas aux questions des enfants. Là-dessus, vous êtes catégorique : il est normal qu'un enfant pose de telles questions, aux alentours de quatre, cinq ans, et il est encore plus normal de répondre franchement sans travestir les choses.

Oui. Mais il ne faut pas non plus s'étonner que, deux ou trois ans après, les mêmes enfants aient complètement oublié ce qui leur a été répondu. En effet, la réponse qu'on leur donne maintenant est tout à fait en accord avec ce qu'ils savent de tout temps (car, qu'ils ont été conçus, ils le savent : l'inconscient sait tout). On leur répond par des paroles qui sont sensées au regard de ce moment-là. Mais, en grandissant, les enfants se créent des fantasmes parfois sadiques et des fabulations farfelues concernant la conception et la naissance, qui sont vrais « aussi », pour eux : c'est le monde de l'imaginaire. Il ne faudra pas leur dire alors : « Mais, que tu es bête! Tu le savais quand tu étais petit! » Il faudra leur redire la vérité, parce qu'ils l'auront oubliée, sans s'étonner s'ils veulent pourtant continuer de croire en leurs fantaisies. Il suffit de rire : « Bien, très bien, imagine ce que tu veux, mais pour de vrai, c'est ce que je t'ai expliqué. »

Voici une lettre qui illustre ce que vous venez de dire des fantasmes et fabulations sur la naissance. Il s'agit d'une famille où il y a deux garçons, de six et trois ans, et où on attend un bébé pour le mois de mai. L'aîné est persuadé qu'il a le bébé dans son ventre à lui et il faut faire attention, quand on l'embrasse, à ne pas trop serrer le bébé. Il n'a pas du tout été d'accord quand ses parents lui ont expliqué que son père ne l'avait pas porté et il reste convaincu du contraire. Comme c'est une petite fille qu'il espère cette fois, il pense même qu'il fera mieux que son père qui, lui, n'avait « fait » que deux garçons! C'est quand même étonnant. Cela veut-il dire que, dans cette famille, on n'avait pas parlé de ces choses-là avec suffisamment de clarté?

Je ne sais pas. Ce garçon est justement à la période où les petites filles dont il était question tout à l'heure auront oublié ce qui leur a été dit. Il ne s'intéresse d'ailleurs pas du tout à la manière dont le bébé a été conçu. Il ne s'occupe que de l'avoir dans son ventre à lui, en tant qu'il s'identifie à sa mère encore, comme tous les petits garçons et filles, et au fait qu'il va, pense-t-il, le mettre au monde. Peut-être veut-il rivaliser avec elle, nier sa puissance à elle. Il a une idée de gestation magique. La mère écrit même qu'il dit que ce bébé-là parle et chante, selon lui, *Petit Papa Noël*, etc. Il vit dans le fantasme d'être aussi valeureux que sa mère et d'être « dans une situation aussi intéressante » qu'elle (comme on dit). Son association au père Noël, ce grand vieux lutin tout-puissant, est tout à fait de son âge. Il résiste encore à admettre le monde de la réalité, et à accepter que les hommes dont il est fier de partager les avantages n'aient pas les prérogatives génitrices des femmes.

Est-ce pour cela qu'il a l'air désespéré quand on lui dit la vérité?

Cet enfant est en train de vivre ce qui s'appelle, dans notre jargon de psychanalystes, la « castration primaire du garçon », c'est-à-dire que, s'il est avantagé à ses yeux du point de vue de la forme sexuée de son corps parce qu'il a une verge, il n'est pas du tout content de n'avoir que cela, parce qu'il voudrait à la fois être mâle dans ses génitoires et avoir la prérogative de mettre des bébés au monde comme les femmes : il voudrait tous les signes de puissance à la fois. Ce qu'il y a de terrible chez nous, humains, c'est que nous ne pouvons être que d'un seul sexe et que nous ne pouvons que fabuler les plaisirs et les désirs de l'autre sexe. C'est pour cela que les hommes et les femmes ne se comprennent jamais. C'est déjà bien quand ils peuvent s'entendre! Et ce petit garçon, lui, il ne veut pas entendre. Il veut comprendre, et comprendre, pour lui, c'est concret. Il comprend que sa mère va avoir un bébé; il l'admet. Cela ne doit d'ailleurs pas lui faire tellement plaisir de voir une ou un rival arriver, parce qu'il a dû être jaloux de son petit frère, même si on l'a oublié.

Alors, que va-t-il se passer à la naissance du bébé?

Je n'en sais rien. S'il faut dire à ce garçon la vérité biologique, il faut aussi respecter son monde imaginaire, savoir qu'il parle sur le plan de la fabulation. Lui dire : « Tu crois? », et puis en rire, c'est tout. Il faut lui expliquer : « Tu sais, tous les papas ont été des petits garçons qui auraient bien voulu aussi avoir un bébé dans leur ventre. Bien des mamans voudraient être des papas; bien des papas voudraient être des mamans, bien des petites filles voudraient être des petits garçons et bien des petits garçons, des petites filles. » C'est toujours comme ça : quand c'est valeureux d'être une fille, pour un garçon, il voudrait être une fille; et inversement. Reconnaître que la réalité du sexe peut être en contradiction avec le désir imaginaire chez d'autres que lui, c'est déjà le reconnaître humain, soumis aux difficultés de beaucoup, c'est déjà l'aider à s'accepter dans sa condition de petit homme.

L'important, c'est que toute mère réponde à la question de la vie : « Sans homme, une femme ne peut pas devenir mère », et que tout père réponde : « Sans femme, un homme ne peut pas devenir père. »

Pour le moment, ce garçon est à l'âge où, là-dessus, on rêve. Laissons-le rêver. Il sait très bien la vérité, mais il ne veut pas l'admettre encore.

En tout cas, pas de drames en perspective.

Mais non! Bien sûr. Tout le monde passe par là!

A propos d'explication, j'ai reçu une lettre assez souriante. Quand on avait parlé des problèmes de sexualité chez les enfants, précédemment, vous aviez évoqué le langage des graines...

Oui, parce que c'est un langage courant. Mais peut-être vaudrait-il mieux changer de vocabulaire.

En effet, cette maman nous écrit qu'elle a expliqué à son enfant l'histoire des graines et que celui-ci a brusquement refusé de manger les fruits et les légumes porteurs de graines : les tomates, les fraises. Il dessinait tout le temps des arbres avec des fruits, et des maisons remplies de cerises. « Pensant que ces indices étaient en relation avec mes explications, écrit-elle, j'ai repris le sujet, à la première occasion, et il m'a dit qu'une grande plante allait pousser dans son corps. »

Il y a deux choses à noter ici. D'une part, l'idée de la germination de toute graine et, d'autre part, l'idée que, dans un estomac, une graine de plante pourrait germer. Ce n'est pas d'une graine de vie humaine qu'il parle et a peur. Peut-être cet enfant est-il intelligent et pense-t-il à des pépins d'oranges, des graines de fruits, des noyaux de cerises. Il faut lui expliquer que l'estomac digère tout et que les graines de plantes ne se développent que dans la terre. Et que, d'autre part, ce n'est pas dans le tube digestif que la semence humaine peut donner vie. Dans les explications données à ce garçon, il ne lui a sans doute pas été dit que c'est l'union sexuelle des deux parents qui a permis la rencontre des graines de vie du père avec les graines de vie de la mère, et que l'enfant qui pousse dans la poche à bébés de la mère — qui n'a aucun rapport avec la bouche ni l'anus — une poche à bébés que les garçons n'ont pas —, est l'enfant de ses deux parents. Encore ne faut-il jamais oublier de signifier l'interdit de l'inceste, chaque fois qu'on explique à des enfants l'union sexuelle entre des humains.

Il y a confusion pour beaucoup d'enfants lorsque la mère nomme « papa » le père et que le père nomme « maman » la mère quand ils parlent à leurs enfants. On devrait toujours dire « ton papa », « ta maman », sinon l'enfant peut croire son père le fils aîné de sa mère et sa mère la fille aînée du père. Il y a aussi confusion pour les enfants quand leurs père et mère sont, d'après ces appellations, entendus comme frère et sœur; surtout si, en plus, ils appellent « papa » et « maman » leurs beaux-parents!

L'instruction du vocabulaire de la parenté devrait se faire à l'école maternelle et primaire, éclairant ainsi ce qui est confusément incestueux encore dans l'intelligence de l'enfant concernant les relations de filiation.

Rien à voir avec le diable

(Éducation sexuelle, questions indirectes)

Un incident dans la vie quotidienne d'une famille. C'est la mère d'un enfant de huit ans et demi qui vous écrit : « Il y a quelques jours, j'ai eu une sorte de petit cas de conscience devant un événement qui m'a profondément troublée. Mon fils est rentré un jour avec une revue toute froissée sous le bras. Il s'est précipité dans sa chambre et l'a cachée sous son lit. Je lui ai demandé sur un ton très détaché de quoi il s'agissait. Il m'a répondu : " C'est à moi. Je ne veux pas que tu regardes. Il y a des diables dessus qui font peur. " Ne sachant quelle contenance avoir, je lui ai dit : " Eh bien, je suis intéressée, moi aussi, par les diables. Ce serait quand même gentil que tu me montres tout ça. — D'accord, mais après, tu me le rends. Hein? " J'ai donc promis. C'était une revue pornographique, avec des photos suggestives. Que fallait-il faire? Moi, j'ai replacé la revue sous le lit pour gagner du temps, tout simplement; j'ai dit que nous allions être en retard, que son père et moi, le soir, allions regarder cette revue et, après, la jetterions, parce que, s'il l'avait trouvée dans la rue, elle devait être pleine de microbes. Entre-temps, j'avais arraché des pages, ne pouvant lui laisser voir certaines photos. Quand il est revenu, il s'est précipité sur la revue, s'est installé tranquillement, sans complexe, dans le salon, et a commencé à la feuilleter. Quand il a eu fini, sans commentaire, j'ai mis la revue à la poubelle. » *Là-dessus, elle se pose des questions :* « Qu'est-ce qui était le plus grave? Fallait-il abuser de la confiance de mon fils, *déchirer la revue et la jeter à la poubelle, alors qu'il m'avait mise dans la confidence et m'avait fait promettre de la lui redonner? Ou alors risquer de troubler ce petit cerveau en le laissant regarder des images traumatisantes? » Elle termine la lettre en écrivant que son mari n'était pas tout à fait d'accord sur son procédé.*

Sans préciser ce que le père a dit?

Non.

Il y a plusieurs choses dans cet incident. Quand l'enfant est rentré avec la revue, il l'avait déjà regardée, puisqu'il a dit qu'il y avait le diable dedans. Je crois que là où elle a manqué le coche, c'est en ne lui répondant pas : « Mais non, ce ne sont pas du tout des diables. Ce sont des choses qu'on appelle pornos. Tu as entendu parler des choses pornos? Eh bien, tu en parleras à ton père ce soir, parce que, sûrement, tu t'intéresses beaucoup aux choses du corps et du sexe. Ton père t'expliquera tout cela. Moi, je trouve que cette revue n'est pas belle. Elle peut être excitante pour toi, mais pas belle. Ce sont des choses dont il faut que tu parles à ton père, parce que c'est de la sexualité. » Il faut donner les mots vrais. Elle-même n'a pas pu donner la réponse, n'est-ce pas? La question reste ouverte, puisque cet enfant a rapporté cette revue, en sachant que sa mère savait de quoi il était question et en sachant, puisqu'elle le lui avait dit, qu'on en parlerait avec le père. Il semble qu'elle ait jeté cette revue sans que le père ait pu en parler à son fils, parler du contenu visuel de la revue. Ce qui aurait été excellent entre le père et le fils pour aborder la question de la sexualité, des films, de tout ce qu'on appelle « porno ». Car tous les enfants circulent et voient les affiches de cinéma avec « Interdit aux moins de dix-huit ans »; et ça les intéresse, bien sûr! Pourquoi est-ce interdit aux moins de dix-huit ans? C'est aux parents de le leur expliquer. Cet enfant a posé une question indirecte. Il l'a posée deux fois : à sa mère d'abord;

ensuite, il attendait de son père qu'il entre dans le vif du sujet avec lui. Et c'est passé à l'as. Dommage!

Quand on parle de la sexualité des enfants, on parle souvent des questions directes des enfants beaucoup plus jeunes.

Oui. Mais les questions indirectes commencent vers trois ans, on l'a vu tout à l'heure. Je dis qu'un enfant qui s'exhibe, par exemple, vers trois ans, pose une question indirecte : « Qu'est-ce que c'est que ce lieu qui n'est pas uniquement fonctionnel pour le pipi? »

A votre avis, c'est aux parents d'en parler?

Mais naturellement! Parler, expliquer de quoi il est question dans cette région qui n'est pas que pour les excréments, mais aussi pour des sensations particulières de désir, de plaisir. Et, entre autres, parler immédiatement de ce plaisir : de la masturbation éventuelle. Quand les enfants s'exhibent, ils posent une question muette sur le sexe et sur la masturbation, et manifestent une inquiétude sur les punitions qui pourraient venir, du fait qu'ils ont toujours plus ou moins entendu quelqu'un leur dire, sinon d'un air sévère, du moins pour rigoler : « On va te la couper. » Et pourquoi pas, si c'est pour de rire? Mais, pour de vrai, jamais! C'est aux parents de donner aux enfants cette sécurité (en même temps qu'ils les incitent à la pudeur), de leur donner à la fois la connaissance de la sexualité et l'assurance qu'ils peuvent en parler avec la personne qui, dans la famille, est chargée de les éduquer au savoir-vivre en société comme d'éduquer leurs sens esthétique et moral. C'est aux parents encore de leur dire la loi de l'interdit de l'inceste, à laquelle eux-mêmes sont soumis aussi bien, et puis de leur inculquer le sens de l'autodéfense en face d'adultes qui voudraient les piéger. Les parents : la mère pour les filles, le père pour les garçons.

LORSQUE L'ENFANT PARAÎT

Alors, c'est le père qui aurait dû parler à ce garçon de sa revue pornographique?

Oui. La mère, je le répète, aurait dû envoyer le garçon à son père. En réprimant elle-même ce qui était une occasion d'explication suscitée par le garçon, elle a été maladroite. En plus, cela n'a rien à voir avec le diable, hein! Des hommes nus avec des femmes nues, ce n'est pas l'enfer! Mais cela troublait l'enfant. C'est cela qu'il fallait lui dire de chercher à comprendre avec son père.

Donc, au père de réparer, en s'adressant directement à son garçon.

Oui, et parce que celui-ci a huit ans, il est même grand temps. Mais quand les enfants sont petits, à mon avis, cela devrait être fait à la cantonade, et par l'un ou l'autre parent présent. Au moment où la question survient — par exemple, quand l'enfant arrive tout nu devant tout le monde —, on peut lui dire : « Si tu veux venir avec les invités, habille-toi. » Ou, s'il pose une question précise : « Je t'expliquerai tout à l'heure. Là, maintenant, je suis occupée. Apporte-nous donc les verres. » C'est toujours au moment où la mère est occupée que l'enfant vient lui dire : « Maman, je veux savoir comment naissent les enfants! » Qu'elle réponde le plus simplement du monde : « Écoute, tout le monde le sait ici, alors je te l'expliquerai, ou ton père te l'expliquera tout à l'heure. » Mais qu'on n'en fasse ni un drame ni une occasion de blâme, par exemple en chuchotant le « je t'expliquerai tout à l'heure » comme si c'était très mal. Au contraire. A ce moment-là, l'enfant a envie d'entrer dans la société et d'être intégré. Évidemment, cela demande de la présence d'esprit. J'espère que ce livre peut aider les parents à avoir un vocabulaire et de la présence d'esprit.

En tout cas, pour en revenir à ce garçon, la question, pour lui, se représentera: à l'occasion d'un film, ou d'une grande affiche de film, il faut que le père prenne en main son enfant, puisqu'il n'est pas content de la manière dont la mère a réagi. Et c'est dommage, en effet, que le père ait été en quelque sorte, si je puis dire, « feinté », dans cette histoire-là.

Vous dites qu'il ne faut pas hésiter à répondre aux questions, directes ou indirectes, des enfants concernant la sexualité. Mais, dans beaucoup de familles, on hésite à parler de ces problèmes-là pour des raisons religieuses ou morales; ou simplement parce qu'on a été élevé comme cela.

Pour des raisons d'éducation, soi-disant : mais c'est tout le contraire de l'éducation. En tout cas, de nos jours où les enfants sont soumis à tant d'informations et d'incitations, ils sont en danger, surtout dans les grandes villes, s'ils ne sont pas informés à temps par leurs parents.

Beaucoup d'adultes ont des difficultés à mettre des mots sur ces choses. Par exemple, j'ai une lettre d'une Française qui vit en Espagne. Elle écrit : « J'ai deux enfants de sept et neuf ans. Ils se confient à moi plutôt qu'à leur père. J'essaie de répondre à toutes leurs questions, car je n'aime pas leur mentir, mais, en ce qui concerne les problèmes sexuels, je ne sais pas leur parler. Ils savent comment les enfants viennent au monde, comment ils sortent du ventre de leur mère, mais ils ignorent la cause de la naissance des enfants. Et je ne sais pas comment le leur expliquer. »

Quand une mère ne peut pas répondre, elle peut dire : « Tu sais, je suis très embarrassée pour te répondre — là, dans ce cas précis, parce que ce sont des garçons —, parce que je suis une femme, j'ai été une petite fille et je ne sais pas répondre aux questions de garçons. Mais demande à ton père, demandez à votre père. » Je crois que, à deux, les enfants poseront plus facilement leurs questions au père que s'ils sont seuls. La mère peut en parler à son mari d'abord, pour le préparer à répondre. Pour ces deux enfants, je crois qu'il serait bien que le père, un jour, tout simplement à table, dans une réunion où toute la famille est ensemble, les mette au courant de ce que c'est l'homme, l'initiateur de la naissance, que sans homme une femme ne peut pas devenir mère, en leur expliquant où, dans le corps humain — et dans le corps de tous les mammifères d'ailleurs, puisque l'être humain est un mammifère —, se trouvent les graines de vie masculines et féminines; en ajoutant que, chez les être humains, êtres parlants, ce n'est pas comme chez les animaux, puisqu'il s'agit non d'instinct mais d'amour et de responsabilité assumée dans le désir sexuel; et en leur parlant de la fécondité chez l'homme comme chez la femme, l'un vis-à-vis de l'autre et tous les deux vis-à-vis de l'enfant.

Si la mère ne peut pas expliquer cela, elle peut toujours dire : « Tu as raison de poser cette question. Tu vois, moi, je ne peux pas te répondre parce que je ne sais pas comment te l'expliquer. Cela me paraît trop difficile. Mais il y a certainement des gens qui le peuvent. » Quand des parents se sentent vraiment incapables de parler de ces problèmes, ils peuvent toujours trouver quelqu'un : par exemple, une amie qui a su le faire avec ses enfants et qui pourrait, devant leur mère, c'est mieux, répondre à des petites filles; ou un père qui a répondu dans une famille amie à ses garçons, et qui accepterait d'instruire les garçons en présence de leur père. Ce qui présente un inconvénient, c'est que l'éducation soit donnée en secret et par des gens qui ont fait vocation de célibat, comme les religieuses et les prêtres. Je connais des cas de jeunes gens et d'adultes qui ont été choqués de ce que leur mère, parfois même leur père, aient demandé à des prêtres éducateurs de les informer à leur place. Je crois, encore une fois, que c'est aux parents, à la mère pour les filles, au père pour les garçons, de faire cela, au besoin aidés par d'autres.

D'ailleurs, s'ils ne savent pas le faire, il y a maintenant dans les écoles des conseils de parents où l'on peut certainement parler de ces questions. Et puis, beaucoup de livres très bien faits ont été écrits sur la question, maintenant. Peut-être cette femme pourrait-elle demander dans une librairie qu'on lui donne des titres de livres, et les feuilleter. Voire mettre un de ces livres dans la chambre des enfants : « Tiens, voilà un livre qui explique très bien. »

Il est dangereux, en tout cas, que les enfants ne reçoivent pas de réponses correctes, simples mais véridiques, aux questions sur le sexe, sur la conception et la naissance, parce qu'ils en reçoivent de tellement farfelues par ailleurs... Il y a tellement de mythes qui courent chez les enfants! Je ne dis pas qu'ils ne continueront pas de courir et les enfants d'y croire un peu, c'est de leur âge, mais une voix, ou un livre qui dit la vérité, c'est déjà bien.

J'ai l'impression, d'ailleurs, que les enfants posent de plus en plus librement ces questions...

Bien sûr! A cause des films, de la radio, et parce qu'ils parlent entre eux et que certains d'entre eux sont élevés intelligemment sans qu'on leur inculque aucune culpabilité concernant leur curiosité sur la vie et la sexualité. En tout cas, pour que les choses soient bien claires, à toute question directe ou indirecte, il est bon qu'il soit répondu de la façon la plus naturelle et la plus simple. « Je ne sais pas » ou « Je ne peux pas te répondre, parce que ça me gêne de répondre sur les questions sexuelles » est déjà mieux que rien. Si c'est vrai, il faut le dire; et non pas : « C'est sale », ou encore : « C'est pas de ton âge. Ne parle pas de ça. Je te l'interdis. »

C'est la fête?

(Nudité)

*Un couple d'éducateurs a deux garçons, de quatre ans et quinze mois. Ils ne sont pas d'accord avec ce que vous avez dit sur le problème de la nudité. Et ils témoignent. Ils écrivent :
« On [sic] se montre nus à nos enfants. D'ailleurs, ceux-ci jouent avec leur corps, avec le nôtre. » Ils appuient sur les seins de leur mère en faisant « tut-tut », etc., et avec leur père... et entre eux... Enfin, je passe les détails (très vraisemblables d'ailleurs dans cette famille où « on » veut que rien ne soit caché aux enfants).*

C'est la fête, alors.

Oui. Mais ils se posent quand même quelques questions. Leur fils aîné reste parfois passif et comme frappé d'idiotie devant toute activité nouvelle. Comment peuvent-ils l'aider? D'abord, y a-t-il un rapport entre tout ça?

Je pense que oui. Les parents ne savent pas que, lorsqu'un enfant voit le corps de l'adulte, il se complaît dans cette vision, il se mire en elle, a l'illusion d'être semblable. Lorsqu'il joue avec le corps de l'adulte, c'est pour son plaisir, et si ce plaisir, sexuel pour l'enfant, plaît aussi à l'adulte, il ne sait plus qui est l'adulte ou qui est l'enfant. C'est ça qui est important dans la nudité et dans ces plaisirs voyeurs et tactiles partagés. Ce n'est pas que ce soit choquant : c'est que cela peut « déréaliser » l'enfant par rapport à son corps propre. De plus, ces jeux jouissifs pour l'enfant sont dangereux pour lui, surexcitent précocement sa génitalité.

Vous avez dit déjà qu'un enfant se sentait un peu minable devant le corps d'un adulte.

Mais oui! Pour déplacer un peu le problème, c'est comme lorsqu'un enfant a un ours plus grand que lui — on en voit, hélas, dans les vitrines, de ces horreurs, d'énormes pingouins, d'énormes nounours, etc. : il y a des enfants, et c'est assez fréquent, qui sont « déréalisés » par rapport à eux-mêmes, parce qu'ils se croient l'ours. L'imaginaire de l'enfant déborde parfois sur la réalité, et quand nous lui proposons quelque chose qui correspond à son désir d'être une grande bête ou une grande poupée, s'il touche trop, dans la réalité, avec des sentiments d'amour-plaisir, cette bête-joujou ou cette créature qu'il anthropomorphise (à laquelle il prête vie, sensations, sentiments humains), il devient étranger à la perception de son corps propre.

Cet enfant-là, qui paraît parfois frappé d'idiotie, aimerait avoir le sexe de son père, dès maintenant. Et, comme il peut y toucher, il peut croire qu'en touchant le sexe de son père, il touche le sien. En touchant les seins de la mère, il touche aussi ses propres seins imaginaires. Il dit « tut-tut » comme s'il touchait des jouets qui lui font penser à des avertisseurs d'auto. C'est tout de même curieux. Cet enfant « déréalise » le corps des parents.

La nudité des parents n'a plus aucune importance à partir de la puberté. Pourtant, c'est souvent à ce moment-là que les parents ne permettent pas à l'enfant de les voir nus. Mais c'est lorsqu'il est petit, au contraire, que c'est dangereux, à cause de cet autre imaginaire qui prend la place de soi. C'est pour cela que cet enfant est de temps en temps sidéré, immobile, comme absent : il ne sait plus qui il est, s'il est le grand ou s'il est le petit, s'il est lui ou les autres. Il y a, dans les sensations visuelles et tactiles de son corps, une ou des parties de ce corps qui ne sont plus les siennes. C'est justement parce qu'il est intelligent qu'il a ces apparences d'idiot et qu'il a à faire face à un véritable problème d'identité. En ce sens-là, je dis aux parents : « Attention! »

Je ne sais pas s'ils vont revenir sur leur conviction, mais la question que je vous pose c'est : peut-on faire machine arrière? Avec ces enfants de quatre ans et quinze mois qui, depuis leur naissance, voient leurs parents nus, les parents peuvent-ils changer du tout au tout?

Ce serait très simple si ça n'amusait pas les parents! Mais j'ai l'impression que cela les amuse que leurs enfants jouent à les tripoter. Voilà ce qui est ennuyeux. Les parents ont, semble-t-il, au point de vue jeux érotiques, des jeux d'enfants de deux ans, en étant des géants. C'est amusant, si on veut, mais c'est très inquiétant pour les enfants.

Cela dit, cette attitude peut aussi s'expliquer par des théories, un retour à la nature, etc.

Pourquoi pas? Mais puisqu'ils voient que cela pose un problème, je leur explique quels problèmes cela pose.

Peut-on changer?

Naturellement. On peut dire : « Écoute! Maintenant tu es trop grand. Tripote-toi. Joue avec des camarades de ton âge, tu te crois encore un bébé. Quand tu seras grand, tu seras un homme; tu n'auras pas les nichons de ta mère. Il faudra que tu te choisisses une petite femme parmi celles qui sont en ce moment, comme toi, des enfants. » Oui, on peut parler de cela aussi. Et il le faut, car cet enfant, par moments, est atteint d'une sorte de contamination corporelle avec son père. Il ne sait plus qui ni quoi il est.

Pour rester sur ce thème de la nudité, voici la lettre d'un père : « J'ai une fille de six ans qui semble très portée vers les garçons. A l'école, sa maîtresse l'a également remarqué. Cette curiosité me surprend parce que nous l'avons élevée de façon très libre, ma femme et moi, dès son plus jeune âge, et que la salle de bains a toujours été ouverte, par exemple, au moment de la toilette. » Il est d'autant plus étonné que le frère de cette petite fille, qui a onze ans et a été élevé de la même façon, est, au contraire, très pudique.

Il n'y a rien d'étonnant à ce que la petite fille soit portée vers les garçons et à ce que son frère soit pudique : c'est justement la conséquence de cette éducation qu'ils pensent libérale. Mais je ne vois rien de mal à ce que cette enfant soit portée vers les garçons. Je pense même que c'est une sécurité pour elle, parce que avec la vue constante du corps nu de ses parents, et avec la dérobade saine de son frère de onze ans à être vu par les autres membres de la famille, il faut bien qu'elle se cherche des copains du sexe complémentaire; sinon, elle serait prise dans le feu — et je dis bien le feu — du désir pour son père; et la seule garantie pour elle de ne pas être incestueuse, c'est de se trouver des fiancés. Il faut qu'il s'y fasse, ce père. Il a élevé sa fille ouvertement. Sans le savoir, il a suscité en elle une inflation sensuelle qui se trouve barrée à présent, à l'égard du père et du frère, par l'interdit de l'inceste. La mère, de son côté, trop permissive, a provoqué, par des privautés infantiles, une rivalité féminine. Alors, l'enfant veut tous les garçons pour elle seule et ne s'active qu'à ce jeu plaisant. C'est tout à fait normal.

Pour répondre à tous ceux qui écrivent en disant « Moi, je suis pour », « Moi, je suis contre » : si vous élevez vos filles comme ce monsieur, elles auront beaucoup de fiancés et aimeront plus le plaisir que le travail — du moins dans leur prime enfance, prolongée plus tard que l'âge habituel de raison.

C'est la conséquence. Quant au garçon, il sera prude en famille et timide en société, souffrant de sentiments d'infériorité vis-à-vis de tous les garçons, incapable d'assumer ses désirs parce que, pour lui, la vue de sa mère est trop excitante et la rivalité sexuelle avec le père terrifiante en fantasme. Il doit se protéger contre son désir pour sa mère seule, de son désir de l'avoir pour lui seul. Le désir du garçon est un désir actif, c'est-à-dire qu'il s'exprime de manière à aller vers celle qu'il désire. Mais il ne peut pas aller vers sa mère ni vers sa sœur, l'interdit de l'inceste est profondément ancré dans le cœur des humains. Et la petite fille, elle, comme son rôle sexuel est d'être au guet actif de qui voudrait bien venir vers elle, elle se fait provocante, aguicheuse avec tous les garçons, parce qu'elle sent bien que provoquer son père serait dangereux pour elle, et parce que le frère, fort heureusement pour elle, ne se laisse pas provoquer.

Elle fait tout cela instinctivement...

Instinctivement, parce qu'elle est saine.

Et je dis ça parce que vous dites souvent que ce qu'on oublie, en général, quand on parle d'éducation sexuelle, c'est de parler de l'interdit de l'inceste.

La seule éducation sexuelle vraie, c'est l'interdit de l'inceste. Et forcément, quand il y a à la fois interdit de l'inceste et liberté de connaître tout — ce qui est très bien —, les enfants vont vers ceux de l'autre sexe et se défendent de l'intérêt sexuel pour les parents, et les frères et sœurs. Je crois que, pour l'éducation de cette fillette, la seule chose que le père pourrait lui dire, en dehors de l'interdit de l'inceste, c'est : « Choisis-toi des fiancés de ton âge. » Parce que le seul danger qu'il pourrait y avoir, c'est qu'elle cherche des jeunes gens ou des hommes adultes et que, de ce fait, elle soit détournée d'un développement sexuel sain. Si elle a confiance en son père et si celui-ci lui parle avec chasteté, sérieusement, elle lui obéira et ne cherchera pas, pour se choisir des « fiancés » de jeux sensuels et des élus de cœur, des jeunes gens trop au-delà de son âge.

Ce n'est pas un mensonge, c'est du pour-rire

(Fantasmes sexuels des enfants et réalités des adultes)

Vous allez sans doute dérouter quelques lecteurs avec une lettre qui pose encore un problème assez précis, un cas assez particulier, mais qui, je crois, au niveau général, est intéressante, parce qu'on parle souvent du chantage que les enfants peuvent exercer sur leur entourage, ou des fantasmes qu'ils vivent et qu'ils essaient de rendre comme une sorte de vérité.

Oui. Des enfants qui font battre les montagnes, comme on dit.

Voilà! Alors, les montagnes battent quelque part! C'est une mère qui vous écrit. Elle a deux filles de sept et cinq ans et demi, qui vont assez souvent chez une gardienne mariée. Les enfants, en général, dînent avec leur père le soir quand elles rentrent de chez la gardienne : la mère, elle, poursuit des études et a des cours le soir. Elle écrit : « Récemment, à la fin d'un repas, les filles ont prévenu leur père qu'elles avaient quelque chose de très important à lui dire. Mais elles ne voulaient pas vraiment le dire : " Si on te le dit, tu vas te moquer de nous. " Leur père les a assurées qu'il ne se moquerait pas d'elles, et elles se sont décidées. La plus âgée a commencé : " Eh bien, voilà. Le mari de la gardienne m'a mis sa quéquette dans la bouche. " Elle est devenue pratiquement muette, n'a pas voulu donner d'autres précisions. A ce moment-là, la plus jeune a dit : " Mais, tu sais, moi, je l'ai giflé au visage. " Et la plus grande a repris : " Oui, mais tu sais, elle ne l'a pas vraiment fait exprès, de le gifler. " » C'est là une situation, effectivement, sur laquelle on peut se poser beaucoup de questions dans une famille. Et la mère écrit : « Le lendemain matin, quand j'ai voulu leur en parler — parce que mon mari m'avait rapporté cela —, curieusement, elles étaient très réticentes et n'ont pas voulu m'en reparler. Elles m'ont dit : " Non, non, on a oublié ce qui s'est passé. Il ne faut surtout pas en parler avec la gardienne. " »

Oui. Et cet homme est aussi le père d'une petite camarade à elles ?

Oui. Parce que ça se passe dans un petit village. Ce sont des gens qui se connaissent...

Cela me fait penser au film de Jacques Brel.

Les Risques du métier.

C'est ça. Les enfants imaginent des scènes sexuelles qu'ils racontent à leur manière. Ici, ce n'était destiné qu'au père; avec, ce qui est assez curieux comme mot : « Tu vas te moquer de nous »; ensuite, à la mère : « Non, non, j'ai oublié »; et puis, « giflé pas exprès »... J'ai l'impression que nous sommes là au bord d'un fantasme. C'est au soir, au moment du dîner. Il y a des choses salaces que se disent les enfants, comme ça, entre eux, pour fabuler, des choses pour se rendre intéressants, surtout auprès de papa. Je crois que cette femme a tout à fait raison de ne pas insister sur cette histoire pour que, si quelque chose de sérieux se passait un jour, les enfants puissent en parler. C'est cela qui est important : ne pas se moquer ni gronder, mais dire : « Eh bien, oui. Si elle l'a giflé, j'espère qu'elle l'a fait exprès, parce qu'un monsieur, ça ne doit pas faire cela avec les filles. »

Je vous interromps parce que la mère pose des questions précises : « Faut-il ou non en reparler ? » Votre réponse est : « Non, ne pas insister. »

C'est ça.

Elle vous demande aussi : « Comment faire une mise en garde générale contre ce genre de choses ? » Parce qu'il y a les fantasmes, et puis il y a la réalité.

Elle pourrait, par exemple, devant le père, dire : « Un jour, vous aviez raconté ça à votre père. (Vrai ou pas vrai, il ne faut pas chercher à leur faire dire que ce n'est pas vrai.) Mais, quand on est petit, on invente des tas de choses. Si, une autre fois, quelque chose comme ce que vous avez raconté se passait, si c'est pour de vrai, il ne faut pas que ça recommence. Le monsieur le sait très bien. Alors, vous lui dites : " Il ne faut pas le faire. " Un monsieur ne joue pas aux choses du sexe avec les enfants. » C'est comme ça qu'on prévient les enfants.

Mais le « pas vrai », on ne peut pas l'empêcher; on ne peut pas empêcher les enfants de raconter des histoires inventées.

La mère se demande aussi s'il s'agit vraiment d'une invention. Elle écrit : « Est-ce qu'on peut, comme ça, aller voir ce monsieur et lui dire : " Explique-nous un peu. " »

D'après le contenu de la lettre, c'est difficile, puisqu'il paraît que c'est un petit village. Ce sont des gens très proches, qui se voient souvent, qui travaillent ensemble et ont des activités en commun. Je ne sais pas comment elle peut faire. Elle sentira; elle trouvera peut-être le moyen, elle-même, d'en parler un jour à ce monsieur; ou le père en parlera en tête à tête, avec l'homme. Mais il y a le risque, ensuite, que les enfants soient mal vus, si c'est un fantasme, et que cet homme soit, à partir de ce moment-là, agressif avec des enfants qui ont voulu lui faire risquer quelque chose, vraiment...

Je rappelle, pour ceux qui n'auraient pas vu le film de Brel, qu'une petite fille accusait un instituteur de choses très semblables, et que cela menait ce dernier en prison.

C'est malheureusement banal. Je crois que le père a très bien réagi en ne se moquant pas et en posant quelques questions — auxquelles elles n'ont pas répondu, puisque, quand il a demandé : « Est-ce que la gardienne était présente? », elles ne savaient même pas répondre. Je crois que c'était un fantasme.

Justement, une question sur ces fameux fantasmes. C'est un mot qui est à la mode. Que sont-ils? Des inventions d'enfants?

Ce sont des fabulations qui correspondent à ces imaginations sexuelles que les enfants ont très souvent, à une étape de leur développement, étape au cours de laquelle ils ont envie de la séduction d'un adulte. Ces désirs entraînent des images qui sont de l'ordre de ce qu'ont raconté les petites filles.

Est-ce une étape absolument obligatoire du développement d'un enfant? Parce que, souvent, les parents, quand ils surprennent un enfant en plein fantasme, disent : « Ce sont des mensonges. Il faut dire la vérité. » Ils assimilent souvent cela à un mensonge.

Ce n'est pas un mensonge, c'est du « pour de rire », pour le plaisir d'y croire, de rêver éveillé sans risque... du roman, quoi! Et il y a le « pour de vrai », comme disent les enfants. La plupart des fantasmes des enfants ne sont pas faits pour les parents. Là, les fillettes ont peut-être été piégées simplement pour parler à leur père. Elles étaient ce soir-là, des petites femmes à papa, puisque maman n'était pas là; elles se sont dit : « On va raconter à papa quelque chose de très intéressant, des fois qu'il aurait envie de faire comme ça avec nous. Ce serait formidable. » Pourquoi? Mais parce que le sexe dans la bouche, pour les enfants, ça a des résonances, des articulations imaginaires inconscientes, avec la tétée. Ce sont des choses assez proches, pour l'enfant, qui confond les seins et le pénis de l'homme. Ils sont d'ailleurs très souvent confondus, non seulement dans l'imagination des enfants, mais dans les rêves d'adultes. L'inconscient ne fait pas tant de différence. Pour ces enfants, il semble que cela n'ait même pas été érotique, à en juger par la façon dont elles l'ont raconté au père. Alors je crois qu'il est bien de ne pas faire un drame. C'est une histoire comme ça, oubliée aussitôt que dite. Une histoire enfantine de sexualité-fiction.

On a parlé de fantasmes, mais il y a aussi la réalité. Beaucoup de parents sont inquiets. Il y a les enfants qui suivent assez facilement n'importe qui. Mais il y a plus précis. Une question revient tout le temps : « Comment prévenir les fillettes contre les attaques éventuelles de pervers, de sadiques, de rôdeurs? » Beaucoup de familles vivent dans des périphéries, dans des lieux, disons, peu sûrs, et voudraient prévenir leurs enfants contre ça. Que faut-il faire? Faut-il être précis? Comment agir?

Il y a beaucoup d'hommes inoccupés qui souffrent du manque de relations. Et c'est beaucoup plus facile d'aborder un enfant. Il y a des gens de très bonne qualité qui parlent à des enfants. C'est pour cela qu'une mise en garde est très difficile. Ce que l'on peut dire aux enfants, c'est que les gens qu'on ne connaît pas, on ne peut pas faire amitié avec eux. Et ce qu'on a toujours dit : « N'accepte pas des bonbons de n'importe qui. » Mais la meilleure des choses est plutôt de recommander à une petite fille d'être toujours avec une amie; à un petit garçon — parce que les petits garçons risquent autant que les petites filles — d'être toujours à deux ou à trois et de s'accompagner; qu'ils ne circulent pas tout seuls dans la rue. Et que, si quelqu'un leur parle, ils ne soient pas mal polis avec ce quelqu'un, mais disent : « Je suis occupé. Je rentre. Je suis attendu à la maison. »

C'est ça l'important : un enfant qui ne sent pas qu'on l'attend à la maison, a tendance à parler avec quelqu'un qu'il rencontre et qui est gentil. Les parents doivent s'arranger pour qu'il y ait toujours quelqu'un, là où l'enfant va. C'est terrible, pour les enfants, de rentrer tout seuls chez eux et d'attendre une ou deux heures que leurs parents rentrent. C'est là qu'il est bon de se faire une amie dans l'immeuble, peut-être la concierge, d'avoir des relations agréables avec les gens et de pouvoir leur demander que l'enfant aille chez eux. C'est ainsi qu'on peut éviter les accidents. Ce n'est pas tellement en prévenant l'enfant, car un jour où il s'ennuie et sait qu'il va rentrer et s'ennuyer, il parlera à quelqu'un : cela se fait progressivement.

En plus, il faut prévenir les enfants de l'existence d'exhibitionnistes de passage en leur disant : « Quand c'est comme ça, tu n'as qu'à te sauver, ils savent qu'ils font quelque chose de défendu, mais ce ne sont pas des gens dangereux. » C'est vrai que les exhibitionnistes, contrairement à ce que les parents croient, ne sont pas dangereux. Il faut prévenir les enfants que ce sont des malheureux. L'enfant n'a qu'à ne pas les regarder, à s'en aller et puis c'est tout.

Ce qui est beaucoup plus dangereux, ce sont les pervers, qui sont bien organisés, qui disent « Bonjour, je connais ton papa, ta maman, etc. », qui reviennent huit jours, quinze jours de suite. Et, au bout de trois semaines — c'est le temps qu'il faut pour qu'un enfant soit en confiance —, on lui dit : « Tu rentres à la maison ? Tu es tout seul ? Eh bien, viens. Il fait froid. Je vais t'offrir un chocolat au café. » Et on se met à parler. Cela se passe comme ça. C'est quelque chose qui se prépare, et c'est là-dessus que les parents doivent veiller avant que ça n'arrive. Quand des parents ont la confiance de leur enfant, savent parler avec lui, l'écouter, le faire préciser ce qu'il exprime, ils peuvent très bien tout lui expliquer concernant ce genre de rencontres et lui dire comment s'en défendre — et cela sans dramatiser.

L'interdit et le mépris

(Inceste, homosexualité, masturbation)

Je vous propose de parler du problème de l'inceste. Je crois que c'est souvent dans les familles nombreuses que ce problème se pose.

Pas spécialement dans les familles nombreuses, mais plutôt dans les familles où il y a deux enfants, un garçon et une fille. Jusqu'à l'âge de cinq, six ans au plus, les enfants ont des jeux sexuels (frères entre eux, sœurs entre elles, frères et sœurs petits) qui sont tout à fait « normaux » et sains : ce sont des parties de rire. Dès qu'ils en sont témoins, il faut que les parents se gardent bien de gronder ou de punir mais abordent avec leurs enfants les questions sexuelles en employant les mots exacts : qu'ils disent que le sexe des filles est différent du sexe des garçons, qu'ils parlent clairement aux garçons et aux filles ensemble, et pas en secret, mais du ton le plus courant, de leur différence et pas en terme de « pipi » ou « zizi ». Qu'un enfant parle de « zizi » et de « quéquette », bon! Mais, quand c'est en érection, c'est bien « verge » ou « pénis », le vrai mot. Et, pour la fille, les vrais mots à employer sont « vulve », « vagin ». Il faut dire aux garçons qu'ils deviendront musclés, que leur voix muera, qu'ils auront barbe et moustaches comme leur père et qu'ils plairont aux filles. Dire aux filles qu'elles auront des poils au pubis et aux aisselles, que leurs seins se développeront, que toute une transformation se fera dans leur corps, et que vers douze, treize, quatorze ans, elles auront des règles. Tout cela les rendra très fières. Elles plairont aux garçons, c'est naturel. Si ces choses ne sont pas dites aux enfants à partir de six, sept ans, les jeux sexuels risquent de se prolonger et de devenir incestueux. Et, comme je l'ai déjà dit, en même temps qu'on doit parler des questions sexuelles, il faut nommer l'interdit de l'inceste entre frère et sœur, entre père et fille, entre fils et mère. Je suis frappée du nombre de jeunes enfants frères et sœurs qui ont entre eux, de nos jours, des relations sexuelles vraies, qui pratiquent entre eux, pas seulement la masturbation, mais le coït. Relations qui ont été, pour ainsi dire, « bénies » aveuglément par des parents. On dit, par exemple, à un grand frère : « Il faut absolument que tu prennes ta petite sœur dans ton lit, parce que, ce soir, nous allons au cinéma. Elle risquerait d'avoir peur si nous ne sommes pas là. » On croirait que les parents, pour se déculpabiliser, veulent que le frère et la sœur se consolent mutuellement de leur absence. Cela mène souvent à des situations dangereuses ou perverses qui entravent, plus ou moins mais toujours le développement symbolique des enfants, c'est-à-dire leurs acquisitions scolaires, leurs relations à la loi et leur adaptation à la société. On parle beaucoup de la nécessité de l'éducation sexuelle, même à l'école, mais jamais on ne l'accompagne de la notion d'interdit de l'inceste qui en est, en fait, l'essentiel. Même si l'enfant n'est pas en âge de comprendre, il faut lui dire cet interdit : « On ne peut pas se marier entre frère et sœur. Je ne peux pas t'expliquer pourquoi, mais c'est comme ça. »

Nous avons ici la lettre d'une mère éplorée, qui s'aperçoit que ses enfants (la fille de quatorze ans et le garçon de quinze ans) ont des relations sexuelles; cette lettre est navrante. Nous savons que les sentiments incestueux peuvent exister. Mais de là à de véritables rapports sexuels, il y a une marge. La mère ne peut pas, elle, ne rien faire devant cela.

Elle écrit qu'elle fait celle qui ne voit rien.

Je ne comprends pas pourquoi. Elle ne dit pas, d'autre part, s'il y a un père dans la famille. Mais ces enfants, qui sont des

« enfants terribles » sans le savoir, sont vraiment mal partis. Ils auront certainement des difficultés dans l'avenir : il est trop tard maintenant. Mais il ne faut pas faire semblant de ne rien voir et, au contraire, leur parler très clairement : « Je ne vous ai peut-être pas dit à temps qu'il était dangereux pour vous deux d'avoir des relations sexuelles. Vous n'êtes plus des enfants. Ne jouez plus à cela. » Mais c'est déjà aux enfants beaucoup plus jeunes que le père et la mère devraient parler ouvertement de l'interdit de l'inceste, dans la conversation générale, à table par exemple, et laisser chacun exprimer ses idées sur la question.

Il faut, encore une fois, ne pas avoir peur des mots.

L'interdit de l'inceste est, je le répète, l'essentiel de l'éducation sexuelle. Bien sûr, il est important que l'enfant connaisse la complémentarité des sexes pour la procréation; mais si on ne lui apprend pas en même temps cette loi fondamentale de la génération dans toute l'humanité, des êtres les plus « primitifs » aux plus civilisés, qu'est l'interdit de l'inceste, l'information et l'éducation sexuelles n'ont plus aucun sens.

Voici des jumeaux, un garçon et une fille de quatre ans. Ils sont très équilibrés et même un peu en avance pour leur âge. Les parents les séparent très souvent, pour les promenades par exemple, le père emmenant le garçon, la mère, la fille, ou le contraire. Le seul problème concerne le garçon. Il dit : « Quand je serai grand, je veux me marier avec ma sœur. » Et lorsque les parents lui expliquent que ce n'est pas possible, cela semble lui faire beaucoup de peine. Cette espèce de détournement du complexe d'Œdipe peut-il être dangereux pour l'avenir?

Non! Le problème des jumeaux n'est pas le même que celui des enfants qui sont seuls. Que cet enfant dise à quatre ans : « Je me marierai avec ma sœur », le coup est vache, certes, mais régulier. Et il est vache mais régulier aussi que les parents répliquent : « Tu peux le dire pour de rire. Mais pour de vrai, ce n'est pas possible. » Et puis la mère ne parle même pas de ce qu'en pense la sœur. Parce qu'elle a peut-être jeté son dévolu sur papa, elle, et pas du tout sur son frère. Et peut-être qu'au fond d'elle-même, quand il dit ça, elle pense : « Oui, oui, tu peux toujours parler. Moi, c'est avec papa que je me marierai. » Ils ont quatre ans. C'est l'âge où l'enfant fabule son mariage avec qui lui plait; et qui lui plait, d'abord ce sont les parents et les familiers. Il s'agit de fantasmes construits sur la tendresse et l'idée précoce de couple préférentiel. Le mot « aimer » a tellement de sens!

Cela semble quand même faire de la peine au garçon pour de vrai.

Bien sûr, comme à tout enfant de quatre ans auquel on dit : « Tu ne pourras pas te marier avec ta sœur (qu'elle soit jumelle ou non) ou avec ta mère, ou avec ta tante. » Parce que c'est la même chose.

Donc, il faut répondre. Expliquer par exemple : « Mais oui, tu dis ça parce que tu es petit. Mais tu verras, quand tu seras grand, il y aura beaucoup d'autres filles qui te plairont. Et ce sera bien plus drôle de te marier avec une autre fille et que ta sœur se marie avec un autre garçon car, comme ça, vous aurez beaucoup plus d'enfants à aimer. Ses enfants, les tiens... Elle, elle en aura avec un autre homme, toi, tu en auras avec une autre femme. Tous vos enfants seront cousins et ce sera amusant, formidable, une grande famille. » Je crois qu'il faut lancer, comme ça, des fantasmes d'avenir pour les enfants; car il est vrai que si le frère se mariait avec la sœur, il y aurait peu de société. C'est une vérité qu'on peut dire : les mariages entre personnes d'une même famille n'impliquent pas beaucoup de relations sociales.

Cela dit, je ne comprends pas très bien la référence au complexe d'Œdipe. Est-ce que cette fixation du garçon peut être dangereuse pour lui?

Mais non! A quatre ans, il s'agit encore de vagues fantasmes. Les jumeaux ont à faire un complexe d'Œdipe différent des enfants seuls. Lui, de vouloir se marier avec sa sœur, ça lui fait économiser de dire comme un autre enfant : « Je me marierai avec maman », mais c'est exactement la même chose. Ce n'est pas encore une « fixation » qui l'arrête.

Ce qu'il y a de particulier à savoir pour les jumeaux, c'est que, ayant été ensemble depuis toujours, ils ne peuvent pas envisager d'avenir l'un sans l'autre. Mais ça changera avec l'école, avec la vie courante, avec les amis qu'ils se feront. C'est en cela que les parents peuvent aider leurs enfants : en leur faisant rencontrer d'autres enfants, éventuellement d'autres jumeaux, s'ils en connaissent. Ils verront alors que tous les enfants jumeaux ont les mêmes problèmes.

C'est difficile, pour des parents d'enfants jumeaux, de se projeter, je veux dire de penser comme pensent ceux-ci, pour s'identifier à eux; parce qu'eux ne pensent pas, à quatre ans, comme peuvent avoir pensé, à cet âge, une mère et un père sans jumeau.

La mère dit, d'autre part, qu'ils prennent les enfants séparément pour les promener...

...et que ceux-ci ne semblent pas en souffrir.

Ce n'est pas étonnant puisque, quand l'enfant dit : « Je me marierai avec ma sœur », sa sœur est une sorte de « sous-produit » de maman. Et même plus : elle représente papa et maman pour lui, comme maman représente papa-maman. A quatre ans, la maman n'est pas très distincte du père; c'est une partie de papa-maman; et papa est une partie de maman-papa. Alors, qu'on ne se mette pas martel en tête, déjà, à cause de l'Œdipe. L'Œdipe est une structure d'inconscient, qui se résout chez tous les enfants; chez les jumeaux, un peu différemment de chez les autres, certes. Ils trouveront bien leur chemin en menant une vie équilibrée et en ayant une vie de société autour d'eux.

J'ai là une lettre d'une mère qui pose un problème sérieux sur lequel on dit beaucoup de bêtises. « *J'ai un garçon de sept ans et demi, qui est bon, qui est très joli, qui a un beau teint de pêche, qui n'aime jouer qu'avec les filles et faire du canevas, de la couture. Quand, à la télévision, il voit un ballet, il ne peut pas s'empêcher de se mettre à danser. Son père entre dans des fureurs épouvantables en voyant son fils avoir ce comportement, le traite de " pédé ", l'insulte.* » *La mère dit qu'elle n'est pas d'accord avec cette violente réaction du père. Jusqu'à présent, elle pensait que l'homosexualité était surtout un vice, mais, écrit-elle,* « *j'ai lu quelque part que, peut-être, une anomalie physiologique pouvait entraîner l'homosexualité. Est-ce que le physique de mon fils est un signe d'alarme? Que dire? Que faire?* »

Eh bien, d'abord, elle a tout à fait tort. Il n'y a rien de physiologique dans l'homosexualité. C'est une structure psychologique. Et cette structure psychologique, certains enfants y sont conduits dès qu'ils sont petits par une attitude hostile de leur père à leur féminité chez les garçons — comme à la masculinité chez les filles. Féminité d'apparence d'ailleurs, car ce garçon peut être très viril en étant gracieux, blond, séducteur, joli, aimant l'esthétique et la danse et se trouvant beau dans la glace, s'il l'est vraiment. Ça, c'est le narcissisme. Mais pourquoi le père est-il si agressif contre son fils? Pourquoi ne l'aime-t-il pas quel qu'il soit, en l'aidant à devenir autrement? Ce n'est pas en le rejetant qu'il va l'aider, mais en lui disant, pour compenser cette beauté apparente par l'estime qu'il a pour lui : « Il n'y a pas que cette apparence. Tu es déjà très beau. Je te trouve adorable. Il faut que tu deviennes viril. J'aimerais, moi... » Il me semble que ce père est trop « émouvable » par son fils — si je puis dire (je ne sais pas si le mot est français). Cet enfant montre déjà des goûts esthétiques et peut-être une vocation de danseur, une sensibilité qui lui permet de jouer avec les filles... Après tout, il n'a pas de sœur. Alors, pourquoi ne pas jouer avec des filles? La mère dit, d'ailleurs, qu'il est toujours le mari, qu'il veut jouer au père et au mari quand il joue avec des filles. Je ne sais pas du tout. Je ne peux pas lui dire si cet enfant est déjà engagé dans une structure vraie, qui fera de lui un homosexuel, car ne l'est pas qui veut.

C'est très difficile de l'être. Il y a des garçons qui ont envie d'être homosexuels pour pouvoir avoir de l'argent de quelqu'un qui voudrait d'eux comme amant; mais eux, ils ne sont pas du tout homosexuels. Si tous les humains dans leur enfance, et surtout à l'adolescence, ont des tendances homosexuelles, parfois même des désirs passagers, n'est pas vraiment homosexuel qui veut. L'homosexualité, c'est une structure psychique et inconsciente: ce n'est pas du tout volontaire; le désir véritable et le plaisir ne se commandent pas. Si un homme ou une femme est homosexuel vrai, c'est qu'il ne lui est pas possible de faire autrement. Il y en a beaucoup d'ailleurs qui essaient de se « soigner » — c'est soignable dans certains cas par la psychanalyse, pour ceux qui en souffrent. Mais pourquoi en souffrir, après tout? Nous ne savons pas tout de l'homosexualité.

De toute façon, ce n'est jamais en méprisant un enfant qui semble devenir homosexuel ou se développer vers cette tendance qu'on l'aide; c'est au contraire en lui expliquant ce que c'est, et en lui disant qu'un homosexuel est malheureux parce qu'il ne peut pas avoir de descendance du fait que son désir sexuel n'est pas orienté vers l'autre sexe; c'est en parlant clairement de ces problèmes, mais aussi en développant, chez l'enfant, toutes les qualités qu'il semble avoir.

En ce qui concerne ce garçon, il faut le faire travailler sérieusement la danse, par exemple, et non pas le laisser jouer devant l'écran. A sept, huit ans, il faut socialiser les dons et les qualités naturelles d'un enfant, qu'elles paraissent féminines ou masculines; la sublimation, c'est-à-dire l'utilisation de façon culturelle et artistique de ses dons et qualités dans la société, c'est ce qui peut le mieux valoriser et peut-être viriliser cet enfant; qu'il devienne danseur — puisqu'il aime ça. La danse est un exercice extrêmement dur et virilisant pour ceux qui sont virils, et qui n'homosexualise jamais aucun garçon. Les danseurs ne sont pas des homosexuels plus que les autres. Ce sont des artistes. C'est autre chose. Ce sont très souvent des chastes, d'ailleurs. Ils peuvent paraître homosexuels parce qu'ils restent entre eux. Mais d'autres artistes aussi. Les mathématiciens restent bien entre mathématiciens, etc. La danse est un art qui prend toute la vie d'un sujet.

Maintenant ce père, qu'il comprenne qu'il faut qu'il aide son fils au lieu de le rejeter, parce que c'est alors qu'il le lancera dans une attitude narcissique de repli sur lui-même et sur des tendances qui ne sont pas, pour l'instant, très orientées.

Si je vous comprends bien, vous répondez à la mère qui vous dit son angoisse que c'est surtout au père de régler l'affaire...

Oui.

...et ça semble très difficile, parce que le père entre dans des fureurs noires. La mère précise que, lorsque son mari voit quelqu'un d'efféminé dans la rue, il a envie de lui casser la figure.

C'est très curieux que les homosexuels lui donnent envie d'aller en corps à corps avec eux. Je crois que cette mère pourrait parler à son mari — puisqu'elle dit que leur couple est excellent, qu'ils s'entendent, qu'ils s'aiment — et lui dire que l'homosexualité n'est pas une maladie, mais une structure qui se développe chez des enfants pour qui la sécurité et la confiance en leur père a fait défaut. L'angoisse de la mort prend chez eux un caractère plus aigu justement, parce que les homosexuels vont vers une vie sans descendance, ce qui demande énormément de sublimations pour éviter le malheur. Peut-être cet homme comprendra-t-il qu'il fait fausse route pour élever son fils et qu'il devrait parler sérieusement à un psychanalyste de ses propres difficultés à admettre, chez son fils, ces attitudes qu'il prend pour déjà « pédérastiques ». (D'ailleurs, il faudrait préciser qu'être « pédé », ce n'est pas être homosexuel. Il y a des homosexuels et il y a des pédérastes.) Ou que cette mère aille voir un psychanalyste, elle, pour comprendre un peu mieux son mari.

Mais l'enfant va être en difficulté, si ça continue. Je ne peux absolument rien dire d'autre pour l'instant, si ce n'est qu'actuellement on n'éduque pas cet enfant à développer ses qualités et, en particulier, à travailler les dons qu'il a, pour son plaisir et celui des autres, et peut-être pour son bonheur, celui de trouver sa voie et de donner un sens à sa vie.

Une autre question. C'est une lettre d'enseignante. Son mari est artiste. Ils ont deux enfants : un garçon de dix ans et demi et une fille de six ans. La fille ne lui pose pas de problèmes apparemment — elle n'en parle pas dans sa lettre —, mais elle est inquiète pour son aîné. Depuis deux mois, soit il a des difficultés pour s'endormir le soir, soit il se réveille la nuit et n'arrive pas à se rendormir. Et il a un peu peur de ses insomnies. Elle a vu un médecin qui a prescrit des somnifères très efficaces, que l'enfant, maintenant, réclame. Elle explique, par ailleurs, qu'il est très épanoui à l'école, a d'excellents résultats scolaires, mais ne pratique pas de sports. Pour que le tableau soit complet, elle précise que son mari a fait une brutale dépression nerveuse récemment et qu'il a maintenant retrouvé son état normal. « Moi-même, écrit-elle, j'ai été très éprouvée, mais cela n'a pas été très visible. » Elle a quand même engagé une psychothérapie pour essayer de surmonter tout ça. Elle vous demande si l'enfant peut déjà être préoccupé par son corps et par les problèmes sexuels, alors qu'extérieurement, disons physiquement, c'est encore un petit garçon. Elle s'inquiète également de la dépendance aux médicaments.

Il y a beaucoup de questions dans cette lettre. Évidemment, il est dommage qu'il y a deux mois, quand les insomnies ont commencé, le médecin ait tout de suite donné des somnifères, sans chercher ce qui se passait dans la vie imaginaire de l'enfant et ce qu'étaient ces cauchemars qu'il fuyait. Car un enfant qui a des insomnies, alors qu'il n'en avait pas quand il était jeune, fuit un cauchemar. Ce sont peut-être des cauchemars à retardement, des cauchemars d'enfant de sept, huit ans. Le père a fait une dépression et la mère a eu des problèmes psychologiques; l'enfant a alors senti chez ses parents une dévitalisation; et qui dit dévitalisation dit, chez l'enfant, un certain trouble dans l'équilibre de la vie inconsciente, et peut-être même une insécurité familiale consciente. Peut-être des cauchemars de mort des parents, qu'il a pu faire de six à sept ans, se sont-ils réveillés à cette occasion. Moi, je suis désolée quand les pédiatres donnent des remèdes dès qu'un enfant ne dort pas, alors qu'on peut faire du concentré de tilleul bien sucré (c'est déjà pas mal); ou laisser une pomme à portée de l'enfant qui se réveille la nuit; ou mettre du papier, des crayons, des dessins et lui dire : « Si tu te réveilles, écris tout ce que tu penses à ce moment-là. » Très souvent, les cauchemars disparaissent ainsi. Ici, l'enfant semble déjà un peu drogué, à ce que dit la mère; voilà qu'il réclame ses médicaments. Or ce ne sont pas du tout de petits médicaments, d'après sa lettre, mais presque des médicaments pour adultes.

Il est surtout content que ça le fasse dormir, puisqu'il avait peur des insomnies.

Je crois qu'il fait, par contrecoup de celle de son père, une petite dépression.

La mère vous parle également de problèmes sexuels. Elle vous demande si...

Mais bien sûr! Ce n'est pas parce qu'il n'est pas pubère qu'il n'a pas de problèmes, pas d'intérêt pour son corps, et qu'il ne se masturbe pas, cet enfant. C'est tout à fait normal. Mais peut-être croit-il que c'est mal. Peut-être a-t-il entendu dire à un autre enfant, pas forcément à lui : « Si tu continues, on va te la couper », puisque c'est toujours la mode de dire ce genre de choses. Il est très important que le père parle de la masturbation avec lui, d'autant qu'il est le seul garçon, qu'il n'a pas d'aîné, et que se masturber est un moyen de lutter contre un état dépressif. La masturbation est importante entre quatre et sept ans. Vers sept ans, ça se calme et ça recommence vers douze, treize ans. Mais je crois qu'étant donné ce qui s'est passé dans la famille, le garçon a dû redécouvrir, pour se revitaliser, une masturbation plus ancienne. Ce n'est pas du tout la masturbation de la puberté. C'est une masturbation accompagnée d'imaginations d'enfant. Peut-être cet enfant aurait-il intérêt à voir un psychothérapeute.

Je pense à une phrase que vous avez prononcée, voici quelques instants, disant que cet enfant avait peut-être entendu quelqu'un dire : « Si tu continues, on va te la couper. » Je crois qu'il y a, à ce propos, un témoignage à évoquer. Un correspondant vous y explique ce qui est arrivé à son garçon. Celui-ci, quand il avait deux ans, était en maternelle avec sa sœur qui avait un an de plus que lui. Après quelques semaines de maternelle, le garçon s'est mis à souffrir d'énurésie — il faisait pipi au lit régulièrement. Pourquoi? Ils ont tout fait, tout essayé : ils ont mis un verre d'eau à côté de lui, comme vous le conseillez souvent; ils ont vu un psychologue. Et, pendant six ans, ils ont cherché et n'ont pas trouvé. Et puis, un soir, en discutant d'éducation scolaire avec un de ses amis, la mère a rappelé une phrase que sa fille avait rapportée au début de cette fameuse année scolaire, à la maternelle. La religieuse qui s'occupait d'eux avait dit aux enfants : « Si je vois un petit jouer avec son zizi, je lui coupe. Ce ne sont pas des manières. Ce n'est pas convenable. » « Nous, remarque le père, nous avions alors consolé la petite en lui disant que, de toute façon, elle n'avait pas de zizi et que, par conséquent, elle n'avait rien à craindre de ce côté-là. Mais nous avions oublié que le garçon avait, lui aussi, entendu cette phrase. Et, sans doute que le matin, quand il avait envie d'aller uriner, il y repensait et, finalement, faisait pipi au lit. Dès le lendemain de cette conversation, les parents ont mis les choses au point avec le garçon. « Tout a été fini le jour même. Six ans de tracas pour nous, mais six ans de repli pour lui, six ans de manque d'ouverture. Une véritable catastrophe! C'est si invraisemblable qu'il m'a semblé bon de faire savoir que cela pouvait exister. »

Mais bien sûr! Il existe encore, malheureusement beaucoup de parents qui menacent le garçon de lui couper le zizi; ou menacent de maladies graves et d'idiotie, les filles et les garçons, si ils ou elles se masturbent; ou encore, on les menace de ne plus les aimer. On veut les mettre au désespoir. Je crois que cette lettre répond clairement à ce que je disais tout à l'heure. Il faut que les parents déculpabilisent absolument le toucher-la-verge des garçons et le toucher-le-sexe des filles, en disant que ça ne se fait pas devant tout le monde, par simple pudeur, mais que ça n'a pas d'importance, que ça ne regarde personne et que ce n'est puni de rien du tout.

Roméo et Juliette avaient quinze ans

(Adolescents)

Voici une mère éprouvée à cause de sa fille de quinze ans. Elle a d'autres enfants : un garçon de seize ans, et deux filles de dix et deux ans. Cette femme vient, donc, de découvrir que sa fille de quinze ans a un flirt avec un garçon de dix-huit ans, et ils s'en soucient beaucoup, elle et son mari. Elle précise qu'elle a fait l'éducation sexuelle de sa fille sans problèmes — sans donner d'ailleurs d'autres détails à ce propos. Son émoi souligne, je crois, la réaction très vive qui peut exister, à l'intérieur de certaines familles, devant une évolution qui nous est, à nous, en somme familière. Cette femme est paniquée, s'inquiète énormément.

Elle est paniquée devant la chose la plus normale qui soit. Et même la plus saine, à voir la façon dont la jeune fille réagit jusqu'à présent.

La mère écrit : « J'ai été prise de panique. J'ai dû réfléchir plusieurs jours quant à la conduite à tenir avant d'en parler à mon mari » — *après, donc, avoir découvert que sa fille recevait des lettres de ce garçon de dix-huit ans qui est en ce moment au service militaire. « Elle est trop jeune, poursuit-elle. Cette situation ne peut que lui apporter des désagréments. Ses notes ne sont déjà pas très brillantes en classe. C'est ce que j'ai répondu à ma fille qui me disait que, dans certaines familles, on pouvait parler beaucoup plus facilement et sans crainte de ces problèmes-là. Elle me trouve vieux jeu. Je ne sais plus où j'en suis. »* Elle parle de notre époque de dépravation et vous demande si c'est vraiment normal, le flirt, à quinze ans.

Mais oui. Enfin, dans *Roméo et Juliette,* Juliette avait bien quinze ans! C'est vrai que pour ces deux-là, ça n'a pas bien tourné... mais pour d'autres raisons. Cette femme a aussi un fils de seize ans : je suis étonnée qu'elle n'en parle pas, car j'espère qu'il a, lui, sa Juliette. C'est tout à fait normal. A quinze ans, que cette jeune fille ait un flirt de dix-huit ans, c'est dans l'ordre des choses. Je vois que la mère écrit : « Je ne peux tout de même pas l'attacher à la maison pour qu'elle ne sorte pas le dimanche. » Et, en lisant cette lettre, on se demande, en effet : « Pourquoi ne l'attacherait-elle pas? », tellement elle semble affolée.

« Si seulement j'étais sûre, continue-t-elle, que ce flirt reste sans gravité. »

Mais que veut-elle dire par « gravité »? Il est très possible que cette jeune fille soit en amour avec ce garçon et que ce soit quelque chose de sérieux, qui puisse avoir de l'avenir. Après tout, pourquoi pas? Personne ne sait à quel âge se décide le destin d'un couple. Il y a des jeunes qui se connaissent depuis l'âge de quinze ans, qui sont amoureux l'un de l'autre et qui se marient le jour où le garçon a une situation, alors que la fille est encore jeune. Ce n'est pas si rare. Moi, j'ai eu une grand-mère qui s'était mariée à quinze ans, une arrière-grand-mère à quinze ans et demi. Je trouve ça très normal, d'aimer à quinze ans, et peut-être pour la vie. On n'en sait rien. Mais il est évident que la mère est mal partie si elle croit que c'est mal. Quel mal y a-t-il à aimer?

Je crois que, quand elle écrit : « Si j'étais sûre que ce soit sans gravité », on peut traduire par : « Si j'étais sûre que ma fille ne fasse pas l'amour avec ce garçon » — je veux dire physiquement —

parce qu'elle ajoute : « Vous comprenez, j'ai appris par ma fille, qui n'a pas beaucoup de secrets pour moi, que plusieurs filles de seize ans dans sa classe prennent la pilule. » Et elle a peur, si vous voulez...

Oui, elle est un peu perdue devant une génération qui est, peut-être, beaucoup plus sage que ne l'étaient nos générations. Les jeunes apprennent à se connaître tôt et, en effet, puisque la science le permet, sans risquer, à l'occasion de premiers contacts sexuels, d'avoir un enfant qui n'aurait pas été désiré et qu'ils sauraient mal élever parce qu'ils ne seraient pas encore mûrs, la fille en tant que mère, le garçon en tant que père.

Mais enfin, même ça, avoir un enfant, ce n'est peut-être pas « grave » : une descendance chez une fille jeune, pourquoi pas, si le garçon est très bien et si la famille de ce garçon est d'accord ? On n'en sait rien. De toute façon, on n'en est pas là : ce sont deux jeunes gens qui s'écrivent et qui s'aiment. Puisque la fille invitait toujours ses copains et ses copines avant, je ne vois pas pourquoi, maintenant, on changerait, sous prétexte que, cette fois-ci, il y a de l'amour. Je crois même que c'est un peu plus sérieux. Sérieux ne veut pas dire grave. Sérieux veut dire valable.

Elle a l'air d'avoir peur, si vous voulez, à la fois que sa fille ait un enfant et qu'elle prenne la pilule.

On dirait surtout qu'elle ne peut pas la préparer à ses responsabilités de femme. Pourtant, femme, elle le devient. Il le faut. D'abord, cette jeune fille a dit : « Mais non, je suis sérieuse », ce qui veut dire : « Je ne veux pas prendre des risques trop tôt. » Puis, il est possible aussi qu'elle aime un garçon valable qui, de son côté, est (ou se croit) épris sérieusement d'elle. Alors, pourquoi ne pas l'inviter ? au lieu de chercher à les empêcher de se rencontrer. Très souvent, c'est justement quand on invite à la maison un garçon dont une fille est éprise, que les deux jeunes se rendent compte du genre d'éducation que chacun d'entre eux a.

Et ceci peut avoir un très bon effet sur leurs relations et leur intimité — si, vraiment, le garçon se plaît dans la famille de la jeune fille, et si celle-ci est invitée aussi par la famille du jeune homme. C'est là, entre autres, qu'on mesure s'il peut y avoir un amour d'avenir. Nous n'en savons rien. Mais enfin, dix-huit ans, c'est la majorité. Pourquoi pas.

Encore une chose : la jeune fille a quinze ans, pourquoi a-t-elle de mauvaises notes? Peut-être est-elle pressée de vivre — vivre sérieusement, c'est-à-dire prendre ses responsabilités dans l'existence. Peut-être pourrait-elle changer d'orientation — si elle est partie pour de longues études et qu'elle projette, déjà, de lier sa vie à celle d'un jeune homme — et commencer à préparer un métier, pour s'y engager dans deux, trois ans. Je ne sais pas : il faudrait parler à cette jeune fille pour savoir; mais je ne vois rien de terrible dans tout cela.

Si cette mère est très inquiète, pourquoi ne va-t-elle pas consulter le centre médico-pédagogique de sa ville, où elle pourrait parler, seule d'abord, avec quelqu'un, pour se faire aider? Quelque chose m'étonne dans sa lettre, c'est que la jeune fille laisse son journal sur sa table et les lettres du jeune homme dans son tiroir. Ce qui veut dire qu'elle ne veut pas se cacher de sa mère. Si ça doit mettre la mère dans cet état, peut-être vaudrait-il mieux qu'elle se cache. Je n'en sais rien.

Le père, en plus, dit à sa femme qu'elle se fait complice de la jeune fille.

Je ne sais pas ce qu'il veut dire par « complice ». Complice en quoi? En le sachant? C'est à lui de parler à sa fille. C'est sérieux, d'aimer. Cet homme a certainement aimé des jeunes filles, lui aussi, quand il avait dix-huit ans... En fait, ces parents croyaient avoir une enfant; tout d'un coup, ils s'aperçoivent qu'ils ont une jeune fille au foyer et semblent affolés; moi, je ne trouve rien de mal, vraiment, dans tout ça. Je trouve même ça assez sain — et joli.

Voici une lettre un peu semblable à la précédente. C'est une famille méridionale de quatre enfants : un garçon de vingt ans, une fille de dix-sept ans et demi et deux autres garçons de douze et dix ans. La mère écrit au sujet de sa fille de dix-sept ans et demi : « C'est presque une confession que je vous fais. Je n'ai pas eu de parents et ai toujours voulu être très proche de mes enfants. J'avais réussi à convaincre ma fille qu'il serait mieux, à cause du manque de maturité, qu'elle n'ait pas de rapports sexuels avant dix-huit ans. » Elle lui avait d'ailleurs proposé d'attendre jusqu'à cet âge-là et d'aller voir un gynécologue pour régler ensemble ce problème. Or, elle vient d'apprendre que sa fille prenait la pilule en cachette. Elle a peur que ça la rende « malade » — ce sont ses propres termes. Comment lui en parler? Comment dire à sa fille : « Je sais que tu prends la pilule » parce que tout ça ne s'est pas vraiment dit, dans cette famille. La mère se sent, si vous voulez, un peu bernée; elle se refuse « à faciliter la confession de sa fille ». Le père, lui, n'est pas au courant. Comment faire?

Il y a beaucoup de confessions là-dedans, comme s'il y avait de la culpabilité. Je crois que ça vient de ce que cette femme n'a pas eu de mère et qu'elle a rêvé d'être une mère imaginaire. Qu'elle se rassure! Il n'y a ni aveux ni confessions à faire. Elle a été une très bonne mère. La preuve, c'est que cette jeune fille se sent adulte, et cela plus tôt que sa mère ne le croyait. D'ailleurs, dix-sept ans et demi... La mère pensait qu'à dix-huit ans, il n'y aurait pas de danger à prendre la pilule; pourquoi y en aurait-il à dix-sept ans et demi, ou à seize ans, ou même à quinze ans et demi? A partir du moment où une jeune fille prend elle-même ses responsabilités sans se sentir coupable, cela prouve qu'elle a eu, je le redis, une très bonne mère. Si elle avait un désir de relations sexuelles, elle a été très avisée de ne pas risquer d'avoir un enfant avant de le souhaiter, elle, en même temps qu'un garçon avec qui, véritablement, les relations de cœur et de corps seraient équilibrées au point de pouvoir dire : « Maintenant, nous annonçons aux parents que nous allons avoir un bébé. »

Tout ça ne regarde absolument pas le père de cette jeune fille qui est quasiment adulte. On a décidé que la majorité était à dix-huit ans, mais, pour beaucoup d'enfants, la majorité morale est à seize ans. Cette fille a acquis sa majorité en faisant ce qu'elle a fait.

Maintenant, si sa mère veut lui en parler d'une façon tout à fait simple, en disant : « Je sais que tu l'as fait. Pour moi, ça m'a étonnée parce que je n'ai pas eu de mère, etc. Mais tu as bien fait », ce sera très bien, et la fille sera tout à fait en confiance avec sa mère.

Cela dit, cette lettre particulière aborde un problème général que beaucoup de parents qui ont des filles entre seize et dix-huit ans se posent : celui de la pilule. Que pouvez-vous dire sur ce sujet?

Cette dame a dit à sa fille : « Temporise! Tu n'es pas encore mûre à quatorze ou à quinze ans » et elle a eu raison de dire cela. Une mère peut le dire à sa fille : si celle-ci l'entend, c'est, qu'en effet, elle n'est pas encore mûre; si elle n'en fait qu'à sa tête, c'est peut-être qu'elle est écervelée, mais c'est peut-être aussi qu'elle est mûre; on n'en sait rien. En tout cas, il est prudent que, dès l'âge des règles, la mère emmène sa fille chez une ou un gynécologue en lui disant : « Je vous confie ma fille. Si elle vient vous voir un jour sans moi, sachez que j'ai toute confiance en vous »; et qu'elle dise à sa fille : « Si tu as besoin de voir un gynécologue, il n'est pas nécessaire de me le dire. C'est ton affaire de jeune fille. » C'est comme cela qu'une mère peut aider sa fille. Celle-ci, d'ailleurs, sera peut-être très étonnée : « Mais, maman, tu n'y penses pas! Moi? » Et la mère répondra : « Bien sûr! Je prends les devants, parce que nous ne savons pas quand ça arrivera;

quand tu te poseras un problème sur ta vie génitale, eh bien, sache que les médecins sont là pour ça. Simplement, j'aime mieux avoir choisi et connaître la personne que tu iras voir. » Parce qu'on peut avoir plus confiance dans un médecin que dans un autre. Si c'est le médecin de famille qu'elle choisit — on n'est pas forcé d'aller voir un spécialiste, quand il n'y a pas de problèmes spéciaux —, la mère peut, quand sa fille a quatorze ans, lui dire devant elle : « A partir de maintenant, ma fille est assez grande pour venir seule et je vous fais toute confiance pour voir avec elle quand il y aura des problèmes de vie féminine. Je préfère que ce soit vous qui lui en parliez. » Cela non pour faire des secrets, mais pour que cette petite atteigne à sa propre autonomie, dans sa vie sexuelle, sans que la mère ait à penser qu'elle lui fait des cachotteries. C'est prévu d'avance, le jour où ça arrivera. Comme ça, elle a vraiment rempli son rôle de mère. Ce qui n'empêche pas celles qui sont libres d'en parler avec leur fille, de continuer à le faire. Pourquoi pas? Mais c'est au gynécologue, dès l'âge de la nubilité, c'est-à-dire des règles, que mère et fille doivent faire confiance. Il est lié par le secret professionnel. Mais il peut mieux aider une jeune cliente lorsqu'il connaît déjà la mère.

Donc, je retiens de ce que vous avez dit, une fois encore, qu'il faut parler — ne pas avoir peur des mots et de la vérité — toujours.

Oui, et mettre en sécurité ses enfants pour ce qui touche à l'autonomie qu'ils ont à conquérir, dans tous les domaines. Mais aussi les mères qui se font de la maternité une vision imaginaire doivent savoir qu'un beau jour cette bulle de savon crèvera. Parce qu'une mère, dans la réalité, c'est celle dont l'enfant a besoin, et non pas toujours celle que la mère croit être.

Lettres du mercredi

(Adolescents)

Une jeune fille de quinze ans et demi vous écrit qu'elle a du mal à trouver le sommeil. Cela remonte très loin car, d'après ce que ses parents lui ont dit, elle n'avait déjà pas besoin de beaucoup de sommeil étant bébé, ou plutôt, elle avait besoin de dormir moins longtemps que les moyennes indiquées par les manuels.

C'est vrai qu'il y a des gens ainsi disposés et qui le restent toute leur vie.

En grandissant, à l'âge scolaire, elle a eu des difficultés à s'endormir, sans que cela la gêne beaucoup : « Je m'endormais, écrit-elle, vers dix heures, dix heures et demie le soir, et je me levais à sept heures. Mais, depuis un an, il est fréquent que je ne trouve le sommeil que vers onze heures et demie, minuit. Je me couche pourtant à neuf heures et demie. Je me sens fatiguée le matin. Ces fatigues s'accumulent et cela m'inquiète. » Elle demande si vous pouvez lui donner quelques indications sur la façon de venir à bout de ce problème. Elle précise qu'elle n'a pas de gros soucis, mais qu'elle se sent crispée, souvent, pour des choses de peu d'importance. Sa mère lui a demandé d'ajouter qu'elle-même est très anxieuse de tempérament, et craint d'être responsable de la tension de sa fille.

Cet ajout de la mère est important, en effet, parce qu'il est très fréquent que l'angoisse d'une personne avec laquelle on vit déteigne sur les autres, surtout sur les enfants. Si cette femme souffre de son anxiété, elle pourrait aller voir une psychothérapeute qui l'aiderait. Quant à la jeune fille, il me semble, à lire ce qu'elle écrit de son sommeil, qu'il est suffisant. La seule chose ennuyeuse c'est qu'elle se sente fatiguée et qu'elle dormirait sans doute davantage — si elle pouvait — le matin. Je ne sais que lui dire.

D'abord, elle se déclare crispée dans la journée : or l'une des réactions à la crispation est qu'on retient sa respiration; et plus on la retient, plus on aggrave la crispation; donc, quand elle se sent crispée, qu'elle pense à inspirer largement, et à chasser l'air de ses poumons jusqu'au bout, plusieurs fois, les yeux fermés, en essayant de se relaxer. Je crois que sa crispation disparaîtra ainsi.

En ce qui concerne le sommeil, je lui conseille de lire un livre de Jeannette Bouton, *Bons et Mauvais Dormeurs,* qui est très bien fait, et qui lui permettra de mieux se comprendre, de se détendre, de trouver le sommeil — ou plutôt d'avoir une meilleure qualité de sommeil.

On peut peut-être revenir sur cette notion de qualité du sommeil; parce qu'en somme, on se sent ou non reposé, parfois après avoir dormi le même nombre d'heures...

C'est ça! On se sent fatigué quand on a l'impression de ne pas avoir dormi assez profondément pour être arrivé à une détente complète, à un zéro total de vigilance. C'est quand on a atteint ce stade, qui s'accompagne aussi du souvenir d'avoir rêvé que, le matin, on se sent frais et dispos.

Mais y a-t-il un « truc » qui permette d'améliorer la qualité du sommeil?

Sûrement! D'abord, il faut que les personnes sensibles au bruit s'isolent pour dormir : il est possible que la rue sur laquelle la fenêtre de cette jeune fille donne soit bruyante. Il se peut aussi que sa chambre ne soit pas tout à fait fermée à la lumière du jour : or il y a des gens qui sont sensibles au jour à travers leurs paupières. Il se peut encore qu'elle ne fasse pas le vide en elle, le soir, en s'endormant, et qu'elle ne se livre pas, en toute confiance, à un rythme profond de respiration. Enfin, il peut y avoir beaucoup de petites choses comme ça. Mais ce n'est sûrement pas en s'obsédant et en se répétant : « Je ne vais pas dormir! Je ne vais pas dormir! » qu'elle dormira mieux. Ce qu'il faut surtout éviter, c'est de prendre des somnifères.

Une autre jeune fille de dix-huit ans et demi est en classe de terminale : « J'ai un problème, écrit-elle, qui est classique et que l'on retrouve chez beaucoup de jeunes : je me ronge les ongles, depuis l'âge de cinq, six ans. » Elle ne connaît pas l'origine de ce qu'elle analyse comme une agressivité envers elle-même et cherche en vain à s'expliquer pourquoi elle se ronge ainsi les ongles. Elle écrit, par ailleurs, qu'elle est la dernière d'une famille de dix enfants, où il y a six filles et quatre garçons; qu'elle est en très bonnes relations avec ses parents; qu'elle est entièrement satisfaite de l'éducation que ceux-ci lui ont donnée; il n'y a, précise-t-elle, jamais eu ni autoritarisme ni laissez-faire abusif dans sa famille, et elle-même s'en trouve très bien. Elle poursuit : « Depuis quatre ans environ — je ne sais pas si cela est dû à la mort de mon frère, qui avait vingt et un ans —, je me ronge de plus en plus les ongles. Cela va de mal en pis. Plusieurs fois, je suis arrivée, très provisoirement, à me passer de cette espèce de tic, mais je sais que, tant que je n'aurai pas trouvé la cause première du mal, rien ne pourra s'arranger. » Elle demande si, à votre avis, cela peut remonter à la toute petite enfance, comment on peut analyser cela et si la psychanalyse peut aider dans ces cas-là. Et elle termine : « Je vous avoue que je n'ai pas honte de me ronger les ongles. Ce n'est pas mon premier souci. Mais enfin, cela me préoccupe parce que je voudrais connaître ma propre vérité. »

Puisque cette habitude ne la gêne pas excessivement, c'est plutôt son souci de se connaître elle-même qui est, je crois, essentiel : un souci de l'adolescence; il ne faut pas qu'elle s'en tracasse. L'important est de s'intéresser aux autres. Il est très possible que, dans sa classe par exemple, d'autres filles et d'autres garçons se rongent les ongles. Ce qui serait intéressant pour elle, ce serait de parler avec ceux d'entre eux qui voudraient se corriger — parce qu'il y a un âge où, si l'on ne s'est pas corrigé définitivement de cette habitude, on devra « faire avec ». Il y a des gens remarquables qui se rongent les ongles toute leur vie, et que cela ne gêne pas particulièrement. Ils s'acceptent comme ils sont. Si vraiment ça la gêne, elle, c'est, je crois, parce que cela devient une idée obsédante: ou parce que ses frères et sœurs se moquent d'elle. (Il faut bien qu'ils trouvent quelque chose pour se moquer d'elle; alors, ils se moquent de cela.)

C'est au moment où elle a commencé à avoir cette manie qu'il s'est passé quelque chose pour elle, qui l'a empêchée — pour des raisons que je ne sais pas, et qu'elle ne peut pas trouver simplement, en y réfléchissant — de s'extérioriser plus et de devenir plus motrice. Par « motrice », je veux dire : jouer davantage d'une façon un peu violente, un peu brutale. Peut-être s'en empêchait-elle ? Elle était la petite dernière. Peut-être a-t-elle rongé son frein, comme on dit.

Elle vous demande, surtout, votre avis, à vous.

Mais, moi, je ne peux rien savoir pour elle!

Elle écrit : « Est-ce qu'une psychanalyse peut aider à trouver sa propre vérité? »

Oui... si ce n'en est pas le but exclusif. On n'entre pas en psychanalyse — un travail assez long — pour trouver sa vérité, par simple curiosité de soi-même, mais parce qu'on est angoissé, qu'on souffre et que cette souffrance ne parvient pas à s'exprimer, à se « ventiler », par l'activité et les relations qu'on établit avec les autres. Parce qu'on est replié sur soi-même. Cette jeune fille ne semble pas du tout en être là. Son souci paraît presque théorique.

Il est possible que le gros chagrin qu'elle a eu en perdant son frère l'ait un peu conduite à se replier sur elle-même. Mais aucun psychanalyste ne pourrait lui dire la raison pour laquelle elle se ronge les ongles. Une psychanalyse, c'est un travail intérieur, qui ne touche pas un problème isolé, mais retraverse le vécu de toute une vie. Il n'est pas nécessaire d'entreprendre une psychanalyse quand il n'existe qu'un petit souci superficiel, qui pourrait se résoudre par une activité plus grande. Peu à peu, son travers restera ou disparaîtra sans être pour elle un souci, parce qu'elle aura bien d'autres choses à faire dans la vie.

Voici maintenant deux questions d'adolescentes dont les parents se sont séparés depuis longtemps. C'est d'abord l'aînée d'une famille de trois filles, qui ont respectivement dix-huit, quatorze et douze ans; les parents « ont divorcé ou se sont séparés à l'amiable » (elle ne sait pas exactement ce qui s'est passé). Au moment de cette séparation, il y a six ans, les enfants sont restées dans une grande maison avec leur père et les grands-parents. L'aînée se dit soucieuse de sa jeune sœur : elle ne travaille pas bien en classe; par ailleurs, elle est très mûre pour beaucoup de choses et a été élevée plus librement que les deux autres qui, elles, avaient reçu une éducation sérieuse, et même sévère, que notre aînée trouve très bonne. Et elle semble s'inquiéter un peu de cette génération toute différente que représente pour elle la fillette de douze ans.

Je crois que cette jeune fille s'occupe trop de sa petite sœur. Elle dit à un moment : « Elle ne veut pas recevoir d'ordres de sa grande sœur. » Cette grande sœur voudrait qu'elle travaille bien, etc. Je pense que la fillette de douze ans est bien assez responsable d'elle-même; moins l'aînée essaiera de remplacer la mère absente, mieux la cadette se développera. Si la petite demande conseil, que l'aînée lui réponde du mieux qu'elle peut, mais surtout qu'elle ne lui fasse jamais la morale. Une jeune fille de dix-huit ans, qui n'a pas eu la même enfance que sa petite sœur, ne peut pas faire la morale à cette dernière. Qu'elle la renvoie à sa mère, puisque l'enfant la voit toujours. D'ailleurs, quand elle est avec sa mère, la petite n'a plus aucun problème. Elle n'en a que chez son père et vis-à-vis de cette aînée. Pourquoi faut-il — c'est toujours l'aînée qui l'écrit — que la cadette vienne coucher dans sa chambre quand le père n'est pas là, sous prétexte que, quand il est là, il la câline? Tout ceci ne regarde pas la grande. Qu'elle dise : « Écoute! Moi, je veux être tranquille le soir. Tu es assez grande. Tu as douze ans. Tu n'es plus un bébé. Tu sais bien que tu fais un peu tourner papa en bourrique. » Et puis c'est tout. Qu'elle ne croie pas devoir jouer un rôle de petite mère auprès de sa sœur. Sinon leurs rapports risquent d'être gâchés plus tard. Au reste, que veulent dire ces mots « le père la câline », à propos d'une fille de douze ans, écrits par une fille de dix-huit? Si ce sont les mots de la petite, est-ce à dire qu'à défaut de père c'est à la grande sœur qu'elle demande des câlins? L'aînée doit plutôt aider sa sœur à se faire des amies, à fréquenter des familles. C'est peut-être difficile, d'être la petite dernière, avec des grands-parents et un père non remarié; sans femme jeune au foyer.

Le seconde lettre est un peu plus longue. C'est une jeune fille de seize ans. Elle a un frère de vingt ans. Ses parents se sont séparés lorsqu'elle avait cinq ans. Jusqu'à dix ans, elle a vécu à l'étranger. Ensuite, on l'a envoyée en pension en France, ce qui lui a permis de retourner, chaque week-end, chez ses grands-parents paternels, alors que toute la famille de sa mère était restée à l'étranger et que le père est lui-même au loin, ailleurs. Depuis trois ans, elle vit avec son frère chez ses grands-parents paternels qui, précise-t-elle, sont assez sévères, un peu « vieille France », très âgés, mais, finalement, très tendres aussi, sans le montrer peut-être. En tout cas, elle a trouvé chez eux un véritable équilibre, un foyer stable. Et elle sait que ses grands-parents aiment leurs petits-enfants.

Mais voici qu'elle se pose maintenant deux problèmes : le premier concerne sa mère qui est, écrit-elle, aussi intoxiquée par le tabac que par l'alcool, et qui a été abandonnée par la personne avec qui elle vivait à l'étranger jusqu'à présent; elle veut rentrer en France définitivement et reprendre ses enfants. La jeune fille comprend cela; elle comprend aussi que, certainement, son frère et elle pourraient aider leur mère, si elle revenait; mais elle ne voit pas ce retour avec le sourire, parce qu'elle a l'impression d'être déchirée, prise entre deux feux : « J'en ai assez, vous comprenez, d'être la victime de tous ces gens, de ces deux familles qui vont recommencer à se déchirer. » Et elle vous demande si vous pouvez la conseiller à ce sujet.

C'est très difficile. En tout cas, en ce qui concerne le frère de vingt ans, ce n'est plus un enfant qui peut être repris par sa mère! Il est majeur.

Oui mais — et c'est justement sa deuxième question — qu'elle vous pose un peu plus loin —, ce frère a été gravement malade quand il était jeune. A huit ans, il a été à l'hôpital en France et y a beaucoup souffert de l'absence de sa mère. Résultat : il est maintenant renfermé, mal dans sa peau, timide et ultra-sensible. Il craint tellement qu'on ne l'aime pas qu'il est trop docile, trop confiant; les gens abusent un peu de lui. La jeune fille écrit : « J'essaie de le secouer, mais cela ne fait qu'aggraver les choses. Que faire pour le rendre plus sûr de lui, plus confiant? » Pour que ce qu'elle appelle le « ghetto familial » le paralyse moins? En fait, il a vingt ans sur sa carte d'identité, mais il a peut-être moins de ressort qu'elle.

Dans tout ça, vous savez, on ne peut pas *faire* quelque chose. Ce qu'elle peut faire de mieux, pour elle, c'est de se développer, au point de vue social, acquérir un métier assez vite pour gagner sa vie et pouvoir habiter chez elle, seule — seule, ou avec son frère mais chacun restant indépendant. Et trouver un système pour que, quand la mère reviendra, tous trois puissent vivre proches sans être trop dépendants les uns des autres : que la mère, le frère et elle travaillent par exemple, tout en vivant dans le même lieu, mais en ayant, d'emblée, beaucoup de liberté chacun. Que ce soit bien net.

Après tout, la mère est de nouveau célibataire, puisqu'elle est abandonnée et qu'elle cherche à se raccrocher à ses enfants. C'est difficile pour elle.

Les grands-parents, eux, vont souffrir d'être séparés de la jeune fille, mais elle peut aller les voir souvent. Je crois qu'ils comprendront, quand elle leur dira : « C'est ma mère de naissance. Il est normal que je l'aide et que je l'aime. » Surtout, qu'elle ne se laisse pas détourner de son chemin, qui est de continuer à se développer. Cela n'arrangerait rien pour sa mère, ni pour elle. Qu'elle pense que, faire honneur à ses parents, ce n'est pas entrer dans leur dépendance et entraver son évolution.

Quant à son frère, s'il souffre d'être renfermé, elle peut lui parler d'une psychothérapie. S'il n'en souffre pas, eh bien, qu'elle ne le tarabuste pas : c'est qu'il a cette nature-là. D'autre part, elle ne dit pas si elle est en bons termes avec son père et si elle lui a écrit de s'occuper de son fils.

Elle ne parle pratiquement pas du père...

Eh bien, justement, pourquoi? Pourquoi le frère ne chercherait-il pas son père, ou même n'irait-il pas le rejoindre là où il est, puisqu'il est dans un autre pays? Elle, elle pourrait l'aider en renouant déjà avec le père et en lui demandant de faire signe à son fils, de l'inviter à le rejoindre. C'est de cela que doit souffrir le fils : il doit avoir mal à son père, ce garçon. Et le père pourrait changer les choses.

C'est très difficile d'en dire plus. Il y a dans les questions que vous posez, mademoiselle, trois éléments : un élément affectif, qui est le conflit entre deux familles; mais aussi un élément économique important, puisqu'il définit la réalité; et la dynamique inconsciente de sujets d'âges différents. Tout cela rend très difficile une réponse : car c'est chacun qui devrait exposer ses raisons et être aidé à choisir ce qui lui convient, sans nuire aux autres.

Un garçon de seize ans vous écrit une lettre sur l'amour qu'il est peut-être préférable que vous résumiez vous-même.

Oui. Ce garçon, lorsqu'il avait quatorze ans, a connu une jeune fille qu'il a fréquentée pendant longtemps. Elle, écoutait; lui, parlait sérieusement de son amour pour elle. Jusqu'au jour où elle lui a déclaré brutalement qu'elle avait joué la comédie. Il a reçu là une blessure... Il écrit : « Ça l'amusait de se moquer de moi. Ça m'a fait très mal. J'avais quatorze ans quand j'ai commencé à la fréquenter. C'est deux ans plus tard qu'elle a tout cassé. Depuis, je n'arrive pas à surmonter ma peine, mon embarras, en présence des filles de mon âge. Je crois que j'ai toujours eu cet embarras mais, depuis cet accident, ma gêne s'est encore accentuée. »

Bon! Il souffre ce garçon! C'est en effet fort mal de la part des jeunes filles de jouer avec le cœur d'un garçon. Mais je suis sûre que celle-ci n'a pas joué la comédie pendant deux ans. Elle a d'abord été très flattée d'être aimée : puisqu'elle écoutait, c'est que cela la flattait. Elle avait une raison d'écouter, et d'être sérieuse, et de revenir; elle était heureuse. Et puis, elle a dû avoir peur d'elle-même; peur d'aimer déjà. Quelle que soit la raison, il peut se dire qu'il n'est pas vrai qu'elle se soit moquée de lui pendant deux ans. Elle a fait cette provocation parce qu'elle ne savait plus comment se débrouiller avec sa propre gêne, la gêne d'avoir aimé et de ne plus aimer. Elle est à l'âge où l'on aime, et puis où l'on change d'avis. Mettons qu'elle se soit, peut-être, en effet, amusée un peu le dernier jour à lui faire du mal. C'est comme cela : les filles qui sont impuissantes à aimer, aiment agresser ceux qui les aiment. Les garçons font parfois la même chose.

Alors, jeune homme, ce qui est important, maintenant, c'est que d'abord vous vous fortifiez dans la vie de jeune homme, que vous fassiez du sport, des jeux collectifs; que vous fréquentiez une maison de jeunes, que vous appreniez, si c'est possible, un art : jouer de la guitare, de la batterie, faire des grimaces, trouver des plaisanteries... Vous verrez que vous retrouverez là la possibilité de vivre en groupe — peut-être pas tout de suite celle d'aimer et d'être aimé; mais vous reprendrez confiance en vous progressivement. Et puis, si vous n'y arrivez pas, vous pourrez parler avec un psychologue-psychothérapeute. Mais il y a encore du travail à faire. Vous n'avez que seize ans : c'est très bien d'avoir été vacciné, d'avoir viré votre cuti, si je peux dire, de la maladie d'amour.

Pour le moment, en tout cas, sachez que cette jeune fille ne s'était pas moquée de vous, même si elle vous l'a dit. Elle voulait se dégager de votre amour qu'elle sentait trop sérieux... Elle a été perdue et n'a plus su comment s'en tirer. Elle vous a fait du mal, c'est vrai; mais elle aussi, certainement, a été émue pendant un temps par votre sincérité. Elle n'était pas faite pour vous. Allez, réagissez. Courage. Il y a d'autres jeunes filles!

Dans le courrier des jeunes, qui vous écrivent de plus en plus nombreux, il faut bien constater qu'il y a beaucoup de problèmes de cœur : or ce n'est pas le courrier du cœur que nous faisons ici, n'est-ce pas?

En effet. Ce que je veux dire là-dessus, c'est que des chagrins d'amour, il faut bien en avoir un jour. Il faut bien commencer, je l'ai dit : « virer sa cuti ». L'amour est une maladie, tout le monde le sait, mais une maladie sans laquelle on ne peut pas vivre. Il faut donc l'avoir très tôt, et très tôt avoir appris à s'en guérir chaque fois qu'on en est atteint.

Ce qu'il y a de sérieux dans la recherche de l'autre ne se fait pas sous cette forme-là. Ça passe par là, certes, mais l'important est de travailler, d'acquérir la possibilité de se réaliser, de s'intéresser aux autres et pas à sa propre souffrance. On compte l'un pour l'autre, pas seulement parce qu'on s'aime, mais parce qu'on a des choses à dire, des choses à faire ensemble. C'est cela aimer vraiment! Ce n'est pas du tout bêler qu'on voudrait se voir, que l'autre nous manque; c'est préparer les rencontres pour qu'elles soient enrichissantes et qu'il ne s'y agisse pas uniquement de se regarder dans les yeux.

Se regarder, il faut le faire, bien sûr, ça fait partie de l'amour, mais il n'y a pas que cela. Ou sinon, de l'amour, il ne reste que la maladie, pas la santé, le renouveau, le rebondissement de la vie, les découvertes, la préparation de l'avenir.

Voilà. Moi, je suis plus intéressée par des jeunes qui disent les difficultés pratiques de leur existence. L'amour, ils s'en tireront probablement très bien. En tout cas, ce n'est pas moi qui pourrai les aider, si vraiment ils en sont trop malades; là, une psychothérapie devient nécessaire.

Nouvelles lettres du mercredi

Je vous propose de répondre à quelques lettres de jeunes garçons et filles, des lettres du mercredi. Pour commencer, voici celle d'une fillette qui écrit : « Je suis orpheline de père, et mon frère me dit toujours que je suis maigre. Il invente même des chansons là-dessus. Or ce n'est pas vrai, je suis simplement un peu mince, et ça me chagrine beaucoup qu'il me dise cela. » Elle vous écrit, d'autre part, qu'elle a sept ans trois quarts et qu'elle a pu sauter la dernière classe de maternelle parce qu'elle savait déjà lire à cinq ans. Elle est dans un CE 2 maintenant, avec des enfants plus âgés et plus forts qu'elle. Sa maîtresse actuelle a dix-neuf ans et est débutante. « Je regrette beaucoup, écrit-elle, ma maîtresse précédente, parce que, elle, au moins, me prêtait des livres et, une fois même, elle m'a prêté son livre de mathématiques pendant plusieurs jours. Maintenant, je n'ai plus d'amies et ça me rend triste. J'avais une petite amie que j'aimais beaucoup, mais elle est restée dans le groupe des enfants plus jeunes et moins forts, ce qui fait que je ne la vois plus, sauf au sport — parce que c'est la même maîtresse qui fait le sport à toutes les classes. Et puis, dernièrement, on a fait venir un professeur de gymnastique. On joue au football, au basket-ball... » Et ce professeur l'a grondée parce qu'elle n'était pas assez vive. Il lui a dit : « Tu sais tricoter? Eh bien, tu ferais mieux de prendre des aiguilles et de la laine, et de tricoter maintenant! » Et, elle vous demande : « Que faut-il faire si ce professeur revient? »

Mademoiselle, je vous remercie beaucoup de votre lettre. Il faut vous consoler tout de suite. D'abord, vous êtes très intelligente — vous le savez —, mais il faut travailler cette intelligence. Pas seulement avec la tête et les études : il faut travailler l'intelligence du corps aussi. Ce professeur vous a peut-être un peu vexée en vous disant que vous n'étiez pas aussi bonne que les autres et qu'il vaudrait mieux faire du tricot que du football. Mais il l'a dit comme cela, vous savez, et il l'a déjà oublié. Vous, vous y pensez, lui ne sait même plus qu'il a dit ça. Quand il reviendra, si vous essayez de faire du mieux que vous pouvez avec le corps qui est le vôtre, il sera sûrement satisfait. Et n'oubliez pas que l'adresse du corps et l'adresse manuelle sont une intelligence aussi importante que l'intelligence scolaire et l'écriture... Vous avez une merveilleuse écriture, d'ailleurs!

N'oubliez pas non plus, pour avoir des livres, qu'il y a sûrement dans votre ville une bibliothèque qui accueille les enfants. Là, on vous prête tous les livres que vous voulez (il suffit d'apporter une quittance de loyer).

Maintenant, votre frère se moque de vous? Mais, tous les frères se moquent de leur sœur! Il est jaloux que vous soyez mince, parce que vous êtes élégante! C'est tout. N'écoutez pas ce qu'il dit, ou écoutez-le et riez-en. Ne vous croyez pas une martyre pour cela. Vous avez assez de cordes à votre arc. Au revoir, mademoiselle.

Une lettre très importante, maintenant, une lettre toute rouge, qui nous vient d'un petit David.

Il a huit ans et il est judoka. Il me demande comment faire pour devenir musclé, parce qu'il a un ami qui le tape. Et, d'après ce que je pense, cet ami doit taper plus dur que lui.

Oui, certainement.

Alors, je me demande, David... Quand on fait du judo, on sait donner un croc-en-jambe. Et votre ami, qui est plus musclé que vous, n'est peut-être pas judoka. S'il l'est aussi, c'est grave. Mais je crois qu'alors vous pouvez avoir une ceinture supérieure plus vite que lui. En tout cas, il y a une chose que je vois dans votre écriture, c'est qu'elle descend sur un papier tout rouge. Vous devez être très en colère contre lui et vous sentir timide devant lui. D'abord, il faut lui faire des yeux brillants, brillants comme la colère. Ça va déjà l'impressionner. Et puis, vous pourriez peut-être demander à votre papa, ou à un grand frère, ou à un oncle, comment donner des coups de poing formidables quand on n'est pas tellement fort apparemment. Parce qu'il y a une façon de donner des coups de poing!

Surtout au judo, je crois.

Non, au judo, on n'en donne pas. Mais c'est pour un camarade qui tape, ce n'est pas au judo, il faut donc apprendre à donner des coups de poing à ressort. Les filles, ça ne sait pas les donner. Mais les garçons — moi, je me le rappelle, quand j'étais petite fille, j'avais beaucoup de frères — ça donne des coups de poing à ressort qui cognent à peine mais font très mal. Il n'y a que les hommes qui savent enseigner à donner des coups de poing comme ça. Vous, vous devez donner des coups de poing qui s'amollissent, qui font comme des gros ballons qui tombent dans le type. Et lui... boum, boum... Il faut apprendre. Vous avez sûrement des camarades forts qui vous apprendront. D'abord, il y a le croc-en-jambe, et puis, il y a les coups de poing de garçons.

Vous êtes vraiment pleine de ressources, Françoise Dolto! En tout cas, je crois que le petit David doit être satisfait de la réponse.

Et puis, son camarade l'aimera encore plus après.

Vous croyez?

J'en suis sûre. Quand un camarade en tape un autre... Pour les filles, c'est pareil d'ailleurs : quand elles sont tapées par un garçon, cela prouve qu'elles l'intéressent. Alors, il faut répondre! Sinon, quand on ne répond pas à quelqu'un... Moi, je lui ai répondu aujourd'hui, hein? Il faut qu'il réponde à l'autre aussi.

Un garçon de douze ans vous écrit : « J'ai une petite sœur de huit ans. Ma mère et mon père ont trente-huit ans. Voilà ce que j'ai envie de vous demander : est-ce qu'il faut permettre aux enfants de dire des gros mots? Parce qu'il y a dans mon lycée un professeur qui, chaque fois qu'il nous entend en dire, nous donne une punition. Qu'est-ce que les parents peuvent faire quand ils entendent un de leurs enfants dire un gros mot? Faut-il le punir ou le laisser dire [je vous lis intégralement la lettre parce que je la trouve absolument charmante], et après lui expliquer que ce n'est pas bien de dire des gros mots et que s'il récidive... » Il vous demande aussi s'il faut interdire ou non aux enfants de jouer avec des pistolets, des carabines, des pétards... et quelle influence cela peut avoir sur la vie future. Il signe : « Un fidèle auditeur X... » Il n'a pas ajouté qu'il vous veut du bien, mais on a un petit peu l'impression qu'il cherche à se renseigner pour ensuite aller dire à ses professeurs ou à ses parents : « Le docteur Dolto a dit que... »

Oui, c'est très étonnant, parce qu'il ne se met pas à sa place à lui.
En ce qui concerne les gros mots, je vais répondre à ce jeune garçon qu'il existe un proverbe français qui dit : « Comme on connaît ses saints, on les honore. » Or ce professeur de lycée, tout le monde sait qu'il ne supporte pas les gros mots et que, quand il en entend, il donne une punition. Et je me demande si vraiment les enfants n'aiment pas avoir des punitions, puisqu'ils ont l'air de continuer à dire des gros mots. Après tout, il y a

beaucoup d'enfants que ça embête d'être toute la journée du mercredi à la maison et qui préfèrent avoir une punition et dire : « Ce maître, il est idiot de ne pas permettre qu'on dise de gros mots. » Je ne sais pas. En fait, on est au lycée pour apprendre à parler français. Les gros mots, on n'a pas besoin d'être au lycée pour ça. Quant à la maison, j'ai déjà conseillé aux parents qui étaient ennuyés de cette manie des gros mots, qui commence vers quatre ans, de demander à leurs enfants d'aller les dire aux cabinets. A vous aussi, jeune homme, je vous le conseille, quand vous avez vraiment des gros mots plein la bouche. Maintenant, il arrive que, tout à coup, un gros mot échappe (parce qu'on est tombé par terre, on a glissé sur une peau de banane, on a cassé quelque chose auquel on tenait...). Tant pis, ça échappe. On s'excuse auprès de ceux qui l'ont entendu. (Généralement, quand on dit le mot de Cambronne et qu'il y a des voisins, on dit : « Oh, pardon. ») Mais pour vous, est-il vraiment nécessaire de dire des gros mots? Si oui, il faut réfléchir au problème et avoir toujours sous sa main un petit papier. Quand un gros mot veut sortir de la bouche, on l'écrit et on essaie de le faire sans faute d'orthographe. Il y a beaucoup de gros mots. Il faudrait tâcher d'en faire la liste. C'est très amusant d'en savoir des tas. D'ailleurs, il faut les connaître, sans ça, on est idiot. Mais il ne faut pas les dire, sauf quand on est entre camarades et qu'on est sûr qu'il n'y a pas d'adultes pour vous écouter. Parce que des adultes qui diraient : « Mais je vous en prie, mes enfants, parlez avec des gros mots, c'est si joli », je n'en connais pas.

Pour la question des pistolets, des fusils, etc., je crois que les enfants ont besoin de jouer à la guerre, parce que les adultes trouvent les armes tellement intéressantes qu'ils en font des défilés les jours de fête et que tout le monde vient voir et applaudir ces défilés d'armes de plus en plus dangereuses. Un fusil de bois, un pistolet pour rire, ce n'est pas très dangereux et ça permet de jouer au dur. Moi, je n'ai pas d'opinion sur la question. Mais il y a des parents qui en ont. Les parents sont comme ils sont et, quand on a choisi les siens, il faut s'y faire. Vous, quand vous serez père, jeune homme, vous ferez comme vous voudrez ! Et c'est à vous de me dire si vous croyez que les camarades qui n'ont pas de jeux guerriers sont plus humains et plus civilisés que les autres. Moi, je n'en sais rien. Les jeux guerriers, c'est une affaire de petits; plus tard, on aime les arts martiaux comme on dit — qui sont des jeux avec des règles et qui demandent une maîtrise de soi-même —, comme le karaté, le judo et les autres jeux de maîtrise du corps et d'armes. Vous êtes déjà, d'après votre écriture, à l'âge de vous intéresser à ces jeux avec des règles — à un art donc, puisque ça l'est.

Voici une fillette de douze ans : elle a été adoptée légalement par sa tante et son oncle; elle sait que sa mère, qui ne l'a jamais abandonnée, est la sœur de sa mère adoptive. Mais elle ne sait pas le nom de son père et voudrait le connaître. Sa tante ne s'y oppose pas mais dit que ça ferait trop de peine à sa mère si elle le lui demandait. Elle voudrait un conseil.

Votre mère a besoin que vous lui disiez que vous l'aimez et que vous lui êtes reconnaissante de vous avoir permis d'être, dès l'âge de quinze jours, élevée chez sa sœur et son beau-frère et de devenir leur fille adoptive, puisque elle-même ne pouvait pas vous élever. Je crois que c'est inutile de lui faire une peine supplémentaire, en tout cas actuellement. Peut-être, plus tard, arriverez-vous à savoir qui était votre père, mais je me demande si c'est nécessaire, étant donné que cet homme ne s'est pas occupé de vous. Votre mère vous a confiée à sa sœur pour des raisons financières, dites-vous. Elle a eu du courage, car il y a beaucoup de mères qui, pour ces mêmes raisons, auraient peut-être donné leur enfant à adopter à quelqu'un qu'elles n'auraient pas connu. C'est difficile ce qu'elle a fait, et vous pouvez lui en être reconnaissante, parce que vous avez votre vraie famille comme famille adoptive.

Elle vous demande aussi si les difficultés de mémoire peuvent être héréditaires, car on lui a dit que sa mère de naissance a des difficultés psychiques.

Non, ce n'est pas héréditaire. D'ailleurs, votre lettre montre que vous n'avez aucune difficulté psychique, même si vous avez des difficultés de mémoire. Or la mémoire, ça se travaille, et vous pouvez travailler la vôtre : par exemple, vous faites une liste de mots que vous écrivez les uns après les autres, et vous jouez à les retenir; vous les dites tout haut et vous vérifiez ensuite si vous en avez sauté. Quand vous les savez tout à fait bien, vous attendez deux ou trois jours, et vous reprenez la liste. Je crois que si vous travaillez votre mémoire, vous vous en sortirez très bien. Il ne faut pas vous décourager.

Une lettre, maintenant, d'un garçon de dix-sept ans qui a été extrêmement éprouvé au point de vue physique. Jusqu'à l'âge de neuf ans, il était heureux de vivre gai. Et puis, sa vie est devenue un cauchemar : il a eu une maladie physique dont on n'a pas trouvé la cause et à la suite de laquelle il a subi de nombreux examens très douloureux. Ensuite, il a dû être opéré. Maintenant, il a toujours des difficultés physiques et surtout un retard et une chétivité qui le font souffrir parce que ses camarades se moquent de lui (on l'appelle même « mademoiselle »). Au point de vue scolaire, il n'a que deux ans de retard — ce qui est peu étant donné tout ce qu'il a souffert —, mais la vie à l'école lui est insupportable. Il écrit : « Je ne me supporte que dans ma famille, pas dans la société. » Et il vous pose la question : « Suis-je un inadapté ou suis-je resté traumatisé par cette maladie qui m'a tant éprouvé? Comment reprendre confiance en moi? »

Vous avez déjà en partie trouvé la solution, puisque vous écrivez, dites-vous, des contes, des nouvelles, des poèmes : il faut continuer; et s'il vous est vraiment impossible de fréquenter vos camarades, peut-être pourriez-vous obtenir l'autorisation de suivre les cours du lycée par correspondance. Mais attention : si vous le faites, il faut tout de même, absolument, que vous fréquentiez d'autres garçons et d'autres filles — dans des ateliers par exemple, ou des centres de jeunesse. A votre âge, vous le pourriez. Maintenant, vos parents accepteraient-ils? C'est à voir. Mais surtout, ne vous découragez pas. Deux ans de retard, ce n'est rien. Et dites-vous que quelqu'un qui a souffert comme vous et qui a déjà trouvé une voie de sublimation (comme nous disons en psychanalyse) dans la création littéraire, n'est pas perdu. Vous avez un retard, mais vous allez certainement grandir, vous développer. Tant pis pour ceux qui n'aiment pas qu'on ne soit pas comme eux à leur âge. En tout cas, je peux vous le dire, vous n'êtes en rien un anormal. Vous êtes momentanément inadapté à la vie des garçons de votre âge, à cause de ce long traumatisme. Si vous habitez près d'une ville où il y a des consultations médico-pédagogiques, vous pouvez très bien y aller. Même si c'est un centre pour enfants jusqu'à quinze ans, je suis sûre que vous trouverez quelqu'un pour parler avec vous et vous indiquer un autre centre où l'on vous acceptera comme jeune adulte ou comme adolescent prolongé, bien que vous ayez dix-sept ans. Vous êtes à l'âge du tournant où certaines consultations se terminent, alors que les autres commencent à seize ans. Mais ne restez pas à vous désespérer. Il n'y a pas de quoi.

Psychothérapie, psychiatrie, rééducation, psychanalyse [1]

Une institutrice vous pose une question qui me semble très intéressante : « Vous conseillez quelquefois aux parents de chercher dans leur région un centre de psychothérapie... Pourriez-vous expliquer la différence qu'il y a entre psychothérapeutes, psychanalystes, psychiatres et rééducateurs, peut-être avec des exemples, de façon que ceux à qui vous donnez ces conseils n'aient pas une espèce de peur du vide. Quand, par exemple, on va s'adresser à un psychanalyste, on ne sait pas très bien à qui on a affaire, ce qui va se passer dans son cabinet... »

Essayons.

Quand on sent qu'on ne va pas bien, on va voir un *médecin*. Il examine le corps et, s'il n'y a pas de maladie décelable, il cherche du côté de la vie familiale et sentimentale ou du travail. Cela, s'il a le temps; sinon il ordonne un médicament qui estompe les malaises sans cause décelable dont se plaint le malade. Si le médecin s'aperçoit que le malade présente un jugement déformé, un ralentissement de la pensée, une fuite des idées, qu'il fabule, qu'il est excité ou déprimé, s'accuse d'actes imaginaires, déclare méri-

---

1. Les chapitres intitulés « Psychothérapie, psychiatrie, rééducation, psychanalyse » et « Ce qu'on *doit* faire à cet âge » abordent des questions auxquelles des dialogues minutés ne permettraient de répondre que de façon succincte. Aux parents qui cherchent éclaircissement, on a tenté ici de fournir une exposition beaucoup plus développée. Le lecteur peut aussi lire : S. Leclaire, *Psychanalyse;* D. Vasse, *L'Ombilic et la Voix;* F. Dolto, *Psychanalyse et Pédiatrie; Le cas Dominique;* et pour la rééducation : A. Muel et F. Dolto, *L'Éveil de l'esprit chez l'enfant.*

ter la mort ou fait d'un de ses proches l'objet de son délire; et si le médecin croit que le malade n'est plus responsable d'actes pouvant mettre sa vie en danger, ou encore qu'il risque de commettre — du fait de son excitation, de sa conviction d'être persécuté — un acte agressif, dangereux pour autrui, il conseille au patient ou à sa famille — au cas où le malade est hors d'état de comprendre la crise dont il est la proie — de consulter un psychiatre.

Le psychiatre a une expérience qui lui permet d'apprécier la gravité de la pathologie mentale. Il examine l'état neurologique du malade. Il prescrit, si cela suffit, des médicaments chimiques efficaces pour apaiser les troubles. Il juge si le malade peut, sans risques pour lui ou pour les autres, rester dans sa famille, ou s'il est plus prudent de le mettre au repos sous surveillance. Dans le dernier cas, il indique l'hôpital ou la clinique psychiatrique. Là le malade peut être mis en observation, au repos, tout en fréquentant les autres malades et le personnel soignant; ou, si nécessaire, on recourt à l'isolement, à la cure de sommeil, etc.

Le psychiatre, en sus de la prescription de médicaments, conseille parfois une psychothérapie, qu'il conduit lui-même ou dont il charge un autre. Ainsi, aidé à la fois par le repos, la séparation de son milieu habituel, l'arrêt d'un travail surmenant et la chimiothérapie, le malade peut reprendre contact, entrer en relation avec le psychiatre; la psychothérapie l'aide à critiquer son état et à recouvrer son équilibre perdu.

Bon, voilà pour les psychiatres. Et maintenant, les psychologues?

Il y a des psychologues partout où des gens vivent ensemble : au travail, à l'école, à l'hôpital, dans les prisons. Les psychologues font passer des tests pour apprécier les aptitudes de ceux qu'ils ont à examiner : l'intelligence, l'habileté manuelle, la sensibilité, la résistance à la fatigue, etc. Il y a aussi des tests de la personnalité, du caractère. Les psychologues s'occupent surtout de la population saine. Il y en a qui se consacrent plus particulièrement à la population enfantine, saine ou handicapée : pouponnières, crèches, écoles, groupes de jeunes; d'autres à l'orientation scolaire et professionnelle; d'autres au troisième âge. D'autres sont spécialisés en psychologie pathologique : ceux-là se dirigent vers les hôpitaux psychiatriques et les consultations spécialisées.

Quand on dit aux parents d'aller consulter un psychologue, alors c'est pour quoi?

C'est pour que soit fait un examen par tests qui aidera à comprendre les difficultés de l'enfant; à la suite de quoi, par exemple, le psychologue pourra conseiller les maîtres, les parents et l'enfant qui a des difficultés.

Mais il y a des psychologues qui font des psychothérapies?

Oui, ceux qui ont été formés à cette fin et qui ont des contacts faciles avec tous les enfants.

Cela nous ramène à : qu'est-ce qu'une psychothérapie?

C'est une suite d'entretiens : on parle, le psychothérapeute écoute, met en confiance, permet d'exprimer ce qui ne va pas pour un sujet dans ses « états d'âme » et dans ses relations avec autrui. Quand on peut se confier à quelqu'un, quand on est sûr de sa discrétion, ça aide.

Mais il y a des psychothérapies qui ne réussissent pas...

C'est généralement que le sujet, l'adulte ou l'enfant, n'avait pas envie de sortir de sa difficulté, ou que le psychologue lui était antipathique — cela arrive. La confiance, la sympathie, la discrétion et l'envie de se sortir de sa difficulté sont nécessaires.

Vous parlez souvent de psychothérapie psychanalytique ou de psychothérapie simple. Quelle est la différence?

La différence vient de la formation du psychothérapeute, selon qu'il a ou non lui-même été psychanalysé. On peut faire une psychothérapie simple ou de soutien avec un médecin, un psychiatre, un psychologue, qui sait mettre en confiance, relancer la parole, aider à l'expression de ce qu'on a sur le cœur. Mais on ne peut faire une psychothérapie psychanalytique qu'avec un interlocuteur psychanalysé, formé à l'écoute de l'inconscient, de ce qui se passe et s'exprime à notre insu en même temps que nous parlons. Apparemment, le processus de la psychothérapie est le même, mais un psychothérapeute qui a été psychanalysé permet — par son attitude — que remontent à la surface et s'expriment des problèmes plus profonds, plus anciens, chez le patient.

Quelle différence y a-t-il entre une psychothérapie psychanalytique et une vraie psychanalyse *— puisque, pour l'une et l'autre, le soignant est formé par une longue psychanalyse personnelle?*

Ce n'est pas la même méthode. Pour partir du plus visible : la psychothérapie se passe face à face; le patient et son soignant parlent, tous les deux, le patient généralement plus que le soignant qui intervient pour faciliter l'entretien, aider le sujet à s'exprimer. Une psychothérapie est — pour aller un peu plus loin dans la différence — beaucoup moins longue, moins astreignante qu'une psychanalyse. Et surtout, le but est directement thérapeutique. On n'évoque que ce qui ne va pas actuellement pour le comprendre et sortir de la difficulté : on n'évoque pas *tout* ce qui vient à l'esprit. La psychothérapie vise plutôt les troubles conscients, la relation avec les proches, la réalité actuelle, et comment y faire face. Elle opère plus en surface et plus vite. Elle est souvent suffisante pour retrouver un équilibre viable, reprendre confiance, repartir du bon pied, sortir d'une période difficile dont on ne se serait pas sorti seul.

Dans une psychanalyse, le patient est sur le divan, il ne voit pas le psychanalyste qui reste silencieux. Il s'agit, pour le patient, de dire tout ce qu'il pense et ressent. L'expérience montre qu'à travers la relation imaginaire du psychanalysant avec le psychanalyste et les rêves dont il lui parle, il revit inconsciemment ses expériences passées en remontant son histoire. C'est comme une aventure au bout de laquelle on est moins fragile psychiquement, si je puis dire. Dans une psychanalyse, on évoque les souvenirs les plus anciens, ceux qu'on avait totalement oubliés. C'est une sorte de reviviscence de toute la vie — amour, haine, méfiance, confiance, etc. — autour de la relation imaginaire au psychanalyste. C'est souvent éprouvant ou angoissant et c'est un travail long, où il ne s'agit pas directement de soigner.

Quand et à quel âge, alors, une psychothérapie est-elle indiquée?

Il n'y a pas d'âge où une psychothérapie ne puisse aider quelqu'un qui désire améliorer ses relations à lui-même et aux autres.

Chez le bébé, il ne faut pas attendre lorsqu'on s'aperçoit que la communication est rompue avec la mère, ou entre cinq et vingt mois avec les deux parents, surtout si la communication n'est pas excellente hors de la maison et avec les autres membres de la famille. Même chose, à partir de trente mois, quand l'enfant craint le monde extérieur et ceux de son âge, au lieu d'être attiré par eux alors même qu'il se sent en sécurité à la maison; quand il s'ennuie ou est instable, ne sait pas jouer.

A l'âge scolaire, quand l'enfant échoue, prend l'école en grippe, ou quand il prend en grippe tout le reste des activités de son âge, le travail scolaire excepté.

A partir de huit ans, quand l'enfant ne se fait pas d'amis, ne sait pas s'occuper à la maison, n'aime pas jouer dehors, boude ses parents ou ne peut, au contraire, vivre loin d'eux.

A la puberté, quand le jeune reste enfantin, fuit les camarades, filles et garçons, ne se plaît qu'avec papa-maman.

A l'adolescence, quand il ne cherche pas d'autres adolescents, est muet avec ses parents, mal dans sa peau.

Jeune adulte, quand, après un bon départ qui faisait bien augurer de la suite, la vie sentimentale et sexuelle n'arrive plus à s'accorder sur les mêmes partenaires, quand le sujet se sent lui-même en échec, que la vie lui fait peur.

Adulte, quand il souffre de soi, des autres, croit seulement faire souffrir les autres, ou les fait souffrir réellement par son caractère. Bref, quand des conflits interrelationnels douloureux gâchent l'existence alors que par ailleurs on aurait tout pour être heureux.

Adulte mûr, quand — les enfants devenus grands — la vie personnelle, sentimentale, culturelle, sexuelle n'a plus d'attrait, qu'on ne parvient pas à vivre sans voir sans cesse ses enfants devenus adultes, qu'on ne supporte plus son conjoint et ne trouve pas de compensations dans des relations en société.

Agé, quand les épreuves de la vieillesse accaparent toute l'attention, replient sur lui-même un sujet qui ne cherche pas toutes les possibilités de fréquenter les autres. Et quand l'approche de la mort angoisse.

C'est en somme la perturbation récente de la vie de relations qui est l'indication des psychothérapies.

A votre avis, les indications des psychothérapies sont donc très nombreuses?

En effet. Et ce qui est très regrettable, c'est de voir un enfant arriver deux ou trois ans après que ses parents aient reçu le conseil d'une psychothérapie : entre-temps il s'est enlisé dans des difficultés, au début occasionnelles, qui ont gâché sa vie affective et sociale, entraînant des effets secondaires, des sentiments d'échec qui, selon les cas, ont débouché sur la révolte, la dépression, un retard affectif important ou une névrose qui désormais sera longue à traiter, et seulement par une psychanalyse.

Cela ne vient-il pas, justement, de ce que les parents ne savent pas de quoi il s'agit quand on leur parle de psychothérapie, et qu'ils se méfient?

Certainement. Cela tient peut-être aussi à nous, les divers « psy ». Nous n'expliquons pas assez aux parents le sens de ces difficultés qui se sont installées dans la relation de l'enfant à lui-même, à eux, à l'école; le sens des barrages inconscients dont il est victime; nous n'expliquons pas assez qu'aucune bonne volonté de sa part, aucune pédagogie spéciale, aucune attitude éducative de la part des adultes ne peuvent modifier la situation. Une situation où, contrairement à ce que pensent certains, il n'y a pas à chercher la « faute » — une mauvaise compréhension parents-enfants, oui, parfois.

Mais il y a aussi des échecs de la psychothérapie, et c'est cela qui fait hésiter les parents.

Écoutez. La psychothérapie échoue rarement et pas autant, de loin, que des parents pusillanimes le disent ou le croient. Mais bien sûr, il y a une condition, il faut qu'on n'ait pas attendu. Et que ce soit celui qui est inquiet de la situation, qui est conscient d'en souffrir, qui suive une psychothérapie.

Bien des enfants présentent des troubles qui angoissent leur entourage, mais pas eux. C'est alors le père et la mère — les deux, ou l'un des deux — qui, par leur propre psychothérapie, sauront aider l'enfant et le préparer à recourir à une aide tierce, si c'est encore nécessaire.

D'autre part, on voit de grands enfants, des adolescents, être conscients de leur détresse psychologique, étouffés dans une névrose déjà organisée ou en cours d'organisation (parfois de très bons élèves, d'ailleurs) sans que leurs parents aperçoivent leur souffrance; et le jour où, par de graves symptômes, la névrose se manifeste, ces parents-là s'affolent, se sentent coupables...

Dans les cas de difficultés caractérielles, les parents se sont souvent braqués contre l'enfant et, quand on leur parle de psychothérapie, ils voudraient un résultat magique en quelques séances. Ils ne font confiance ni à leur enfant ni à celui ou celle qui s'occupe de lui et que l'enfant est heureux de voir... Ils souffrent qu'une tierce personne obtienne la confiance de leur enfant et — bien qu'heureux d'une amélioration — ils font cesser la cure dès que les troubles de l'enfant ne leur font plus honte à eux, ou ne les angoissent plus : mais c'est alors trop tôt. Ils n'aident pas leur enfant à persévérer. Plus même : certains souffrent de constater le résultat, qu'en imagination ils espéraient mais sans se rendre compte qu'il s'accompagnerait nécessairement d'une maturation de leurs fils ou fille, advenant à une prise en charge de ses responsabilités par lui-même. Il se porte bien, a retrouvé ses capacités d'échanges, exprime des désirs personnels. C'est le signe de sa guérison, mais les parents sont déroutés et ne savent plus quoi être devant cet enfant libéré d'une dépendance puérile à leur égard. Ils se font alors les détracteurs de la psychothérapie auprès des autres parents, à tort, car leur enfant s'en est sorti, lui.

Ajoutez que, même dans les cas où les parents n'ont rien à débourser (la Sécurité sociale prend en charge les consultations psychologiques des enfants), ou peut-être à cause de cela, des parents qui n'ont pas « choisi » le thérapeute éventuel de leur enfant s'estiment exclus de leur rôle légal et naturel, privés de responsabilités tutélaires. Ils voudraient seulement être aidés, recevoir des conseils, alors que cela, qui eût suffi peut-être pour rétablir leurs relations à l'enfant quand les difficultés étaient à leur tout début, n'a plus aucun sens maintenant. Le thérapeute n'a aucun conseil éducatif à donner aux parents. Son rôle à lui est de permettre à l'enfant de se comprendre et d'utiliser au profit de son développement les tensions qu'il rencontre. Il faut donc que les parents continuent de remplir leur rôle éducatif et non qu'ils démissionnent, comme on en voit le faire dès que l'enfant est en psychothérapie. Il n'y a pas de vie de groupe, donc pas de famille ni d'éducation (ratée ou réussie) sans tensions. Une psychothérapie peut justement aider l'enfant qui se débarrasse de ses angoisses à réagir de façon positive aux tensions qu'il rencontre en famille ou en société.

Donc, si les parents font confiance à leur enfant et à la psychothérapie, s'ils soutiennent leur enfant dans les moments d'angoisse inévitable à ce genre de traitement, s'ils persévèrent eux-mêmes dans les moments où ils doutent, ils seront récompensés. Combien de lettres de parents nous le disent, de ceux qui ont vu les résultats de la psychothérapie! Mais, bien sûr, ce n'est pas de la magie, et pas de la « morale » non plus. Bien se développer ne veut pas toujours dire être facile à vivre!

Il n'y aurait pas d'échec si les psychothérapies étaient engagées par qui souffre, et à temps, dès qu'il s'en rend compte. C'est cela que vous voulez dire?

Oui, c'est cela. Les échecs, s'il y en a, viennent d'une mauvaise mise en route de la psychothérapie, côté enfant ou côté parents. Parfois, l'enfant s'est senti poussé, obligé de subir une psychothérapie pour laquelle il n'est pas motivé, ne souffrant pas ou pas encore, lui, des troubles observés par son entourage. Ce sont des adolescents qui m'écrivent : « J'ai fait deux ou trois ans de psychothérapie, quand j'étais enfant, qui n'ont servi à rien... Je ne comprenais même pas pourquoi j'allais dessiner chez une dame — ou chez un monsieur —, et puis on a arrêté. » Visiblement, dans de tels cas, l'enfant n'était pas demandeur. La psychothérapie n'a pas échoué, elle n'a pas commencé. Enfant, parents, thérapeute, ont perdu leur temps. Ces parents (ou la Sécurité sociale) ont dépensé de l'argent inutilement.

Parfois l'échec vient des parents. L'enfant était très motivé et n'avait personne à qui se confier. La psychothérapie a démarré très bien mais, par suite de l'incompréhension de ses parents, elle s'est bloquée : ils ont cessé de conduire un enfant habitant trop loin pour aller seul à ses séances, ou bien, de façon sourde, ils l'ont culpabilisé d'avoir besoin de quelqu'un d'autre que ses père et mère, de ne pas leur raconter ce qui se passait en séance, etc. La jalousie des parents, cela existe, hélas! Elle fait échouer la psychothérapie et c'est l'enfant qui lâche, s'effondre, plus gravement cerné par ses symptômes qu'avant.

Mais l'échec peut venir du psychothérapeute, non?

C'est rare, très rare. Car ce n'est pas lui qui fait le travail. Il assiste celui qui veut s'en sortir, l'aide à tout lui dire de ce qui ne va pas. Non, si en quelque chose le psychothérapeute est parfois complice de l'échec, c'est quand il accepte un enfant non motivé ou un enfant dont les parents n'ont pas compris de quel travail il était question. Mieux vaut surseoir, attendre une demande authentique, non téléguidée par l'école (la peur que l'enfant soit renvoyé) ou par un « docteur ». Rester à la disposition, sans plus. On n'achète pas, on ne subit pas une psychothérapie. Parents et enfant doivent y collaborer.

Quand le patient est personnellement motivé, il n'y a pas d'échec en psychothérapie?

Non, en tout cas, pas à court terme; parfois, à long terme, on s'aperçoit que les troubles ont disparu mais sont remplacés par d'autres, d'origine plus ancienne, ou encore qu'ils réapparaissent. Ce n'est pas un échec. La psychothérapie a ses limites. On travaille sur la réalité actuelle et surtout dans la vie consciente.

Dans ce cas, il vaudrait mieux une psychothérapie psychanalytique?

Oui, puisque le travail y évoque ces angoisses historiquement anciennes qui sont réapparues récemment. Et il peut même être nécessaire de recourir à une vraie psychanalyse.

Dans quel cas donc faut-il recourir à une psychothérapie psychanalytique, c'est-à-dire conduite par un interlocuteur psychanalysé? Et dans quel cas à une psychanalyse vraie?

Dans tous les cas où, consulté pour des difficultés, un médecin, un psychologue, un psychiatre ou un praticien psychanalyste, après avoir étudié le cas en question, en donnent le conseil; mais encore plus si une psychothérapie, sérieusement suivie pendant quelques mois, ne produit aucune amélioration alors que le patient, ses parents et le psychothérapeute la désirent authentiquement.

Je vous l'ai dit : dans une psychothérapie, on aborde les conflits récents, les difficultés actuelles et conscientes, et souvent cela suffit (surtout si le milieu éducatif est favorable), mais il y a des cas où, au cours de la psychothérapie, sous les apparences de conflits récents, apparaît une névrose structurée depuis très longtemps. L'apparente réussite du sujet, vue du dehors, cachait en fait des symptômes très graves, datant du début de la vie sexuelle ou de la relation affective, ignorés de l'entourage et de ce fait même supportés jusque-là par le patient. La psychothérapie l'a aidé à sortir d'une crise aiguë déclenchée par une situation occasionnelle, c'est déjà cela. Mais, en ce cas, ce peut être insuffisant. Seul un travail en profondeur peut l'aider vraiment.

Je m'aperçois que je n'ai pas parlé de la psychanalyse appliquée aux enfants. C'est toujours une « écoute » de l'inconscient, mais, avec les enfants, la technique n'est pas seulement le recours à la parole. C'est aussi par le dessin, le modelage, la mimique expressive, que l'enfant fait comprendre ce qui, de son passé (« déjà »), lui fait un barrage inconscient que ni technique ni bonne volonté ne peuvent vaincre.

Bon, cela me paraît clair maintenant. Troubles récents : psychothérapie, dès qu'elle est conseillée. Troubles anciens, et surtout dans un milieu lui-même perturbé ou perturbant où les mêmes angoisses sont répétées dans des situations elles-mêmes provo-

quées de façon répétitive par le sujet : *psychothérapie psychanalytique ou psychanalyse.*

Ajoutez que ce n'est pas le sujet qui décide, ni le psychanalyste, mais les deux ensemble. Il faut que le sujet ait de sérieuses motivations, la disponibilité de temps (et argent), bref, que les conditions pratiques d'une psychanalyse puissent être réunies par le sujet, compte tenu aussi des responsabilités auxquelles il s'est engagé : je le répète, une psychanalyse, c'est un chemin ardu pour assumer avec lucidité sa responsabilité humaine. Elle n'a pas un but directement thérapeutique. Elle nécessite une disponibilité que l'on n'a pas toujours, dans toutes les situations et à tout âge. La psychanalyse ne doit absolument pas être confondue avec une psychothérapie. J'espère l'avoir bien fait comprendre. Elle n'a pas les vastes indications de la psychothérapie.

Et, beaucoup plus modestement, la rééducation?

Il s'agit de récupérer une fonction perdue ou dont on n'ose pas, ou plus, se servir. On ne peut pas rééduquer une fonction qui n'est pas là, une fonction qui n'a jamais été acquise ni éduquée, ni une fonction qu'on n'a pas envie d'utiliser. C'est pour cela que de nombreuses rééducations, du langage, de la motricité, par exemple, échouent; parce qu'on a voulu mettre la charrue avant les bœufs. Quand la rééducation échoue, c'est qu'elle aurait dû être préparée par une psychothérapie.

Quand l'enfant est petit, la mère ou le père doivent être présents aux séances de rééducation, afin d'établir ou de rétablir la communication de langage et de motricité avec l'enfant, la rééducatrice y aidant. Les parents et l'enfant doivent se sentir en confiance et en sympathie avec la rééducatrice. Les séances doivent être agréables.

Quand une rééducation est-elle indiquée?

Pour un enfant?

Oui. Beaucoup de parents écrivent que leurs enfants parlent mal, bégaient ou sont maladroits, dysorthographiques, dyscalculiques. Ont-ils besoin de cette rééducation dont on a entendu parler?

Les rééducateurs sont des personnes formées pour aider un enfant par une technique très précise et qui vise une difficulté *instrumentale*, seulement instrumentale. Par exemple, pour un enfant qui ne parle pas bien avec sa bouche, mais s'exprime très bien par le geste et par les yeux, qui joue très bien, qui est vivant, qui veut communiquer et n'y arrive pas, il est possible qu'une rééducation suffise. Mais très souvent, pour les rééducations touchant à la parole comme à la psychomotricité, à la lecture, à l'écriture, à l'orthographe, au calcul, les rééducateurs bien formés s'aperçoivent, au bout d'un temps, qu'ils arrivent à un palier que l'enfant ne peut pas dépasser. A ce moment-là, ils demandent aux parents d'aller voir un psychanalyste, de penser à une psychothérapie psychanalytique. Il est dommage qu'elle n'ait pas été entreprise avant la rééducation, mais mieux vaut tard que jamais. Ce n'est pas une raison pour abandonner la rééducation comme on le fait trop souvent alors, surtout si l'enfant aime la personne qui la conduit et s'il est très désireux de sortir de son état d'impuissance instrumentale, de parler, de « gestuer », de devenir habile, d'écrire ou de calculer correctement. On ne devrait suspendre une rééducation que si l'enfant ne veut plus y aller. Une rééducation n'est pas une psychanalyse; elle peut être rendue possible, aidée, par la psychanalyse. La psychanalyse d'enfant n'est pas une rééducation : c'est un travail qui remonte aux premières émotions de la vie en les revivant sur la personne du psychanalyste et en retrouvant surtout les raisons symboliques des barrages à l'intelligence, à l'affectivité, à la communication. Bref, ce qui est psychanalytique est tout à fait différent de ce qui est en question dans les techniques pédagogiques et les méthodes d'acquisition; mais ce n'est en rien contradictoire, si l'enfant lui-même désire vaincre sa difficulté instrumentale, s'il y est fortement motivé consciemment, s'il a développé une bonne relation avec la rééducation et sa méthode.

Il y a donc des échecs de la rééducation?

Mais oui, il faut l'admettre, de même qu'il y a des échecs partiels de la psychothérapie, de la psychanalyse. Il y a des souffrances morales, affectives ou intellectuelles pour lesquelles il n'y a pas encore de solution.

Ce qu'on *doit* faire à cet âge

(De fausses normes)

Une lettre vous pose une sorte de question de cours — je sais d'ailleurs que ça vous énerve... enfin, « énerve » entre guillemets...

Oui.

C'est une mère qui vous demande très en détail quelles sont les acquisitions qui se font dans les premières années de vie d'un enfant. On a l'impression qu'elle doit observer un peu ses enfants.

Oui, « un peu », comme vous dites! Ces mères aux yeux rivés sur le corps de leur enfant, sur ses « performances », moi, ça me choque toujours! Et ces observations minutées : tel jour « bébé » fait ceci, tel jour « bébé » fait cela. On dirait un rapport de psychologie expérimentale. Il y a des mères comme celle-là qui observent, sont aux aguets, pour un rien inquiètes. Est-il normal qu'une incisive apparaisse tel jour, en haut, pas en bas? Normal ceci ou cela? On dirait que cette femme ne fait que cela, observer et noter dans son cahier! Quelle énergie lui reste-t-il pour être femme? Jamais question du père, ni des autres personnes ni d'elle-même, de ce qu'elle ressent pour son enfant qui a crié deux heures de suite entre cinq heures et sept heures de tel mois à tel mois. Elle ne dit pas un mot de ses mimiques, de ce à quoi il sourit, de ce qui le fait pleurer, ni du caractère qui se dessine, de ce qu'il aime et n'aime pas. Elle parle de son poids mais pas des traits de son visage, de la couleur de ses yeux ou de ses cheveux... S'il ressemble à son père, à ceux de la famille paternelle ou à elle et aux siens, on ne sait rien de son caractère à elle, de celui qu'elle a choisi pour être le père de son enfant. On ne sait rien du cadre de leur vie, de ceux qui les entourent elle et son « bébé », de ceux qui l'aiment et qu'il aime, ni si elle le porte, le berce, le promène, lui parle. Ni ce que sont son plaisir à elle et leur complicité quand elle lui donne ses biberons, le change, le baigne. Que leur reste-t-il, à elle et à lui, pour la tendresse, les rires, la joie? Et quand le père de l'enfant est là, qu'en est-il de leur bonheur d'être parents, et de voir dans cet enfant qui vit le sceau charnel d'une union qui a invité à naître un troisième? Qu'en est-il des espoirs de chacun d'entre eux dont l'enfant est porteur? C'est tout cela que l'enfant perçoit ou « intuitionne », et qui est pour lui les vraies « acquisitions ».

Seriez-vous fâchée, Françoise Dolto? Vous le paraissez!

Fâchée, non, mais ça m'attriste. Que des psychologues scientifiques fassent de telles observations sur des enfants qui ne sont pas les leurs, les mettent sous la caméra de leur regard quand ils les observent (et heureusement ce n'est pas tous les jours, et l'enfant ne les aime pas comme ses mère et père), ça fait avancer la science du mammifère humain, comparé aux autres espèces. Mais une mère! ou un père!

C'est mauvais pour l'enfant?

Oui, ça le fait devenir une chose, cette observation et ce jugement continuels.

Mais alors, vous ne voulez rien répondre à cette mère sur les acquisitions des premières années de la vie?

Ce que je veux dire, c'est qu'un enfant, dès sa naissance (et même avant), est un être sensible inconsciemment à ce qu'il ressent de l'inconscient de ceux qui vivent avec lui et qui l'approchent.

Ça veut dire quoi?

Ça veut dire que l'être humain est un être de langage, de communication, sensible à tout ce qu'il perçoit d'un autre : son humeur, son odeur, ses rythmes moteurs, sa voix, et qu'il éprouve l'amour ou l'indifférence qu'on lui porte, la place qu'on lui donne, le respect qu'on a pour sa vie et pour ce qu'il exprime. Si on le traite en objet, en tube digestif, en appareil moteur, et non en être humain qu'on aime et qui aime, il devient — au fur et à mesure de sa croissance — un robot fonctionnant quand son maître l'ordonne. L'enfant est déjà un sujet, il a des désirs et pas seulement des besoins. Il n'est pas « bébé », il a un nom qui l'attache à une lignée, un prénom qui a été choisi pour lui, qui est le sien, autour duquel tourne toute sa vie de relation avec ses parents et ses proches, complices ou non de ses joies et de ses peines; et il a l'intuition, si ce n'est pas encore l'intelligence consciente du sens vrai de la relation des autres avec lui, surtout pour ce qui concerne sa mère, son père, la nourrice de laquelle sa vie dépend. Tout cela s'enregistre et marque de langage son être tout entier.

Cela dit, les acquisitions?

Tout est acquisition, du cœur, de l'esprit, de l'intelligence, conjuguée à la croissance physique qui est formidablement rapide jusqu'à trois ans. Cela ne se « voit » pas, ne peut pas directement se « tester ». L'enfant « fait avec » ce qui lui est donné au mieux de sa nature de départ. Il s'accommode. Tout ce qu'il perçoit de ceux de la vie desquels dépend la sienne dès la grossesse et jusqu'à six, huit ans se lie à son être désirant et s'organise en langage d'abord muet. Ses cris, ses lallations, ses pleurs, ses sourires, sont des expressions naturelles qui vont devenir, à cause de la nourrice qu'il a, langage par lequel il signifie harmonie et dysharmonie intérieures, rencontre avec un autre qui répond, complicité ou non avec cet autre. Un réseau de communication subtile se tisse dans la veille comme dans le sommeil, dans les tensions de son désir d'échanges comme dans le repos, qui l'informe du bon et du mauvais, du bien et du mal, du beau et du pas beau, du permis et de l'interdit. Il recherche ce qui apporte plaisir, il évite le déplaisir. Tout cela est inconscient bien sûr, et se fait chez l'enfant en réponse à ce qui satisfait, mécontente ou laisse indifférents ceux qui l'élèvent et à qui il est attaché (n'étant pas compris d'eux).

Alors, il n'y a rien qu'on puisse classer « normal » ou « anormal » dans les acquisitions d'un jeune enfant?

Non. Tout s'ordonne dans sa relation à sa mère, dans son attachement précoce à celle-ci et, à travers elle, à lui-même et aux autres. Vraiment, il est impossible de décrire des normes pour ce qu'un enfant acquiert, et d'en juger par ce qu'il fait ou ne fait pas à tel ou tel âge.

Je peux dire, en revanche, que le développement d'un enfant se fait comme il se doit, au mieux de ce qu'il peut selon la nature qui est la sienne au départ de la vie, quand il se sent aimé par des parents qui s'aiment et qu'il y a de la gaieté dans l'air. Je peux dire qu'un enfant se sent en sécurité quand on ne « veut » pas ce dont il n'a pas « envie », ce qui ne signifie pas qu'il faut faire tout ce qu'il a l'air de vouloir, ni lui donner tout ce qu'il demande.

Et notamment, pour ce qui est des parents : la mère et le père ont à continuer à vivre, à faire ce qu'ils ont à faire, ce qui donne sens à leur vie. Bien sûr, on a moins de liberté quand il y a un bébé à nourrir toutes les trois heures, et qui compte dans le budget. Mais toute la vie des parents n'a pas à être centrée sur lui, obnubilée par lui. Il peut partager leurs déplacements, être à portée de voix quand on est occupé, qu'on a des amis.

Il faut seulement éviter les rapports sexuels en sa présence, surtout quand il dort, car il partage tout inconsciemment, plus encore quand il dort; et l'excitation du plaisir, comme celle de la colère ou de l'angoisse, lui donne des sensations trop fortes. Il faut éviter les surexcitations, par la voix et les caresses, les brusqueries dans les mouvements qu'on lui impose, ne pas le lancer comme un ballon à une autre personne pour s'amuser. Ne pas se moquer de lui : il y est très sensible, même s'il ne le montre pas.

Mais les acquisitions?

Vous y tenez!

Bon! Il faut savoir qu'elles sont progressives, que le système nerveux central de l'être humain n'est pas achevé quand l'enfant naît; le cerveau est formé, mais pas les terminaisons nerveuses qui vont aux mains; celles-ci le seront bien avant celles qui vont au siège et aux pieds. Alors qu'il est sensible au toucher, il ne peut pas commander à ses mouvements. La moelle épinière se développe jusqu'à vingt-quatre, vingt-huit mois en moyenne.

Cela fait, par exemple, que bien avant d'être capable de percevoir par ses propres sensations ce qui se passe vers son siège, et donc d'être continent (de pouvoir contrôler « pipi-caca » naturellement), il a beaucoup de choses à apprendre et dont il sera capable avant que ne lui soit imposée, par dressage, la continence sphinctérienne. L'aptitude de la bouche et des lèvres à reconnaître les formes existe très tôt; de même le goût, l'aptitude du nez à discriminer les odeurs, des oreilles à discriminer les sons, leur timbre, leur hauteur, leur intensité, à retenir des chansons, à reconnaître des voix, leur modulation, les accents, des mots (que l'enfant ne pourra dire que plus tard). L'enfant peut acquérir la discrimination des couleurs, de leur intensité, de leurs valeurs relatives. Il y a des images, des tableaux, des peintures qu'il aime, et il entend ce qui lui en est dit. D'autres qui lui sont indifférents, il ne s'y intéresse pas. Les enfants aiment très tôt voir les feuilles, qui jouent sur le fond du ciel, ils sont sensibles au vent qui chante et fait bouger les feuillages des arbres. Ils aiment la verdure, l'air, les fleurs, le chant des oiseaux, les nuages qui courent. Ils aiment le mouvement, parce que c'est la vie. On peut et on devrait leur « parler » de tout ce qu'on voit attirer leur attention. Leur richesse mimique est réponse complice à tout cela et aux paroles, surtout celles de la mère et du père.

Il y a donc un ordre naturel des possibilités d'acquisition — le même chez tous, mais pas au même rythme, selon les enfants et selon la mère qu'ils ont; et c'est cet ordre qu'il ne faut pas contrarier.

Par exemple, il est dangereux qu'un enfant parle trop tôt. Je veux dire : dangereux qu'il parle, parce que c'est la seule chose qui a valeur pour sa mère et qu'il est comme une bande magnétique qui répète les mots, les bouts de phrases de la mère, par imitation, parce que c'est tout ce qui lui fait plaisir à elle. Il y a des enfants qui parlent parfaitement en apparence, comme des adultes, mais qui ne bougent pas, ne font pas de bruit, ne déménagent pas les choses, ne grimpent pas, ne sont plus curieux de tout ce qui se voit, de tout ce qu'on peut toucher, pour le plaisir. Si la parole parfaite vient alors que l'enfant n'a pas encore des mains aussi habiles pour se nourrir que celles des adultes (qui donc le font encore manger, parce qu'il ne peut pas ou ne veut pas manger seul), on a là un sujet qui se développe en désordre.

De même, un enfant qui est propre, fait sur le pot à la demande de sa mère et pour lui faire plaisir, avant d'avoir du plaisir, lui, à jouer, à rester accroupi, avant d'être habile pour marcher, monter seul sur une échelle de ménage ou un escabeau pour son plaisir, est un enfant « dressé » et placé dans la dépendance de l'adulte; il suit un développement désordonné par rapport à sa « nature » et à son progrès spontané. Le dressage l'amène à renoncer aux sensations de ses sphincters, qui sont lieux de plaisir naturel dans leur fonctionnement. Il renonce à son plaisir pour le plaisir de sa mère, pour être en paix avec elle. Mais il « s'oublie ».

Il en va de même pour la motricité. Il l'acquiert en jouant avec les autres enfants pour découvrir l'espace, maîtriser les choses et les connaître, savoir comment les faire bouger pour le plaisir, comment les manipuler pour son utilité, en jasant, en faisant du bruit, en tenant des discours à sa façon. Si la mère l'oblige à se taire sans arrêt, à ne pas toucher ce qu'il peut atteindre et qui n'est pas réellement dangereux, l'enfant s'éteint, freine ses dispositions, est bloqué dans ses acquisitions.

Alors, pour conclure sur les normes d'acquisitions?

Il me semble que j'en ai assez dit.

Un enfant « élastique », je veux dire mouvant, chez qui varient les expressions de bouche, de goût, de regard, d'attention auditive, de bruissements; qui prend, jette, tripote, bouge les choses, tout cela adapté à ses propres besoins; qui, au fur et à mesure qu'il grandit, joue à faire les choses qu'il voit faire et en invente d'autres; qui satisfait seul les besoins de son corps, mange comme il a faim, fait sa toilette parce que c'est agréable, sait s'occuper seul, mais aime mieux encore jouer avec les autres enfants de son âge; qui se sent en sécurité en faisant tout cela, avec une mère vigilante mais non pas angoissée, ni trop permissive ni trop sévère, une mère qui n'est pas l'esclave de son enfant et ne fait pas de lui son nounours, sa poupée ou son chien couchant, une mère qu'il voit rire, qu'il entend chanter, qu'il sent heureuse avec d'autres personnes que lui sans ni le négliger ni exiger plus de lui quand elle est en compagnie que seule — voilà un enfant sage et bien vivant. Un enfant heureux, bien dans sa peau, qui se développe comme il a, lui, à se développer, avec ses particularités qui seront respectées.

C'est la relation aux autres, aux vivants, aux animaux, aux plantes, aux fleurs, aux éléments, aux choses, et les paroles dites à propos de tout cela, qui font d'un enfant un être d'échange, d'avoir, de faire, de prendre et de donner, de savoir et d'inventer : un être humain qui, au jour le jour, devient une petite personne de bonne compagnie, et l'est vraiment à trente mois environ.

Bon, voilà pour les acquisitions possibles à trente mois.

L'enfant a encore bien des choses à apprendre avant trois ans pour être en sécurité partout, pouvoir s'adapter à la discipline qu'impose l'école maternelle sans s'y éteindre, en y prenant plaisir et en découvrant là, avec jubilation, des activités nouvelles.
Il apprendra son nom — et pourquoi celui-là ? —, son sexe et son devenir, de qui il est le fils ou la fille, et ce que cela veut dire ; son adresse, le nom des rues, le chemin pour aller à l'école. Et puis, qu'on n'a pas tout ce qu'on veut, qu'on ne prend pas ce qui ne vous est pas donné et que tout se paie ; qu'il faut savoir se défendre, ne pas nuire exprès, être prudent dans la rue ; bref, tout ce qui le mettra en sécurité dans la société et lui rendra possibles des acquisitions nouvelles tous les jours, vers de plus en plus d'autonomie et de bonnes relations avec les autres, parmi lesquels il choisira ses élus et s'en fera des amis. Les autres aussi, il faut « faire avec ».

Voilà une longue conclusion dont je vous remercie. Pour les enfants et leurs parents... Et, en bref, il n'y a pas de normes !

Non. Il y a l'ordre de la nature que l'amour des parents et l'éducation utilisent, développent ou non, mais qu'il faut bien veiller à ne pas contrarier.

Il faut que les deux parents le désirent, l'enfant

(Bébés programmés ou bébés surprises?)

Dans le temps, il y avait plus de familles nombreuses que maintenant. Aujourd'hui, on a tendance à décider si l'enfant doit ou ne doit pas paraître; on le « programme » en quelque sorte.

En effet, c'est un résultat de la libération des mesures anti-conceptionnelles. Beaucoup de parents en sont à programmer leurs enfants comme l'achat de la machine à laver, de la télévision : on appelle cela malheureusement des enfants désirés. L'enfant désiré est, en fait, celui ou celle qui vient en surcroît du désir d'un couple qui est très heureux comme ça, sans enfant. Et puis, d'un coup, on se retrouve parents.

Une femme vous écrit : « Pour mon mari et moi, la question est : l'enfant paraîtra-t-il ou non? Ça ne concerne pas directement vos entretiens, mais bien nous. » Elle explique que son mari est chercheur archéologue et qu'elle est manipulatrice en radiologie. Elle est suisse, et travaille souvent en Suisse parce que son diplôme n'est pas reconnu en France et que son mari doit partir pour faire des fouilles. Elle écrit encore : « Nous aurions tous les deux envie d'un bébé, mais nous n'imaginons pas de vivre avec un grand enfant dans l'avenir. Notre bébé serait unique pour des raisons d'âge [elle a trente-quatre ans] et pour des raisons financières. Quant à mon mari, il sacrifie tout à son travail. Moi, je le comprends, ça me passionne aussi. » Elle se demande si ce ne serait pas une bêtise de risquer leur vie de couple, qui est apparemment heureux, en ayant un enfant pour faire comme tout le monde. Parce que, comme elle dit : « C'est normal d'en avoir; c'est la vraie vie. »

D'abord, elle dit : « J'ai trente-quatre ans », comme si elle était une vieille dame, « et je ne pourrais donc en avoir qu'un ». Là, en tout cas, je peux l'assurer que trente-quatre ans est un très bon âge pour commencer à avoir des enfants.

Je pensais que vous alliez lui répondre ça.

Jusqu'à quarante ans. Quelquefois, avoir le premier à quarante ans, c'est un peu difficile, pour beaucoup de raisons, mais trente-quatre ans, c'est vraiment la fleur de l'âge, l'âge mûr. On peut, bien sûr, avoir des enfants plus tôt, mais trente-quatre ans, c'est la plénitude de la santé, de la maturité d'une femme.
Ensuite, elle écrit qu'ils voient des amis qui sont comme eux. Ils sont un groupe qui vit un peu comme des étudiants qui ont grandi; chacun se consacre à ses études, et aucun n'a d'enfant. Moi, tout ça, je n'y crois pas beaucoup. Je pense que lorsque l'enfant paraît, qu'il est là et qu'on l'aime, on se débrouille. C'est avant qu'on s'en fait une montagne, mais, s'ils aiment leur enfant, même avec le métier qu'ils ont, ils aimeront le voir grandir, parce qu'on n'a pas un enfant pour avoir un bébé — ou alors, c'est pour jouer à la poupée. Il faut vraiment que les deux parents le désirent, l'enfant, mais qu'ils sachent que, quand il naît, c'est lui qui les rend parents. A partir de là, il n'est plus un bébé. Ils avaient pensé à un bébé, et c'est un être humain, garçon ou fille, qui grandit, qui leur ouvre des horizons; parce que l'enfant pose constamment de nouvelles questions. C'est ça qui fait évoluer un couple qui s'entend bien déjà, mais comme font de vieux habitués, habitués à leur vie, à se séparer de temps en temps, à cause du travail du mari. Bien sûr, ça changera tout. Il faut qu'elle le

sache. Mais ça vaut le coup. Pas pour faire comme les autres : pour elle. Si elle le désire. Mais ce n'est pas moi qui peux lui dire ce qu'il faut qu'elle fasse; c'est une question de couple.

En vous écoutant, on a l'impression que vous êtes plus pour les bébés surprises que pour les bébés programmés.

Oui, parce qu'ils représentent en vérité l'amour d'un couple et que les parents sont heureux que cet enfant, lui, ait désiré naître, presque en les surprenant.

Je précise quand même, pour éviter les malentendus, que tout ce que vous venez de dire ne retire rien au fait que la contraception est, en soi, utile.

Bien sûr. C'est une découverte merveilleuse. Mais, en même temps, elle implique que nous fassions un très grand effort d'éducation de la jeunesse : parce que, éviter, et savoir qu'on peut éviter d'avoir un enfant rend la décision de laisser feu vert à l'enfant très difficile pour certains, qui voudraient être tout à fait prêts pour cela. Or, nous ne sommes jamais prêts à la surprise de l'inconnu que représente un être humain. Nous pouvons empêcher la naissance de se faire, mais nous ne pouvons pas savoir ce que donnera un être humain à partir de la rencontre de deux êtres. Ce que nous pouvons faire, c'est éduquer les jeunes à être prêts un beau jour pour cette surprise. Si les moyens anticonceptionnels permettent à l'individu de mûrir pour devenir capable d'assumer ses responsabilités, ils ne doivent pas non plus l'obséder sur son immaturité. N'oubliez pas que l'enfant, lui aussi, en naissant, apporte des pouvoirs de maturation, de transformation, à ses parents; ceux-ci changent et ils ne restent pas les mêmes qu'ils étaient au moment où ils l'ont conçu. Je n'en donne pour preuve que les parents qui adoptent des enfants parce qu'ils ne peuvent pas en avoir : au cours de l'éducation de leurs enfants adoptifs, ils acquièrent bien souvent une maturité telle que même leurs corps deviennent capables de concevoir des enfants de leur chair, alors qu'ils étaient stériles auparavant. C'est l'enfantement surprise, inattendu, inespéré. C'est très bien, d'ailleurs.

On pourrait conclure en disant que c'est l'enfant qui fait d'un couple un père et une mère; à l'enfant conçu ils donnent « feu vert », d'accord, mais il ne faut pas qu'ils attendent d'être parfaits pour le faire. Ils décident : « Voilà, nous sommes prêts à accepter l'inconnu qu'est un enfant, s'il veut venir. » Et leur couple prend alors, avec l'aide du bébé, un nouveau sens.

Voici la lettre d'une mère qui, elle, n'avait pas programmé la naissance de son enfant. Elle a un fils de douze ans et, lorsqu'elle l'a eu, elle et son mari manquaient de maturité. C'est son analyse, maintenant, avec le recul : « Je manquais peut-être aussi de simple bon sens à cette époque; je me sentais mal équilibrée; j'ai mal accepté cet enfant, ce qui fait qu'à ce moment-là j'ai été très dure avec lui; je le grondais sévèrement, je ne le prenais jamais dans mes bras; il pleurait souvent... »

C'est un enfant qui est venu trop tôt.

« Maintenant, écrit-elle, je ne comprends pas comment j'ai pu penser ainsi un seul instant »; et elle ajoute quelque chose qui vous intéresse : « Comme ce serait formidable si, dans les écoles, on pouvait préparer les jeunes, leur faire des cours, les instruire sur la psychologie de l'enfant, la façon de s'en occuper! »

Je ne crois pas que ça puisse faire la matière de cours qu'on écoute assis. Je pense vraiment que ça, c'est la vie pratique. Et que cette expérience n'existe plus, avec la disparition des familles nombreuses. Les familles nombreuses avaient quelquefois des inconvénients, mais elles avaient en tout cas le grand avantage de faire trouver naturel aux enfants le fait qu'il y ait des petits dans une maison, parce qu'ils en voyaient tout en grandissant et que ces petits faisaient partie de la vie de leurs parents, de la vie de famille. Et, comme chaque enfant est différent, ils acquéraient déjà une petite expérience psychologique, qui ne pouvait peut-être pas s'écrire avec des mots savants mais qui était de la psychologie vivante.

Cet enfant de douze ans est un enfant unique. Il est né trop tôt, et ses parents n'ont pas pu en avoir d'autres, ou ils ont été tellement affolés par cette éducation difficile qu'ils n'en ont pas voulu d'autres. La mère se demande maintenant si, à cet enfant qui vit comme un enfant plus jeune, qui se niche dans son giron, qui demande des caresses de petit, qui se ronge les ongles jusqu'au sang, il ne faut pas donner ce qu'il n'avait pas quand il était petit.

Moi, ça me fait penser à ces mères qui se disent : « Je n'ai pas nourri mon enfant comme il fallait; je ne lui ai pas donné les doses de biberon qu'il fallait; il a douze ans maintenant. Je vais lui redonner le biberon qu'il n'a pas eu. » Non, c'est fini. Maintenant, il faut qu'il vive comme un enfant de douze ans, tout de même. Je crois que s'il se niche tellement contre sa maman, c'est parce qu'il n'a pas de camarades. Ce que les parents peuvent faire de mieux pour lui, c'est d'aller passer leurs vacances dans des camps où il y a d'autres familles; qu'eux soient avec des parents de leur âge et que l'enfant soit avec des enfants de son âge.

Cette personne parle aussi des colonies de vacances et écrit : « Il est souvent parti en colonie, mais il n'est jamais parvenu à s'y trouver bien... »

Parce que les parents n'y allaient pas...

« Maintenant il ne veut absolument plus y aller. Il ne se sent vraiment heureux qu'avec nous, et, cette année, nous avons pris la décision de lui éviter la colonie. »

C'est un enfant qui a vécu dans un trio tout à fait refermé sur lui-même. L'enfant allant tout seul en colonie de vacances, ça n'a pas pu marcher. Non. Je parle de ces camps de vacances ou de ces hôtels familiaux où parents et enfants sont mêlés; les enfants s'y amusent follement à faire du volley-ball, du bateau, de la natation, avec des copains de leur âge, tout en étant aussi avec leurs parents. Et les parents s'amusent entre adultes autant que leurs enfants. Pour le moment, cet enfant est comme avec des vieux, puisqu'il a douze ans et qu'eux-mêmes sont des adultes isolés. Il se sent en difficulté. Je crois que ces parents auraient intérêt à avoir ce genre de vacances collectives. Ainsi, la vie reprendrait autant pour eux que pour l'enfant. Je crois que c'est ça qui a manqué.

Pour en revenir à ce que disait cette dame, j'aimerais beaucoup en effet que les jeunes gens et les jeunes filles soient entraînés à s'occuper des petits. Je regrette qu'il n'y ait pas de possibilité pour les jeunes à partir de quatorze-quinze ans d'aller en stage à trois ou quatre, par roulement, dans la maternelle de leur école, pour s'occuper des petits, jouer avec eux. Ils trouveraient peut-être cela très marrant. Et après, quelqu'un — peut-être la psychologue de l'école, pourquoi pas? —, leur parlant de ce qu'ils ont vu, de ce qu'ils ont vécu avec ces petits, pourrait leur expliquer ce qui s'est passé dans leurs rapports avec les enfants. De même les jeunes filles pourraient être préparées à s'occuper d'enfants, peut-être en aidant des mamans. On pourrait avoir, dans les garderies et les crèches, trois ou quatre places pour les jeunes filles, par roulement, pour qu'elles apprennent leur métier de futures mamans.

Une lettre, maintenant, concernant un enfant qui est venu très tard, puisque c'est une mère de cinquante-trois ans, dont le fils a six ans, qui vous écrit. Le mari en a soixante-trois. Voilà le problème : dans cinq ans, elle va prendre sa retraite. « Mon mari et moi irons dans un milieu moins rural qu'actuellement, à proximité d'une grande ville, pour qu'il y ait un lycée. J'ai un peu peur que mon fils soit perturbé dans sa préadolescence par cette question qui ne peut manquer de lui être posée : " Est-ce que c'est ta mère ou ta grand-mère? " Car, bien que je sois encore jeune, je ne peux quand même pas espérer paraître vingt-cinq ou même trente-cinq ans. » Le mari, lui, est plutôt d'avis de négliger cette question et dit que beaucoup d'enfants, après tout, ont leurs problèmes propres, ne serait-ce que ceux, par exemple, dont les parents sont de races différentes. Son fils n'a qu'à assumer le sien, c'est-à-dire celui d'avoir des parents vieux. Elle écrit encore : « *Ce qui me fait pressentir chez lui un problème inexprimé, c'est qu'il n'aime pas les gens âgés. A la télévision, il déclare, devant telle ou telle chanteuse d'âge mûr, et que je trouve pourtant très séduisante : " Elle est vieille. " Il idolâtrait John Wayne, par exemple, dont il a vu beaucoup de films. Récemment, il a été horriblement déçu parce qu'il l'a vu dans un film qui datait de quelques années et il a dit : " Mais il est vieux! "* » Voilà donc des gens qui ont eu un enfant très tard, qui n'a que six ans maintenant et qui n'aime pas les vieux. Elle ajoute d'ailleurs : « *Ne croyez surtout pas que je projette sur mon enfant mon propre refus de vieillir. Bien sûr, cela m'embête comme tout le monde de vieillir, mais c'est tout. Alors, que dois-je faire? Dois-je parler à mon fils et lui dire franchement notre âge [parce que, évidemment, ils ne l'ont jamais fait], ou parler plus tard, ou me taire comme me le conseille mon mari?* »

Mais voyons! Il faut dire la vérité. Quand l'enfant dit qu'il n'aime pas les vieux, il faut lui répondre : « Eh bien, tu n'as pas de chance, parce que tu as des parents vieux. » Il demandera alors : « Mais quel âge avez-vous donc? » A ce moment, qu'elle lui dise son âge, qu'elle lui montre le livret de famille — puisqu'il doit commencer à savoir lire. Il faut qu'il sache qu'il a au moins le droit de connaître l'âge de ses parents. Surtout, que cette femme ne se croie pas vieille, car on n'a pas l'âge civil...

On a l'âge de ses artères!

Et aussi l'âge de ses organes — puisqu'elle a eu un enfant à l'âge où d'autres femmes ne peuvent plus en avoir. Cela prouve qu'elle a un âge physique beaucoup plus jeune qu'elle ne croit. Elle se demande : « Est-ce que je suis jeune? Est-ce que je suis vieille? » Ce que je peux lui dire, c'est que les enfants sont bien plus gênés par des mères jeunes, quand ils ont quatorze ou quinze ans, que par des mères âgées : une mère âgée, ce n'est pas une rivale des petites amies qu'on voudrait avoir. L'important est que l'enfant sache dès maintenant la vérité. Cela ne m'étonnerait pas qu'il dise : « Mais comment? Vous n'êtes pas vieux, puisque vous êtes mes parents. » Beaucoup d'enfants de six ans se plantent devant leur mère qui en a vingt-cinq ou vingt-huit et lui déclarent : « Oh! toi, tu as au moins cent ans. » Que la mère réponde : « Mais non, je n'ai pas cent ans », ils diront : « Ah! Eh bien, je croyais. » Et c'est tout. L'âge, pour les enfants, cela n'a rien à voir avec le nombre des années.

Mais s'il fait toutes ces remarques, c'est qu'il a compris?

Non; mais il a dû l'entendre dire, depuis qu'il est petit, ou quand il était au berceau : car toutes les choses s'impriment dans le cerveau des enfants. En tout cas, il est grand temps que ces parents disent la vérité. En sachant qu'ils ne sont ni jeunes, ni vieux pour leur fils : elle est sa mère, il est son père. Et puis que la mère ne se fasse pas des idées sur ce qui se passera dans quelques années. Il se passera ce qui doit se passer au jour le jour. C'est tout. Il saura plus vite qu'il doit devenir responsable de lui-même. Et puis, peut-être bien qu'ils seront centenaires, ces gens, après tout!

Pour terminer avec le sourire, on peut rappeler à cette correspondante le souvenir que Pagnol raconte dans un des trois volumes qu'il a consacrés à son enfance : un jour, ayant cinq ou six ans, il avait entendu les adultes autour de lui annoncer la venue d'une tante qui était assez « âgée » et dont tout le monde disait : « Ah! là là! elle vient d'avoir un enfant. C'est bien tard. Elle va avoir un enfant de vieux. » Il raconte comment, sur la pointe des pieds, dès l'arrivée de cette personne avec l'enfant qu'il ne connaissait pas, il avait pénétré dans la chambre pour aller se pencher au-dessus du berceau. Il avait été consterné de voir un bébé tout rose et sans cheveux, alors qu'il s'attendait à voir un bébé avec une grande barbe.

Eh bien, voilà ce que cette femme pourrait dire à son fils : « Tu as encore de la chance de n'être pas né avec une barbe, toi qui es un enfant de vieux. » Et il trouvera ça très drôle. Elle pourrait aussi lui dire : « Tu vois, les enfants de vieux, ils ont de la chance, parce que leurs parents ont réfléchi longtemps et qu'eux ont pris toute la richesse de l'expérience de leurs parents. Tu as été très malin de nous choisir vieux. »

Tu vois, je te touche :
c'est moi, c'est toi

(Le miroir)

Nous avons ici un témoignage assez extraordinaire et qui, je pense, intéressera beaucoup de mères d'enfants jumeaux. La correspondante qui nous l'a envoyé a deux filles de sept et cinq ans, et des garçons jumeaux — « de vrais jumeaux », précise-t-elle — de trois ans. Ils vivent à la campagne et vont tous à l'école à une dizaine de kilomètres de là (grâce au ramassage scolaire). Les deux garçons sont allés à l'école pour la première fois à deux ans et demi et y sont très heureux. Ce sont, d'après la mère, deux vrais pirates qui respirent la joie de vivre.

Or, voici ce qui s'est passé : un matin, l'un des garçons s'est plaint d'avoir mal au cou. Il était effectivement enflé sous la mâchoire et sous l'oreille. Il n'avait pas de fièvre, mais la mère a préféré le garder à la maison, craignant que ce ne soient les oreillons. Elle a envoyé l'autre à l'école ; il n'était pas très content mais est parti avec ses sœurs. Celui qui était resté s'est regardé, en passant dans la chambre de ses parents, dans une grande glace posée contre un mur. A ce moment-là, sa mère l'a entendu demander à son frère : « Tu es là ? » Elle a d'abord pensé qu'il jouait, mais il a insisté, s'est mis à pleurer et à supplier son frère dans la glace : « Ne prends pas ma moto » — alors qu'il était lui-même assis sur ladite moto, bien sûr. Comme il avait l'air désespéré, la mère est venue près de lui, lui a parlé, lui a expliqué que c'était lui-même qu'il voyait, lui montrant son image à elle, à côté de lui, dans la glace; mais l'enfant se remettait toujours à parler avec son frère. Elle a essayé, pour lui changer les idées, de l'emmener chercher le courrier, etc. Mais lui ne voulait pas quitter la glace. « Il n'est jamais habillé comme son frère — on les a toujours considérés comme des enfants différents. Je lui ai donc montré que ce n'étaient pas les chaussures ni les pantalons de son frère qu'il portait. Il a alors réalisé un peu, mais c'était plus fort que lui, il n'arrivait pas à se convaincre que son frère n'était pas là et ne lui parlait pas, exactement comme lorsqu'il joue avec lui. Ce qui m'a vraiment surprise, c'est que je sentais qu'il ne faisait pas semblant, qu'il était profondément troublé. Au bout d'un long moment, il est allé chercher une boîte, s'est regardé dans la glace et, là, a prononcé son propre prénom en disant : « Tiens! là [dans le miroir], il y a une boîte! »

Ça, c'est très curieux, parce que c'est un enfant qui, par ailleurs, dit déjà « je » et parle normalement. Or, il s'est exprimé soudain comme un enfant beaucoup plus petit, en utilisant la troisième personne. Ce qui prouve — la mère avait tout à fait raison — combien il avait été troublé par cette expérience insolite.

Ensuite, il est revenu se regarder avec d'autres jouets. Et sa mère lui a donné un gâteau qu'il a mangé devant la glace en se faisant des grimaces : « D'un seul coup, j'ai eu l'impression qu'il revenait sur terre; il s'est mis à énumérer tout ce qu'il voyait dans la glace : une chaise, le lit, la fenêtre, un vêtement, etc. Et il est sorti en disant : " Eh bien, mon frère, il est à l'école. Tout va bien. " Et cela a été terminé. »

C'est une observation extrêmement intéressante. La mère précise que ces enfants avaient déjà eu l'expérience du miroir. Puisqu'il est toujours à la même place dans la chambre des parents, ils s'y étaient sans doute bien regardés, en effet, mais ensemble, galopant l'un derrière l'autre, par exemple, sans réaliser chacun qu'il voyait son visage, et pas seulement celui de l'autre. En fait, ils croyaient ne voir que l'image de l'autre. Certains enfants — même parfois quand ils ne sont pas jumeaux — éprouvent ces sensations insolites le jour où ils découvrent leur image dans le miroir. Ils croient que, tout d'un coup, un petit camarade est entré par magie dans la pièce; ils lui parlent et vivent des moments de déréalisation, comme cet enfant. La seule manière de les faire sortir du malaise, c'est d'agir comme cette mère a fait. D'abord, aller devant le miroir et parler avec l'enfant : « Tu vois, je te touche : c'est moi, c'est toi. Et là, c'est froid : c'est un miroir; c'est ton image » — ne pas dire : « C'est toi », mais : « C'est ton image; c'est mon image. » Et puis donner à manger, parce que, ça, manger, ça ne peut pas se passer dans le miroir : notre jumeau a eu, pour le coup, la sensation, en mangeant et aussi avec la boîte qu'il tenait, qu'il s'agissait bien de lui. C'est à partir de là, après s'être vu dans la glace avec sa mère, après avoir mangé et avoir saisi la réalité de son être interne par la nourriture, qu'il a pu jouer à tout ce qu'il voulait devant la glace. Il se retrouvait centré sur ses propres viscères, si je puis dire, sur son corps existentiel séparable de la présence de son frère jumeau, dont l'apparence pouvait se confondre à la sienne dans le miroir.

Fascinés par les éléments

(Le feu, l'eau)

Nous allons rappeler un vieil adage. On dit toujours qu'il ne faut pas laisser les enfants jouer avec des allumettes, jouer avec le feu. La personne qui vous écrit ici a, je crois, des raisons de vous poser la question. Il s'agit de la grand-mère d'un petit garçon de six ans. Elle a fait récemment un séjour chez sa belle-fille et son fils, et a constaté que son petit-fils était très attiré par le feu : « Tout petit, déjà, il était fasciné par l'illumination des gâteaux d'anniversaire; guidé par une main d'adulte, il allumait et réallumait sans cesse les bougies. Ensuite, il était fasciné par les feux de broussailles et de branches que son grand-père enflammait dans le fond du jardin. » En arrivant chez ses enfants, elle a appris que, la semaine précédente, le petit avait enflammé une couverture — qui a été vite éteinte parce qu'il y avait quelqu'un dans l'appartement. A ce moment-là, les parents ont parlé à l'enfant, lui expliquant que c'était très dangereux, qu'il aurait pu faire flamber la maison, etc. Bref, ils ont essayé de lui montrer la catastrophe qu'il aurait pu produire. Or, ils se sont aperçus que, après cette conversation, l'enfant avait dérobé une boîte d'allumettes dans la cuisine, lui qui, jusqu'à présent, n'avait jamais rien caché de sa vie : quand il prenait quelque chose (une paire de ciseaux, un livre), il venait toujours le leur dire. Les parents se sont donc demandé : « Mais alors, le dialogue, cela ne veut rien dire ? » Plus grave, peut-être : la veille de l'arrivée de la grand-mère — c'est pour cela qu'elle écrit —, des voisins ont vu le petit mettre le feu à des papiers dans la poubelle d'un immeuble proche. Les poubelles ont fondu. Un autre garçon qui était avec lui est parti en courant parce qu'il avait peur; lui, par contre, est resté, fasciné par les flammes. Elle écrit : « Que faut-il faire? Si le dialogue n'a servi à rien, faut-il punir? Et comment le surveiller? Ce n'est pas possible. On ne peut pas surveiller un enfant de cet âge-là vingt-quatre heures sur vingt-quatre. Faut-il le brûler légèrement à la main, pour lui montrer que c'est dangereux? Cela me paraît bien extrême et bien cruel. » Une amie de la famille a suggéré de le dégoûter du feu par l'excès, en l'obligeant à brûler toutes les allumettes d'une vingtaine de grosses boîtes. La grand-mère vous demande ce que vous pensez de tout cela.

Le feu est effectivement un problème pour les enfants, parce qu'il les fascine, comme l'eau, comme le sable — nous savons combien d'enfants ont des accidents en faisant des trous dans des monticules de sable pour s'y glisser, ce qui les conduit trop souvent à s'y étouffer —, comme l'air — où ils aiment tellement, par exemple, faire voler des ballons. Les enfants sont fascinés par les éléments, comme tous les êtres humains depuis que le monde est monde. C'est grâce à la maîtrise des éléments que l'enfant se développe. Or, cette grand-mère ne nous dit rien du niveau de développement de l'enfant. Elle nous dit l'âge qu'il a d'après sa date de naissance, mais elle ne dit rien de son adresse manuelle, du niveau de son vocabulaire, de son niveau scolaire, de sa façon d'être sociable avec les adultes, avec les enfants...

Elle dit simplement que c'est un enfant unique; et que ses parents projettent d'en avoir un second bientôt.

Elle donne aussi une précision qui est très importante sur le passé de cet enfant. Elle écrit qu'à l'occasion d'un anniversaire, alors qu'il était trop petit pour le faire seul, une grande personne lui a guidé la main pour qu'il allume, réallume et réallume les bougies du gâteau. Or, il ne faut jamais, en guidant la main d'un enfant, l'aider à faire quelque chose qu'il n'est pas encore autorisé à faire seul. C'est très important, parce que le feu est fascinant. Je me demande si ce garçon ne cherche pas à retrouver une main qui le guide dans tout, comme lorsqu'il était petit; s'il ne se souvient pas d'une façon tout à fait fascinante, inconsciemment, de ce jour de fête où, tout d'un coup, il a fait quelque chose de dangereux comme s'il était un adulte, mais en ne se rendant pas du tout compte, à ce moment-là, qu'il était aidé.

C'est comme ces pères qui prennent leurs enfants sur leurs genoux quand ils sont au volant, pour leur faire « conduire » la voiture. C'est une chose épouvantable. Ou encore, quand l'enfant est déjà assez grand (à onze, douze ans) et connaît le principe de la conduite automobile, on le laisse conduire la voiture, alors que la loi l'interdit avant qu'on ait passé le permis dans des conditions données : cette conduite aussi est extrêmement dangereuse, parce qu'elle veut dire que le père est un hors-la-loi, hors d'une loi qui est la loi de tous.

Maintenant, dans ce cas particulier, le fait, pour la grand-mère, conseillée par ses voisines, d'obliger le petit à brûler le contenu de vingt grosses boîtes d'allumettes, ça rime à quoi? A l'embêter? Mais ce n'est pas en l'embêtant qu'on va l'aider. Si quelqu'un peut aider cet enfant, ce n'est pas une femme, maintenant qu'il a six ans, et compte tenu que le feu est symbolique de désir : je crois que c'est le père. Elle, qu'elle le surveille. Et qu'elle parle avec lui du feu. Qu'elle lui demande de le dessiner. Que, chaque fois qu'elle a l'occasion de faire quelque chose qui s'y rattache (comme d'allumer le gaz, ou des bûches si elle a une cheminée), elle lui enseigne le feu utilitaire. Qu'elle lui dise : « Je vais te montrer. » Qu'elle ne le fasse pas trop vite, qu'elle ne lui guide pas la main, mais qu'elle lui montre comment elle fait en le lui expliquant avec des mots. Puis, qu'il fasse la même chose qu'elle. S'il y a un petit danger, s'il se brûle un peu, elle commentera : « Eh bien, tu vois, tu t'es brûlé, mais si tu le fais bien, avec les mêmes précautions que moi, et pas n'importe comment, tu ne te brûleras pas. » Qu'elle lui enseigne à faire des actes utilitaires, en lui en montrant la technique.

Faut-il mettre les allumettes sous clé?

C'est impossible. Il en trouvera certainement d'autres à un autre endroit. En revanche, je crois qu'il serait bien que, par exemple, au-dessus d'un évier, où c'est sans danger, le père fasse un feu et lui dise : « Écoute, puisque tu es fasciné par le feu, nous allons passer un moment à parler du feu tous les deux. Nous avons une demi-heure, une heure. On va aller jusqu'au bout. Puisque tu as tellement envie de voir du feu, nous allons en faire un. » En lui expliquant pourquoi c'est très dangereux, n'est-ce pas? Punir un enfant qui met le feu, cela ne sert rigoureusement à rien : car il s'agit d'une fascination sourcée au plus profond de l'inconscient. Il faut qu'il arrive à se maîtriser et à savoir qu'on ne met pas le feu dans les endroits dangereux. Il y arrivera avec l'aide de son père.

J'ajoute que, à l'idée que la mère pourrait être enceinte, l'enfant qui a six ans a particulièrement besoin de l'attention et de l'affection tutélaire de son père, d'explications pas seulement sur ce feu qui l'attire et le fascine mais sur la vie qui le questionne.

Oui. J'ai pu me rendre compte moi-même de l'effet qu'avait produit, après coup, la vision d'un feu de bois sur une enfant de huit-neuf mois. Un an, un an et demi après, alors que cette enfant n'avait plus eu l'occasion de revoir de feu, puisque cela se passait à la campagne et qu'elle habitait dans une ville, elle en a reparlé. Dès qu'elle voyait quelque chose qui s'allumait, elle prononçait quelques mots : « feu », « bois », « crac », « bruit », etc. Elle avait l'air un peu hallucinée. Elle avait été très fortement impressionnée par cette image.

Cela m'intéresse beaucoup, parce qu'il faut dire qu'autrefois, il y avait toujours du feu dans les cheminées. Nous savons nous-mêmes, adultes, combien c'est fascinant, comme le temps passe quand on regarde brûler un feu. Aujourd'hui nous n'avons plus guère l'occasion, avec le chauffage central, de percevoir, comme les enfants d'autrefois, ce charme d'un feu.

Ce qui se passait à la veillée.

Oui. Et le travail des parents, et comment un feu prend, comment on l'entretient, etc. Il y a peut-être dans l'histoire de votre petit garçon quelque chose d'autre que la main tenue pour allumer les bougies et les réallumer : il y a peut-être aussi un souvenir d'incendie ou de fascination par le feu. Je n'en sais rien. En tout cas, si on veut l'aider, c'est en intervenant de la façon dont j'ai parlé.

Voici deux lettres qui traitent de la même question : la peur de l'eau chez certains enfants. Elle se traduit évidemment de manière très différente. La première mère a une fille de quinze mois qui a peur, horreur même, de l'eau. Elle a peur de la pluie, de sa baignoire de bébé, etc. « Elle hurle littéralement, écrit la mère. Que faire? Je précise que j'ai toujours utilisé un thermomètre de bain. Donc, il n'y a pas eu de problème de ce côté-là. J'ai même essayé de baigner les jouets. Rien n'y fait. Comment dois-je agir? La prendre avec moi dans la baignoire? Mais est-ce que ce ne serait pas lui donner une mauvaise habitude? Dois-je me contenter, pour l'instant, d'attendre, c'est-à-dire de la laver sur une grande serviette avec un gant de toilette? Dois-je la faire jouer avec de l'eau? »

Pour l'autre correspondante, c'est un peu différent. Ce sont des gens qui habitent au bord de la mer, et qui ont un petit garçon de dix-neuf mois. Il n'a pas eu peur de l'eau tout au long de l'hiver dernier. Puis, quand l'été est venu, alors que les parents avaient envie de le laisser patauger dans l'eau, voilà que ce garçon a été pris d'une peur panique de la mer — « peut-être parce que, écrit la mère, alors qu'il jetait des cailloux dans l'eau, un jour, il a été renversé par une vague. Depuis, il n'y a absolument plus moyen de l'amener près de l'eau ». Elle a tout essayé : de le prendre dans ses bras, de l'emmener avec elle. L'enfant hurle, même quand lui n'est pas au bord de l'eau, mais voit ses parents s'en approcher.

Ce sont deux cas très différents, parce que la petite fille a *toujours* eu peur de l'eau, même de l'eau dans la baignoire. Alors que le cas du petit garçon est tout à fait classique.

La première, je ne sais pas. La mère peut l'aider en la faisant jouer avec de l'eau, mais hors de l'eau, autour d'une cuvette, par exemple, ou d'un baquet. Si elle a la chance d'avoir un petit jardin avec un tas de sable, que l'enfant ait un baquet à côté d'elle, pour mélanger le sable avec de l'eau. L'activité manuelle avec de l'eau rassure les enfants et, de plus, les rend intelligents de leurs mains. Je crois que cette petite est tout à fait à l'âge des jeux d'eau. Alors, qu'on mette dans le baquet de petits objets qui coulent, qui flottent (petites poupées, biberon, et timbales pour jeux de transvasement, petites casseroles et objets de dinette pour jouer à faire la vaisselle).

Mais on sépare tout cela de l'heure du bain?

Tout à fait! L'enfant, vêtu d'un tablier de caoutchouc pour ne pas mouiller ses vêtements, joue avec l'eau, quelquefois deux à trois heures par jour. C'est complètement différent du bain où l'eau maîtrise l'enfant, lequel est, lui, alors, la chose de l'eau; ici, au contraire, l'eau est la chose et l'enfant le maître de l'eau. Voilà ce que tous les parents devraient faire avec leurs enfants. Ils ont besoin de jouer avec l'eau. Qu'il n'y ait jamais de drames autour de cela. Si l'enfant, la première ou la deuxième fois, va mouiller une autre pièce en sortant de la salle d'eau, il ne faut pas le gronder; il faut gronder ses pieds qui ont mouillé, qui l'ont emmené hors de la salle d'eau. Et puis, il faut penser aussi que jouer avec l'eau provoque chez l'enfant une envie de faire pipi et que, dans ce cas-là, il faut avoir un pot à côté, ou ne pas le gronder s'il a fait dans ses couches pendant qu'il jouait.

Quant au petit garçon, qui était tout à fait rassuré jusqu'à dix-neuf mois...

...qui rêvait même d'aller à la mer. Ses parents étaient obligés de lui dire : « Mais c'est l'hiver. Tu ne peux pas... »

...là, c'est tout à fait classique. Les enfants, jusqu'à dix-huit, dix-neuf, vingt mois, n'ont aucun sens du danger. La petite fille, ce n'est pas la peur du danger réel qu'elle a, c'est quelque chose comme une phobie. Mais celui-ci, il était comme tous les enfants, c'est-à-dire que, voyant l'eau, il avait envie d'aller dedans. Les petits, généralement, adorent l'eau. Il s'est passé, tout de même, qu'une vague l'a fait tomber : sur le moment, ça n'a pas eu l'air de l'effrayer. C'est après coup qu'il a eu peur (ou, peut-être, a été vexé). De toute façon, ce serait arrivé l'année suivante : car, pendant au moins une saison, l'enfant devenu observateur comprend les dangers des vagues et de la mer; il n'est pas encore assez sûr de lui en face de cette immensité vivante, mouvante, même s'il ne s'avance pas très loin. Je crois qu'il faut le laisser tranquille. Il ne faut surtout pas se moquer de lui ou le traiter de poltron, pas du tout!

Ce sera pour l'année prochaine, maintenant.

Oui, ce sera pour l'année prochaine, et en jouant avec d'autres enfants. Mais, chez lui aussi, jouer à l'eau autour du bidet, avec des objets dedans, ce sera excellent; parce que, là, il n'aura absolument pas peur et retrouvera sa confiance dans l'eau, une eau qu'il aura appris à maîtriser avec ses mains, les pieds sur la terre ferme.

On parle beaucoup des bébés nageurs. Est-il bien ou non de plonger de très jeunes bébés dans les piscines?

Mais pourquoi pas? A ce moment-là, ils n'ont absolument pas peur. Les moniteurs, les mères ou les pères qui plongent, en prenant l'enfant dans leurs bras, doivent apprendre à ne pas respirer dans l'eau, alors que le bébé le sait d'instinct. C'est très curieux. Je n'aurais pas pensé cela si je n'avais pas lu des articles et des témoignages. C'est très juste. Seulement, attention. Ces enfants sont avec leur mère dans la piscine mais, à la mer, la réaction serait la même que celle du petit garçon du fait de la dynamique des vagues qui viennent et qui, en se retirant, emmènent le sable qui est sous les pieds et donnent, à la station debout, cette curieuse sensation que nous avons tous quand nous allons dans la mer. Il faut, pour ne plus craindre ces petites sensations déroutantes, que l'enfant ait la certitude de son identité de sujet maître de l'eau et soit très agile de ses jambes et de ses pieds.

Quand les circuits de l'ordinateur s'emmêlent

(Bilinguisme)

A propos des problèmes que se posent les parents concernant le bilinguisme des enfants, vous aviez demandé, un jour, des témoignages. En voici donc quelques-uns. Le premier est celui d'un Français qui habite l'Espagne, dont les garçons sont bilingues et ont encore appris deux autres langues avec facilité. Il vous rapporte aussi l'histoire d'une fillette de père allemand et de mère anglaise, parlant français entre eux, et qui avaient une bonne italienne. Cette petite n'a parlé qu'à huit ans, mais a parlé les quatre langues d'un coup.

Ah oui! C'est un témoignage très intéressant! C'est parce que, en fait, l'apprentissage du langage est quelque chose comme l'organisation et l'installation d'un ordinateur. C'est vrai qu'il y a des enfants qui restent très longtemps sans parler et qui, tout d'un coup, parlent parfaitement. Alors que d'autres, qui jargonnent tôt mais pendant très longtemps, parlent ensuite rarement très bien. Ne parlent vraiment bien que les enfants qui se mettent à parler correctement en très peu de temps. C'est pour cela aussi qu'il ne faut pas les bousculer.

Dans cette famille, on a dû penser que c'était du fait du multilinguisme que l'enfant avait du retard pour parler. En tout cas, à voir la suite, c'était certainement une enfant qui avait des échanges mimiques et gestuels avec ces quatre personnes qui parlaient des langues différentes. Et c'est à huit ans, âge où l'enfant se dégage des problèmes de la première sexualité qui aboutit à l'Œdipe, c'est donc une fois sortie de l'Œdipe et tournée vers le social qu'elle a pu parler les quatre langues sans difficulté. Cette enfant a vécu certainement beaucoup de problèmes. Mais elle n'était pas coincée, parce que les parents n'étaient pas angoissés. Il est très important que les parents ne s'angoissent pas de ce que leur enfant ne parle pas, si, par ailleurs, il se fait comprendre par des quantités de gestes. On ne doit s'inquiéter que pour les enfants qui sont repliés sur eux-mêmes, qui n'ont pas de langage (d'échange) de regard, de compréhension et d'inter-compréhension avec leurs semblables et ne jouent pas. Cette enfant-là, elle, devait être une fillette vivante, chez qui simplement s'étaient emmêlés les circuits de l'ordinateur.

Des problèmes de circuits, en voici encore. Beaucoup de couples bilingues se demandent quelle est la première langue à parler pour leur enfant. Il y a là un témoignage, qui remonte aux années 1938-1940, assez révélateur et qui, je crois, peut être intéressant pour beaucoup de parents. C'est une mère qui écrit : « *Je suis autrichienne de langue allemande et, à la maison, nous parlions allemand avec notre petit garçon.* » *Dans les années trente, pendant la crise, ils ont vécu quelques années dans une ferme du Tyrol. Là, il y avait l'allemand qu'on parlait toujours à la maison, mais aussi le dialecte tyrolien qu'on parlait dans les fermes. L'enfant faisait, lui, très bien la différence entre ce dialecte et l'allemand. Mais en 1938, ces gens ont émigré au Pérou et ont placé l'enfant, qui avait cinq ans et demi à l'époque, dans une école anglo-péruvienne, dans une classe de transition. L'enfant ne savait ni l'espagnol ni l'anglais.* « *Il était hors de question, écrit la mère, de le mettre dans l'école allemande, parce que c'était une école nazie.* » *Ils ont donc préféré placer leur enfant dans une école où l'on parlait des langues qu'il ne connaissait pas. Et puis, un jour, en pleine classe, cet enfant qui était muet, qui ne parlait ni l'anglais ni l'espagnol, s'est dressé sur sa table, et s'est mis à hurler comme un insensé. L'instituteur a appelé un autre enfant qui parlait allemand. Celui-ci s'adressa au premier en allemand : « Est-ce que tu n'es pas fou? » Immédiatement, le petit exilé s'est arrêté net de crier; il s'est calmé. Et, très vite, comme si tout s'était brusquement débloqué, il s'est mis à parler parfaitement à la fois le péruvien et l'anglais.*

C'est une histoire merveilleuse. L'intelligence de la relation humaine chez cet instituteur du Pérou est extraordinaire; il a eu l'idée d'aller chercher un autre enfant qui a pu, avec une voix d'enfant et dans la langue que parlait le garçonnet quand il était encore plus petit, lui dire le mot « fou », « pas fou ». Alors que ce garçon se sentait fou justement de ne pas pouvoir s'exprimer! C'est pour cela qu'il avait eu cette explosion de colère. Certainement, ce surgissement du langage de son enfance, devant tout le monde, et grâce à l'aide de l'instituteur, lui a permis de faire le lien entre sa petite enfance et le temps présent; il a découvert qu'il pouvait encore entendre d'un semblable à lui ce langage qu'il n'entendait plus que de ses parents — et que, donc, il pouvait, en société, n'être pas exclu, hors langage complètement. Cette histoire intéresserait certainement des linguistes, des orthophonistes et des sociologues.

Cette correspondante vous a récrit quelques jours après, pour compléter son témoignage. Le petit garçon a maintenant quarante ans bien passés. Il est chirurgien, marié à une Française et père de trois garçons. Mais ce qui nous concerne plus directement, c'est qu'il a eu des problèmes quand il avait douze ans. Dans la vie sociale, il avait conservé quelque chose de ses traumatismes d'enfance. Et, élève dans un collège anglais, il a commencé à avoir de grosses difficultés avec ses camarades. Alors la mère n'a pas hésité à avoir recours à une psychologue expéri-

mentée qui, en quatre séances, a pu sortir l'enfant de tous ses embarras.

Ça, c'est intéressant aussi, parce que beaucoup de parents ne savent pas que, lorsqu'un enfant est traumatisé par des problèmes de relations avec ses camarades, le recours à un ou une psychothérapeute peut être très opportun; et que, en plus, lorsque l'enfant est très motivé, c'est le moment pour un tel recours. Ça s'arrange parfois très vite, à ces étapes de prépuberté.

Elle écrit encore que, vers seize ans, il a eu de nouveau des difficultés, et vous raconte comment elle y a répondu : « Je lui ai dit que je savais qu'il avait des problèmes; que, à cet âge, tout le monde en avait, mais qu'on ne les racontait pas à sa mère; que, peut-être, il suffisait qu'il sache que, moi, sa mère, je le savais. » Elle a appliqué ce que, moi, j'appellerais « la méthode Dolto », quoi!

En tout cas, à toutes les mères qui voudraient connaître les problèmes de leur fils de seize ans, il faut conseiller de lire ces lignes. Il y a là une attitude très sage, très respectueuse, où la pudeur du garçon est tout à fait reconnue par une mère qui n'insiste pas. Et c'est très important, justement, à seize ans.

Vous avez encore reçu un témoignage où le problème des langues se répète de génération en génération. C'est celui d'une jeune femme de parents suisses alémaniques, qui a vécu en France depuis l'âge de six mois : « Je me suis sentie, pendant toute ma jeunesse, en Suisse comme en France, une étrangère. Nous passions nos vacances en Suisse, ce que je n'aimais guère; pendant toute mon enfance, le côté français domina. Nous ne parlions que rarement, mes frères et moi, le dialecte suisse allemand. Notre vocabulaire s'enrichissait surtout de mots fran-

çais. Mais c'était comme si je n'avais pas de bonnes racines. A dix-huit ans, après le bac, la famille a déménagé en Suisse et j'ai fait des études universitaires en allemand. Mon français est resté au niveau du bac et mon allemand n'a jamais rattrapé les années de scolarité manquées. J'ai souvent l'impression de ne connaître aucune langue vraiment. De plus, le fait d'avoir grandi " à cheval sur deux cultures " m'a donné comme deux personnalités. »*

Cela peut sonner bizarre, mais l'influence du langage et de tout ce qu'il comprend est très grande sur toute notre façon d'être et de penser. On ne se sent pas le même selon qu'on parle français ou suisse allemand.

Elle poursuit, et c'est encore une remarque curieuse : « Je ne ressens cela nullement avec l'anglais, n'ayant pas vécu la culture anglaise. » Elle est, en effet, obligée de parler anglais, maintenant que son mari travaille en Afrique. Et c'est là que la question resurgit, pour une autre génération : « Les enfants — ils ont quatre ans et demi, et trois ans — vont très bien. Le second n'a parlé qu'à trois ans, mais, en quelques mois, l'anglais et le suisse allemand en même temps, sachant parfaitement quand et comment utiliser l'une ou l'autre langue. »

Elle ne s'est pas préoccupée de ce qu'il ne parlait pas plus tôt parce que, justement, elle avait eu sa propre expérience. Il lui fallait le temps de mettre en ordre ses ordinateurs.

C'est comme reculer pour mieux sauter, en fait!

Si vous voulez! Et le jour où il parle, il parle parfaitement bien et à bon escient les deux langues.

« Je leur parle peu français, de temps en temps une chanson. Je raconte à ma fille aînée qui a quatre ans et demi que, quand

j'étais une petite fille, j'habitais la France, je parlais français et suisse allemand. Elle, elle parle l'anglais et le suisse allemand. »

Voilà, on peut vivre avec les deux personnalités de deux langues en soi et vivre très bien. Ça ne veut pas dire qu'on ne le sent pas et qu'on ne s'en souvient pas.

Oui, et cela répond aux questions que se posent les parents sur ce qui se passe dans la tête d'enfants qui acquièrent deux langues à la fois.

Une dernière lettre, pour terminer, sur le bilinguisme. C'est celle d'une correspondante marocaine de vingt ans; son père est marocain, sa mère française. Ses parents habitent au Maroc. Elle poursuit ses études en France — vous allez comprendre pourquoi. « Ma langue maternelle à moi est le français et, jusqu'à présent, je ne suis pas parvenue à parler l'arabe. » Pourquoi? Parce que, pour elle, cette langue est liée à une sorte de complexe, d'angoisse. Elle a un blocage total vis-à-vis de la langue de son père. Pendant toute sa scolarité, lorsqu'elle était au Maroc, elle n'est jamais allée dans une école arabe, mais dans une école française. Donc, elle parlait français à l'école. Mais elle était quand même la seule, parmi toutes ses petites camarades, à ne pas parler un peu d'arabe. « Je me suis sentie, à cause de cela, différente des autres. Cette ignorance de la langue arabe, je la vivais comme une sorte de maladie honteuse. Je me sentais humiliée lorsqu'on me parlait en arabe, parce que je comprenais bien ce qu'on me disait, mais au moment où j'allais parler, quelque chose se bloquait. » Et ça continue! Aujourd'hui encore, elle a toujours peur de mal prononcer, de mal accentuer les mots en arabe. Elle est malheureuse de la séparation qui en résulte entre elle et ses parents. Elle vous demande d'essayer d'expliquer son blocage. Qu'est-ce qui pourrait le résoudre?

Bah! Expliquer, expliquer... En sortir! Parce que ça a l'air de lui compliquer la vie. Et, surtout, de l'angoisser.

Oui. Elle écrit : « Je suis incapable de parler avec mes proches, avec mes parents. » Mais c'est surtout vis-à-vis de son père qu'elle a un problème : « J'ai une impossibilité quasi physique de prononcer un mot d'arabe devant lui. J'ai une peur terrible de le décevoir. »

C'est difficile de répondre à cette jeune fille, parce qu'il nous manque tout savoir sur la famille de son père. Elle ne parle que du père lui-même. Il me semble qu'elle a vécu sa petite enfance en n'osant pas parler avec son père la langue de son pays parce qu'elle voulait d'abord être la fille de sa maman et parler français. Et puis, à l'école, c'est quand même en français que son père a souhaité qu'elle se développe, puisqu'il l'a mise dans une école française.

Elle dit qu'à l'époque, c'était une sorte de mode, et même carrément de snobisme, d'envoyer ses enfants dans une école où l'on parlait français.

Oui. Mais avec des enfants qui, tous, parlaient arabe auparavant.

Évidemment.

Or, elle, elle ne pouvait pas parler arabe; peut-être parce qu'elle n'aimait pas une grand-mère ou une tante arabes, ou des tantes par alliance arabes.

Je pense qu'il y a là un problème d'identité. Être la fille de son père : il n'était pas clair qu'elle pouvait conserver avec lui des relations chastes en parlant arabe. Il lui semblait que, si elle développait le côté arabe d'elle-même, elle développait quelque chose qui manquait à la mère, et qu'alors, elle deviendrait, pour ainsi dire, la concubine arabe de son père, qui avait une femme légitime française. Il a dû se passer quelque chose comme ça dans sa première sexualité, celle que nous appelons préœdipienne, au moment de l'obligation d'avoir avec le père des relations chastes, et de communiquer avec lui par le langage.

Je me demande si elle ne pourrait pas trouver de l'aide en fréquentant des étudiantes marocaines de Paris, en se confiant à l'une d'entre elles. Parce que le pas à franchir serait de créer une relation de sœur à sœur, de sœur marocaine et française à sœur marocaine. A présent, à son âge, elle pourrait se sentir comme une sœur humaine autant de sa mère que de son père. Seulement, en fait, elle ne peut pas parler à son père une langue qu'une sœur de son père lui parlerait.

En apprenant à parler avec une amie, elle se préparerait à parler aussi marocain avec des camarades masculins et, peu à peu, se « vaccinerait » contre cette impossibilité si sélective de parler la langue « de son père ». Cette jeune fille semble, d'après sa lettre, être fille unique, n'avoir pas eu de frère. C'est ce côté d'échange fraternel avec son père qu'il faudrait aborder : elle entend parfaitement son langage, mais elle ne peut pas lui répondre, parce qu'elle n'a pas eu un modèle dans sa famille, un « moi auxiliaire », sœur ou frère, pour parler l'arabe, la langue de son père mais non celle de sa mère. C'est ça qu'il faut dépasser. Je crois qu'il y a un petit problème caractériel d'enfant unique dans cette histoire-là. Il lui a manqué une grand-famille — je veux dire grand-mère, tante, oncle du côté paternel — où l'on vivait en parlant la langue arabe, et des frères et sœurs, cousins, cousines qui, en arabe, en parlant avec elle et avec leur oncle, son père, lui auraient servi de modèles, d'entraîneurs linguistiques.

Il faut dire, Françoise Dolto, pour être complet, que, d'après la masse de courrier que nous avons reçu sur le bilinguisme, dans la majorité des cas, il n'en résulte pas de gros problèmes.

C'est cela qui m'intéresse.

Il y a d'ailleurs des parents qui vous écrivent : « Je crois que, devant un enfant qui a l'air d'avoir des problèmes pour acquérir l'une des deux langues, il ne faut pas en faire un problème devant lui. » Et ça résout bien des situations.

Absolument! Ni devant lui, ni derrière son dos, lui faire confiance. La plupart des témoignages montrent qu'il y a de petits blocages, par moments, et puis que tout repart; qu'il faut respecter les difficultés qu'a l'enfant, mais sans en faire un problème psychologique dont tout le monde parle en famille. C'est cela le plus important.

Blanche-Neige, c'est quelqu'un qui bosse du matin au soir

(Du bon usage du conte)

Voici la lettre d'une mère qui n'a pas vraiment un problème, mais est extrêmement intriguée par le comportement de sa fille de cinq ans et demi.

Mais je crois que ça, c'est un problème!

Cette enfant a une sœur de quatorze ans. La mère ne travaille pas. Le mari s'occupe de l'enfant, « mais sans trop », écrit-elle. L'enfant va à la maternelle depuis qu'elle a deux ans et demi. « Elle s'y est beaucoup ennuyée », précise la mère.

Mais pourquoi maintenir un enfant à la maternelle quand il s'y ennuie?

Apparemment, c'est elle qui a voulu y aller, mais elle a été très déçue en se rendant compte qu'elle n'était pas avec sa sœur. Elle devait penser qu'en allant aussi à l'école, elle pourrait retrouver sa sœur aînée. Bien! Voilà ce qui se passe : elle écoute beaucoup de disques, d'histoires qu'on lui raconte. Elle est tout à fait, disons, « normale » et se conduit comme une enfant de son âge, mais elle est absolument fascinée par l'histoire de Blanche-Neige. Et la mère vous écrit : « Elle l'est à tel point que, depuis deux ans, elle a écouté le disque à peu près deux fois par jour. » La mère, elle, doit lui lire le livre (toutes les versions : de Disney, de Grimm, etc.) constamment. « Elle a évidemment, faite par mes soins, copie conforme de la robe de Blanche-Neige. Elle voudrait aussi qu'on lui teigne les cheveux en noir. Elle n'a pas les chaussures à talons, mais elle en parle souvent, parce qu'elle aimerait bien les avoir. Et quand, pendant la lecture, on arrive au moment où le prince charmant réveille Blanche-Neige en l'embrassant, comme dans la Belle au bois dormant, *ses yeux expriment une pâmoison totale.* » *La mère précise que sa fille est assez jolie, mais qu'on ne s'extasie pas sur elle toute la journée à la maison et qu'elle-même, la mère, a demandé qu'on ne lui fasse pas trop de compliments.*

Alors, croyez-vous que c'est parce que Blanche-Neige est jolie dans les histoires que la petite est fascinée? Qu'est-ce que cela veut dire? La mère a lu, par exemple, dans le livre de Bruno Bettelheim sur la Psychanalyse des contes de fées [1] *ce qui concerne Blanche-Neige, mais elle ne trouve pas que ça corresponde à ce qui se passe pour sa fille.*

De toute façon, quelle que soit l'attraction qu'un enfant a pour un héros — Blanche-Neige est une héroïne —, les parents peuvent l'utiliser pour l'aider à se développer. Là, au contraire, elle est figée dans quelque chose d'imaginaire, c'est une sorte de pâmoison. Et, finalement, elle ne se développe pas du tout, reste l'enfant qui fait à la fois les demandes et les réponses, qui vit toute seule. Or, il y a une chose que la mère ne dit pas : si elle lui a fabriqué aussi les nains — puisque ça a l'air d'être une femme qui a du temps!

Elle a confectionné la robe, en tout cas.

Oui, justement. En fait, ce n'est pas tellement difficile de mettre des talons à des chaussures d'enfant (on met des rondelles pour que cela ressemble à des talons). Et qu'elle lui trouve une

---

1. Paris. Laffont, 1940.

vieille perruque, pourquoi pas? Les enfants aiment se costumer. Maintenant, les nains, pourquoi? Cette petite fait semblant d'être Blanche-Neige, bon, mais Blanche-Neige, c'est quelqu'un qui bosse du matin au soir! Hein? Qui fait les lits, qui confectionne des couvertures aux nains avec des carrés de toutes les couleurs, qui a le balai, qui chante, etc. C'est justement parce qu'elle avait une méchante mère qu'elle s'est sauvée. Mais elle s'est sauvée pour devenir une mère de sept nains. Et Dieu sait si elle s'en occupe! Dieu sait qu'elle est une mère aubergiste extraordinaire! Eh bien, est-ce que cette petite sait faire la mère aubergiste? Qu'elle se déguise en Blanche-Neige, soit, mais qu'elle épluche les légumes, qu'elle cuise tout et qu'elle dise que sa mère, sa sœur, enfin tous les gens de sa famille, ce sont ses nains et qu'elle va s'en occuper! Au moins...

Pour le coup, elle va changer de conte, à mon avis. Elle prendra la Belle au bois dormant!

Il faut se servir des contes pour que l'enfant développe son intelligence dans la réalité. Là, l'enfant fuit dans l'imaginaire et la mère joue ce jeu-là seulement. Mais il y a autre chose à faire. Pourquoi ne pas se servir du héros pour s'identifier à lui dans la réalité, et pas seulement dans l'imaginaire? Or, Blanche-Neige, c'est vraiment la maîtresse de maison, anti-MLF au possible, n'est-ce pas? Là, c'est très bien, parce que cela aide les enfants à se développer. Que la mère lui montre, par des dessins, tout ce que Blanche-Neige fait dans la maison; lui montre que les nains travaillent aussi et que, quand ils rentrent, tout est bien fait, tout est préparé! Voilà! Il faut que l'enfant s'identifie aux activités de Blanche-Neige et pas seulement à sa robe, à sa beauté et à sa solitude, comme ça a l'air d'être le cas. Voilà ce qui m'inquiète chez cette enfant : cet ennui, sa fuite uniquement dans un monde imaginaire où elle se parle à elle toute seule, sa nullité ménagère, sa passivité à l'école et à la maison, perdue dans son rêve, en attente d'un hypothétique prince charmant à se pâmer!

LORSQUE L'ENFANT PARAÎT

Mais en général, lorsqu'on raconte une histoire, une légende ou un conte de fées à un enfant, faut-il insister sur le fait que c'est seulement de l'imaginaire?

Il n'y a pas de « il faut »!

Enfin, qu'est-ce qui est souhaitable?

Je dis que, lorsqu'un enfant aime un héros, il doit s'identifier à lui pas seulement en pensées, mais aussi en activités. Être Robin des Bois, par exemple : il y en a qui aiment se déguiser en Robin des Bois. Pourquoi pas? Eh bien, qu'on leur apprenne aussi à bien viser! Ce n'est pas difficile. On fabrique une cible sur un grand contre-plaqué; et on vise de plus en plus loin avec une flèche non dangereuse (on fabrique des petites flèches maison avec de la pâte à modeler au bout d'un crayon) : « Si tu es Robin des Bois, tu sais bien viser. Sans cela, à quoi ça sert? » N'est-ce pas? Et puis il y a l'adresse, l'acrobatie de Robin des Bois, la façon dont il sauve les jeunes filles des méchants, etc. Enfin, qu'il n'y ait pas seulement une histoire en l'air, seulement dans la tête. Tout ce que fait l'enfant a pour but de le développer, c'est-à-dire de le sortir de son impuissance pour le rendre puissant dans la réalité à l'exemple de son héros. Or, dans ces histoires, si les héros sont des êtres imaginaires, ils sont aussi exemplaires, ils ont développé leur corps, ils sont habiles et efficaces. Et c'est à cela que doivent aller les enfants : s'appliquer dans la réalité de leur être en société à développer les qualités du héros ou de l'héroïne qu'ils admirent.

Pas avec les parents seuls, mais avec beaucoup d'autres

(La lecture, la télévision)

On a l'impression que beaucoup de parents sont déçus par leurs enfants dès lors que ceux-ci ne sont pas exactement ce qu'ils auraient souhaité ou rêvé qu'ils fussent.

Hélas!

La mère d'un enfant de treize ans vous écrit : « Il n'aime pas la lecture. Cela nous surprend beaucoup car son père et moi avons toujours plusieurs livres à portée de la main. Nous lisons régulièrement, mais n'avons jamais pu l'intéresser à la lecture. Il lit des bandes dessinées (c'est mieux que rien), et encore, pendant très longtemps il n'a regardé que les images; il ne lisait les légendes que quand il ne comprenait pas le dessin. » *Par exemple, quand il avait six ans, il aimait écouter des disques qui racontaient des histoires, en particulier* le Petit Prince *dit par Gérard Philipe. Quand il a commencé à apprendre, la mère a essayé de lui faire lire* le Petit Prince *en écoutant le disque en même temps. Mais, au bout de quelques minutes, l'enfant s'est totalement désintéressé du livre, il l'a refermé et n'a plus voulu y toucher.* « Finalement, il a appris la lecture comme un perroquet, sans bien comprendre le sens des mots, jusqu'au jour où j'ai trouvé un jeu, dans un magazine pour les enfants, qui l'a amusé. Là, il a fait des efforts pour lire. » *Elle donne d'autres exemples encore et elle conclut : « Je pense que le goût de la lecture lui viendra peut-être, comme le reste : sa première dent, il l'a eue à quatorze mois; un jour, il a envoyé en l'air le biberon et n'a plus voulu que la cuiller; etc. Il aime le sport, les activités manuelles, la musique, mais il ne veut pas apprendre. Il suit des cours musicaux au lycée, déchiffre sur l'orgue. Nous l'écoutons, car nous dialoguons. Mais c'est dommage qu'il ne s'intéresse pas à la lecture, car nous aimerions bien lui faire apprécier tout ce qu'il y a dans les livres et que nous aimons, nous. Cela l'aiderait aussi pour son travail scolaire. »*

Alors, là, vous aviez raison : ce sont des parents qui n'ont pas l'enfant dont ils avaient rêvé. Ils ont un enfant qui, dans la réalité, est différent d'eux. Peut-être est-il justement différent d'eux parce que, quand il les voit plongés dans les livres, il se sent absent de leurs préoccupations. La seule manière de faire apprécier la lecture à un enfant, c'est de lui lire des histoires tout haut, très longtemps. Il n'y en a pas d'autres.

Pourtant, quand il était petit...

Oui, je sais bien, mais c'était l'audio-visuel, les disques, la télé, la radio. Quand on racontait une histoire, ça, il aimait. Mais les enfants aiment encore mieux la lecture faite par le père ou par la mère. Et puisque ces gens aiment lire et qu'il a treize ans — à treize ans, pour la lecture, on est absolument comme un adulte —, tout ce qu'ils lisent, ils peuvent le lire tout haut : si ça l'ennuie, il s'en ira; sinon, il écoutera et apprendra de ses parents. C'est un enfant très actif. Je dois dire que, pour les garçons, le fait de lire tôt représente très souvent une fuite de la réalité. Les parents sont ravis que leur enfant lise beaucoup; mais c'est mauvais. Or, actuellement, il existe non seulement des occupations comme celles qu'a ce garçon (manuelles, physiques, sportives, etc.), mais aussi la télévision et la radio. Nous sommes à une autre époque. Même quand cette personne et son mari étaient jeunes, il y avait sûrement beaucoup de jeunes de leur âge qui fuyaient la réalité et les contacts, le sport et le travail manuel, sous prétexte de se plonger dans un monde imaginaire, qui était alors celui de la lecture. Leur fils est un garçon qui a besoin de la vie réelle, et je l'en félicite. Le bon âge pour aimer la lecture, c'est vers seize ans, quand on a du temps et qu'on s'ennuie un peu parce qu'on n'a pas assez de contacts humains. Mais le véritable âge pour la lecture, pour lire d'une façon qui apporte vraiment quelque chose, c'est plus tard encore, vers dix-huit, dix-neuf ans, parce qu'on a déjà une expérience de la réalité et du monde et que les livres y font allusion. Sinon, c'est une expérience fausse, uniquement verbale; une expérience qu'on ne peut pas remettre dans la vie, qui ne joue pas son rôle d'enrichir ce qu'on a déjà connu et éprouvé en y ajoutant ce qu'on n'a pas vu et qu'on aimerait connaître.

En disant cela : « Il a treize ans, donc les parents peuvent lire à haute voix pour lui tout ce qu'ils lisent », j'imagine que vous allez faire bondir énormément de gens. Il y a des formules qui sont des lieux communs : par exemple, on parle toujours de ces livres qui ne sont pas à mettre entre toutes les mains...

Bien sûr! Mais je ne pense pas que ce soit de ces livres-là que les parents parlent.

Je veux dire qu'on considère que certains sujets, certains thèmes ne sont pas abordables...

Eh bien, justement, ce n'est pas vrai. Quand les livres sont bien écrits, et quels qu'en soient les sujets — je ne parle pas des livres pornographiques ou érotiques, n'est-ce pas; je parle des romans, des essais, des livres de documentation —, ils sont intéressants à partir de l'âge, mettons, de dix-onze ans, quand les parents font participer les enfants à leurs propres lectures. Ils disent : « Tu vois, dans ce chapitre-là, il y a cette demi-page qui est formidable. Moi, je l'ai trouvée formidable. Je vais te la lire. » Et les enfants en discutent avec les parents. C'est ainsi qu'ils se mettent à goûter un auteur. Parce qu'un livre n'a de sens que si on est au contact de l'auteur qui l'a écrit. Sans cela, les enfants ne comprennent pas un livre : c'est du papier, de la chose. Cela devient vivant quand les parents l'ont rendu vivant. La preuve, d'ailleurs : même avec une voix qui n'était pas familière, mais qui le rendait vivant, l'enfant aimait *le Petit Prince*. Il est certain que, si on lit, c'est pour avoir l'histoire dans les oreilles et dans l'esprit. Si quelqu'un vous l'apporte, on est heureux. Si ces parents veulent ouvrir l'esprit de leur fils, c'est comme cela qu'ils feront, et non pas en lui imposant une lecture solitaire dès lors que, pour lui, elle est ennui.

A propos d'éveil, voici un thème qui n'a pas encore été abordé ici et qui concerne beaucoup de parents : les enfants doivent-ils ou peuvent-ils regarder la télévision? Qu'est-ce que la télévision apporte aux enfants? Qu'est-ce qu'elle leur retire? Est-ce bon pour eux? Est-ce mauvais?

C'est en effet le problème de beaucoup de familles, surtout parce qu'une famille, cela veut dire que vivent ensemble des gens d'âges différents et qui, donc, n'ont pas tous ni mêmes motivations ni mêmes intérêts. C'est cela qui est compliqué.

Une mère vous explique d'emblée qu'elle est hostile à la télévision : « Je suis contre, parce que ça attire les gens comme des aimants; ils en sont prisonniers. Ça tue les conversations, c'est un piège pour les enfants, ça leur fatigue les yeux. Et puis, aussi, la télévision tue la vie de famille. Nous avons la télévision à la maison, mais je n'autorise pas mes enfants à la regarder. » Elle compare la télévision à une sorte de drogue dont la famille ne peut plus se débarrasser.

Dit-elle l'âge de ses enfants?

Sept ans et deux ans et demi; elle ne précise pas si ce sont des garçons ou des filles. Elle écrit : « Ils sont très brillants à l'école... »

Mais enfin! sept ans! deux ans et demi! brillants à l'école!

Elle généralise peut-être hâtivement. Je continue sa lettre : « Ils sont très brillants. Je pense d'ailleurs que c'est parce qu'ils ne regardent pas la télévision. Nous faisons, nous, d'autres choses avec nos enfants. Nous organisons des jeux, de la lecture, de la musique, des promenades, des discussions. » Elle ajoute cependant que son mari n'est pas du tout d'accord avec elle et lui reproche de ne pas vivre avec son temps. Elle vous demande, en fait, qui a tort, qui a raison, et surtout de ne pas hésiter à lui dire si elle a tort.

C'est absolument impossible de trancher. Il faut dire que cette lettre est un peu étonnante, parce que cette mère parle de la même façon de son enfant de sept ans et de celui de deux ans et demi. Comment un enfant de deux ans et demi peut-il avoir des discussions? Il semble qu'elle parle beaucoup plus de l'aîné avec lequel elle a une relation très privilégiée, dont le mari, peut-être, souffre un peu, puisque c'est pour cet enfant que lui est privé de télévision.

Maintenant, il faut ajouter qu'il y a un bon usage de la télévision pour les tout-petits : deux ans et demi, c'est un âge où les histoires présentées à la télévision occupent beaucoup l'imagination. C'est déjà du social pour eux, ça leur donne un moyen de parler entre eux d'autre chose que de la famille quand ils se rencontrent au jardin public ou à la maternelle. Je ne suis pas contre la télévision *a priori*. Je suis contre la drogue, c'est-à-dire contre le manque de choix des émissions et la monotonie. Que la télévision soit toujours interdite, je crois que c'est élever « rétro » des enfants de notre époque.

En plus, les émissions du mercredi — que je regarde quand j'ai le temps — sont remarquables. Elles enseignent aux enfants beaucoup de choses, qui n'ont pas besoin de passer par la parole des parents, qui passent par la parole de gens qui savent enseigner : comme les histoires d'animaux, ou la géographie vivante... Il y a aussi les dessins animés. Peut-être cette dame ne les aime-t-elle pas, mais il y en a de très jolis! Il y en a aussi de bêtes, malheureusement...

Quoi qu'il en soit, que va-t-il arriver? Ces enfants iront chez des camarades qui voient la télévision et penseront que leur mère à eux est en retard. Et ce sera malheureux. Je crois qu'il faudrait qu'elle suive les programmes et choisisse : « Tiens, ce soir, ça va vraiment être intéressant; si vous voulez — ils ne sont pas obligés de regarder une émission parce que Maman a dit qu'elle était bonne — on regardera. » De même pour le petit : qu'elle regarde un jour, toute seule, les émissions destinées aux tout-petits pour se rendre compte de ce que la télévision réalise pour eux.

En somme, le mari n'a pas tout à fait tort?

D'autant que, finalement, lui non plus n'a pas la possibilité de regarder la télévision, pour éviter que les enfants n'aient un régime à part. Or, je crois qu'il n'est pas bon que les parents soient uniquement centrés sur l'éducation et l'éveil de l'esprit de leurs enfants. Toujours ça, et rien que ça. Mais eux, alors?

Il y a dans cette lettre une deuxième question. Vous venez de dire qu'il n'y a pas que le développement éducatif des enfants qui compte; qu'il y a un temps pour tout. Et justement, le problème de l'éveil des enfants a l'air de préoccuper cette femme. Elle vous demande : « Lorsqu'on s'aperçoit que des enfants sont intelligents, qu'ils assimilent rapidement, est-il bon ou mauvais de les pousser à étudier, de leur montrer la portée des études, de leur faire sentir que le travail est un trésor? Comment faut-il s'y prendre? Ai-je raison, ou ne vaut-il pas mieux les laisser vivre leur enfance? »

J'ai l'impression qu'elle le sait déjà! Quand elle écrit « vivre leur enfance », je réponds : bien sûr! Sinon, les enfants sont comme une partie de la mère. Il faut que les parents sachent que tout ce qui a été acquis, inculqué, vécu, échangé, avec leurs seuls père et mère ou seulement pour faire plaisir aux parents doit tomber, comme des feuilles mortes, au moment de la puberté. L'enfant ne retient de son enfance que ce qui a été intégré, non avec ses parents seuls mais avec beaucoup d'autres personnes en même temps. C'est très important.

Maintenant, les pousser, ça veut dire quoi? Ce que je peux assurer, c'est qu'il est très mauvais, pour un enfant, de sauter une classe. Il vaut mieux qu'il n'aille pas à la maternelle et qu'il entre directement — peut-être, en effet, s'il sait lire et écrire — à cinq ans et demi ou six ans, s'il en a le niveau, au premier ou au deuxième cours préparatoire, par exemple. Mais, à partir du moment où il est entré à l'école, il ne doit pas sauter de classe. J'ai vu beaucoup d'accidents d'enfants qui avaient sauté une classe pour faire plaisir à leurs parents : ils se retrouvaient décalés. Si l'enfant, donc, peut apprendre à lire, à écrire et à compter avec sa mère et son père, très bien; c'est même mieux que s'il était à l'école, à condition qu'il ait d'autres possibilités de fréquenter des enfants dès ce moment-là, dans des jeux, à des ateliers.

J'ai l'impression, en vous écoutant parler, que vous n'aimez pas les gens qui veulent pousser leurs enfants...

Je trouve ça dangereux.

...et qui ont tendance à essayer de découvrir un petit surdoué dans leur famille.

Les enfants sont tous intelligents. L'intelligence scolaire n'est presque rien à côté de l'intelligence générale. L'intelligence, c'est de donner un sens à tout dans la vie, ce n'est pas la seule scolarité. Elle s'éveille autant par le travail des muscles, du corps, l'adresse des mains. Dans l'intelligence, il y a la mémoire : faire travailler la mémoire avec des poésies, des contes qu'il saura raconter, avec une émission de télévision où il retiendra ce qui a été dit, c'est cela qui développe l'intelligence d'un enfant; cela : avoir des échanges à propos de tout ce qu'on voit, et non pas scolariser à tout prix. Je voudrais que les parents comprennent qu'il faut développer l'intelligence et la sensibilité à la vie par tous les moyens qu'un corps a de s'exprimer.

Souvent, quand les parents veulent trop pousser leurs enfants, ils s'aperçoivent que ceux-ci ont des réactions de rejet...

C'est ça.

...vis-à-vis de l'école, parce qu'on l'a trop vantée à la maison.

Et puis, les enfants précoces, ceux qui, par exemple, arrivent en avance aux examens terminaux, abordent la puberté en étant « bourrés » scolairement. Et quand, à l'âge d'être étudiants, il leur faut vivre leur vie de corps — qu'ils n'ont pas suffisamment connue encore —, leur sensibilité aux autres (aux filles ou aux garçons, suivant le sexe), leur sensibilité artistique, il se produit une chute : ils n'ont plus d'intérêt pour les études. Ce qui est dommage, chez des enfants qui ont donné tant de promesses, n'est-ce pas? Il faut que nous revenions, nous Français, de cette chanterelle, si je puis dire. On a appuyé sur la scolarité, en croyant que c'était l'essentiel pour l'intelligence de l'enfant : « Mon enfant est en cinquième. A son âge! c'est merveilleux! » Peut-être, en effet. Il y a des êtres ouverts très vite à beaucoup de choses. Mais ce n'est pas une raison pour les pousser vers la vie scolaire exclusivement. La droiture du caractère, l'amour et l'observation de la nature, des plantes, des animaux, la joie de vivre, l'inventivité industrieuse, l'adresse manuelle et corporelle, une affectivité disponible, l'expérience psychologique d'autrui et de la vie collective, l'acceptation de la différence des autres, l'aptitude à se faire des amis et à les garder, la connaissance de l'histoire de sa famille, de sa commune, de sa région, de son pays, l'éveil à l'art, à la culture, aux sports, le sentiment de sa responsabilité, la curiosité de tout, la liberté de la satisfaire, voilà des qualités qui bien souvent ne se développent pas quand la réussite scolaire est la *seule* valeur pour quoi un enfant est apprécié de ses parents.

Un enfant personnellement motivé pour quelque chose — quoi que ce soit —, c'est cela un enfant vivant; s'il est soutenu pour dépasser ses échecs et ses déceptions, scolaires ou sentimentaux, par l'affection de ses parents et la confiance en lui qu'ils savent lui donner dans une ambiance détendue, alors c'est un enfant promis à un avenir réussi.

J'ajoute qu'avant de se réjouir de voir un enfant « en avance » en classe, il faudrait s'interroger pas seulement sur sa capacité d'assimiler des connaissances mais sur les compagnons qu'il peut, à ce stade de son développement, chercher, et par qui il peut être accueilli comme un semblable. Deux impératifs à moduler. Être en avance met l'enfant en danger de ségrégation s'il est physiquement, puis sexuellement immature par rapport aux autres. C'est même davantage gênant pour le développement du caractère que de se trouver plus âgé que ses camarades de classe. Il est donc sage d'éviter à un enfant brillant d'être « en avance » en classe avant quinze ans révolus.

Expliquer le bruit,
faire aimer la musique en l'aimant

(Les sons : bruit, musique)

Nous vivons dans une société où l'on est entouré et même parfois agressé par les sons et les bruits... A ce propos, beaucoup de jeunes parents vous demandent comment on peut habituer les bébés aux bruits, leur présenter des sons qu'ils découvrent presque à chaque minute, chaque jour, et qui les effraient, bien souvent parce qu'ils ne peuvent pas les identifier?

Il faut dire que, dans la maison, ce qui fait peur à l'enfant, ce sont les bruits d'aspirateur, d'appareils électriques vrombissants et de chasse d'eau. La seule manière de prévenir ou de guérir ces angoisses, c'est de prendre l'enfant dans ses bras et de lui expliquer : « Tu sais, le bruit que tu n'aimes pas, c'est le bruit de l'aspirateur, le bruit de la chasse d'eau, etc. », en lui donnant le nom. « Viens, tu vas voir. »

Même si l'enfant n'a que quelques semaines?

Mais oui, même à huit jours, quinze jours! Que la mère fasse entendre à l'enfant tous ces bruits familiers pendant qu'elle l'a dans ses bras. Ainsi, ils font partie d'une « mamaïsation » sécurisante.

« Mamaïsation »? Tiens!

J'aime bien ce néologisme. Quand tout est « mamaïsé » dans la vie d'un enfant, dans la vie familiale, tout est sécurité. Car tout fait partie de l'intimité avec maman. Il faut dire que, si l'enfant craint le bruit de l'aspirateur, c'est parce qu'il l'entend généralement à des moments où la mère est échevelée, agitée, pressée : c'est la barbe pour elle, mais elle doit le faire. Et l'enfant sent tout le temps une tension. C'est ce qui est autour de cette activité qui lui fait peur, surtout s'il ne l'a pas vue, au début, quand il était encore tout petit, comme faisant partie de la vie habituelle, quotidienne, de la mère.

Il y a aussi le bruit de sirène du premier jeudi du mois. Il faut, surtout si les parents habitent près d'une sirène, que les mères aient leur enfant dans les bras ce jour-là, à partir de midi moins dix, pour être sûres qu'à midi, les premiers sons ne l'effraieront pas. Ou que, si elles sont dans la rue, elles prennent leur enfant dans les bras dès qu'elles entendent la sirène. La sirène est quelque chose d'antiphysiologique. Certains nourrissons, en l'entendant, se ratatinent et deviennent bleus d'angoisse. Mais si la mère les rassure, les regarde dans les yeux en leur disant : « Ce n'est rien; cela s'appelle la sirène. Il ne faut pas avoir peur. Maman est là! Maman est là! », c'est fini. Après, ils pourront entendre toutes sortes de sirènes, celles des voitures et des toits, sans aucune crainte. Il faut simplement faire attention les premières fois.

Quant aux bruits de chasse d'eau : l'enfant est inquiet du destin de son caca; cela fait encore partie de lui, et il a peur de partir avec le caca si, un jour, par hasard, il se trouve là. C'est donc comme un bruit qui l'entraîne. De même, il y a des enfants qui sont affolés quand la baignoire, en se vidant, se met à faire un bruit de siphon, comme s'ils craignaient d'être entraînés dans la vidange. Tout cela, il faut le leur dire en paroles, quand ils ne sont pas tout à fait prêts à regarder, puis le leur faire observer. Dès lors, ils s'habitueront très bien.

Surtout, ne jamais se moquer d'un enfant qui a peur d'un bruit. Ne jamais lui dire : « Ah! que tu es bête! C'est l'aspirateur. »

C'est un enfant qui cherche à connaître. Il faut lui expliquer le bruit avec des mots, et le rassurer.

Ne pas hésiter non plus à faire fonctionner ces appareils?

C'est ça! Et montrer à l'enfant comment le faire fonctionner lui-même, en appuyant sur le bouton.

Maintenant, une tout autre question. Sans vouloir trancher sur des problèmes qui ne dépendent pas de votre spécialité, mais qui concernent quand même l'enfant, nous avons choisi des lettres sur l'éveil musical des enfants, notamment par les leçons de piano. Car les leçons de piano, cela revient souvent dans le courrier. Voici une lettre, qui en représente beaucoup d'autres, d'une correspondante qui a trois filles de onze, neuf et quatre ans. Le problème, c'est que la grand-mère maternelle des enfants, qui est professeur de piano, donne des cours à la fillette de neuf ans. Auparavant, elle avait commencé à en donner à la fille aînée, « mais elle a abandonné, écrit la mère, après un ou deux ans de cris, de pleurs, de hurlements, de mauvaise humeur de l'enfant chaque fois qu'elle devait aller aux cours. Ma seconde fille faisait d'ailleurs la même chose l'année dernière. C'étaient toujours des hurlements, des " Je ne veux pas y aller ", " Je n'aime pas le piano ", " Je préfère faire autre chose ", etc. » Finalement, les parents se demandent s'il faut persévérer, obliger les enfants à apprendre la musique, à aller à des leçons de piano et à les supporter; si, finalement, plus tard, elles n'auront pas de la reconnaissance pour des parents qui les auront forcées à passer ce cap. Le père, lui, quand on l'interroge sur ce qu'il faut faire, répond : « Ça commence par les leçons de piano. Après, ce sera l'école. Elles ne voudront pas y aller non plus. »

Mais c'est tout à fait différent, puisque l'école est obligatoire! Si les leçons de piano ne plaisent pas à un enfant, c'est parce que le professeur n'a pas su lui donner le goût de cette discipline, soit à cause de l'ambiance qu'il crée par les leçons, soit parce que ce professeur lui-même n'est pas ravi de son métier. Car, si l'on fait ce métier en étant énervé, cela prouve qu'on n'est pas heureux de le faire. Et, dès lors, il risque de dégoûter les enfants de ce qu'il leur enseigne pour la vie. Combien de sujets n'ai-je pas vus, qui étaient musiciens par eux-mêmes et qui ont été dégoûtés de la musique pour la vie par un professeur avec lequel les cours se passaient très mal? Et puis le professeur doit s'adapter : il voit qu'un enfant n'aime pas le piano? Eh bien, puisqu'il est payé pour une heure ou une demi-heure de musique, que, pendant ce temps-là, il en joue à l'enfant. C'est beaucoup mieux que de lui en faire jouer si, lui, n'aime pas ça. La musique est un plaisir pour ceux qui l'aiment. Cela se voit au plaisir de l'écouter, pas toujours d'en faire soi-même.

Je ne sais quelles sont les relations entre ces petites filles et leur grand-mère pour le reste, ni si cette correspondante est une bonne pianiste elle-même et si elle aime la musique. Si elle-même aime la musique, elle en entend souvent, elle parle du plaisir qu'elle en éprouve et du plaisir à en jouer. Or, c'est comme cela que les enfants apprennent à l'aimer : en en entendant dès qu'ils sont petits, parce que leurs parents en jouent et l'aiment et qu'ils cherchent très tôt quelle musique plaît à leur bébé.

Je le redis : il faut d'abord que les parents eux-mêmes aiment la musique! Un enfant aime quelque chose en fusion affective, émotionnelle avec sa mère. Si ces petites filles apprennent le piano parce que la mère veut faire plaisir à sa propre mère, c'est barré. Et c'est barré parce que c'est motivé dans cette relation-là de la mère à sa mère, et non à ses enfants. Et en plus, pour que les enfants soient reconnaissants plus tard. Vraiment, si on fait quelque chose pour que les enfants vous en remercient, c'est l'éducation à l'envers.

Nous avons parlé de l'amour du professeur pour son métier, de l'amour des parents pour la musique; et puis il y a aussi le mouvement propre de l'enfant. Un art s'enseigne à un enfant qui l'aime. Lui, plus tard, cherchera ce que ses enfants aiment. Peut-être cette femme n'a-t-elle pas été élevée par sa mère? ou sa mère ne cherchait-elle peut-être pas ce qu'elle aimait? Sinon elle n'insisterait pas pour faire étudier un instrument de musique à un enfant qui ne l'aime pas.

En revanche, on peut le mener à des auditions de piano d'autres enfants, ou à des concerts. On peut dire : « Moi, j'aime tellement la musique! Est-ce que tu veux m'accompagner au concert? Si cela t'ennuie, tu t'en iras; tu m'attendras dehors. » Et on prévient l'ouvreuse : « Moi, je veux écouter le concert. Vous garderez le petit dehors. » Peu à peu, les enfants qui voient leurs parents aimer la musique se mettent à l'aimer d'eux-mêmes, surtout si ce n'est pas un pensum.

Bien sûr, les enfants n'aiment pas tout de suite n'importe quelle musique. Je parlais tout à l'heure des bébés. Par expérience, on peut dire que ce qui plaît aux tout-petits, ce sont les séquences très courtes de musique de Mozart et de Bach — des variations, par exemple —, avec un ou deux instruments (violoncelle et piano; piano et violon); pas d'orgue chez les tout-petits, c'est beaucoup trop complexe et ils ne peuvent pas l'analyser — car l'oreille des enfants analyse inconsciemment très bien la musique, dans la mesure où elle n'est pas assourdie par trop d'intensité sonore. Mais le *Petit Livre* d'Anna Magdalena Bach, par exemple, le clavecin, le piano, la flûte, le violon, le violoncelle, ils aiment beaucoup ça. Plus tard, il existe des méthodes merveilleuses qui forment le goût musical et l'oreille harmonique. La méthode Marie Jaël [1], par exemple : il y a des professeurs d'État qui sont formés selon cette méthode (il y en a d'autres, certainement, mais je connais celle-là). Et puis, il y a aussi le chant, les chorales d'enfants. Et, si l'enfant l'aime, pourquoi pas la danse?

Il faut savoir qu'un enfant, parfois, commence à apprendre à jouer d'un instrument et abandonne. Cela ne signifie pas qu'il n'aime pas la musique! Il faut lui dire : « Puisque cela ne te plaît

---

[1]. Association Marie Jaël, 117, bd Jules-Sandeau, Paris XVIe.

pas, l'argent que je mettais pour des leçons, je le mets de côté pour quand tu voudras travailler un art, que ce soit la musique ou autre chose. » C'est comme cela que les parents montrent qu'ils sont attentifs au fait que leur enfant aime un art. Car c'est vrai que, dans la vie, trouver en un art du plaisir, c'est une très, très grande joie; quand on travaille, plus tard, quand on rentre chez soi fatigué, avoir cet exutoire, c'est formidable. Alors, puisque ces parents ont de l'argent pour le faire, qu'ils mettent l'argent des cours de côté et qu'ils le disent à l'enfant, en collationnant sur un petit calepin : « Voilà le prix de la leçon. Tu en aurais eu une par semaine; cela fait tant par mois », etc.

C'est tout ce que je peux dire. Mais je suis bouleversée quand je vois des enfants aller à des leçons de piano comme à des séances de torture. C'est affreux! Je le répète : ou cela vient de la maîtresse, ou cela vient de la relation de l'enfant à cette personne, ou cela vient vraiment du fait qu'il n'aime pas la musique. Il faut respecter cela.

Encore une question sur les leçons de piano. Les parents se demandent toujours : « Y a-t-il un âge idéal? Quand peut-on commencer? » — dans l'hypothèse, bien sûr, où l'enfant montre des dispositions, comme on dit.

Le piano ou l'initiation musicale?

Les deux, les leçons d'un côté et l'initiation de l'autre.

L'initiation musicale : aussitôt que possible; à deux mois, si l'on peut; et même *in utero*. C'est ce que font les tziganes : *in utero* et dans les semaines qui suivent la naissance; le meilleur tzigane vient jouer près de la femme enceinte et joue encore près du berceau de l'enfant pendant les premiers mois de sa vie. Il a été observé qu'un enfant qui a entendu jouer d'un instrument ainsi se vouera, s'il est musicien, à cet instrument-là le plus souvent. C'est intéressant à connaître, ces traditions d'un peuple musicalement très doué.

En Allemagne, par ailleurs, on commence l'initiation musicale à la maternelle, et même déjà à la crèche, en chantant sur des rythmes avec des tambourins. Des enseignants du conservatoire passent pour reconnaître les enfants qui ont du goût pour la musique et l'oreille juste. A partir de deux ans et demi, on les ramasse en car et on les emmène au conservatoire, dans la classe des tout-petits. Ensuite, à partir de la maternelle, ceux qui aiment la musique y sont initiés à travers les instruments qui leur plaisent : pendant deux mois, c'est un instrument; pendant deux autres mois, un autre. On suit les goûts de l'enfant et son intérêt momentané, parce que c'est, suivant les enfants, vers cinq-six ans qu'ils se passionnent vraiment pour un instrument ou que, au contraire, ils sont placés dans des chœurs et dans des groupes de danse et de chant. Et ils continuent leur éducation musicale générale de cette façon. Pour certains, le désir d'un instrument apparaît quelquefois vers neuf-dix ans, plus fréquemment à la puberté, mais ils y ont été préparés par cette éducation. Que l'initiation musicale ait précédé l'époque de la puberté, c'est excellent, si elle n'a pas lassé l'enfant, si elle s'est faite dans le jeu et avec une oreille déjà formée. La musique, les rythmes et les sons font partie de la vie, comme les formes et les couleurs. Source de plaisir pour tous les êtres humains. Mais on peut aussi dégoûter les enfants d'un plaisir, en le rendant obligatoire.

Toute vérité n'est pas bonne à dire

(Le bavard, l'insolent et le rapporteur)

Une mère vous écrit au sujet de son fils de quatre ans qui a, comme on dit, la langue bien pendue, et la met souvent dans l'embarras par les réflexions qu'il fait à haute voix dans la rue. Par exemple, il s'approche d'un Africain et dit : « Tu as vu le monsieur comme il est noir! »; ou, en voyant un vieux monsieur traverser la rue : « Tu as vu le monsieur? Il est très vieux; il va bientôt mourir. » Elle se trouve alors embarrassée. Elle se pose aussi un autre problème : « J'ai deux amies qui, toutes deux, ont des situations familiales difficiles. L'une a perdu son mari qui s'est suicidé et a un enfant du même âge que le mien; il n'a, en fait, jamais connu son père. L'autre est séparée de son mari et ses deux enfants voient assez rarement leur père. Je crains qu'un jour, mon fils, avec ses habituelles réflexions, ne blesse ces enfants en leur posant des questions trop précises sur leur père. Faut-il que j'en parle avec lui la première ou que j'attende que, lui, en parle? »

D'abord, cette femme pourrait demander à ses deux amies si leurs enfants connaissent leur situation familiale. D'après leur âge, ce devrait déjà être le cas. L'un devrait savoir que son père est mort lorsqu'il était petit — par des photos de cet homme avant sa naissance ou quand il était bébé —; les autres, on peut leur parler clairement, ils ne sont pas les seuls enfants qui voient rarement leur père, divorcé. Quand les enfants sont au courant de leur situation, rien ne les blesse pour peu que ce ne soit pas dit dans ce but, mais pour parler de la réalité.

Quant à la réflexion de l'enfant dans la rue, elle ne signifie pas qu'il est raciste : il dit que le monsieur est noir parce qu'il est noir. Bien sûr, il y a des situations gênantes. Il y a même des enfants qui sont télépathes et voyants : je connais une petite fille qui, dans un train, un jour qu'une dame venait d'expliquer qu'elle allait voir son mari, a dit tout haut : « Mais, ce n'est pas vrai! Son mari, il n'est pas là. Elle va voir un autre monsieur, et elle ne le dit pas à son mari. » La dame est devenue toute rouge...

C'est ce qu'on appelle « mettre les pieds dans le plat »!

Ne prétend-on pas que la vérité sort de la bouche des enfants? Ils ne la disent pas pour nuire mais, certains, parce qu'ils sont télépathes et voyants et d'autres, parce qu'ils sont simplement observateurs.

Faut-il raisonner ces enfants?

Je ne crois pas. Dans le cas précis, quand la mère sentira que ce qu'a dit son enfant a blessé ou choqué, c'est elle qui présentera des excuses. A son fils, elle fera : « Chut! chut! » Et un peu après : « Tout à l'heure, tu as dit à ce monsieur qu'il allait bientôt mourir. Est-ce que ça te ferait plaisir de mourir? » Et elle expliquera qu'on ne dit pas à quelqu'un quelque chose qui peut lui faire de la peine. Cet enfant est intelligent et sûrement sensible. Je crois que, si elle parle avec lui maintenant, elle éduquera sa sensibilité. Qu'elle lui dise : « Toutes les choses vraies, tu peux me les dire tout bas. » Quand ils se promèneront dans la rue, il lui dira en secret : « Cette dame est très laide », « Ce monsieur est méchant. » Il y a aussi des enfants qui vous disent : « Regarde la dame, comme elle est bleue! », ou « Oh! ce qu'elle est rouge! » Cela veut dire qu'ils la trouvent agréable. À quatre ans, les enfants expriment parfois en couleurs leurs sentiments vis-à-vis de quelqu'un. Ils peuvent confier cela à la maman, qui comprend parce qu'elle est en colloque avec son enfant. Qu'elle explique : « Oui! Rouge pour de rire, parce que tu veux dire qu'elle est sympathique ou qu'elle n'est pas sympathique. » Je ne peux rien indiquer de plus. Cet enfant n'a que quatre ans... Qu'on ne lui fasse pas la grande morale!

Voici maintenant la lettre d'une mère qui, elle, est carrément affolée : « Dois-je prendre au sérieux ou minimiser ce qui s'est passé? » Son fils, qui a six ans, va à l'école depuis peu. « Hier soir, en rentrant, je trouve mon mari le visage défait », écrit-elle. En fait, son fils, en sortant de l'école, avait insulté la directrice parce qu'elle lui avait pris ses voitures pendant la récréation. Quand la grand-mère est allée le chercher, à la fin des cours, elle a entendu l'enfant exploser de colère, en criant « salope » à l'intention de la directrice. Heureusement, celle-ci n'a rien entendu...

C'est la grand-mère qui a entendu!

Oui. Et elle l'a répété au père, qui l'a répété à la mère. Et tout le monde s'interroge, demande : « Vous vous rendez compte! Que se serait-il passé si la directrice avait entendu? Que serait-il advenu de mon fils? » La mère continue : « Comme tous les soirs, j'ai demandé au petit comment la journée s'était passée, ce qu'il avait mangé à la cantine... »

Écoutez, je vous arrête tout de suite, parce que ce « comme tous les soirs »... c'est terrible. Les parents, je l'ai déjà dit, demandent aux enfants ce qui s'est passé à l'école alors que les enfants, eux, ne s'en souviennent pas ou s'en souviennent mal. Cet incident, il l'aurait totalement oublié si la grand-mère n'en avait pas fait tout un plat.

C'est ce qu'il a répondu à sa mère, d'ailleurs : qu'il avait oublié.

Mais, c'est certain! La grand-mère, elle, a été frappée : elle a imaginé ce qu'elle aurait ressenti si l'enfant lui avait lancé cela. Quant à la directrice, elle a probablement entendu, mais elle a été assez intelligente pour mettre ses « filtres » et ne pas faire attention. C'est ce qu'on fait avec un enfant qui répond de cette façon. Vous comprenez, elle lui avait fait un sale coup, après tout, en lui prenant ses petites voitures! Ça faisait trois ou quatre jours qu'il était à l'école et il comptait sur ses voitures pour épater ses petits copains et ses petites copines! Mais le règlement était contre, et puis c'est tout! C'est la loi, et la loi est dure. Qui ne dit pas des flics, des juges : « Salauds! », une fois au moins dans sa vie? Il n'y a pas de quoi fouetter un chat. Ce qui est terrible, c'est le drame qu'on en a fait.

La mère continue, donc : « Les chiens ne font pas les chats. J'ai obtenu finalement son aveu. » A ce moment-là, l'enfant a fondu en larmes, est allé s'enfermer dans sa chambre et en est ressorti avec un dessin qu'il a offert à sa mère. « Je ne me suis pas laissé prendre, écrit-elle, parce qu'il est malin justement. J'ai eu beaucoup de mal à refuser ce dessin. »

Mais, pourquoi le refuser?

C'est l'enchaînement : « Je lui ai expliqué pourquoi il n'y aurait pas, ce soir-là, de câlineries au coucher, ni de lectures. Mais, à dix heures du soir, il ne dormait toujours pas. J'ai dû faire marche arrière. » Bref, elle trouvait qu'il était trop malin de lui faire un dessin après un mot aussi horrible.

C'est vraiment l'image de parents qui ne peuvent pas assumer qu'un enfant ait un mouvement de révolte et de vérité pour exprimer ce qu'il ressent. La vérité n'est pas toujours bonne à dire, d'accord. C'est cela qu'il fallait lui expliquer, tout simplement : « Écoute, une autre fois, fais attention. Quand tu veux dire quelque chose de quelqu'un qu'il faut respecter pour ne pas avoir trop d'ennuis après, tu nous le dis à nous. Et puis, tu sauras maintenant que tu ne dois pas emmener tes petites voitures à l'école. » Mais ce père défait, cette mère affolée... moi, je trouve ça franchement drôle — sauf que c'est donner une importance beaucoup trop grande à un petit geste d'un enfant charmant et resté véridique.

La lettre suivante pose, à travers un cas particulier, un problème dont nous avons peu ou pas parlé jusqu'ici : celui des enfants rapporteurs. La mère qui vous écrit a deux garçons de cinq ans et demi et quatre ans. C'est de l'aîné qu'il s'agit; il travaille très bien en classe...

Qu'est-ce que cela signifie, à cinq ans et demi, travailler très bien en classe?

La mère écrit simplement que sa maîtresse est contente de lui parce qu'il apprend très vite.

C'est-à-dire qu'il est intelligent.

Il a toujours été craintif depuis sa plus tendre enfance et il est à présent peureux vis-à-vis de ses camarades. Il n'ose pas se défendre et, à la place, dénonce et rapporte tout, soit à la maîtresse, soit à sa mère. Celle-ci a beau lui dire qu'il ne faut pas le faire, il recommence.
La mère propose une explication : lorsqu'il avait vingt mois, il a perdu son grand-père paternel qui tenait une boulangerie. Les parents ont dû la reprendre et y travailler; pour cette raison, ils ont confié les deux enfants à la grand-mère qui venait d'être veuve. Celle-ci les emmenait tous les jours au cimetière : « Je pense qu'il a peut-être été marqué par cela. Sur le moment, je n'ai pas osé demander à ma belle-mère de ne pas emmener les enfants au cimetière, parce que je sentais qu'elle avait énormément de peine et que cela lui faisait beaucoup de bien. » Elle ajoute que les

premières années de son mariage n'ont pas été très bonnes, que souvent elle et son mari se boudaient des jours entiers sans se demander si les enfants s'en apercevaient ou pas. Maintenant, cela va beaucoup mieux entre eux.

Il est évident que la vie difficile qu'il a eue à partir de vingt mois, où, tout d'un coup, sa mère a été obligée de le laisser pour s'occuper du commerce, etc., tout cela l'a marqué. Cet enfant est resté avec une grand-mère qui vivait dans la douleur. Et il a pris, à ce moment-là, un pli « masochique » — je veux dire : puisqu'il était bien obligé de prendre son plaisir dans la journée avec sa grand-mère, il le prenait du même coup avec le malheur. C'est pour cela que, maintenant, il se fait tabasser par les autres, qu'il est un peu victime. Il a été, au début, « victimé ». Vous voyez?

Comment peut-on l'aider?

A un enfant qui se fait tout le temps battre par ses camarades, il faut dire — je l'ai déjà écrit — : « Écoute! Là où tu n'as pas encore assez fait attention, c'est *comment* ils te battaient, quand ça faisait *mieux mal* (il faut utiliser ces mots : " mieux mal "). Si tu peux éviter les coups, tu les évites. Mais une fois que l'autre est sur toi, rappelle-toi ce que je t'ai dit. Et quand tu auras eu l'expérience de ce qui fait le mieux mal, au bout de quelque temps, tu sauras, toi aussi, comment on donne les coups, et tu sauras te défendre. Tu verras alors que tes copains ne penseront plus du tout à t'attaquer. Et ce sera très amusant de te batailler. » C'est ainsi qu'on peut aider cet enfant. Ça ne sert à rien de lui dire : « Défends-toi », puisqu'il ne peut pas faire autrement que de se placer en chose et victime. Qu'il fasse donc sans angoisse, grâce aux encouragements reçus, l'apprentissage de l'agressivité d'autrui en faisant très attention à la technique de ceux qui l'attaquent. Comme il est intelligent, il apprendra cela aussi et il arrivera à se défendre. Il ne faut ni se moquer de lui, ni le plaindre, ni accuser les autres, mais l'inciter à savoir se faire respecter en rendant aux autres, dans les échanges kinésiques, la monnaie de leur pièce. C'est un enfant trop passif.

A propos de la peur, cette dame donne encore une histoire exemplaire : « L'été dernier, en vacances, j'ai emmené mon fils à la piscine pour lui faire prendre des leçons de natation. Nous sommes tombés sur un maître nageur qui n'était peut-être pas très psychologue, qui m'a dit que, de toute façon, ce n'était pas grave que l'enfant ait peur, parce qu'il était intelligent et qu'il suffirait de le forcer à dominer sa peur. Mon fils en a perdu l'appétit; il était angoissé perpétuellement, demandait à avoir une veilleuse dans sa chambre la nuit, déclarait qu'il ne pouvait pas dormir dans le noir. » Et puis, le dernier jour, ça s'est terminé en véritable catastrophe. Le maître nageur l'a emmené dans le grand bain : l'enfant s'est littéralement tétanisé, hurlant : « J'ai peur. » La mère n'est pas intervenue, mais lorsque le maître nageur lui a rendu son fils, il était glacé, les yeux clos — il faisait pourtant 35° dehors —, et il n'a vraiment repris ses esprits qu'après un bain chaud. Il a évidemment dit tout de suite que la piscine, c'était fini; et il n'y est jamais retourné. La mère termine en posant cette question : « Que faire pour qu'il quitte ces peurs, ces angoisses, pour qu'il cesse de rapporter? Dois-je lui faire faire du sport — cela ne lui a pas beaucoup réussi jusqu'à présent —? Et quel sport lui serait bénéfique? »

D'abord, pas de sport! Cinq ans et demi, c'est bien trop jeune pour apprendre à nager à un enfant qui n'en a pas envie et qui, dès la première leçon, n'était pas enthousiasmé de ce qu'on lui faisait faire. Il ne faut pas que les parents, sous prétexte qu'ils ont peut-être payé une série de leçons — c'est généralement comme cela que les choses se passent dans les piscines —, se disent : « Puisque j'ai payé tant de leçons, il faut que mon fils les prenne. » Ici, il est dommage qu'on ait continué. Si le garçon avait eu huit ans, ç'aurait été tout à fait différent; un encouragement l'aurait aidé. Mais que les parents sachent qu'un enfant de cinq ans et demi, ce n'est que s'il le demande qu'on doit tenter de lui apprendre à nager. On propose alors à un maître nageur ou à tout autre professeur : « Accepteriez-vous de le prendre à l'essai une fois? Si ça lui plaît, il continuera. » On dirait que cette femme considère son fils comme s'il avait huit ans.

J'ajoute que si elle-même et son mari s'étaient mis à l'eau avec lui, ils auraient commencé à familiariser l'enfant avec la piscine; il aurait joué entre son père et sa mère, jusqu'au jour où, nageotant comme un chien, ainsi que font tous les enfants, il aurait dit : « Je voudrais apprendre à nager vite et bien. » Il est évident qu'à ce moment-là, tout se serait passé beaucoup mieux.

Maintenant, les enfants rapporteurs.

Nous ne savons pas du tout, *a priori,* ce que cela signifie, « rapporter », pour un enfant. Méfions-nous donc de ce que nous disons. Il est bien utile parfois qu'un enfant rapporte, quand un autre est en grave danger et qu'on ne le savait pas. Si l'on dit aux enfants qu'il ne faut jamais rapporter et si on les gronde ou les punit de le faire, ils n'oseront pas avertir quand quelque chose de dangereux se passera. Quand un enfant vient annoncer : « Un tel a fait telle chose », il faut plutôt lui demander : « Pourquoi viens-tu me dire cela? » S'il répond : « Parce que ce n'est pas bien, ce qu'il a fait! », on lui explique : « Oui, c'était défendu (ou « oui, tu as raison, ce n'est pas bien »). Puisque tu le sais, toi, n'en fais pas autant. » S'il répond : « C'est parce qu'il faut qu'on le gronde », on lui dit : « Écoute, il a eu de la chance, je ne l'ai pas vu (ou entendu) », ou encore : « Il a eu de la chance de s'en être bien tiré cette fois, puisqu'il ne lui est arrivé aucun malheur » (car pourquoi défend-on des choses, sinon parce qu'elles sont dangereuses?). En revanche, si le rapporteur avertit qu'un enfant fait quelque chose de dangereux, on se montre reconnaissant : « Je te remercie de m'avoir prévenu »; mais on ne parle pas, dans ce cas-là, de rapportage. On va voir ce qui se passe, on fait cesser l'imprudence, mais jamais on ne gronde l'enfant fautif sur lequel il a été rapporté. Jamais.

A lui, on dit : « Tu le sais, c'est mal », ou « C'est dangereux ce que tu fais. C'est pourquoi on te l'avait défendu. » Si l'enfant s'est tiré sans mal de ce en quoi il a désobéi, on dira : « Tu t'en es bien sorti cette fois. Tant mieux! Je ne te gronde pas. Heureusement que je ne t'avais pas vu, parce que cela m'aurait fait peur. » Vous voyez la différence? On ne gronde pas, on va voir si la sécurité de l'enfant est assurée. Dans le cas contraire, on l'aide à sortir de la difficulté dans laquelle il s'est mis. Et, à celui qui est venu rapporter, on dit : « Tu as eu raison de venir, puisque tu étais inquiet. Lui, il a pris un risque. Ç'aurait pu être dangereux. »

C'est ainsi qu'on peut aider les enfants. On ne leur dira pas que c'est mal de rapporter, parce que nous n'en savons rien. C'est la vilenie d'un rapportage destiné à faire gronder qu'il faut empêcher. Et si elle existe, c'est parce que des parents grondent les enfants sur lesquels d'autres ont rapporté, n'est-ce pas?

Il faudrait peut-être passer au cas plus précis où le rapporteur vient d'être la victime de celui qu'il dénonce. « Je le dirai à maman » (ou « à papa » ou « au maître ») : c'est une menace que l'on entend souvent à la maison ou dans la cour de récréation. Comment l'adulte doit-il réagir quand un enfant se plaint d'un camarade, d'un frère ou d'une sœur, à la suite d'une bagarre au cours de laquelle il a été la victime d'un autre?

Il faut bien prendre garde à éviter deux écueils : celui de n'avoir pas compassion du plaignant (parfois blessé) et celui d'agresser à son tour en paroles, en « correction » ou en punition, l'agresseur — ces deux écueils ayant pour effet de nuire également aux deux enfants. Et ce n'est pas ça l'éducation.

Il faut parer au plus pressé, donner consolation et soins à celui qui a été lésé ou blessé; lui dire : « L'autre y a été un peu fort » ou : « Mesure tes adversaires; celui-là est trop fort ou trop grand pour jouer avec toi, mais tu as au moins appris quelque chose. » La plupart du temps, quelques paroles et quelques soins et tout est fini. Mais il ne faut jamais médire de l'auteur du mauvais coup. S'il peut vous aider à réparer des dégâts, l'y inciter, oui.

Il arrive aussi que, le premier plaignant sitôt arrivé, l'autre vienne se justifier de son comportement, se plaignant à son tour : « Il ou elle ne faisait que m'embêter, il m'a provoqué. » Celui-là aussi, il faut le consoler : « Tu n'as pas de chance qu'il soit faible, ce n'est pas amusant de jouer avec ceux qui ne sont pas de la même force que toi. »

Quant aux disputes en famille, où les enfants s'entragressent pour l'espace violé : « Il vient dans ma chambre », « Elle me prend mes affaires »... elles doivent faire réfléchir à ce qu'on peut aménager pour la défense passive de chacun. J'en ai déjà parlé : que chaque enfant ait à la maison un espace bien à lui pour ses objets personnels, une caisse ou un bahut fermant à clef, ou à cadenas. La défense passive possible, c'est aux parents de la rendre efficace. Si l'enfant vient ensuite se plaindre de l'envahissement par un autre ou d'une razzia sur ses biens les plus précieux, c'est qu'il n'a pas utilisé les moyens à sa disposition : c'est ce qu'on lui dit, tout en consolant les deux enfants et en les plaignant d'être nés dans la même famille.

D'une façon générale, n'y a-t-il pas danger pour un enfant à être rapporteur ?

L'important, dans le cas où un enfant est facilement rapporteur, et ne cesse d'en accuser un autre, c'est de ne jamais se laisser manipuler par lui pour punir ou blâmer l'autre; sinon l'enfant médisant ou calomniateur, pseudo ou réellement victime ne pourra jamais devenir autonome. Il fera toujours recours à l'autorité protectrice et, à faire punir l'autre, tirera une vengeance de minable. Il sera progressivement détesté par les autres enfants et considéré comme un espion ennemi.

Maintenant, si le cafardage est motivé par l'inquiétude devant la transgression d'un règlement, c'est en réaffirmant ce règlement bafoué qu'on aidera l'enfant à savoir se conduire, lui, selon sa propre conscience, au lieu de se laisser tenter comme un mouton de Panurge et de faire, à son tour, la bêtise de l'autre.

L'enfant qui rapporte est un faible qui souffre de jalousie à l'égard d'un plus fort, d'un plus malin, d'un plus adroit qui a triomphé de lui. On l'aide, en lui refusant le bénéfice qu'il escomptait à rapporter, à se corriger de cette sensibilité geignarde ou accusatrice qui l'empêche de se faire des amis. Les mauvais joueurs, les mauvais camarades toujours prêts à médire des autres, les enfants sages vis-à-vis des instances tutélaires, deviennent rapidement, si l'autorité parentale se laisse manipuler, des enfants solitaires et malheureux dans leur classe d'âge.

Je le répète, notre rôle d'éducateurs est d'armer les enfants pour la vie en communauté de leur âge, de les aider à savoir s'automaterner dans les épreuves et s'autopaterner dans leur conduite, en référence à la prudence et à la loi, même si d'autres leur donnent l'exemple qu'on peut transgresser l'une sans dommage et l'autre sans scrupules. « N'en fais pas autant puisque tu juges à bon escient qu'il a mal agi, ou qu'il est imprudent. »

C'est à l'enfant de se prendre en charge

(Organisation du travail scolaire)

Beaucoup de parents vous appellent, je dirais, un petit peu au secours : « Ah! mon Dieu! comment aider cet enfant à organiser son travail? Il est tête en l'air; il est ceci, elle est cela! »
Voici d'abord une lettre exemplaire. C'est celle d'une mère qui vous demande que dire à son fils de huit ans pour qu'il comprenne qu'il est temps qu'il se prenne en charge lui-même. Elle a deux autres enfants de six et un an. Elle ne sait plus quel argument employer pour que son fils fasse attention. Elle raconte, notamment, son dernier exploit : en quittant l'école, un jour de pluie, il est rentré à la maison en fonçant — parce qu'il fonce toujours sans réfléchir, écrit-elle —, mais avec son anorak sur le bras; ce qui fait qu'il est arrivé complètement trempé. Un autre jour, son cartable étant mal fermé, il a semé carnet de notes et gomme sur la route. « D'après mon mari, je dois le couver trop, et mon fils ne peut pas comprendre qu'il faut prendre des responsabilités. Peut-être. Mais enfin, cela fait bien deux années que je lui fais la guerre pour qu'il range ses affaires, se lave les mains, sans qu'on le lui dise, etc. Ma fille, qui a pourtant deux ans de moins, est plus responsable que lui : mais il a l'impression que je ne demande d'efforts qu'à lui, en un mot que je suis toujours sur son dos à lui et pas sur celui des autres. » Elle explique que cet enfant est, par ailleurs, très intelligent et dans les premiers de sa classe. Il est bavard — mais enfin, quel est l'enfant qui n'est pas bavard? —,

un peu tête en l'air : « *Quand on lui parle de tous ces petits problèmes, c'est tout juste s'il ne dit pas — mais il le pense fort :* " *Vous m'embêtez avec des choses qui n'ont pas d'importance.* " »

Ce qu'il y a d'important dans cette lettre, c'est que la mère semble avoir fait seule l'éducation de ses enfants, donc de ce garçon de huit ans, vivant, dynamique, qui est l'aîné. Le père dit qu'elle le couve trop? Je crois que ce père, quand les enfants étaient petits, a surtout laissé un peu trop sa femme s'occuper d'eux, sans s'y intéresser lui-même.
En tout cas, il y a déjà deux ans qu'elle n'aurait plus rien dû dire à ce garçon. Pas de « Fais attention! » (c'est-à-dire : « Fais ce que je te faisais faire, moi »), mais : « A partir de maintenant, tu te débrouilleras seul, parce qu'il le faut. Et si ça ne va pas, tu me demanderas de l'aide. » C'est-à-dire qu'il faut que ce soit l'enfant qui demande de l'aide à sa mère, et qu'elle n'ait pas de regard sur lui. S'il a son tricot de travers, s'il est mouillé, s'il se plaint d'être mouillé, elle lui répond : « Tiens! mais tu avais ton imperméable! Mon pauvre petit, tu n'y avais pas pensé? » C'est tout. Et qu'elle ne le gronde pas. Il a fait son expérience. S'il a perdu son cartable : elle le plaint. En fait, c'est un enfant qu'il faut plaindre pour toutes ces mistoufles désagréables. Il paraît qu'il renverse, comme ça, des assiettes parce qu'il ne fait pas attention. Moi, je crois que, pendant trop longtemps, ce sont les bras, les mains de la mère qui ont tout fait pour lui. Alors, la meilleure façon de l'aider, c'est de ne plus rien lui dire. Les bêtises qu'il a faites, il les lui racontera. Qu'elle réponde : « Tu vois, je t'ai trop couvé quand tu étais petit, mais tu y arriveras très bien. » Et puis, c'est tout. Il n'a pas lavé ses mains? Quand il arrive à table, qu'elle lui fasse remarquer : « Tu vas manger avec des mains sales; c'est mauvais, parce que les mains attrapent n'importe quoi. Tu vois bien que, moi, je passe à table avec des mains propres. » Mais qu'elle ne lui ordonne surtout pas avant le repas, déjà, d'aller les laver. Il perdra cinq minutes, sa soupe sera

froide? Qu'est-ce que cela peut faire? Qu'elle le laisse tranquille! Maintenant, si le père veut intervenir, lui, à titre préventif — ce que je lui demande à elle, la mère, de ne pas faire —, qu'elle ne s'en mêle pas. Qu'elle se repose sur son mari. S'il ne fait pas attention aux mains sales, tant pis! Ce n'est pas à elle de le faire. Qu'elle laisse cet enfant, maintenant, se définir par rapport à lui-même et par rapport à son père, sans s'en mêler. Et puis, tout s'arrangera, puisque c'est un enfant très doué, qui fonce partout. Elle ne l'a pas laissé foncer assez tôt, voilà.

Maintenant, élargissons : vous avez dit que beaucoup de lettres parlent des enfants qui ne savent pas maîtriser leur travail, traînent, n'ont jamais fini ou passent des heures sur leurs devoirs sans que, finalement, ils soient faits. Cela, c'est une question d'organisation du travail. Il y a un âge où l'enfant s'en préoccupe. Avant, je ne crois pas que les parents puissent faire grand-chose.

Si, peut-être, aux grandes occasions, comme les compositions, quand il faut réviser les leçons. Là, il y a une façon d'enseigner tôt à un enfant comment apprendre ses leçons, c'est de lui demander de le faire à haute voix. Les parents lui montrent comment ils feraient à sa place : on lit tout haut la leçon, en écoutant bien (même si l'enfant n'écoute qu'à moitié, il voit comment son père et sa mère font), ensuite, on se cache à soi-même ce qu'on a lu et on essaie de s'en souvenir. Si l'enfant dit : « Ça y est, je sais ma leçon! Est-ce que tu veux me la faire réciter? », on accepte, mais seulement si lui le demande — et il ne faut jamais lui faire réciter la leçon en entier. Il faut simplement l'interroger sur une ou deux questions au maximum, piquées au hasard, et lui faire remarquer éventuellement : « Cette question, tu ne la savais pas. » S'il proteste : « Mais si, je la savais très bien! », on répond : « Eh bien, si tu la savais, tu m'as mal répondu. » C'est tout. Si, au contraire, il sait : « Tu vois, cette question, tu la connais. J'espère que pour le reste, tu le sais aussi. » On n'insiste pas, on ne le fait pas rabâcher, au risque de l'ennuyer.

Encore une chose : les enfants qui ont été anorexiques petits (c'est-à-dire qui vomissaient leurs repas, ne voulaient pas manger) arrivent beaucoup plus tard que les autres à « savoir » leurs leçons. Il ne faut jamais les faire réciter parce que, réciter, pour eux, c'est comme s'ils vomissaient. Il faut leur dire : « Je suis sûr que tu as passé assez de temps sur ta leçon; tu dois la savoir. » Si l'enfant revient le lendemain en disant : « J'ai eu une mauvaise note », il faut l'encourager : « Tu y arriveras sûrement. Tu sais, c'est comme lorsque tu étais petit, tu n'arrivais pas à manger. Eh bien, les leçons, il faut les avaler. Tu ne les avales pas. Cela viendra sûrement. » Bref, faire confiance à l'enfant.

Quant à l'organisation du travail : l'âge où elle intéresse l'enfant, c'est à peu près celui de la sixième. Et il serait vraiment utile que, dans les écoles, on apprenne alors aux enfants à organiser leur travail. Puisque cela n'est pas fait — sauf par certains maîtres et maîtresses —, comment une mère, un père ou un aîné peuvent-ils aider un enfant, à condition que celui-ci l'ait demandé, à condition qu'il ait dit : « Je voudrais m'en tirer »? D'abord, on regarde le cahier de textes : s'il est très mal tenu, il ne comprend pas ce qu'il a à faire. « Ça va s'arranger dans quelques jours. Apporte le cahier de textes d'un autre camarade. Nous comparerons. » Parce qu'il y a des enfants qui sautent effectivement une partie de ce qu'ils ont à faire; ils vont trop vite ou ne vont pas assez vite. Ensuite, si le travail à faire est bien indiqué, il faut prévoir avec l'enfant le temps que chaque matière demande : « Il te faut tant de temps pour faire ceci. A telle heure, tu feras cela; si tout se passe bien, tu auras fini à telle heure. » Et on lui note ces heures sur un papier près de lui. La maman garde en mémoire ces heures et vient contrôler : « Maintenant, ça suffit. Tu as travaillé assez cette leçon, passe à l'autre. » Sinon, surtout à partir de la sixième, les enfants sont noyés; les professeurs en demandent beaucoup; on n'en a jamais fini avec la première matière. Peu à peu, en quelques semaines, l'enfant arrivera à faire tout en temps voulu et à savoir en prendre et en laisser de ce qu'on lui a donné à apprendre, car il faut aussi savoir s'arrêter. Entre la négligence et le perfectionnisme, il s'agit de trouver le juste milieu, celui de l'efficacité suffisante.

LORSQUE L'ENFANT PARAÎT

Encore une lettre d'une mère désemparée : elle a deux fils de huit ans et un an, une fille de quatre ans. Le problème qu'elle se pose — et vous pose — concerne le garçon de huit ans. « C'est un garçon très joyeux, souvent insouciant à l'école. Il ne travaille ni trop bien ni trop mal, mais il tient mal ses cahiers; j'essaie de les lui faire tenir au moins proprement. Ce matin, avant de partir en classe, il a écrit une petite lettre à un correspondant qui lui a été donné par son école — en vitesse, car il avait oublié de la faire hier au soir, en même temps que ses devoirs. Elle n'était pas mentionnée sur son cahier de textes, que je consulte chaque jour, à son retour de classe. Huit heures vingt arrivaient. Il venait de corriger deux fautes, que je lui avais fait remarquer, au stylo à bille, alors que la lettre était écrite au crayon. Je lui ai dit : " Tu vas recommencer. Ça t'apprendra à t'y prendre au dernier moment." Alors, il s'est mis à s'exciter, à pleurer et, brusquement, il m'a sorti : " Non, maman, je vais être en retard à l'école... je t'en prie." Et comme je ne cédais pas, il m'a dit : "Je vais me tuer." C'était la première fois que j'entendais mon fils dire ce mot-là. J'ai eu très peur. Je lui ai parlé posément de sa lettre, en lui expliquant que, la prochaine fois, il s'y mettrait plus tôt, qu'on n'allait pas se disputer pour ça. Et puis, il est parti sans que je lui fasse recommencer la lettre, consolé, et surtout calmé. Maintenant, je crains qu'il ne me ressorte cette phrase un petit peu comme un chantage, car il a dû être très conscient de l'effet qu'elle avait produit sur moi. J'ai eu l'impression de prendre une douche froide. Dites-moi ce que je dois faire s'il me menace à nouveau de cette façon. C'est la première fois que je ne sais quelle attitude prendre. »

Cette lettre est intéressante, parce qu'il s'agit d'un enfant doué et d'une femme qui ne sait pas devenir la mère d'un garçon de huit ans. A partir de sept-huit ans, un garçon doit savoir que sa mère lui fait confiance. Je me demande si elle n'aurait pas raison de se débarrasser complètement de ce rôle de pion qu'elle a pris avec lui. Cela va gâcher leurs relations. Et je me demande si l'enfant, lui, n'aurait pas intérêt à rester à l'étude, pour revenir ayant fait ses devoirs, sa mère ne contrôlant plus jamais ses cahiers. Elle pourrait lui dire : « J'espère que tu sais te débrouiller seul maintenant... Je t'ai si souvent tarabusté pour que tu fasses tes devoirs... Je te fais confiance. » Il est temps que cet enfant intelligent se prenne en main. Et puis, cette histoire de lettre au correspondant... Qu'il y ait ou non des fautes ? et alors ? Enfin, ça nous choque que cette femme soit là à corriger une lettre destinée par un enfant à un autre enfant.

Il y a un post-scriptum à sa lettre : « J'ai attendu son retour de l'école avant de vous écrire, pour voir son état d'esprit. » L'enfant l'a regardée et a dit : « Mais tu es bien calme, aujourd'hui. » Elle est très inquiète de cela parce qu'elle se dit qu'il va utiliser maintenant cette phrase terrible : « Je vais me tuer », comme une sorte de moyen de chantage. Cela prouve quoi ? Que l'enfant est très intelligent ou très perturbé ?

Cela prouve simplement qu'il ne sait plus comment faire pour se débarrasser de sa mère et advenir à sa propre gouverne. Voilà ce que ça veut dire. Elle le déprime tellement qu'il ne peut plus s'aimer, confronté à une image de lui où il est toujours en faute, toujours à reprendre. Il se sent traqué par elle. C'est un caractère insouciant, pourquoi pas ? Si nous pouvions tous être insouciants, nous nous porterions mieux. Cela viendra, les soucis ; il n'est pas à l'âge d'en avoir. Pourquoi lui en crée-t-elle ? Qu'est-ce que ça peut faire, des fautes d'orthographe ? Dans une dictée, bon, il faut savoir les corriger, mais qu'un enfant de huit ans fasse des fautes dans une lettre, en quoi ça peut lui importer, à la mère ?

Et puis, qu'il écrive au crayon au lieu de stylo à bille...

Enfin! Elle est un peu terrible, cette lettre. J'espère que la leçon qu'il a donnée à sa mère va porter. Parce que, vraiment, l'enfant n'a pas dit qu'il allait se tuer pour la menacer. Il l'a dit parce qu'il en arrivait à penser : « Il n'y a plus rien à faire. Si vraiment c'est ça, vivre, ce n'est pas la peine! » Encore une fois, à huit ans, il faut qu'il vive pour lui-même, qu'il se prenne lui-même en charge, quitte à ce qu'il ait de moins bonnes notes à l'école : c'est un détail. Et puis, qu'il n'ait plus rien à faire le soir et que, quand il est dans sa famille, ce soit la gaieté et pas, encore et encore, le travail; et que sa mère ne soit pas un prof de plus.

Ceci encore! Voilà une lettre où il n'est pas question du père... Peut-être que celui-ci dirait, comme moi : « Mais enfin, ne t'occupe plus de lui! A huit ans, il sait quand même ce qu'il a à faire! »

Cette mère va craindre, j'en suis sûr, en écoutant votre réponse, de changer d'attitude et que vous la conduisiez à une sorte de démission. Et elle se dira : « Il va en profiter. »

Mais non! Qu'elle lui parle. Quand il lui a dit : « Que tu es calme », pourquoi ne lui a-t-elle pas répondu : « Oui, j'ai été atterrée d'entendre que ma façon d'être avec toi provoquait une telle réaction. Mais est-ce que tu sais que je t'aime? » Il ne sait pas qu'elle l'aime : lui, il pensait qu'il allait être en retard à l'école; et elle préférait le corriger plutôt que de le laisser aller; or, partir à l'école, c'est lui qui doit le faire. Il ne doit pas s'occuper de ce que sa mère dit ou ne dit pas, s'il a déjeuné ou pas, s'il est habillé ou pas. Il veut partir à l'école? qu'il y parte! C'est son affaire, n'est-ce pas? Je le répète, à huit ans, un enfant doit se prendre en charge, contrôlé, évidemment, mais dans les grandes lignes, et non pas, comme ça, pied à pied.

Pourquoi faut-il que l'école soit si triste ?

(L'enseignement sans l'éducation)

Je voudrais vous parler du problème d'une correspondante qui a trois grands enfants de quatorze, treize et onze ans et demi. Le second fils, qui a treize ans, a éclaté récemment en sanglots, alors qu'il récitait ses leçons à sa mère, parce qu'il est atteint d'un petit zozotement et, comme elle dit, qu'il accroche sur le début de ses phrases. C'est un problème que les parents ont essayé de résoudre : ils ont vu un pédiatre, un orthophoniste, et tous ont dit que ce n'était pas bien grave, que cela allait s'arranger, que c'était peut-être une question de temps, d'exercice. La mère écrit : « Ce n'est pas tellement sur le problème purement médical que cela pourrait poser éventuellement que je vous interroge, mais surtout sur l'angoisse de cet enfant. Nous voudrions essayer de l'aider à passer ce cap difficile parce que, à l'école, il est souvent en butte à des quolibets de ses professeurs et de ses camarades. Et il en est profondément malheureux. »

Cela pose bien le problème de l'école en France, où les enseignants ne peuvent pas y faire d'éducation. L'éducation, ce n'est jamais de tolérer qu'un élève ait à souffrir, sous prétexte qu'il a des caractéristiques physiques, gestuelles, de langage, qui ne sont pas celles des autres. C'est honteux de voir cela.

Cela me rappelle la lettre d'un jeune homme dont les camarades se moquaient parce qu'il avait, lui aussi, un petit défaut de prononciation et qu'il était plus chétif que les autres. Il avait trouvé la solution en finissant avec succès à l'examen son année scolaire par correspondance, et en partant en Angleterre, après de grandes hésitations de ses parents. Il a maintenant, dans ce pays, une situation splendide en comparaison de celles que ses frères et sœurs ont en France. Il s'est développé psycho-socialement là-bas de façon beaucoup plus facile, malgré son défaut de prononciation et sa complexion, qu'il ne l'aurait pu en France du fait de la moquerie permanente dont il était l'objet. Il racontait que, dans aucune école anglaise, une pratique pareille n'existait. J'aimerais que l'on comprenne cela. C'est très difficile, pour certains enfants sensibles, de supporter l'école en France. Et c'est bien dommage, parce que ce n'est ni la sensibilité ni les défauts physiques qui ôtent valeur à un citoyen. Au contraire! Ils enrichissent la personnalité pour plus tard.

Pour revenir à cet enfant qui « zozote » un peu, je ne sais que dire. Évidemment, il pourrait être aidé par une psychothérapie, même si les médecins pensent que le défaut n'est pas très important; l'aide, ce serait qu'il arrive à se défendre, non pas comme les autres ont envie qu'il le fasse, mais à sa façon. C'est tout ce que je peux dire.

Oui, mais les parents... Comment peuvent-ils aider leurs enfants? Parce que tout le monde n'a pas les moyens de changer d'endroit, de lycée ou de collège. Et puis la mère se rend compte que ce n'est pas tellement un petit défaut qui embête son fils, mais ce qui se passe autour.

Si je ne sais pas comment l'aider, c'est que ce n'est peut-être pas à la mère d'intervenir. Car, si elle protège trop son enfant... Ce serait plutôt au père...

Mais pensez-vous que les parents, dans ces cas-là, devraient aller voir les professeurs, leur parler?

C'est à double tranchant. Cela dépend de la personnalité des professeurs. Il faudrait savoir si le garçon le demande. On peut interroger les professeurs sur les progrès des enfants, bien sûr, c'est même nécessaire. Mais quant à aller leur parler de leurs défauts, de leurs problèmes de caractère à eux... Je ne crois pas qu'un parent puisse parler à un professeur qui prend son plaisir à se moquer d'un de ses élèves. Ce qui est cruauté mentale chez un enfant peut changer si on lui parle. Mais un adulte qui ne se sent pas en état d'infériorité ne se moquera jamais d'une personne défavorisée par la nature. Je crains que, si les parents parlent à ce professeur, ils n'aggravent la situation. Alors, que voulez-vous... Il faudrait faire la psychothérapie de tout le monde! Ce n'est pas possible! Mais il est terrible de voir que certains, parce qu'ils ont passé des examens, qu'ils ont des diplômes, sont professeurs, alors qu'ils n'ont pas les qualités psychologiques pour l'être, pour vivre au contact des enfants et agir en éducateurs. Ils sont instruits mais, en même temps qu'ils transmettent leur savoir, ils donnent aux enfants l'exemple d'êtres humains rongés d'infériorités. Cet enfant-là est supérieur en quelque chose au professeur qui, jaloux, se moque de lui. C'est certain. Et c'est cela qui gêne le professeur.

Peut-être le père (non la mère) pourrait-il aller parler au directeur de l'établissement scolaire de son fils et lui signaler la détresse du garçon? Au directeur de modifier une intolérable situation en parlant à l'élève chef de classe. Sinon, il faudrait changer l'enfant d'établissement.

Voici un témoignage qui rejoint un peu la lettre précédente : c'est une mère qui a deux enfants, de sept ans et demi et six ans. L'aîné est très vif et très émotif, mais il est malheureusement dans une classe dont la maîtresse est très rigide. Conséquence : il a sans arrêt des mauvaises notes, il subit des remontrances perpétuelles, mais aussi — ce qui peut être beaucoup plus grave — des brimades et des humiliations devant l'ensemble de ses camarades : la première fois qu'il a raté un travail en classe, il a dû, après que toute la classe se fut moquée de lui, aller lire son devoir dans la classe voisine, pour qu'elle se moque également de lui. Et cela l'a beaucoup meurtri, humilié. La mère écrit : « J'ai toujours essayé, au contraire, d'être accueillante et compréhensive, par opposition à cette maîtresse : mais je n'ai pas les moyens de mettre mes enfants dans une école idéale, comme les écoles Freinet, par exemple. » D'un autre côté, elle n'ose pas aller parler aux professeurs, parce qu'elle les suppose d'avance persuadés d'avoir raison. Bien sûr, elle est déçue par l'enseignement traditionnel. Elle déteste — je crois que le mot n'est pas trop fort — les maîtres et les maîtresses qui ne font pas travailler les enfants dans l'harmonie. Et elle résume bien sa lettre par sa dernière phrase : « Pourquoi, mon Dieu, faut-il que l'école soit si triste ? »

Cette pédagogie par l'humiliation, c'est quelque chose qui me révolte absolument moi aussi. Je ne sais pas pourquoi le père n'a pu aller voir lui-même cette maîtresse. Peut-être n'est-il guère libre? D'ailleurs, il y a des écoles qui ne reçoivent pas aux heures où les pères seraient disponibles. Cela aussi, je trouve lamentable : qu'il n'y ait pas un jour réservé pour les pères, en dehors des heures de travail, où directeur d'établissement et maîtres seraient là pour les recevoir, deux fois par trimestre.

Telles que sont les choses, en tout cas, cette mère ne peut qu'aider son enfant à supporter le caractère de sa maîtresse tout en lui disant : « Écoute, l'important, c'est que tu deviennes grand et que tu travailles bien. Puisque tu travailles bien en classe... Il n'y a pas d'enfant qui ne fasse pas d'étourderies. » Et c'est tout. Qu'elle dédramatise. C'est ce qu'elle fait, d'ailleurs.

Mais je suis désolée, et je voudrais que tous les maîtres et maîtresses qui liront ce livre prennent la leçon de ce qui vient d'être dit et que jamais, jamais, un enfant ne soit humilié par eux ou, eux le sachant, par ses camarades. Quand des camarades se moquent d'un enfant qui s'exprime mal ou a mal travaillé, le devoir d'un maître d'école, c'est de les faire taire en disant : « Ce n'est pas humain. Comment agissez-vous là ? Comme des singes dans une cage. » Au maître de ne pas se montrer, lui, le singe-chef de la cage. L'école est faite pour que l'enfant y soit en confiance, même quand il a fait un mauvais devoir ou une bêtise. Plus on aidera un enfant à sortir de ses difficultés, plus on aura fait œuvre de professeur, et œuvre d'éducateur.

Voilà, en tout cas, votre commentaire sur ce témoignage touchant les rapports, ou plutôt les non-rapports, entre enfants et enseignants.

Les maîtres sont au service des enfants pour les éduquer, non pour les amoindrir et les humilier.

S'il est un grave problème, un problème qui fait, en tout cas, que des parents sont consternés, c'est celui des enfants qui disent : « Je vais me tuer; je vais me suicider. » C'est la mère d'un garçon de onze ans qui vous écrit. Son fils a d'énormes problèmes à l'école, dans ses relations avec ses camarades. Naturellement, il n'a (ou ne manifeste) pas beaucoup de défense, et donne l'impression de se laisser dominer assez facilement, ce qui fait que certains de ses camarades, au CES où il est depuis trois mois et où il y a trois cents élèves, font du chantage, exigeant qu'il leur apporte de l'argent.

On le rançonne?

Voilà! On le menace, s'il n'amène pas d'argent, de lui casser la figure. Il est littéralement terrorisé. Les jours de congé, il est en pleine forme; mais dès que le moment de la rentrée approche, il a peur, le ventre lui fait mal, il étouffe, a parfois envie de vomir. Et il répète sans cesse : « Je ne veux pas retourner à cette école-là. » Elle cite d'autres événements : il a reçu des coups de poing; un autre jour, un garçon lui a arraché sa carte de transport alors qu'il s'apprêtait à monter dans le bus; enfin, toutes ces vexations font qu'il ne semble plus arriver à surmonter sa peur; et il dit à sa mère : « Si tu ne me changes pas d'école, je me tuerai. »

Cette histoire peut mal finir. Ce que je ne comprends pas, c'est que la mère ne parle pas du père de l'enfant, comme s'il n'y avait pas d'homme dans la famille qui puisse rencontrer rapidement le directeur et voir ce que l'on peut faire, avec lui. Moi, il me semble que c'est quand même une carence du maître, qui n'a pas été prévenu par le père. Pas par les mères : parce que bien des mères se plaignent pour un rien; eh oui, c'est très souvent comme ça; vous croyez, je le vois bien, que j'exagère...

Je me demandais si c'était vous qui parliez, ou si c'était la réaction que vous prêtiez aux professeurs en général.

Écoutez, il est très fréquent que les mères, quand un enfant se plaint, se mettent la rate au court-bouillon pour rien, en face de maîtres qui savent très bien que la classe ne va pas si mal que ça. Et ça les ennuie, les maîtres, ces mères qui viennent se plaindre.

« Ce sont des femmes, quoi! » Je dis cela parce que, chaque fois que vous parlez ainsi, vous savez que nous recevons une avalanche de lettres : « Mais comment?... Alors, parce qu'on est femme, on est comme ça? »

Mais non! C'est seulement que les mères sont très attachées à leurs fils, et que les fils en jouent, surtout quand ils entrent dans des écoles nouvelles. Ce garçon était très content d'entrer au CES : ça le posait, il devenait un grand garçon. Et puis, il est apparu qu'il n'était pas prêt. Or, quand un enfant ne sait pas se défendre, donner des coups de pied, de poing, au début, pour montrer qu'il n'est pas quelqu'un de malléable, ces difficultés-là arrivent. Et sans doute que si cet enfant, qui a commencé l'année scolaire à la rentrée, comme les autres, est devenu l'objet de l'agressivité de tous, c'est parce qu'il était jusqu'à présent un enfant surprotégé. C'est au père de s'occuper de lui maintenant. Peut-être n'y en a-t-il pas ?

En tout cas, ce garçon ne doit pas rester dans les conditions actuelles. Il est trop tard pour en parler au directeur, parce qu'il y a trois mois que la situation est établie, que les jeux sont faits, qu'il est l'objet de la dérision et de la violence de tous. L'enfant va ou bien tomber malade ou bien faire comme il le dit — car ce n'est pas du tout du chantage : c'est vrai qu'il n'en peut plus. Il touche le fond de la détresse.

Justement, voilà la question que j'allais vous poser : d'après votre expérience, quand un enfant menace ainsi de se tuer, que faut-il croire ?

Les enfants disent parfois cela pour angoisser leur mère et sans avoir d'autre raison, mais le contexte est différent. Ici, il s'agit d'un enfant qui est malade véritablement et qui est réellement l'objet de voies de fait dont sa mère est témoin quand il revient. Et puis ce rançonnage... Je ne sais pas si les maîtres le savent, mais je connais beaucoup d'exemples d'enfants qui sont effectivement rançonnés : pour peu que leurs camarades voient qu'ils ont un pull peut-être un petit peu plus joli qu'eux ou des souliers neufs. Les autres sont tellement jaloux... Il y en a même qui sont déshabillés : on leur vole leur pull, leurs chaussures, leurs cahiers. En ce moment, il y a une très grande violence dans certaines écoles, et je crois qu'on n'y fait pas assez attention. Les victimes n'ont aucun recours.

De même, quand un élève arrive dans une classe un peu en retard, après le début de l'année scolaire, et que les groupes se sont déjà organisés, il a de la peine à s'intégrer. Dans ces cas-là, le rôle des professeurs, ce serait de présenter le nouveau à ses camarades, de choisir deux ou trois d'entre eux pour lui servir d'intermédiaires jusqu'à ce qu'il se soit inséré dans la classe. Ce travail psycho-social, c'est aussi le travail des maîtres.

Pour revenir à notre lettre, je crois qu'il faut que la mère fasse le sacrifice d'argent soit de mettre carrément son fils dans une école privée, soit de le changer de CES et d'en prendre un plus éloigné, en allant voir le préfet, puisqu'elle est dans une grande ville, ou, à la préfecture, la personne qui s'occupe des écoles. Il faut qu'elle fasse quelque chose! Elle ne peut pas, surtout si elle n'a pas de mari, laisser l'enfant dans cette situation. Et s'il y a un père, il faut absolument qu'il prenne une journée, qu'il aille voir le directeur, la psychologue du CES, ou le préfet, et trouve une solution pour sauver l'enfant.

Prépare ton avenir!

(Les parents et la scolarité)

Nous pouvons revenir sur les problèmes de scolarité et plus particulièrement sur l'importance que les parents, en général, accordent à la vie scolaire de leurs enfants...

...et sur l'angoisse qu'ils ressentent à ce sujet, encore plus que l'importance qu'ils lui donnent!

Cette préoccupation revient souvent dans les interrogations des parents : « Mon fils de onze ans a l'air heureux. Mais s'il ne réussit pas sa scolarité, réussira-t-il sa vie? Sera-t-il heureux plus tard? » De là, toutes sortes de questions à propos de l'école. Ainsi, cette lettre, qui en représente beaucoup d'autres : « Madame, mon mari n'est pas d'accord avec vous. Moi je serais plutôt de votre avis; lui, par exemple, veut absolument faire lire tous les jours notre fils de sept ans et demi, qui est en CE 1 et a des problèmes de lecture en classe. Cela fait des drames. Qu'en pensez-vous? »

Ce père veut aider son fils de sept ans et demi à lire. Pourquoi pas? Mais qu'il sache, comme d'ailleurs Freinet l'a prouvé, que c'est en écrivant qu'on apprend à lire, pas en lisant. Si le père aime la lecture, il finira par contaminer son fils. Il peut aussi lui raconter des histoires. Et puis, s'il veut l'entraîner à la lecture, qu'il lui fasse lire une ligne ou deux et lui explique : « Tu vois comme c'est magique toutes ces petites lettres qui deviennent des mots qui veulent dire quelque chose. » Qu'il lui rende la lecture intéressante, mais que ça ne se passe pas, comme ça a l'air d'être le cas, dans les larmes et les cris. Et si la mère veut, elle aussi, aider son enfant, qu'elle découpe, par exemple, des lettres d'imprimerie dans les journaux après les avoir collées sur du carton. Il y a aussi des jeux de lettres dans le commerce. Qu'ils s'amusent tous les deux à faire des mots avec ces lettres, ou encore, ensemble, qu'ils fassent des mots croisés. Cela entraînera beaucoup mieux ce garçon que la lecture, pour laquelle il a déjà des répugnances. Ce n'est jamais en faisant quelque chose dans la tension que se développe un enfant.

Une autre attitude, qui traduit l'angoisse des parents devant la scolarité : « J'ai un fils de douze ans qui ne travaille pas bien. Il faut l'aider pour qu'il fasse ses devoirs. Son père lui cite en exemple des cousins qui ont réussi dans la vie et qui, à douze ans, étaient tous de bons élèves... »

Je voudrais dire tout de suite qu'il est très mauvais de donner à un enfant un autre enfant en exemple. On dirait que cet homme éprouve des sentiments d'infériorité à être père d'un enfant qui ne réussit pas, et qu'il voudrait être père d'un autre. C'est ce que signifie donner en exemple un enfant d'une autre famille au lieu de remarquer les qualités de son propre enfant et de les stimuler. L'éducation, c'est d'aider l'enfant à donner le meilleur de lui-même, ce n'est jamais de l'encourager à imiter quelqu'un d'autre.

Cela dit, mettons-nous un peu à la place de ces parents qui vous écrivent : « Il faut lui faire ses devoirs. Sinon, cela va être la catastrophe! » Il y a des enfants qui, manifestement, ne sont pas adaptés à la vie scolaire telle qu'elle existe aujourd'hui. Pourtant, il faut bien qu'ils y aillent, à l'école. Alors comment les aider?

Si les parents veulent faire les devoirs à la place de l'enfant, pourquoi pas? A condition que lui, pendant ce temps, soit heureux et ait d'autres activités. Je ne sais pas. Un être humain est heureux quand il se sent bien dans sa peau : à ce moment-là, il a envie de quelque chose. Si les parents veulent faire les devoirs de leur enfant pour qu'il passe dans la classe supérieure, je ne suis pas contre. On ne peut pas empêcher les parents de se faire plaisir, non plus! Mais ce n'est pas éducatif pour l'enfant d'avoir des notes qui sont, finalement, celles de ses parents.

Alors, la question revient : comment aider ces enfants?

Mais en leur demandant d'abord si, et en quoi, ils veulent être aidés! C'est là le problème : les parents veulent toujours quelque chose que l'enfant ne veut pas encore! Si un enfant demande à ses parents de l'aider, à ce moment-là, qu'ils l'épaulent et qu'ils soutiennent son attention. Certains enfants ne peuvent pas être attentifs tout seuls. Il faut reconnaître qu'être assis huit heures en classe et rentrer à la maison faire des devoirs, cela ne peut se faire sans heurts que lorsqu'il y a une relation agréable, affectueuse, tendre, entre l'enfant et les parents, qui sont à côté, qui ont leurs propres occupations tout en restant disponibles quand l'enfant leur demande quelque chose, et qui l'encouragent. Ce qu'il ne faut pas, c'est crier après lui ou forcer l'enfant, faire du chantage à la récompense ou à la punition. Car, alors, on le dégoûte, ou bien on en fait un obsessionnel de la scolarité. Et toute la vie passe à côté.

Françoise Dolto, il y a là une lettre qui vous reproche un petit peu de ne pas suffisamment tenir compte toujours de la réalité sociale : « Il faut aussi prendre en compte les idées de parents issus de milieux modestes et leur désir de faire accéder leurs enfants à une plus grande aisance matérielle : parce que, souvent, aisance matérielle et diplômes vont de pair. » Cela, pour expliquer les réactions « musclées » de certains.

Tout à l'heure, vous disiez : « Sinon, on passe à côté de la vie. » A ce propos, une correspondante écrit : « J'ai bondi en vous entendant dire que cela ne fait rien si les enfants ne travaillent pas à l'école et qu'au contraire, ceux qui réussissent dans leurs études sont des enfants qui n'ont pas eu de jeunesse. »

Le fait est qu'on m'écrit souvent : « Ma jeunesse a été gâchée par la scolarité. »

Cette dame, elle, écrit : « Eh bien, moi, j'ai eu sept enfants... L'une a vingt-cinq ans et est ingénieur en génie civil; l'autre, vingt-quatre ans, est ingénieur en constructions aéronautiques; la suivante, à vingt-deux ans, est ingénieur agronome; la dernière, vingt ans, est infirmière; et puis, les trois garçons sont au lycée...

Ce sont tous des enfants qui, comme on dit, ont réussi. Et la mère raconte qu'elle était toujours présente à la maison, qu'elle a accepté de paraître, en un sens, inférieure en n'ayant pas de profession. Mais c'est une profession formidable que de s'occuper de tenir une maison, de la rendre agréable et d'être là tout le temps pour que les enfants puissent se concentrer sur leur travail, grâce à la mère qui les aide de la parole, sans s'en occuper et sans les pousser.

Elle précise qu'ils ne sont pas du tout passés à côté de la vie, qu'ils ont tous fait du sport. « Nous n'avions pas la télévision jusqu'à l'année dernière. Ils ont fait de la danse, du piano. »

Chaque enfant a réussi, justement, parce qu'il a eu la possibilité de faire ce qui l'intéressait, à côté de la scolarité. C'est parfait!

Et elle termine par une formule qui vous plaira : « Je crois que c'est dans les familles nombreuses que les enfants sont les plus heureux et les plus "réussis". »

Eh bien, c'est parce qu'ils avaient déjà une vie de relations énorme les uns avec les autres et que l'ambiance n'était pas trop tendue qu'ils sont devenus ce qu'ils sont. Je ne sais pas pourquoi cette correspondante a bondi; ceux dont je parle, ce sont les enfants que leurs parents poussent à réussir en classe, sans s'intéresser à leur enrichissement en connaissances au jour le jour, mais seulement par angoisse ou par ambition pour leur avenir. C'est cela qui est terrible : ces enfants sont poussés dans les disciplines scolaires par des parents qui ne se sentent pas eux-mêmes vraiment concernés par elles, qui le font seulement pour que l'enfant soit, « plus tard », heureux. On sacrifie toute l'enfance avec ces mots : « Prépare ton avenir! » Et, pendant ce temps-là, l'enfant s'ennuie. Et rien de ce qu'il étudie n'intéresse ni lui ni ses parents. On veut des bonnes notes, la réussite strictement scolaire, mais on ne veut pas entrer dans les disciplines, lettres, sciences, histoire, géographie, qu'il apprend à l'école, pour en partager la découverte et la maîtrise avec lui dans la vie courante. Les études apportent-elles la joie d'apprendre? Répondent-elles au désir de savoir? Ou bien bonnes notes, réussite aux examens et diplômes sont-ils le prix d'un masochisme inculqué comme vertu?

Voici une mère dont le fils aîné, qui a douze ans, vient de se casser le poignet droit. Il est plâtré pour quarante-cinq jours et, comme il est droitier, il ne peut plus écrire. Sa mère considère que c'est une petite catastrophe : il venait de faire son entrée en sixième, quatre jours plus tôt, quand c'est arrivé. Son mari et elle se font du souci pour ce garçon « déjà normalement lymphatique, écrit-elle, qui se trouve maintenant complètement en dehors du circuit, c'est-à-dire qu'il subit cette situation [le bras plâtré] comme un spectateur. A la maison, il faut le gronder pour qu'il se mette au travail et fasse ses devoirs ». Ses parents lui ont demandé de s'entraîner à écrire de la main gauche pour éviter qu'il n'assiste aux cours en spectateur pendant quarante-cinq jours. Il ne dit pas non, mais ne fait rien. Et elle explique, un peu plus loin, qu'ils ont toujours eu des problèmes avec cet enfant qui a redoublé le cours préparatoire et qui semble « planer » — c'est le terme de la mère — à longueur de temps. « Une seule chose l'intéresse à la maison : ses poules et son chien. Il n'est pas sportif du tout, et le voilà dispensé de gymnastique pendant quatre-vingt-dix jours. Il en est ravi, d'ailleurs. »

Mais bien sûr!

Elle précise encore qu'elle n'a jamais eu le moindre problème avec son plus jeune fils, lequel apprend toujours avec facilité et rapidité; celui-là, elle n'a pas eu à s'en occuper beaucoup. Elle envisage, pour l'aîné, de trouver une personne qui s'occuperait de lui et lui ferait « faire ses devoirs », selon l'expression consacrée (expression qui revient beaucoup dans le courrier). L'année dernière, il les faisait chez une voisine (qui vient malheureusement de déménager) et l'année scolaire s'était bien passée. En fait, elle ne sait pas bien comment agir. L'enfant, lui, reproche à ses parents de ne pas être assez disponibles.

Bref, elle se demande, de toute façon, comment maîtriser cette nonchalance. « Dois-je voir un psychologue pour lui? »

Ça, je ne sais pas. Mais je crois qu'on ne peut pas obliger un enfant à écrire et à travailler lorsque son esprit est occupé à autre chose. Il n'y a qu'une manière d'intéresser un enfant à ses études, c'est que les parents eux-mêmes s'intéressent aux disciplines scolaires de son programme de classe. Il a une chance inouïe d'être spectateur à l'école en ce moment : je crois que c'est de cela que les parents devraient profiter, au lieu de l'en blâmer. Aller à l'école, dispensé de tout agir, va lui permettre d'écouter, d'observer ses camarades. Peut-être pourrait-il aller chez un camarade qui lui est sympathique pour assister celui-ci pendant qu'il fait ses devoirs, discuter avec lui ce qu'il écrit, sans avoir à faire de devoirs lui-même. Je crois que ce serait intéressant pour lui.

Maintenant, que cet enfant ait une personne pour l'aider, puisqu'il souffre du fait que ses parents ne soient pas disponibles, il est certain que, pour lui, ce serait important, si cette personne est gaie et sympathique.

Il faut savoir que la mère est très occupée au garage de son mari et que, dès la naissance de son jeune frère, il n'a plus été materné, comme vous diriez.

Je pense qu'il va prendre le dessus, surtout s'il aime ses poules et son chien. Ce qui serait intéressant, c'est qu'il puisse regarder, à la télévision, tout ce qui se fait comme films sur les animaux — car ils sont vraiment passionnants. Puisqu'il ne peut pas faire de travail écrit pour le moment, qu'il s'instruise à la télévision. C'est très bon pour des enfants un peu passifs, qui ont du mal à apprendre, à faire l'effort de rédiger leurs devoirs, etc.

Surtout que la mère ne le blâme pas, qu'elle ne le secoue pas : cela ne sert absolument à rien. En revanche, si les études de son fils l'intéressent, qu'elle regarde les livres qu'il a à lire, les leçons qu'il a à apprendre. Elle les lui lit tout haut, ils en discutent.

Pour conclure, on ne peut pas, si je vous comprends bien, changer un enfant : s'il est lymphatique, ce n'est pas parce qu'on sera toujours sur son dos que...

La question n'est pas là. La mère écrit : « Faut-il que je demande l'avis d'un psychologue? » Mais il faut d'abord savoir si son enfant souffre de son état! En ce moment, j'ai l'impression que ce sont plutôt les parents qui en souffrent, et lui, pas du tout.

Il y aurait d'autres solutions : ou bien le professeur principal peut le prendre en leçon une fois par semaine et le deuxième professeur principal également — en sixième, il a probablement au moins deux professeurs; quand il sera guéri, on pourrait le mettre demi-pensionnaire ou pensionnaire, à son gré, dans un collège qui fait du rattrapage, comme on dit. (Ces collèges aident beaucoup les enfants dans cette classe difficile, où ils ont encore besoin que quelqu'un s'occupe de l'organisation de leur travail.) Comme ça, il souffrira moins de ce que ses parents, très pris, ne puissent pas s'occuper de lui, et moins aussi de la comparaison avec son jeune frère, surtout s'il est pensionnaire et qu'il le désire.

Il faut lui demander son avis?

Mais naturellement! Il faut aussi le consulter au cas où il serait question de voir un psychologue; lui dire, non pas : « si tu veux bien », mais « si tu souffres de ton état actuel et si tu veux être aidé à changer ». Car si, en ce moment, il ne veut pas encore changer, cela ne servirait à rien. Elle, en revanche, peut demander dès maintenant l'avis de quelqu'un, puisqu'elle souffre. Je crois que le problème est là. L'enfant, quant à lui, est très capable de dire ce qu'il souhaite.

Cette mère-ci a trois enfants : un garçon de douze ans, deux filles de onze ans et demi et neuf ans et demi. Elle vous donne un peu le tableau de la famille : le père est présent physiquement, mais n'a l'air de s'apercevoir de la présence de ses enfants que lorsqu'ils le gênent. Il a des rapports difficiles, surtout avec son fils. La mère, elle, a repris le travail récemment. Jusqu'à présent, elle avait toujours soutenu son fils dans son travail scolaire. Cette année, il est en sixième et elle ne s'en occupe plus. « Conséquence immédiate, écrit-elle : résultats scolaires nuls. Il ne s'intéresse à rien par ailleurs : il ne lit jamais un livre, n'écoute jamais un disque, ne sort jamais un jeu. Par contre, il est toujours prêt *à rendre un service, est gentil, charmant, et aime beaucoup la fréquentation des scouts marins. D'ailleurs, j'ai l'impression qu'il n'est véritablement heureux que les jours où il va avec ces scouts. »* Elle est navrée et embêtée car les rapports deviennent très mauvais à cause du travail scolaire. Elle ne veut pas utiliser le chantage. « Je l'ai pourtant fait, écrit-elle. Je l'ai menacé un jour de ne pas le laisser partir trois semaines avec les scouts marins en vacances si son travail ne s'améliorait pas. » L'enfant a vu un psychologue qui a trouvé qu'il manquait de structure. Ces entretiens n'ont pas, semble-t-il, intéressé le garçon. Elle s'inquiète beaucoup, se demande ce qu'il va devenir dans un monde où l'on sélectionne de plus en plus tôt les enfants, même à partir de la classe de cinquième. Elle termine ainsi : « Il va comprendre trop tard et me fera des reproches plus tard. »*

Il s'agit là d'un enfant de douze ans, mais il nous arrive nombre de lettres qui parlent dans des termes plus ou moins semblables d'adolescents.

Tous ces parents s'affolent à cette idée : « On sélectionne! On sélectionne! » Et alors? Parmi ceux qui ne sont pas sélectionnés, il y a des enfants peu scolaires mais de grande qualité (sociables, généreux, industrieux, sportifs, artistes) et aussi des enfants qui n'ont pas de qualité repérable du tout, c'est vrai : ceux qui n'ont rien trouvé encore qui les intéresse dans la vie scolaire ni en dehors de la vie scolaire.

Cette mère a la chance que son enfant s'intéresse à la marine, à la vie sociale, à rendre service, dans et hors de la maison : ce n'est pas rien. Évidemment, avec un père qui ne sait pas être père, l'éducation est très difficile. Une question : est-ce que la mère elle-même s'occupe assez de son mari? J'ai l'impression que c'est un homme qui vit chez lui avec le sentiment qu'il est presque de trop. Il agresse les enfants parce qu'elle n'est occupée que d'eux. En tout cas, puisque c'est la marine qui intéresse le fils, elle est bien plus importante pour son avenir que l'école : tant pis s'il n'a pas de bonnes notes, si même il est nul scolairement. Je connais des garçons qui sont partis comme mousses sur des bateaux, et qui ont une situation remarquable parce qu'à dix-huit, dix-neuf ans, ils se sont mis à faire des études tout seuls. Ils sont maintenant lieutenants ou capitaines au long cours alors qu'ils savaient à peine lire et écrire à dix ans...

Il faut savoir que tout travail scolaire fait avec la mère féminise un garçon; et que, au moment de la prépuberté puis de la puberté, tout ce qui a été fait en couplage avec elle perd complètement son intérêt. Ou, s'il le conserve, c'est la masculinité du garçon qui sera atteinte plus tard. Dans notre cas, le garçon est lui-même porté vers ce qui se fait avec d'autres garçons, dans le plaisir de la vie de garçon : vers tout ce qui, dans la société, lui permet d'être un garçon sans que sa mère vienne le doubler (quand il rend des services par exemple). A travers la scolarité, il a comme divorcé d'elle : tant mieux! C'est très bien! S'il chute sur le plan scolaire, qu'elle ne s'en inquiète pas et surtout qu'elle ne se brouille pas avec lui pour cela. Qu'elle lui dise : « J'ai peut-être été sotte de t'élever si longtemps et de t'aider si longtemps pour le travail scolaire, parce que, comme tu es intelligent, tu t'en serais sorti de toute façon, même si je ne m'en étais pas occupée. La scolarité, on n'en parle plus. De toute façon, l'important pour toi, c'est la vie de plein air, l'effort physique, les vacances, l'intérêt que tu portes en ce moment à la marine. Il faut voir tout ce que tu pourras faire le plus tôt possible dans l'ordre de la marine. » Ce qui est fait est fait; mais qu'elle comprenne, maintenant, que l'important, c'est que son fils soit heureux, avec de bonnes ou de mauvaises notes, redoublant ou allant dans une classe latérale; c'est l'intérêt qu'il met à tout ce qu'il fait à l'extérieur. Il n'est pas possible pour lui de vivre dans une maison où il y a deux filles qui sont plus jeunes que lui. Il faut qu'il vive avec des garçons; pourquoi pas avec ces scouts? Peut-être pourrait-elle l'envoyer, pendant les grandes vacances, trois mois sur un bateau de pêche qui prend des mousses ou au bord de la mer dans une famille de marins pêcheurs. Il faut qu'elle cherche ça, absolument. Et puis, pour l'année, elle pourrait trouver un collège en pays maritime, où elle l'inscrirait à des activités de mer le mercredi et le dimanche? Elle ne s'occuperait plus de sa scolarité. Il reviendrait aux vacances et serait tout heureux. Peut-être aussi que, de la sorte, son mari serait moins ombrageux, ne la voyant plus toujours préoccupée de cet enfant qui, sous le prétexte de la scolarité, accapare, en fait, toutes ses pensées.

Pour le moment, elle est en train de faire fausse route. Nous avons des exemples, dans d'autres lettres, où des garçons deviennent régressifs, passifs, n'ont plus aucun intérêt, parce que la maman veut les garder, se désole de tout et que, finalement, ils n'ont pas leur vie à eux.

Quelquefois, en effet, la religion des études amène de véritables catastrophes. Sans citer de cas précis, parce que c'est toujours délicat, on peut dire qu'il y a des lettres de mères qui racontent comment elles ont fait de leur enfant un délinquant — je ne sais pas si c'est tout à fait juste, mais c'est terrible à dire —, et cela à partir d'excellents sentiments.

Tout à fait! Ce sont des mères qui, d'un côté, n'ont que le souci de ce que leur enfant ne veut pas ci, ne veut pas ça; d'un autre côté, dès qu'il fait plaisir à Maman, elles lui fourrent des cadeaux. C'est tout le temps comme ça : ou un chantage à la punition, ou la carotte. Tout le temps. Alors que l'important, c'est que l'enfant vive actif, heureux. La scolarité, c'est un moyen, ce n'est pas une fin, un but. L'enfant découvrira un beau jour le goût de l'étude, quand il aura un but. De toute façon, il y a toujours une époque où les gens regrettent ou ce qu'ils ont fait, ou ce qu'ils n'ont pas fait. Alors, si certaines mères se disent : « Il me le reprochera plus tard », je leur réponds : mais acceptez qu'on vous reproche quelque chose dans l'avenir; pour le moment, votre enfant est en train de dérailler complètement, parce que vous remplissez à la fois les rôles du père, de la mère, et même celui de l'enfant, en mettant vos ambitions personnelles à la place des siennes à découvrir. Il faut aimer les enfants comme ils sont, et non pas vouloir à leur place.

J'en ai marre!

(Scolarité obligatoire)

C'est un père qui écrit. A travers une composition française de son fils, déjà corrigée par la maîtresse, il a eu l'impression que l'enfant était malheureux et avait des problèmes. Des problèmes qui n'étaient certainement pas apparents, puisque cela l'a suffisamment étonné pour qu'il vous demande ce que vous en pensez.

Le thème était le suivant : « On dit toujours : " Ah! Vous êtes au bel âge! " Est-ce vrai pour vous? Organisez votre démonstration en l'appuyant sur des exemples précis et personnels. » Voici ce que le garçon, qui a treize ans et demi, a écrit : « Je ne crois pas que ce soit le bel âge, treize, quatorze ans. C'était plutôt vers sept ans. Après, la vie devient plus difficile. Moi, personnellement, je trouve que je ne suis pas au bel âge de la vie. Je rentre à la maison à cinq heures et demie; jusqu'à six heures, je me repose. De six heures et demie à huit heures, je fais mes devoirs. A huit heures et demie, je mange, jusqu'à neuf heures et demie. Je monte me coucher sans presque voir mon père, sans lui parler de l'école ou de mon travail. Quand je vais voir mes grands-parents, ils me racontent que, quand ils étaient jeunes, ils allaient à l'école pieds nus et que, à onze ans, ils travaillaient; mais eux, au moins, ils étaient à l'air libre, bougeaient, couraient, tandis que, moi, je suis enfermé toute la journée. Quand je rentre à la maison et que je suis affalé devant un cahier de devoirs, ma tête tourne. J'en ai marre. J'ai envie de tout laisser tomber, tout lâcher, partir

loin d'ici pour faire ce que je veux, quand je veux et où je veux. »
Et il termine : « *Je suis grondé. On me donne des avertissements : " Tu verras, plus tard, tu regretteras de ne pas travailler. Tu seras balayeur ou clochard. " J'ai peur de devenir adulte plus tard, de prendre des décisions, d'être tout seul devant la vie. Pour moi, le monde merveilleux de l'enfance est passé. L'enfance, c'est l'innocence, la pureté. J'étais heureux. Pas de soucis qui me tracassaient, qui me gênaient, qui m'embêtaient, et je m'en aperçois maintenant. J'aimerais recommencer la vie, faire un pas en arrière, redevenir enfant.* »

Telle était donc la composition de ce garçon. Et maintenant la lettre du père : « *Premièrement, il est exact que je n'apporte pas une présence affectueuse permanente et apparente à mon fils. Je suis un militant engagé, et le temps habituellement réservé à la famille passe souvent dans le temps consacré aux autres, à tous les autres, pour que diminuent les difficultés. Donc,* mea culpa, *avec une correction cependant : mon épouse fait attention aux études, avec aussi quelques interventions de ma part. Deuxièmement, ce gros bébé a deux sœurs, l'une de douze ans, avec laquelle il est à couteaux tirés en permanence, l'autre de cinq ans qu'il taquine souvent, mais protège affectueusement; il a ses cinq nounours et lapins en peluche toujours impeccablement rangés sur le traversin de son lit. Troisièmement, il réagit " normalement " devant les " nénettes ". Quatrièmement, il fuit les responsabilités et n'agit que pour faire plaisir, sans persister ou insister. Cinquièmement, il n'est pas fortiche manuellement ni studieusement. Il va volontiers chez son oncle charpentier, mais c'est surtout pour échapper aux devoirs et aux obligations, plutôt que pour les activités de chantier.* » Et il vous pose deux questions : « *Qu'est-ce qui se passe chez lui? Que faire maintenant?* »

Nous voyons là le tableau de ce qu'est la vie d'un écolier de nos jours (surtout en ville), à qui l'on veut faire acquérir par les études un savoir, alors qu'il n'a pas la possibilité de le désirer. Je trouve cette lettre tragique. Ce « gros bébé », comme écrit le père, pourquoi ce dernier ne l'emmenait-il pas partout avec lui, au moment où il traversait l'enfance (c'est-à-dire entre sept et onze ans), en ce moment où il avait tellement besoin de la présence paternelle et où il n'avait pas encore autant de devoirs scolaires qu'il en a maintenant? Il aurait pu très bien suivre son père militant dans ses réunions, s'intéresser à ce travail social passionnant comme, autrefois, son père s'intéressait au travail manuel du grand-père. Probablement que ces parents-là, comme tant de parents, ont l'idée qu'il faut qu'un petit enfant se couche à huit heures et demie ou neuf heures parce qu'il y a les études : « Prépare ton avenir! Prépare ton avenir! »...

« Sinon, tu seras balayeur. »

C'est cela! Toujours cette angoisse, et l'annonce d'un avenir épouvantable, alors qu'il s'agit d'un garçon intelligent et tout à fait « normal » — comme le dit très bien le père — mais qui, finalement, ne connaît la joie et la tendresse qu'en souvenir, « lorsqu'il était petit ». Il est gentil avec sa petite sœur, parce qu'elle est à l'âge de la pureté, etc. : finalement, il trouve à la maison un peu de joie en s'identifiant à son âge à elle. Il ne s'entend pas avec l'aînée, parce qu'on ne peut être camarade avec une sœur de quinze mois de moins que soi, comme c'est le cas ici. Il faut bien, au contraire, que ces deux enfants soient à couteaux tirés; sinon, s'ils étaient intimes, lui ne serait plus un garçon; ils auraient fusionné et ne seraient chacun ni garçon ni fille.

Après cela, il est très difficile de répondre à ce monsieur. Je ne sais pas. Je suis ravie, si je puis dire, qu'il ait eu l'occasion de s'apercevoir que son fils était malheureux; maintenant qu'il le sait, eh bien, que vraiment il s'occupe de ce fils — qu'il le sépare de la vie familiale, ou qu'il s'occupe vraiment de lui. Voilà l'été qui vient. Qu'il se débrouille pour que cet enfant aille dans un groupe de jeunes qui s'occupe, par exemple, de la réfection des monuments en détresse, de choses comme ça. Qu'il soit avec d'autres jeunes gens. Qu'au moins, pendant les vacances, il vive une vie de gars de son âge et ne pense pas à préparer son avenir, à être poli, gentil au milieu des grandes personnes. C'est un garçon qui a besoin de franchir le pas nécessaire pour devenir un grand garçon, mais il ne le deviendra que soutenu par son père, et, en société, parmi des garçons de son âge — et non pas à l'école où la maîtresse est incapable de l'aider.

En effet — et c'est l'intérêt général de cette lettre —, nous voyons sur la composition française, que nous avons ici, les corrections de la maîtresse : des corrections très impersonnelles, et assez draconiennes, même s'il a eu une très bonne note parce que c'était assez bien écrit pour un garçon de son âge.

La maîtresse note : « De la négligence. Introduction à séparer du paragraphe. Attention à l'orthographe et à la ponctuation. Mais beaucoup de bonnes choses. »

Et elle n'a même pas profité de ce devoir pour dire : « Bon! Nous allons passer un cours entier à parler les uns et les autres de ce que c'est, pour vous, d'avoir votre âge. » N'est-ce pas? C'est là qu'un devoir comme celui-ci est merveilleux : s'il ouvre sur un colloque général en classe avec une maîtresse qui sait écouter et qui sait faire la part de cette sorte d'ascèse dans laquelle sont les jeunes qui veulent, comme ils disent, faire plaisir à leurs parents. Or, on ne peut pas ne faire plaisir qu'à ses parents; on a à se faire plaisir à soi-même. Quant à moi, je crois que, s'il y avait eu une discussion entre les jeunes à partir de ce devoir, beaucoup de vie aurait fusé entre eux. Ils auraient vu qu'ils avaient tous des difficultés. Parce que c'est l'âge de la grande difficulté, celui où il faut être intellectuel dans un milieu qui ne soutient que la scolarité, et non la réflexion ou l'expression de soi ou la possibilité de s'ouvrir à des intérêts autres que scolaires — par exemple, la création d'un groupe de théâtre à l'école, entre garçons et filles, s'il y a mixité, ou d'un petit orchestre dont on fabrique soi-même le tam-tam : tout cela devrait être le travail d'une quatrième, à l'occasion des dix pour cent de temps, par exemple.

Faire une classe de français, ce n'est pas seulement demander aux enfants de s'exprimer par écrit, c'est aussi les amener à s'exprimer oralement, à discuter les uns avec les autres en leur donnant la parole à tour de rôle, en leur disant : « Vous vous êtes exprimés. C'est bon de s'exprimer. Vous avez pu comprendre ainsi que certains d'entre vous avaient des problèmes communs, que d'autres ne les ont pas, que vous êtes à des niveaux différents d'évolution, que vous avez des parents qui font des choses différentes. » La scolarité, c'est très bien, mais surtout qu'on n'oublie pas les échanges.

Pour en revenir à ce père qui s'interroge, peut-être pourrait-il demander à son cousin charpentier de parler davantage avec ce garçon, plutôt, peut-être, que de l'obliger à travailler tout de suite. Je crois que, s'il parle avec son oncle, il sera très heureux de le suivre dans des travaux, de faire avec lui des choses. C'est un garçon qui a absolument besoin de conversation avec des hommes : de suivre son père dans ses activités et de voir d'autres hommes, d'autres garçons, dans des activités intelligentes. Quant à la scolarité, il y reviendra pendant l'année.

Voici un thème encore jamais abordé précédemment. C'est une enseignante qui vous écrit. Elle n'a pas encore d'enfant elle-même, mais cela n'a pas d'importance; on n'est pas obligé d'avoir des enfants pour s'interroger, n'est-ce pas?

En tout cas, elle s'occupe des enfants des autres et elle a la veine maternelle.

Elle vous écrit : « La scolarité obligatoire jusqu'à seize ans fait parfois régresser ceux qui ont déjà envie, à quinze ans, de rentrer dans la vie adulte, mais n'en ont pas le droit. »

Je suis tout à fait d'accord avec cette dame. Je suis désolée de cette loi qui rend l'école obligatoire jusqu'à seize ans pour des enfants qui n'en ont pas le goût. Or, le goût pour les études vient vers douze ans; si, à cet âge, le goût ne vient pas, il est bon que l'enfant soit déjà préparé à avoir une valeur d'échange dans le travail qu'il aime faire. Il y en a sûrement un; les enfants sont toujours industrieux, surtout si on les a préparés pour cela quand ils étaient tout jeunes et, de nouveau, à partir de douze ans. Il est désolant de voir que le même style d'études est donné à tous les enfants, alors que certains aimeraient entrer dans la vie du travail, dès l'âge de... — cette dame dit quatorze ans, quinze ans; moi, je dis même plus tôt. Naturellement, quatorze ans, c'est bien puisque c'est l'âge de la puberté — mis à part les enfants qui ont une puberté tardive, qui ne commence qu'à quinze ou seize ans. En tout cas, c'est à partir de la puberté que l'enfant sait et sent ce pour quoi il est fait; et il se sent exploité par l'État quand on l'oblige à rester dans des cahiers, dans des livres qui ne l'intéressent pas. Sa présence physique à l'école où il ne fait rien, c'est la caution des allocations familiales!

Alors que cette loi part, en fait, d'un bon sentiment.

Mais non. Je ne pense pas du tout. Je crois que c'est sociologique : on ne veut pas que les enfants entrent trop tôt dans la vie active, parce qu'ils prendraient la place des autres. Je crois que c'est cela. Sans qualification ils seraient exploités? Ils le sont.

Je sais bien aussi que la technicité demande des études pour beaucoup de métiers et que l'on pense que les jeunes n'auront pas un « bon » métier s'ils n'ont pas fait de longues études préalables. Et il est vrai qu'ils auraient besoin d'acquérir des notions théoriques et scientifiques. Mais ils ne le font pas à l'école, parce qu'elle les ennuie. Alors que si, à partir de douze ans, pour ceux qui n'aiment pas l'école, il n'y avait qu'une heure de cours généraux par jour (français, calcul), et que tout le reste était du travail vrai — pas des occupations-thérapies, mais du véritable travail auprès de véritables artisans qui leur donneraient le véritable savoir sur le maniement des instruments —, on aurait des enfants qui deviendraient très intelligents de leurs mains et de leur corps. L'intelligence mentale viendrait secondairement, peut-être à dix-huit, peut-être à vingt ans. Mais ils auraient au moins un métier en main. Tandis que commencer à seize ans, c'est trop tard pour beaucoup et trop tôt pour d'autres.

Un tel programme est très difficile à réaliser, bien sûr. Mais il faudrait y arriver, parce que beaucoup d'enfants sont démolis par le système de la scolarité prolongée, et dégoûtés par une école qui les aurait intéressés plus tard, s'ils avaient d'abord eu une monnaie d'échange avec la société. On éviterait ainsi que certains deviennent abrutis, ou parasites, ou même délinquants.

(Quelques semaines plus tard)

A la suite de ce qui a été dit de l'enseignement obligatoire jusqu'à seize ans, vous avez reçu un énorme courrier en réaction, en particulier, à votre affirmation que dès douze ans, un enfant était capable de dire s'il voulait ou non faire des études.

En effet, certains enfants savent, à cet âge-là, qu'ils veulent faire des études. Ce n'est pas une raison pour qu'ils oublient qu'ils ont des mains, car leurs mains leur sont toujours utiles, même si leur tête est bien garnie. Et cet oubli, je le regrettais.

J'ai donc retenu une lettre, parmi beaucoup d'autres, qui, je crois, les résume admirablement toutes. Cette correspondante, qui est enseignante, vous écrit : « Vous avez raison. Vous ne pouvez pas vous imaginer combien cela peut être pénible, frustrant, pour un professeur qui aime son métier, ses élèves, de ne pas pouvoir quelquefois leur donner une vraie éducation et de se rendre compte que ces enfants ne s'épanouiront pas, quels que soient les efforts que fera le professeur... Seulement, on vit dans un monde concret, avec ses lois, sa vie de tous les jours, ses rythmes. La scolarité jusqu'à seize ans, cela a quand même été une grande victoire populaire puisque, auparavant, seuls les gens riches allaient à l'école... Vous dites qu'il n'y a pas que le savoir; vous avez raison dans l'absolu, mais est-ce que le fait de se battre, comme vous l'avez fait, contre cette scolarité jusqu'à seize ans, ce n'est pas faire un peu chorus avec tous ceux qui ne souhaitent qu'une chose : avoir une main-d'œuvre à bon marché, ignorante et sans formation précise? Je suis communiste et, de ce fait, je vois beaucoup de travailleurs, de personnes qui ont l'expérience de l'interruption des études et du travail à seize ans, et combien de fois ces personnes me disent : " Si c'était à refaire ", " Si j'avais pu ", " Si mes parents avaient voulu... " » Elle craint, en fait, que ceux qui n'auront pas suivi l'école soient exploités plus tard et le regrettent.

Écoutez. C'est vrai que l'interruption des études peut favoriser l'exploitation. Et tout de suite. Mais les moyens de défense existent. Autrefois, les adultes étaient exploités. Maintenant, il y a les syndicats pour les défendre. Et les enfants, du coup, commencent à se rendre compte qu'ils pourraient se défendre aussi.

Il est certain qu'actuellement, il y a des contrats d'apprentissage (pas tous, heureusement) où les enfants sont véritablement exploités par les artisans qui les emploient : certains, qui n'osent même pas partir aux cours du soir; d'autres, que l'on fait travailler dix heures par jour. Ces pauvres enfants sont alors pris dans quelque chose qui les épuise et ne leur enseigne ni leur métier en s'y promotionnant, ni à prendre leurs responsabilités. Certains deviennent contestataires : avant, ils l'étaient de l'école, maintenant, c'est du métier qu'on leur enseigne mal et d'un mode de vie qui les écrabouille complètement.

Là contre, il faut donner à l'enfant conscience du métier qu'il fait et lui enseigner que c'est son honneur de défendre sa santé; de défendre son contrat tel qu'il est rédigé; de ne pas se laisser avoir par le patron — comme d'autres se laissent avoir actuellement par l'école obligatoire en restant assis, en mâchant du chewing-gum, attendant d'avoir seize ans, pour, enfin, pouvoir s'en aller; et puis, ils s'en vont après avoir perdu quatre ans et fait de tels rêves de la liberté qu'ils n'en tireront plus rien du tout.

Il y a aussi un énorme courrier vous faisant écho sur le fait que tous ceux qui ont travaillé très tôt, avec goût et insertion dans la société à l'occasion de leur travail, sont des gens heureux. Je citerai, pour exemple, la lettre de quelqu'un qui, à cause d'une très grave maladie, est allé travailler dans un port alors qu'il avait fait des études supérieures avant : « Les parchemins sont loin. Entouré d'artisans, de pêcheurs, d'amis qui travaillent le granit, j'adhère complètement à votre point de vue. L'artisan qui parle au possessif de son bois (" mon escalier ", " mon travail ", " le meuble que je viens de faire "), cet autre qui m'apporte ses crabes, pourquoi les coincer jusqu'à seize ans à l'école? Les enfants de mes voisins viennent au chantier, à onze, douze, treize ans, le samedi. Croyez-moi, ils auront un excellent métier dans les mains. Ce sont des galopins très épanouis, de belles familles qui inspirent le respect. Je connais un jeune garçon, dont les parents étaient divorcés. Il était caractériel et fuguait pour aller à la campagne. Il est devenu paysagiste; le voilà dans les greffes, les arbres, avec une petite promise charmante. Il gagne très bien sa vie et est heureux. Il aurait continué ses études, comme il était complètement dans le cirage, qu'est-ce qu'il serait devenu? » Et cette autre lettre d'un pâtissier : « J'ai commencé à dix-onze ans. Quelle joie c'était pour moi de faire des gâteaux! A l'école, je ne travaillais ni mal ni bien; mais là, je sentais que j'étais quelqu'un parce que je faisais quelque chose de vrai et que j'apprenais mon métier. »

Je me demande pourquoi il ne s'est pas créé, parmi tous les artisans de France, un mouvement national qui leur permettrait de prendre des enfants, certains jours, avec eux. Non pas en apprentissage, comme le prévoit la dérogation...

Vous voulez parler de la loi Royer?

C'est ça : dérogation accordée aux enfants de quatorze ans pour aller chez un artisan, en suivant des études le soir seulement. Je ne parle pas, pour le moment, de ces enfants qui, vraiment, perdent leur temps à l'école, n'arriveront jamais à lire et à écrire actuellement — alors qu'à dix-huit ans ils y arriveront très bien, s'ils sont motivés, s'ils le veulent, ou au service militaire, n'est-ce pas? Ce n'est pas de ceux-là que je parle maintenant. Je parle des enfants intelligents qui, dès l'âge de onze, douze ans, et s'ils le désirent, devraient pouvoir travailler une ou deux fois par semaine chez un artisan de leur quartier, de leur ville, qui les prendrait toute la journée. Les enfants apprendraient alors un métier tout en continuant leurs études. Qu'ils deviennent des intellectuels, pourquoi pas? Ils auraient, en plus, un métier en main. Rien ne rend plus intelligent que de manipuler un matériau d'une façon tout à fait sérieuse, avec des ouvriers sérieux. Il y aurait un système d'assurance à mettre au point pour les journées passées avec eux (avec, au besoin, une petite participation des parents). Peut-être plusieurs municipalités pourraient-elles organiser cela entre artisans, en faisant appel, dans les écoles, aux jeunes vraiment motivés : il faut voir, en effet, si leur désir n'est pas imaginaire, s'ils sont prêts à une stabilité, à être là régulièrement aux heures décidées avec l'artisan, à suivre toutes ses directives et non pas en faire à leur tête, enfin à exécuter un travail sérieux. Trop de jeunes arrivent à seize ans, ayant envie de gagner de l'argent n'importe comment, en ayant perdu leur temps sur les bancs de l'école, ou ne trouvant pas de travail parce qu'ils n'y ont pas été préparés à temps. C'est à partir de onze, douze ans que les mains sont intelligentes et que l'esprit du jeune est intéressé à un véritable travail, dans la manipulation parfaite des outils qui lui sont confiés.

LORSQUE L'ENFANT PARAÎT

C'est une idée que je lance... Beaucoup de gens diront : « C'est utopique. » Mais je crois qu'il y a là un ferment de moralisation — au sens vrai — de l'être humain, c'est-à-dire que sont en cause et la responsabilité et un savoir soutenu par l'intérêt et le goût — le goût pour un matériau vis-à-vis duquel l'enfant se montre à la fois créateur, discipliné et productif.

Les enfants sont joyeux quand le lieu est joyeux

(Méthodes actives)

Pour continuer dans le même ordre d'idées, venons-en maintenant aux « écoles Freinet » : parce que cela intéresse beaucoup de parents. J'ai sous les yeux cette lettre d'une correspondante : « Vous avez mentionné les écoles Freinet, un jour, et signalé que leur programme d'enseignement revenait assez cher, qu'il fallait que les parents aient des moyens pour en faire bénéficier leurs enfants... »

Enfin, oui et non. Parce que des classes Freinet existaient aussi dans les écoles traditionnelles d'État. D'un côté, j'ai appris, depuis, que toutes les classes Freinet proprement dites étaient fermées. Mais d'un autre côté, beaucoup d'enseignants ont été formés à des méthodes actives dérivées de là.

L'école Freinet est la première où se soit organisé, en même temps que l'esprit de l'école active, l'enseignement de l'écriture et de la lecture par le moyen d'une imprimerie. Les enfants ne lisaient pas ni n'écrivaient, ils apprenaient tout seuls à lire et à écrire par le fait même qu'ils imprimaient.

Et avec succès.

Oui. Et puis, il y avait une très grande communication entre les enfants et entre les maîtres et les enfants; il y avait réflexion de toute la classe, colloque. On prenait les décisions entre soi et, surtout, chaque enfant était responsable de quelque chose. Il y avait, dans la classe, un esprit d'activité et non de passivité, des rencontres et échanges épistolaires avec d'autres écoles...

Il y avait autant d'enfants que dans une classe normale?

Oui. Bien sûr. Mais ç'aurait été beaucoup mieux s'il y en avait eu moins.

Je pense qu'il n'a pas été possible, pour l'État, de continuer partout l'expérience de ces classes-là qui paraissaient, dans les écoles, trop différentes de l'enseignement traditionnel des autres classes. Mais, enfin, il ne faut pas non plus se fixer sur les écoles Freinet, puisque, justement, il n'y en a plus. Reste qu'il y a partout des classes actives. Il y a eu, voici quelque temps, une émission à la télévision sur la fatigue à l'école, extrêmement intéressante, où l'on montrait la différence entre les méthodes traditionnelles et les méthodes actives, même s'il ne s'agissait pas exactement de Freinet. Ce qu'il y a à retenir des méthodes actives, le film dont je parlais le mettait bien en évidence : les enfants avec un maître formé aux méthodes actives sortaient de l'école encore plus détendus que lorsqu'ils y étaient entrés — et les maîtres aussi. Tout le monde était joyeux. C'est ça qui est important. Ne nous excitons donc pas sur un mot; c'est un homme de génie, Freinet, je sais, qui a été très longtemps méconnu parce qu'il faisait figure de marginal. Mais tout le monde s'en est inspiré. Je crois que des classes actives, il y en a un peu partout.

Les parents qui veulent savoir s'il y en a dans le secteur où ils vivent peuvent très bien écrire au rectorat de leur académie. Le principal étant tout de même de mettre les enfants dans une école qui ne soit pas trop loin de leur domicile, de ne pas chercher le fin du fin, le perfectionnisme. Qu'ils soient avec des enfants de leur âge! Il n'est pas bon non plus qu'un enfant soit, à l'école, tout à fait loin de ceux qu'il rencontre tous les jours dans la rue ou au square et que, de ce fait, il soit un marginal.

Que les parents lisent des livres sur ces méthodes — pourquoi pas? — et qu'ils en prennent de la graine pour occuper leurs enfants les jours de congé comme ces écoles actives proposent justement aux parents de le faire. Je crois qu'ils pourront ainsi beaucoup aider leurs enfants si ceux-ci ne peuvent pas bénéficier de classes actives du fait qu'il n'y en a pas dans leur secteur.

Il y a nombre de lettres dans lesquelles des parents vous écrivent : « Mes enfants sont dans une école traditionnelle mais, moi, je vais, à la maison... »

Mais, à la maison, je vais quoi? Je vais instruire mes enfants. Je vais les initier à la culture. Car la méthode active, c'est une initiation à la culture et à la communication. Or, la famille est faite pour cela. Si l'instruction est donnée à l'école par un maître qui a été formé à la donner de telle façon, qu'il la donne ainsi, pourquoi pas? Mais tout ce que font en plus les parents est toujours très bon pour l'enfant, même si les parents ne procèdent pas comme le maître. Si l'enfant n'en veut pas, il dira : « Ah non! Je ne veux pas faire du calcul avec toi comme ça, parce que... » Très bien! On peut faire tellement d'autres choses avec un enfant. Tout peut servir à concentrer l'attention de l'enfant, à lui exercer la mémoire : le jeu des sept familles, le jeu de loto, les histoires qu'on raconte et qu'on illustre... Il existe tellement de jeux qui forment l'esprit et l'intelligence de l'enfant, des jeux qui n'ont pas besoin d'être scolarisés, mis dans un programme! C'est ça, vivre.

A la maison comme à l'école, les enfants sont joyeux quand le lieu est joyeux. Et si les enfants n'ont pas une école joyeuse, eh bien, qu'on essaie, au moins, à la maison, de rendre joyeuse la vie. En même temps, qu'on en profite pour faire de petits exercices de jeux d'attention et de mémoire, pour se poser mutuellement des colles, rire, dire des bêtises, enfin qu'on se détende. Les enfants ont besoin d'énormément de détente.

A l'opposé, je suis frappée de voir — surtout en ce moment où les enfants sont très nombreux dans les écoles et où on est obligé, là où les maîtres n'ont pas été formés à des méthodes actives, de faire la discipline — combien les enfants soumis à cette contention deviennent tristes, et sont abattus de se trouver obligés à une passivité continuelle. Je voudrais que les parents ne fassent pas de perfectionnisme, mais s'orientent, comprennent un peu ce qu'est une méthode active, travaillent les uns avec les autres pour arriver à faire changer peu à peu l'esprit de l'école. Et puis, surtout, qu'ils n'aillent pas en rajouter sur l'école. C'est terrible de voir des parents en rajouter! Quand l'enfant rentre de l'école, il faut encore qu'il fasse des devoirs, le soir : je trouve cela terrible. A un moment, on avait interdit que les enfants aient des devoirs à faire à la maison, au moins jusqu'en sixième. Et puis, ça n'a pas tenu, parce que les parents voulaient qu'ils en aient. C'est dommage.

Toujours à propos des méthodes actives, voici une lettre qui pose le problème inverse de tout à l'heure, à savoir celui des enfants qui suivent des cours dans ce genre de classe, qui entendent à la maison des parents critiquer les autres modes d'éducation et qui, à la suite d'un déménagement ou d'un déplacement, se retrouvent dans une école, disons, classique, en se souvenant, bien sûr, que, pendant des années, ils ont entendu leurs parents dire que ces écoles-là étaient un non-sens.

Oui. On dit que les méthodes routinières sont moins bonnes que les méthodes actives, etc.

Voilà! Et souvent, ces enfants ont des problèmes.

Évidemment, ceux qui sont obligés de rentrer dans un système traditionnel parce qu'il n'y a pas, là où ils vont habiter, d'école active comme l'école Freinet ont des difficultés d'adaptation au début; mais, surtout, il y a en eux une espèce — comment dire? — de contradiction entre ce qui, pour eux, avait toujours été non discutable — qui était la vérité des parents — et cette autre vérité à laquelle se soumettent maintenant les parents, puisqu'il n'y a pas d'autres possibilités pour que l'enfant continue ses études. Et l'enfant est en désarroi, en ce qu'il ne sait comment avoir d'estime pour des professeurs qui appliquent des méthodes qui, jusque-là, paraissaient — et étaient — en contradiction avec les idéaux pédagogiques de parents qui s'y connaissent en pédagogie. Dans cette lettre, les parents, justement, s'y connaissent!

Oui, et leurs enfants deviennent hargneux...

Il y a trouble dans l'idée qu'ils se font des adultes. Car, il est bon, quand l'enfant grandit, que ce ne soient pas uniquement ses parents qui soient ses modèles d'adultes. Ici, dans le cas de cette famille-ci, la petite aînée est obligée d'entrer dans un CES traditionnel, alors que les plus jeunes peuvent continuer à aller dans des classes pratiquant les méthodes actives qu'ils avaient connues dans leur ancien lieu de résidence. Et cette fillette traverse des difficultés qui sont, pour une part, des difficultés d'adaptation, mais, pour une autre part — je peux le dire à la mère —, des difficultés d'un autre ordre. Elle est au moment de la prépuberté... La prépuberté se situe souvent autour des classes de sixième et de cinquième, qui sont, en elles-mêmes, des classes assez difficiles, puisqu'il faut s'adapter à un autre mode de travail, à un nouveau style de professeurs. Or, dans ce cas-ci, en plus, il y a un changement complet de méthodes, n'est-ce pas? De toute façon, tous les enfants, à la prépuberté, font quelque chose pour lequel je n'ai pas d'autres mots que « chapeau claque ». Leur psychologie fait « chapeau claque » : de six à onze-douze ans, tout va bien, ils se développent bien à tous points de vue, ils semblent tranquilles, adaptés, selon une vitesse de croisière, à la société... Et puis, tout d'un coup, ils montrent des troubles qui, en fait, sont une sorte de répétition de troubles qu'ils ont eus, quand ils étaient petits : c'est la prépuberté. On voit, par exemple, un enfant qui a fait de l'anorexie — c'est-à-dire qui ne pouvait pas prendre ses biberons quand il était petit —, vers la prépuberté, tout d'un coup, ne plus vouloir manger. Ce n'est pas grave! Il faut lui dire : « Ah oui! Je vois. Tu fais ce que tu faisais quand tu étais petit! Ce qui prouve que tu vas bientôt grandir beaucoup, ou changer. » Ou encore, tout d'un coup, par des insomnies — parce qu'il avait des périodes d'insomnie, étant petit —, un garçon répète des difficultés connues de un à trois ans, et cela dure environ six ou neuf mois. Il faut le savoir pour ne pas dramatiser les choses.

Si donc cette mère est inquiète, si elle et son mari, au point de vue pédagogique, n'arrivent pas à faire admettre à leur aînée une nouvelle école, ils auraient peut-être intérêt à consulter le centre médico-pédagogique de leur ville pour aider leur fillette grandissante, en pleine transformation. Peut-être! Qu'ils attendent d'abord la réadaptation au nouveau climat — puisque tout le monde a déménagé et a été perturbé. Si la difficulté se prolonge un peu plus pour l'aînée, c'est une psychothérapie qu'il faudra amorcer.

Cette fois, un professeur vous parle de ses élèves. Elle a une classe de cinquième, avec des enfants d'origines sociales diverses, qui ont des difficultés très différentes en ce qui concerne, par exemple, l'orthographe, la sempiternelle dictée. Elle a tenté une expérience. Au cours du premier trimestre, elle a supprimé les notes pour essayer de dédramatiser le problème. « Quand il s'agit d'une dictée, au lieu de faire signer les déboires par les parents — à quoi cela sert-il? est-ce que cela veut dire que l'on fera moins de fautes la prochaine fois? —, on essaie de s'interroger ensemble. Je demande si tout le monde a bien compris ce que j'ai expliqué, ou pourquoi ils n'ont pas pensé à faire tel accord de verbe, par exemple. Mais personne n'a besoin d'avoir une note. Ceux qui en veulent à tout prix — il y en a — s'en mettent une eux-mêmes. Les résultats, pour l'ensemble de la classe, ont été très intéressants et beaucoup d'enfants qui étaient " nuls " ont fait d'importants progrès. En plus, ils se sont détendus et ont pris confiance en eux-mêmes, en leurs possibilités. »

C'est très intéressant.

Elle vous pose deux questions précises : « *Dans ma classe, j'ai des élèves qui ont plus de difficultés que d'autres.* » *Par exemple, une jeune fille qui a perdu quelqu'un récemment, au début de l'année scolaire; un garçon qui, par sa taille et par sa force physique — ce sont des enfants qui ont entre treize et quatorze ans, en cinquième —, est en butte aux railleries, aux petites tracasseries que l'on se fait dans une classe...*

... et qui sont probablement de la jalousie.

Oui, mais qui peuvent atteindre le moral de l'enfant.

C'est vrai.

Elle écrit : « *Je me suis davantage occupée de cette jeune fille que des autres, et je me suis aperçue qu'elle régressait. Je l'ai finalement maternée, mais elle s'est un peu enfermée dans cette facilité, dans ce cocon sympathique, et a eu de plus mauvais résultats. Le garçon, par contre, je ne l'ai pas aidé. J'ai trente-cinq ans, lui en a quatorze; je ne voudrais pas qu'il se réfugie dans une sorte d'entreprise de séduction. Il ne faut pas non plus qu'il y ait quelque chose de trouble dans ce qui n'est qu'un intérêt pour un élève parmi d'autres. Peut-être, en réalité, tous ces problèmes ne regardent-ils pas les professeurs. Pensez-vous qu'ils soient à régler entre les enfants sans l'intervention des adultes ?* »

Ce qui se passe dans la vie caractérielle de ces enfants pourrait être envisagé de la même façon que ce qui se passe dans l'ensemble de la vie scolaire : la maîtresse leur fait rechercher ensemble les raisons de leurs difficultés pour l'orthographe, pour le calcul, s'entraider pour trouver la réponse à leurs erreurs et, en même temps, se donner eux-mêmes leurs notes; elle a déjà établi un dialogue collectif dans sa classe. De fait, quand un enfant a des difficultés que tout le monde observe — comme elle l'a vu pour ce garçon et pour cette jeune fille en deuil —, c'est le rôle du professeur de l'aider à passer l'épreuve de la vie en société.

Cela peut réussir en faisant appel aux autres enfants, en leur disant : « Votre camarade a des difficultés à cause de ça. Si on en parlait? » Et puis, qu'à l'occasion d'une récréation, ou dans un temps de dix pour cent — c'est le temps où on peut parler; c'est très important, puisque c'est de la psychologie appliquée au groupe et à la vie collective —, tout le monde se réunisse avec elle (je crois qu'il faut que l'adulte soit présent pour que les enfants puissent parler, pour les aider à dire avec des mots ce qu'ils pensent de la situation) et cherche pourquoi ce garçon, par exemple, qui est plus fort que les autres, est devenu leur tête de Turc (remarquez, tous les enfants marginaux sont gênés : ou bien ils ont des réflexes de prestance, ou bien ils deviennent timides de se voir en cours de développement). Les obésités prépubertaires dont tous les enfants se moquent, ce serait très intéressant d'en parler dans un groupe : « Mais pourquoi vous moquez-vous? En ce moment, cet enfant est comme cela. Il aime peut-être trop manger. C'est ce que vous dites, mais nous n'en savons rien. Peut-être y a-t-il d'autres raisons? Pourquoi ne vous aidez-vous pas les uns les autres? Dans la vie, il faut s'entraider. » Je crois qu'ainsi, dans cette entraide, la maîtresse, au milieu des autres, évitera des privautés susceptibles de faire régresser l'un ou de faire flamber des idées comme : « Elle me préfère aux autres » dans la tête du second. Bref, qu'il soit dit dans la classe : « Il faut vous entraider entre vous. » Et les problèmes de caractère s'arrangeront comme s'est arrangée la scolarité.

Ils sont toujours intelligents en quelque chose

(Enfants handicapés)

Nous allons aborder ici un sujet important, dont nous avons peu traité jusqu'à présent, avec la lettre d'une mère d'un petit mongolien de onze ans, qui vous demande de parler des enfants handicapés : « Nous sommes, quand même, quelques-uns à mener un combat très dur pour faire en sorte que ces enfants soient acceptés par tous et par la société. »

C'est une question assez vaste, parce que le cas est différent suivant qu'il s'agit d'enfants handicapés psychologiquement et socialement mais sans handicap physique repérable, ou d'enfants handicapés physiquement, d'une façon très visible, comme les mongoliens, par exemple; on ne peut pas comparer un enfant mongolien à un enfant handicapé tout à fait sain physiquement.

Commençons par les enfants mongoliens : ils ont tous la même particularité : ils sont peu agressifs. Mais c'est qu'ils ont une richesse de cœur et une sensibilité à la relation avec autrui (parents, autres enfants) qui sont très fines. Ils souffrent encore plus que les autres si on ne les aime pas, parce qu'ils n'ont pas les compensations que peuvent trouver les enfants hors de la famille (à l'école, par exemple) dès l'âge de trois ans, en rencontrant des camarades avec qui ils se découvrent des affinités. Les enfants mongoliens sont beaucoup plus sensibles à leurs parents, et mettent beaucoup plus longtemps que les autres à se faire des amis. Leurs parents, fratries, grands-parents, restent les pôles dominants de leur sensibilité. Et il est dommage que les parents, passé le choc et l'épreuve que la naissance d'un enfant mongolien représente, que les parents ne sachent pas toujours découvrir le trésor de cœur de ces enfants, leur grande sensibilité et aussi cette grande capacité de tolérance, d'indulgence même, qu'ils ont à l'égard des écarts caractériels de leurs parents, quand ceux-ci leur expliquent : « Je te demande pardon. J'ai été vive, j'ai été impatiente, mais je sais que tu fais tout ce que tu peux et que tu ne peux pas obtenir les mêmes résultats que tes frères et sœurs à cause de ce handicap que tu as depuis ta naissance. Mais je t'aime tellement qu'il ne faut pas que tu aies de la peine. » Il faut, avec un enfant mongolien, réparer très vite par la tendresse une blessure qu'on peut lui avoir faite, parce qu'il est blessé vivement. Alors il se met à douter de ces êtres qui sont ce qu'il a de plus cher. Voilà pour les enfants mongoliens.

Maintenant, en ce qui concerne les autres enfants handicapés, ils sont toujours intelligents en quelque chose. Des enfants emmurés en eux-mêmes ont une intelligence extraordinaire, une sensibilité (auditive, ou tactile, ou optique, ou esthétique, ou gustative) que je pourrais dire immédiate. C'est quelque chose que les parents devraient repérer chez tous les enfants handicapés psychosociaux, mais pas handicapés physiques; quel est celui de leurs sens auquel ils sont le plus attentifs? En faisant utiliser à chacun d'eux cet organe des sens le plus sensible, on favorisera des échanges, des complicités de compréhension, en permettant à l'enfant de parler des différences qu'il est capable de percevoir. Par exemple, si c'est l'olfaction, il faut lui présenter des parfums, des odeurs; si c'est la gustation, des plats de goûts différents — en mettant des mots sur tout cela et en faisant preuve d'une très grande tolérance; quand un enfant est sensible au goût, par exemple, il faut respecter ses choix, s'il veut faire des mélanges; ou, quand il est sensible à la vue, si, devant certains tableaux, certaines couleurs, un paysage, tout d'un coup il devient rêveur, les parents peuvent établir entre lui et eux une complicité : « Comme tu regardes cela ! Je vois, peut-être, que c'est cette chose-là qui t'intéresse », et montrer qu'ils s'intéressent avec lui à ce qu'il contemple, à ce sur quoi il se concentre. C'est ainsi qu'ils découvriront l'intelligence de leur enfant.

Certains enfants handicapés psycho-sociaux sont insupportables parce qu'ils ne restent pas en place, ils grimpent partout, font des tas de grimaces... Ils sont dits instables, précisément parce que ce qui les intéresse n'a pas été trouvé. Souvent, ces enfants-là sont très moteurs : c'est-à-dire qu'ils ont une intelligence motrice, l'intelligence du corps. Les parents trop souvent se mettent à les gronder, à les tenir, à les enfermer, à les punir, alors que, si le père inventait des jeux d'adresse, des appareils à grimper, leur faisait faire des jeux d'équilibre, ils seraient très heureux de se sentir promus et admirés pour leur intrépidité. Et puis, pourquoi ne pas faire pratiquer la danse à certains enfants qui sont bloqués au point de vue scolaire et dans la parole ? Ce qui n'empêche pas de leur parler, bien sûr. Ce qu'il ne faut pas, c'est vouloir tout le temps calibrer ces enfants, comme font, malheureusement, beaucoup de parents. Savez-vous qu'Einstein, jusqu'à neuf ans, a été considéré par tous comme un débile mental ?

Non. Mais je savais qu'à l'école il avait des résultats catastrophiques et que ses professeurs doutaient de son avenir.

C'était un débile scolaire et un débile mental. Il n'était jamais présent aux questions, il était toujours distrait, et manquait d'habileté. Ses parents disaient : « Qu'est-ce que cela peut faire ? Il a bon caractère » et ils pensaient qu'il pourrait toujours trouver quelque chose comme, par exemple, porter les pièces de tissu chez l'un de leurs amis, marchand. Ils l'aimaient beaucoup. Et, tout d'un coup, après neuf ans, a éclos une intelligence qui était à la fois méditative et mathématique, que personne n'avait devinée. Et puis, jusqu'à vingt ans, malgré ou à cause de cette intelligence, il a échoué dans les études qu'il entreprenait. Beaucoup d'enfants dits handicapés deviennent musiciens, d'autres peintres, etc. L'intelligence existe toujours, y compris chez les enfants handicapés. Aimons-les tels qu'ils sont, aidons-les à garder confiance en eux, à être heureux, gais et sociables, soutenons leur intérêt au jour le jour. C'est ainsi qu'ils se développent au mieux de leurs possibilités.

Une femme d'une trentaine d'années et son mari, qui a trente-trois ans, sont très ennuyés pour leur fille unique de neuf ans et demi : elle louchait à la naissance, elle a été opérée mais elle a perdu la vision d'un œil. A cinq ans, la directrice de son école a déclaré que cette enfant était rebelle; un pédiatre consulté a dit qu'elle était caractérielle, alors qu'elle était, par ailleurs, charmante chez elle, avec ses parents. « Si tous les enfants caractériels sont aussi commodes que mon enfant, ils ne doivent pas être difficiles à rééduquer », écrit la mère. On a donc conseillé aux parents de lui faire faire des séances de psychothérapie — comme vous le conseillez souvent vous-même. Après quatre-vingt-dix séances, les parents ont arrêté d'eux-mêmes, car la petite était choquée, selon la mère, de l'état des autres enfants dans la salle d'attente. Puis les parents lui ont fait suivre des séances d'orthophonie, parce qu'elle avait un retard de langage. Ensuite, son école (qui était privée) ayant fermé, elle est allée dans une autre, où elle progresse dans ses études, mais assez lentement. Chez elle, tout va bien. Elle est entrée en CE2 cette année, et le drame c'est qu'à la visite médicale obligatoire, le médecin a dit qu'il fallait la mettre en IMP.

C'est-à-dire en institut médico-pédagogique.

Voilà! Il faut dire que cette visite a eu lieu en présence de la directrice, qui a longuement expliqué le cas de l'enfant au méde-

cin, lui montrant le dossier médical dans lequel il était fait mention des séances de psychothérapie, et signalant qu'elle ne voulait pas d'élèves comme cela dans son école, dont la place était plutôt en IMP. Les parents sont scandalisés par l'attitude du médecin et de la directrice. Les maîtresses consultées — celle de cette année et celles qui ont eu affaire à l'enfant l'année passée — sont venues à la visite protester que, au contraire, elle faisait des progrès, lents certes, mais réguliers, qu'elle pouvait suivre et que, donc, c'était une décision tout à fait injuste. La mère ajoute, d'autre part, qu'elle a entendu cette même directrice dire à d'autres parents que leurs enfants étaient débiles : « De quel droit peut-elle se permettre de dire cela? » Et elle explique qu'apparemment, cette dame veut conserver une sorte d'image de marque de son école, une école dont tous les enfants auraient des bonnes notes. (« Cela ne se fait pas, de ne pas avoir de bonnes notes. »)

Eh oui! Hélas!

Un psychologue que les parents ont contacté depuis a « testé » l'enfant et en a conclu qu'elle pouvait parfaitement suivre les cours. Alors, que faire?

Je ne sais pas du tout. Il est vrai que, maintenant, les ukases des pédiatres scolaires sont écoutés et que les parents doivent, la plupart du temps, se soumettre à ces décisions prises, comme ça, arbitrairement, par une directrice et par un médecin qui est influencé par la directrice. D'abord, je pense que l'avis des maîtresses de classe devrait prédominer sur celui de la directrice; ensuite, je souhaite que tous les enfants restent mêlés dans un même établissement, quelle que soit leur capacité de développement. Qu'ils avancent plus ou moins rapidement, ils ont besoin d'être ensemble comme, d'ailleurs, dans la vie, des gens de tous niveaux de développement se rencontrent et sont socialement associés à l'activité du pays.

Alors, je ne vois pas du tout pourquoi on veut mettre à part cette enfant qui n'est pas lourde à vivre pour la maîtresse... La mère ne précise pas si elle se fait des petites amies et si elle a une vie sociale riche, cette enfant unique, entre ses deux parents : c'est peut-être ça qui manque un peu. C'est peut-être aussi une enfant sensible, qui sent que la directrice lui en veut de ne pas être aussi brillante qu'elle souhaiterait et qui, de temps en temps, n'est pas très gentille ou pas très polie avec cette directrice. C'est possible. Il est quand même curieux qu'on ait dit qu'elle présentait des troubles caractériels, alors qu'elle n'en a jamais eu en classe, ni en famille, et qu'elle semblait n'en avoir que vis-à-vis de la directrice. En tout cas, au début, c'était certainement une enfant gênée par sa vue — un enfant qui louche est gêné parce que, parfois, les autres enfants le repoussent. Mais enfin, depuis qu'elle a été opérée, elle n'a qu'une difficulté : celle de n'avoir qu'un œil. Et, avec un seul œil, elle peut très bien suivre la classe. Cela l'a peut-être retardée au début, mais, puisque les maîtresses disent qu'elle fait des efforts et progresse sans arrêt et que les parents l'aident, je ne vois pas pourquoi ceux-ci s'inquiètent tant.

Je me demande si la mère, elle, ne devrait pas aller parler à un psychanalyste pour essayer de dédramatiser un peu la situation, parce que c'est mauvais pour l'enfant d'être ainsi prise entre une directrice qui la déteste et une mère qui se sent vexée de cela. Il y a des externats médico-pédagogiques qui sont excellents, où les enfants sont très heureux. Je ne sais pas. Et puis, ce n'est pas bon de laisser une enfant dans une école où elle sera tout le temps en butte à la directrice et avec des maîtresses qui, elles aussi, sont en conflit avec la directrice.

La mère se plaint surtout qu'on ait pris en compte des tas de choses, notamment ces séances de psychothérapie qui datent de deux ou trois ans.

Ces séances ont été faites assez tôt pour aider l'enfant. Mais je ne sais pas pourquoi les parents les ont arrêtées d'eux-mêmes au lieu de le faire en accord avec le psychothérapeute. Ça, c'est peut-être dommage.

C'était parce que l'enfant ne supportait pas de voir les autres dans la salle d'attente...

Ce n'est pas vrai. Un enfant supporte toujours cela, de même que nous supportons, en allant chez un médecin, de voir des gens infirmes quand, nous, nous venons pour un rhume ou des douleurs intercostales qui ne se voient pas. Ce sont les parents qui se laissent impressionner, quand l'enfant va consulter dans un centre de soins psychothérapiques, à la vue d'enfants plus malades que le leur. Peut-être cette femme avait-elle déjà réagi avec anxiété à la promiscuité d'enfants handicapés dans la salle d'attente, et n'avait-elle pas aidé sa fille à comprendre que ces enfants étaient plus atteints qu'elle dans leur retard, qu'ils étaient soignés et aidés, chacun à leur niveau, par la personne qui l'aidait, elle? C'est très important que les parents sachent cela : les enfants ne souffrent pas du tout de voir d'autres enfants malades. Ça les intéresse. Ils aiment en parler et que les parents leur en parlent.

C'est pourquoi je me demande si cette mère, qui est anxieuse, ne devrait pas aller parler à un ou une psychanalyste pour comprendre comment mieux aider son enfant; ne pas tout le temps revendiquer pour elle et l'assister trop dans ses devoirs, mais l'aider à s'épanouir en allant en atelier les jours de congé, en groupe d'enfants, pour qu'elle ne vive pas en enfant unique entre son père et sa mère. C'est cela qui aiderait le mieux l'enfant à ne pas avoir les difficultés sociales qu'elle a peut-être. C'est tout ce que je peux dire dans ce cas particulier.

Les parents d'un garçon de huit ans qui est amblyope...

C'est une affection qui touche la vue : il voit mal.

... et partiellement hémiplégique (et d'une fille de six ans, dont il n'est pas question ici puisqu'elle n'a aucun handicap) vous apportent un témoignage sur le manque de tolérance de la société et, en particulier, le système éducatif envers les enfants handicapés ou plutôt, comme beaucoup préfèrent les appeler, les enfants « pas comme les autres ». Ils se sont trouvés confrontés à un problème : ou bien envoyer leur fils dans une institution spécialisée — mais c'était à plus de deux cents kilomètres de l'endroit où ils habitaient —, ou bien, et c'est ce qu'ils ont fait, le garder dans la famille et le laisser aller à l'école « normale ». Et ce garçon a perdu beaucoup de temps. « Le problème dont je voudrais vraiment parler se situe au niveau de l'acceptation, dans les mentalités, de ces enfants pas comme les autres : faire admettre leur droit à être différents. Le système d'éducation est planifié. Les enfants — quel que soit leur handicap, physique, mental ou autre — qui ne répondent pas aux critères de normalité ont beaucoup de peine à s'y insérer. Ils dérangent. Ils sont exclus. »

Cela, c'est surtout un problème des villes; dans les villages, au contraire, ils sont tout à fait bien admis. C'est un problème, actuellement, dû à la démographie croissante, et aussi à une espèce de mise au cordeau de tous les enfants. Or, chaque enfant se développe différemment. Alors, qu'appelle-t-on « normal »? Le petit noyau moyen de chaque classe? Et tous les enfants devraient être comme ça? Ce n'est pas vrai! Ces parents ont tout à fait raison.

Il y a aussi des lettres poignantes sur la façon dont l'entourage inconnu (dans la rue, aux visites médicales, à l'hôpital) réagit au contact d'enfants handicapés. C'est terrible! Il faut que nous comprenions ce que cela veut dire. Pour les adultes, c'est un problème d'angoisse. Ils se trouvent devant un enfant vis-à-vis duquel ils ne savent pas comment réagir du fait qu'ils ne s'attendent pas chez lui au même style de réponse; du coup, ils sont désorientés; ils se sentent bêtes et ça les angoisse.

Il y a aussi des cas — et il faut que les parents d'enfants handicapés le comprennent — où des parents ont eu le malheur de perdre un enfant bien portant et en gardent au cœur une très grande souffrance. A la vue d'un enfant handicapé, ils pensent au leur : « Si seulement il nous était resté handicapé de sa grave maladie, ou de son accident! » ou : « Le mien, beau et sain, est mort, celui-là vit. Pourquoi? » Ils se défendent de penser cela.

Pour les enfants, il faut comprendre que, quand ils se défendent d'un camarade qui a un développement différent du leur ou une infirmité, c'est parce que, dans l'amour que les jeunes portent à un autre, il y a un désir et une envie de s'identifier à lui. Ils se défendent de l'aimer, parce que ce n'est pas un modèle. Ce n'est pas un sentiment conscient, c'est une sorte de prudence inconsciente. C'est comme un mépris spontané. L'éducation devrait modifier cela.

Dans tous les cas, les adultes comme les enfants préfèrent ignorer les enfants handicapés, donc?

Oui, hélas, les adultes gardent des attitudes d'enfants, ou alors ils disent une petite vacherie [1].

Nous avons, en effet, le témoignage de la mère d'une fillette de cinq ans, amblyope elle aussi et handicapée-moteur léger. Elle avait amené son enfant à une consultation dans un hôpital et, comme celle-ci — et ça paraît bien excusable quand on a cinq ans — faisait un peu de chahut dans la salle d'attente, elle lui a expliqué, pour lui faire baisser le ton, qu'elle était dans un hôpital, qu'il y avait des malades, qu'il ne fallait pas déranger, etc. A ce moment-là, une dame « très bien », comme on dit, d'un certain âge, qui attendait aussi, s'est exclamée sur un ton extrê-

---

[1]. Sans doute en rapport avec la pérennité inconsciente de la pensée magique, ou avec le sadisme en eux demeuré : « mort au faible ».

mement méprisant, à l'adresse de son mari, mais de façon que tout le monde entende : « Pourquoi dit-elle cela? C'est inutile. Cette enfant n'est pas normale! » La mère, bien sûr, est restée pétrifiée. Et on a entendu alors la petite voix de la fillette qui demandait à sa mère : « Mais pourquoi est-ce qu'elle a dit ça la dame? Qu'est-ce que ça veut dire? »

Cela me conduit à vous poser une autre question qui revient souvent : faut-il parler à ces enfants de leur handicap?

Oui, et très tôt. Dès que les parents s'aperçoivent que leur enfant a un développement différent de celui des autres enfants ou qu'il a une infirmité, il faut aussitôt lui en parler. Si, par exemple, c'est arrivé à l'occasion d'une maladie ou d'un accident : « Quand tu étais petite, tu allais te développer tout à fait bien. Et puis, il y a eu telle chose... », et on leur donne des images qu'ils peuvent comprendre, comme celle d'un arbre frappé par la foudre pendant l'orage : « Tu vois, il n'a plus que deux ou trois branches qui poussent encore, alors que tous ceux qui sont autour de lui ont beaucoup de branches. Mais il va se développer. La vie continue. Ça va se réparer peu à peu, peut-être pas complètement, mais en partie. Et, tu vois, c'est quand même un arbre bien vivant. » Il faut utiliser des images comme celle-là. Et il faut toujours dire à un enfant exactement ce qu'il a. Et puis lui demander : « Qu'en penses-tu, toi? Comment crois-tu que tu vas te développer? »; appeler l'enfant à expliquer comment il ressent son état par rapport aux autres. C'est une chose à laquelle très peu de parents d'enfants handicapés pensent. Ils pensent à adapter ou réadapter leur enfant, ils cherchent avec amour qu'il ne souffre pas trop : mais cela, c'est parce qu'ils projettent leur propre souffrance sur leur enfant qui, lui, serait très intéressé qu'on lui demande : « Que penses-tu du fait que tu ne sois pas comme les autres? Que crois-tu que tes camarades pensent de cela? » A connaître ses difficultés et à pouvoir en parler, les progrès qu'il peut faire, il les ferait beaucoup plus vite que ce que les parents veulent croire. Et il pourrait ensuite parler à ses camarades : « Mon papa m'a expliqué, je ne suis pas comme toi parce que... » Il se ferait ainsi des amis et accepterait son infirmité. Sinon, ces enfants-là sentent bien qu'on ne leur demande jamais leur avis et qu'on n'exige pas autant d'eux qu'on exige des autres. Et ceci les frappe, je le sais par des enfants que j'ai soignés. J'ai eu des exemples d'enfants auxquels on avait caché leur infirmité et qui étaient perturbés, non pas de cette infirmité, comme le pensaient les parents, mais de ce qu'on ne leur en avait pas parlé.

Il faudrait, d'un autre côté, que les parents aident leurs enfants « normaux » à tolérer ceux qui ont eu une maladie ou un handicap en leur disant : « Cela aurait pu t'arriver à toi aussi. C'est un enfant. Il t'aime et il aime la vie. Aide-le! » Qu'il y ait une solidarité entre enfants.

C'est pour tout cela que je suis désolée, comme je l'ai déjà dit, des ségrégations qui font que les enfants handicapés sont placés dans des écoles différentes, au lieu d'être mis dans des sections spéciales d'écoles ordinaires — ce qui enseignerait aux enfants à être tolérants à l'égard de toutes les infirmités, de toutes les différences. Que chacun puisse garder confiance en lui tout en communiquant avec tous les autres, si différents de lui qu'ils soient. L'entraide! L'entraide, la communication entre enfants, cela devrait être le principe fondamental inculqué à l'école préparatoire et primaire; et l'exemple devrait en être donné par le comportement des adultes entre eux à l'école même, en ce lieu où ils ont choisi de se dédier au développement des citoyens-enfants, quels qu'y soient leurs attributions, titre, rôle (enseignant, personnel administratif ou d'entretien). Or, il semble que ce soit un problème insoluble chez nous, cette communication et cette entraide à l'école entre tous les adultes, les plus et les moins favorisés par le nombre d'heures, le salaire, la fonction. On se côtoie, au mieux on s'ignore. Le comportement personnel de chaque adulte est encore plus formateur pour les enfants que ce qu'il dit. Et quand l'organisation scolaire, en bloc, institue une ségrégation de plus en plus précoce sous prétexte de soutien spécialisé, elle lui fait tenir pour légitime une discrimination éthique au sein de la population, loin de corriger les préjugés quasi raciaux des parents d'enfants sans problèmes à l'égard des autres.

Voici le témoignage d'un père, cette fois, sur les enfants handicapés : « J'ai deux fils qui ont maintenant vingt-deux et vingt-quatre ans. Le second est né avec un bec-de-lièvre et une division palatine. Ma femme a été très patiente avec lui, l'alimentant, quand il était nourrisson, avec une cuiller, car il ne pouvait pas téter, bien sûr. Il a été opéré à plusieurs reprises — à six mois, à dix mois, à dix-huit mois. A cinq ans, il ne parlait pas correctement : nous le comprenions, mais pas ceux qui n'avaient pas l'habitude de l'entendre. Il a été rééduqué phonétiquement, à Paris, puis chez une rééducatrice privée. A six ans, à l'école communale, il n'avait que des zéros dans tous les domaines et était souvent au coin dans la classe. Nous lui avons finalement trouvé une école privée à petit effectif dans un arrondissement de Paris. Là, il a appris à lire et à écrire. Il est resté deux ans dans cette école, puis en a changé parce qu'elle ne lui convenait plus, mais il est toujours resté dans des classes à effectif très restreint — quinze élèves à peu près. Et il a fait d'énormes progrès. Mais aussi et surtout, ma femme et moi nous nous sommes énormément occupés de ce garçon. »
Son témoignage, en fait, s'adresse aux parents qui ont des enfants handicapés.

Oui, c'est extrêmement intéressant.

« Il aimait la musique, particulièrement le folklore. Nous l'avons inscrit à des cours de musique à l'âge de neuf ans. Là, nous l'avons vu s'épanouir. Il a appris à jouer de l'accordéon et, depuis trois ans environ, il fait des bals avec son orchestre qu'il a formé lui-même. Il compose aussi de la musique tout seul. Par

ailleurs, il a suivi l'école jusqu'en troisième. Il n'a pas obtenu de diplôme, mais il est capable de se débrouiller seul, de faire son courrier et de correspondre avec des artistes.

Pour subvenir à ses besoins coûteux, ma femme travaillait et, comme nous ne pouvions avoir qu'un mois de vacances, nous partions séparément chacun un mois avèc les enfants afin qu'ils puissent passer deux mois de vacances en plein air. Vous voyez à quel point nous en étions. Mais le résultat est là.

Cet enfant était condamné par les écoles et les médecins des hôpitaux. Ce qui l'a sauvé, c'est la compréhension, l'amour qu'il a trouvés dans des écoles privées à effectifs réduits. Ne pourrait-on créer, dans chaque arrondissement, des écoles à petits effectifs? »

C'est une très belle lettre. Il serait, en effet, souhaitable qu'il y ait, dans tous les quartiers, des écoles à petits effectifs, pour tous les enfants qui ont des difficultés. (Actuellement, il y a surtout des écoles pour certains déficits — ceux qui voient mal, ceux qui entendent mal, etc. —, mais pas, en fait, d'écoles pour enfants handicapés comme tels; il y a bien des classes de perfectionnement dans lesquelles on regroupe des enfants d'un peu tous les âges. Certaines sont excellentes, cela dépend du recrutement des écoles.) Des classes à petits effectifs, où chacun pourrait suivre comme il en a besoin, avec des éducateurs capables, comme ceux qu'a eus ce garçon, qui témoignent de beaucoup d'affection et font comprendre aux parents comment s'occuper, eux aussi, de leurs enfants [1].

Il y a un passage de cette lettre qui me paraît très important : celui où les parents racontent comment ils ont découvert que leur enfant était doué pour la musique. C'est ce qu'il faut faire quand on a un enfant qui ne suit pas très bien la classe : chercher ce

---

1. Classes à petits effectifs, oui, mais vie familiale, sociale, récréations avec tous. Ce n'est pas la ségrégation des moins doués, des handicapés et des enfants-problèmes, de ceux dont on dit qu'ils « gênent » les autres et qu'on rejette des écoles (d'État ou privées) ouvertes aux autres.

qui l'intéresse — ce peut être la danse, le travail manuel, la peinture, la mécanique, la cuisine, etc. — et, si on le peut, lui permettre de l'entreprendre sérieusement, comme ont fait ces parents. Parce que c'était cela l'avenir de ce garçon : et il y a été préparé, depuis l'âge de neuf ans. Il est plus important d'avoir un gagne-pain dans un domaine qui vraiment vous passionne que de faire de bonnes études en y sacrifiant tout son temps, surtout si on a des difficultés, pour avoir, peut-être, plus tard, un métier qui ne vous intéressera pas.

Pour terminer sur les enfants handicapés, ceci est une lettre de protestation contre une réponse que vous aviez faite un jour à un jeune homme qui était chétif et qui, pour cela, souffrait des moqueries de ses camarades d'école [1]. « *Vous m'avez fait bondir : j'aurais préféré vous entendre prêcher la révolte, lui expliquer qu'il avait droit à la considération et au respect, comme les autres. Sa révolte aurait peut-être fait réfléchir ses amis à ce qu'eux aussi auraient pu connaître les mêmes maladies et se trouver dans le même cas que lui. Vous ne lui avez pas conseillé de se défendre d'eux, mais de s'exclure, de continuer à écrire ses nouvelles et, finalement, de développer sa sensibilité plutôt que son agressivité. Moi, j'ai un frère aîné qui est sourd profond et qui a eu des problèmes à douze ans : il était dans un collège " normal " et se plaignait tout le temps, à la maison, des tracasseries de ses camarades. Nos parents lui ont dit : " Impose-toi. Ne te laisse pas faire. " Et il y est parvenu.* » *Elle conclut :* « *L'handicapé n'a pas à s'excuser de passer comme ça dans la vie. Il est temps que les hommes en prennent conscience.* »

Je pense que ce sont là deux cas différents : ce jeune homme avait encore le corps d'un enfant et une voix féminine — ce qui

---

1. Cf. p. 377.

faisait que tout le monde l'appelait « Mademoiselle » et qu'il souffrait de l'attitude méprisante de ses camarades. Je crois qu'avec une voix comme la sienne, s'il s'était révolté, les autres n'auraient fait que se moquer encore plus de lui. Il faut tout de même avoir des armes pour se battre. Peut-être le frère de cette correspondante était-il un malabar qui pouvait donner des raclées aux autres; car ce n'est pas parce qu'on est sourd qu'on est chétif. Il ne s'agit pas du même handicap. Je ne sais pas. Mais, si ce jeune homme à qui je m'adressais alors peut lire aujourd'hui ce témoignage, qu'il en prenne aussi de la graine. C'est peut-être cela qu'il aurait dû entendre.

Par ailleurs, il est curieux que ma réponse ait fait tant réfléchir; en effet, nous avons reçu d'autres lettres, et particulièrement le témoignage d'une mère de plusieurs enfants dont le dernier semblait, lui aussi, marginal. Comme le précédent, il réussissait bien en classe, depuis qu'il était petit, mais il était chétif, extrêmement sensible, et réagissait aux moqueries de ses camarades par des phénomènes psychosomatiques de souffrance. Ses mains et ses pieds gonflaient; il pouvait à peine tenir son stylo quand il écrivait à ces moments-là. Il était tellement malheureux, malgré une très grande confiance en lui-même et en son travail que, vers quinze ans, il a dit à ses parents qu'il ne pouvait plus supporter d'être la tête de Turc de tout le monde (avec une voix qui n'était pas encore formée et qui, depuis, bien sûr, formée tardivement, est comme celle de la plupart des garçons). Il les a suppliés de le mettre en pension dans un collège anglais où il savait, probablement par des rencontres qu'il avait faites en vacances, qu'on était beaucoup plus respectueux de la personnalité de chacun. Les parents n'étaient pas riches et les professeurs, qui comptaient beaucoup sur cet élève très brillant au point de vue scolaire, trouvaient que ce serait une folie d'arrêter ses études en France; il a donc — par affection pour ses parents, par sérieux — accepté de recommencer une année scolaire (la terminale) dans ces conditions assez dramatiques pour lui. Mais les parents l'ont tellement vu s'éteindre et dire : « Je ne sais pas si j'aurai le courage d'aller jusqu'au bout » que, finalement, malgré l'énorme sacrifice pécuniaire, ils l'ont envoyé en Angleterre. Et cela a été une réussite totale. Il a même, tout en faisant ses études en anglais, passé son bac français, à Londres, tout seul. C'est un jeune homme qui s'est débrouillé, qui a pris la direction de sa vie tout à fait comme il avait à la prendre et comme il l'avait décidé à quinze ans et demi, après mûre réflexion. Maintenant, il connaît une réussite un peu marginale par rapport à des Français, mais il a un acquis énorme : il a pu croître et se développer sans souffrir de la moquerie permanente et de la jalousie des autres, qui le voyaient réussir bien qu'il fût différent d'eux par son aspect. Et la maman conclut : « Je crois que j'aurais répondu comme vous : que ce jeune homme travaille par correspondance, qu'il continue dans la voie où il se sent engagé par son goût pour la littérature. Car, pourquoi pas, s'il s'agit déjà d'un début de vocation ? »

Vous voyez, voilà deux lettres qui se contredisent quelque peu. C'est parfois difficile de répondre. Je le fais comme je le sens, mais suis très contente quand on pense autrement et que l'on apporte d'autres solutions. C'est le moyen pour chacun de choisir ce qui lui convient le mieux.

Être très doué sur le plan scolaire n'est pas signe qu'on est surdoué

(Un développement homogène)

Les enfants dits « surdoués » : nous avons reçu un certain nombre de lettres à ce sujet. Et d'abord un témoignage d'une correspondante qui décrit les progrès de son fils (il a vingt-deux ans maintenant, mais elle fait un petit retour en arrière) : elle écrit qu'il a marché à sept mois, que c'était formidable, extraordinaire. « A trois mois, il s'est mis à gazouiller comme tous les enfants, mais il s'interrogeait, s'observait, recommençait pour être bien sûr que c'était lui qui faisait ce bruit-là. A sa naissance, il a vu très vite et, à dix jours, on ne pouvait pas le tourner contre le mur parce qu'il voulait voir ce qui se passait dans la pièce. » Je ne sais pas si c'est là la définition d'un enfant surdoué. Cette femme, en tout cas, le pense : « Il faudrait que les parents sachent reconnaître ces enfants et ne les prennent pas pour des caractériels, des inadaptés — parce qu'ils peuvent quelquefois ressembler à cela si on ne sait pas s'y prendre avec eux. Peut-être aussi les professeurs ne savent-ils pas non plus comment adapter l'éducation à ces enfants différents des autres par moments? »

Nous avons une autre lettre à propos d'un garçon qui lit douze livres par mois à onze ans, je crois — ce qui est quand même assez considérable. Les parents s'étonnent de la différence entre le développement physique et le développement intellectuel de cet enfant qui souffre, par ailleurs, sans raisons médicales, de maux de tête, depuis l'âge de six ans où il est entré au cours préparatoire.

C'est un très brillant élève. Mais il a, écrit la mère, une écriture épouvantable, dont il souffre beaucoup.

Ce n'est pas vrai! L'écriture (elle nous a envoyé un de ses devoirs) n'est pas épouvantable : elle est un peu maladroite. C'est une écriture d'enfant très nerveux. Je pense que cela l'aiderait, puisqu'il est doué, qu'il est littéraire, qu'il aime tellement être tranquille et très bien travailler, s'il apprenait à taper à la machine. Le plus tôt possible. C'est une chose que les parents ne savent pas assez. Tant pis si les professeurs refusent les devoirs à la machine! Ils ont tort, parce que, apprendre à taper à la machine, pour un enfant de onze-douze ans, est un enseignement merveilleux.

Cela peut servir plus tard.

Oui. Il y a même des écoles, aux États-Unis, où il est interdit de donner un devoir écrit à la main : il doit être tapé à la machine. Et c'est très intelligent! Non qu'il soit question d'interdire d'écrire à la main, mais qu'on puisse rendre un devoir soit tapé à la machine, soit écrit à la main; parce que c'est un acquit pour toute la vie.

Cet enfant, d'autre part — je termine la lettre —, a du mal à se faire des copains en classe, trouve les élèves qui sont avec lui bêtes, admet son frère dans sa chambre et dans ses jeux, mais chasse sa sœur qu'il traite de « punaise ». Le soir, il fait des câlins à sa mère, mais pas à son père. Elle précise que le père a été souvent absent et que les enfants en ont souffert. Mais, maintenant, cela va un peu mieux.
Ces deux lettres posent, disons, en termes très généraux, le problème des surdoués.

Oui. Il faut savoir que ce problème des enfants dits surdoués a déjà été abordé dans d'autres pays, en Angleterre en particulier.

On a même créé des écoles de surdoués, qui sont, à mon avis et de l'avis de beaucoup de gens, des catastrophes, comme toute ségrégation d'enfants « pas comme les autres ».

En France, cette question commence à intéresser sérieusement et on sait qu'on peut détecter les dons d'un enfant à partir de cinq-six ans grâce aux tests — en particulier à un test qui s'appelle le Wichs, et qui ne porte pas uniquement sur la scolarité. Le fait d'être très doué sur le plan scolaire n'est pas le signe qu'on est surdoué s'il n'y a pas aussi une énorme curiosité pour une discipline particulière, un intérêt à se développer et à devenir créatif. En interprétant le test de Wichs, on peut dire qu'un enfant est doué plus que d'autres à partir d'un quotient intellectuel à ce test que l'on chiffre à peu près à 140.

C'est-à-dire qu'on peut avoir un quotient intellectuel très élevé et ne pas être vraiment doué dans quantité d'autres domaines?

Oui, justement dans des cas où on a un quotient très important, non pas au Wichs, mais dans certains autres tests qui ne sont que des tests intellectuels et non pas en même temps des tests moteurs, de curiosité, de créativité, etc. Quand des enfants sont seulement surdoués scolairement, c'est presque dommage parce que cela veut dire que c'est une obsession pour eux de réussir scolairement, d'être premiers. Ce n'est pas qu'ils sont curieux de tout dans la vie, et qu'ils auraient envie de se développer dans une direction particulière.

Donc, d'abord : qu'un enfant surdoué à l'école ait, par ailleurs, des loisirs ou des rencontres avec des gens qui lui enseignent un art ou une discipline qu'il aime particulièrement (l'histoire, la littérature, etc.), pourquoi pas? Mais qu'il reste en classe avec des enfants de son âge. Sans cela, il deviendra un enfant à part et il en souffrira beaucoup. C'est une question de niveau de maturité.

Ce jeune homme de onze ans dont on parlait tout à l'heure,

qui fait des câlins à sa mère, tout en étant un enfant doué au point de vue mental et littéraire, eh bien, c'est un enfant en danger, en effet. C'est beaucoup plus un enfant à soigner qu'un enfant qu'on pourrait appeler « surdoué ». Surdoué, précoce pour son âge, il l'a peut-être été quand il était jeune, je ne sais pas. Mais enfin, un enfant précoce marche à neuf mois, neuf mois et demi. L'intelligence est d'abord intelligence motrice, puis intelligence verbale, c'est-à-dire que l'enfant est d'abord très précoce pour la marche, pour l'adresse corporelle et manuelle et pour la parole. Et aussi très casse-pieds dans ces cas-là, du fait qu'il dérange sans cesse. Bien des parents abrutissent d'interdits à agir et à parler un enfant surdoué, parce qu'il les fatigue. C'est justement pourquoi, maintenant, on essaie de dépister très tôt les enfants doués : pour les occuper et les mettre au contact des autres et de ce qui les intéresse.

C'est aussi parce que ces enfants-là, qui travaillent extrêmement facilement, ne parviennent pas à s'intéresser à quoi que ce soit dans les écoles ordinaires. Il faut les stimuler par d'autres choses — la musique, un art, des activités créatrices. Il existe depuis peu, en France, un club de loisirs artistiques pour « jeunes brillants »[1] qui s'appelle : « Jeunes vocations artistiques, littéraires et scientifiques. » Les enfants qui, par ailleurs, suivent les classes de leur âge, peuvent trouver dans ce lieu des activités qu'eux-mêmes ont désirées, et non pas que leurs parents ont choisies pour eux — ce qui est très important, car beaucoup de parents « poussent » leur enfant et ce n'est pas dans cet esprit qu'il faut s'occuper des surdoués.

Tout le travail que je fais ici tend à ce que les enfants parlent parfaitement bien, soient adroits de leur corps, quand ils sont jeunes. Après, ce seront peut-être des enfants surdoués; peut-être pas. Mais, au moins, ceux qui sont surdoués n'auront pas été « ratés », je veux dire contrariés dans leurs rythmes, si on ne les a pas mis trop tôt sur le pot, si on les a laissés s'exprimer,

---

1. Club fondé par Mme Rossignol et Mme Castillon du Perron, 14bis, rue Mouton-Duvernet, Paris XIVe.

tant verbalement que de façon motrice et industrieuse. Malheureusement, il y a des enfants surdoués qui paraissent, au contraire, des enfants retardés, parce qu'ils ont été toute leur petite enfance retenus dans leurs initiatives, abandonnés à leur solitude de pensée et de jeu, parfois culpabilisés de leurs désirs d'indépendance, d'action, de savoir, de n'être pas « sages ».

C'est ce que disait d'ailleurs la première correspondante.

Surdoué tout petit ne veut pas dire surdoué en soi ni en grandissant. Il faut étudier ces enfants et les aider sans leur nuire. Des lieux où trouver réponse à ce qu'ils cherchent, intérêts, renseignements et personnes qualifiées dans les techniques et les connaissances qui les attirent, c'est cela qu'il faut organiser, tout en y préservant les initiatives individuelles ou groupées entre eux des enfants.

Toujours à propos des enfants surdoués, une correspondante vous écrit au sujet de sa fille qui a, actuellement, deux classes d'avance : « Je vous ai entendue vous élever contre la précocité scolaire et, en particulier, contre les enfants qui sautent des classes. Et pourtant, quand ma fille avait huit ans, je me sentais avec elle comme une poule qui a couvé un canard, ou plutôt comme une cane qui a couvé un cygne, parce qu'elle était d'une précocité extraordinaire. » Pour résumer rapidement cette lettre, c'est une enfant qui s'est éveillée très vite : à six mois, elle sortait de son lit toute seule et elle allait, sur les coudes, jusque dans la salle commune pour être avec tout le monde. A neuf mois, elle montait et descendait l'escalier toute seule, à quatre pattes, sans dégringoler.

Ce qui est tout de même exceptionnel. C'était une enfant qui avait une avidité de vivre extraordinaire sur tous les plans.

Oui. Et on l'a considérée tout de suite comme une fillette assez dure, pas très caressante, très résistante à la douleur, casse-cou et aussi agressive. Elle griffait les gens qui ne lui plaisaient pas ou qui s'approchaient trop près d'elle. Cela donnait des scènes de ce genre : une dame se penchait vers l'enfant : « Attention, madame, prévenait la mère, elle est sauvage et risque de vous griffer. — Mais ce n'est pas possible! Elle est si mignonne! Guili-guili... » Et vlan! la petite main partait, et, malgré les ongles courts, laissait une marque sur le visage de la dame frustrée et furieuse, bien entendu, contre la mère. Ensuite, elle a eu très vite un don d'imitation extraordinaire et une mémoire phénoménale. A trente mois, lorsqu'elle est allée à la maternelle, la maîtresse a dit : « Nous ne pouvons pas la garder. » Elle a su lire et compter en trois mois. Dès qu'elle a su lire, elle a évidemment dévoré des livres : il y a l'histoire du dictionnaire, par exemple...

Oui, qui inquiétait même la mère.

Eh oui! La mère écrit : « Elle a commencé à apprendre le dictionnaire par cœur. Nous avons été sauvés, et elle aussi, par les vacances qui l'ont interrompue. » Ensuite, elle a voulu tricoter, mais la mère la trouvait trop petite. Elle s'est acharnée, furieuse de ne pas y arriver, et elle y est parvenue aussi très, très rapidement.

C'est une enfant « qui en veut », comme on dit.

Même chose pour les activités extra-scolaires : l'équitation, la gymnastique. Elle est très adroite à cheval. Et la musique, par exemple : elle a voulu apprendre le solfège. On lui a dit que c'était trop compliqué. A la fin du premier trimestre, elle est arrivée quatrième au concours de piano.
La mère vous parle ensuite de l'attitude du grand-père et du père vis-à-vis de cette enfant. Ils ne se sont pas intéressés à elle au début; ils ont pris une certaine distance à l'égard de cette

fillette qui ne ressemblait pas à une enfant habituelle. Ce passage vous intéresse?

Oui, parce que le père s'occupait beaucoup de ses enfants, de sa fille aînée, mais elle, il sentait qu'il ne fallait pas trop qu'il la surtende : ou bien elle devenait agressive vis-à-vis de lui. C'est cela, les enfants qui désirent trop : ils ne savent pas comment accrocher et deviennent un peu agressifs. Il a eu tout à fait raison de la laisser vivre sans trop s'occuper d'elle, à ce moment-là. Le grand-père aussi la laissait un peu de côté, ne sachant comment faire avec une telle nature.

Et puis, un jour, elle lui a posé une question très étonnante, à propos d'une poésie de Ronsard qu'elle avait lue et qu'elle savait entièrement par cœur, sur une tournure de phrase en vieux français, pour savoir ce que cela voulait dire. A partir de ce moment-là, le grand-père s'est intéressé et s'est mis à parler avec elle.

La mère a été très intelligente, aussi, dans sa manière de protéger cette enfant d'elle-même en la laissant vivre assez libre — ce qu'on lui reprochait. Mais qu'aurait-elle pu faire d'autre? Elle n'aurait fait que lui donner des troubles du caractère. D'ailleurs, très sagement, elle est allée voir, une ou deux fois, un pédopsychiatre et un psychologue, qui, tous deux, lui ont dit que l'enfant était tout à fait normale, qu'elle avait simplement un quotient intellectuel très élevé, de deux ans-deux ans et demi au-dessus de son âge, et un développement homogène tant moteur qu'affectif. C'est, en effet, une enfant exceptionnelle.

En même temps, elle est adorée des autres enfants. Elle se fait des amis partout, et tout le monde l'aime. Elle n'est plus, maintenant, agressive avec les autres enfants.

Cela, c'est très important. C'est une enfant qui est normale.

Comme écrit la mère : « Ce n'est pas une perfection. Elle a des défauts. » D'ailleurs, la mère ne la considère pas comme surdouée.

Voici donc la question de cette correspondante : « On prévoit des tas de cours de rattrapage, de maintien scolaire, etc. Mais les structures ne sont pas vraiment faites pour les enfants qui sont en avance sur les autres. Nous, nous avons adopté cette solution-là (lui faire sauter deux classes). Ne pensez-vous pas que ça va lui porter tort? »

Non, je crois qu'ils ont très bien fait, puisqu'elle a beaucoup d'intérêts à côté. Sauter des classes, quand l'enfant est en avance en tout et pas seulement dans l'intelligence scolaire, dans des cas exceptionnels comme celui-ci, pourquoi pas? Il y a des enfants qui ont besoin absolument du rythme de vie et de l'instruction des enfants plus âgés. Mais à condition que leur développement soit homogène. Parce qu'on voit des enfants très calés au point de vue mental ne pas savoir s'habiller, ni s'occuper d'autre chose que de leur vie imaginaire, pas débrouillés du tout dans la réalité ni en société. Ils sont retardés sur le plan affectif et collés à leur mère. Bien sûr, ces enfants-là ne sont pas des enfants surdoués car ils n'ont pas un développement homogène. L'enfant surdoué, c'est un enfant qui a un tempérament riche, qui veut de tout, comme on dit, et qui se protège aussi de tout ce qui interfère dans ses désirs et dans sa vie. Quelquefois, on rend caractériels les enfants surdoués, hélas, en voulant les freiner, les dresser, les mater, parce qu'ils ont déjà beaucoup d'initiatives, et que c'est très fatigant, les enfants précoces sur le plan de la motricité, de la curiosité, de l'adresse manuelle, des désirs.

Ce qui est important, c'est que cette enfant n'a pas sauté de classe au cours de sa scolarité, car c'est ça qui est difficile. Elle est entrée directement au cours préparatoire à cinq ans. Puis, à la fin du CE1, comme elle savait tout, la maîtresse a dit : « Il faut qu'elle aille dans une autre classe, parce que, dans la classe suivante, on répète à peu près le CE1, et elle va s'y ennuyer. »

Alors, ça ce n'est pas mal puisque l'enfant commence, en fait, sa scolarité dans les petites classes qui répondent aux intérêts qu'elle a à ce moment-là. Ce qui est difficile, c'est quand un enfant saute la classe de septième, par exemple, ou de huitième ou de cinquième, alors qu'il s'est fait des camarades déjà, qu'il a l'habitude de ces camarades-là. Or, ici, elle entrait dans une classe où on pouvait répondre vraiment à son besoin de travail, à sa rapidité de travail — car elle apprend tout très vite, et la maîtresse ne sait pas comment l'occuper.

Maintenant, la mère s'inquiète de savoir s'il va y avoir un moment où elle va craquer. Je ne crois pas. En tout cas, ce n'est pas terrible. Si vraiment on sent qu'elle peine et qu'elle souffre de peiner, dans une classe ultérieure, elle pourra peut-être rester deux années dans la même classe — en changeant d'école éventuellement, ou dans la même école si elle change de maîtresse. Mais on n'en sait rien d'avance. En tout cas, elle a beaucoup d'autres intérêts; elle a beaucoup d'amis. C'est une enfant tout à fait homogène et qui n'a pas la difficulté qu'ont certains enfants poussés au point de vue scolaire. C'est lorsque le scolaire est en avance et que le reste ne suit pas que c'est inquiétant. Mais là, c'est une enfant qui me paraît un être assez exceptionnel. Et je félicite les parents d'avoir su l'élever sans la casser, quand elle se montrait si agressive étant petite, et si indépendante.

Dorloter ses petits-enfants, ce n'est pas les aimer pour eux

(Enfants / grands-parents)

Voici la lettre d'un père. Il a vingt-six ans, sa femme en a vingt-huit, et ils ont deux filles, de trois ans et deux mois et demi. Elles ont leurs deux grand-mères, leurs deux grands-pères et deux arrière-grand-mères. Et tout vient de là : l'aînée est l'objet de leurs soins beaucoup trop attentifs, en particulier de la part de la grand-mère et de l'arrière-grand-mère paternelles. La grand-mère, qui avait toujours rêvé d'avoir une fille, se laisse complètement « embobiner » par la petite et la prend dans son lit la nuit. L'arrière-grand-mère, qui n'avait jamais été « maternelle » auparavant, veut maintenant toujours dormir avec la petite, l'entraîner aux toilettes; elle lui raconte des tas d'histoires d'agression, etc. Le père attribue cela à des problèmes sexuels non résolus...

Mais certainement.

Jusqu'à présent, ils ont résisté à toutes les pressions familiales, accrues encore à la naissance de l'autre bébé, quand les deux femmes se sont pratiquement déchirées, se disputant l'aubaine de pouvoir enfin avoir la petite de trois ans. Ils ont refusé de la leur laisser.

Ils ont très bien fait.

La question qu'il vous pose, c'est que, maintenant, l'enfant, elle aussi, prend du plaisir à ces relations. Elle réclame soit la grand-mère, soit l'arrière-grand-mère et voudrait bien aller dormir chez elles. Et ces femmes se plaignent de l'opposition de la maman.

D'abord, que les enfants dorment avec les grands-parents, c'est à proscrire absolument! Il ne faut plus mettre cette enfant chez une grand-mère ou arrière-grand-mère qui fait cela; et bien dire à l'enfant que c'est *lui*, le père, qui l'interdit, puisque, d'après cette lettre, les grand-mères disent toujours que c'est « Maman » qui s'oppose à ce qu'elles la mettent dans leur lit, à ce qu'elles la « lèchent », à ce qu'elles aient des promiscuités sexuelles, etc. Mais ce sont des bébés, ces femmes! Et qu'y a-t-il pour elles d'interdit? Peut-être pensent-elles que, quand elles étaient petites, c'était leur maman qui ne voulait pas? Je ne sais pas. Quoi qu'il en soit, quand l'enfant demande à aller dormir chez elles, que le père lui réponde : « Je ne veux plus que tu ailles chez Mamie Une telle parce qu'en faisant tout ça [ce qu'il sait puisque l'enfant raconte ce qui s'est passé], elle te fait vivre comme si tu étais une poupée et comme si, elle, avait trois ans. Je ne veux pas que tu sois avec des personnes qui croient que tu es un bébé et qui jouent aux petites filles de trois ans. » C'est au père de prendre la responsabilité du refus. Et, si la petite fille rapporte un jour ces propos aux grand-mères, et qu'elles en font reproche à leur fils et petit-fils, le père de l'enfant, il dira : « C'est vrai. Vous vous comportez avec elle comme si vous étiez des bébés. Vous lui êtes nuisibles; ce n'est pas cela, aimer un enfant. » Tout simplement. Il faut que, lui, ait assez d'affection pour sa fille, sa mère, ses grand-mères et ses belles-mères pour agir ainsi. Dans sa lettre d'ailleurs, il n'est pas du tout opposé à ces personnes en tant que telles, mais il est affolé de voir cette perversion de vieilles personnes.

Il écrit aussi : « Tout est sujet à chantage affectif. Chaque réaction de l'enfant est interprétée en ces termes : " Tu n'aimes plus Mamie ", " Tu aimes Mamie ", " Je ne t'aime plus ", " Aimer plus ou moins une personne ", etc. Je crois que c'est une manière de faire très répandue, mais peut-être pas toujours à ce point-là... »

Oui, mais c'est tout à fait pervers d'élever des enfants ainsi. « Si tu fais cela, je ne t'aime plus » : eh bien, si pour les enfants, être aimés c'est être pervertis de cette façon, alors il vaut beaucoup mieux ne pas l'être. Que l'enfant sache cela : « Tu as bien de la chance si ta grand-mère ne t'aime plus, parce que, quand elle t'aime, c'est comme si elle te détestait : elle te fait vivre comme un bébé au lieu de t'aider à devenir une grande personne. »

Dernier point de la lettre : comme ils vont déménager, ils doivent faire garder l'enfant quelques jours, et elle, qui est au courant, demande maintenant à aller chez sa grand-mère et son arrière-grand-mère. C'est la nouvelle aubaine.

Qu'ils la mettent plutôt chez une gardienne qui a déjà deux ou trois enfants et qu'ils payeront s'ils ne peuvent pas s'arranger autrement; mais qu'ils ne la mettent pas chez de tels grands-parents.

Très bien. Qu'il tienne bon, donc.

Oui. Car trois ans, c'est un moment trop sensible chez l'enfant pour prendre des risques comme ceux-là. Plus tard, elle remerciera ses parents.
Heureusement, toutes les grand-mères ne sont pas comme celles-là. Il y en a beaucoup qui apprennent à leurs petits-enfants à chanter, qui leur font connaître des jeux intelligents, qui leur racontent des histoires; et qui sont très chastes dans leur comportement avec l'enfant, lui faisant respecter son corps, et se respectant devant lui. C'est une lettre poignante, parce qu'on y voit comment des enfants peuvent être pervertis.

(Quelques semaines plus tard)

A la suite de cette lettre, il y a eu beaucoup de réactions, de protestations de grand-mères. En voici une, qui les résume assez bien toutes. Mais d'abord, précisons bien que vous n'êtes pas « anti-grand-mères »?

Pas du tout. J'ai tout au contraire écrit dans des journaux qui s'adressent au troisième âge combien est importante pour les petits la fréquentation de la génération des grands-parents et des arrière-grands-parents.

C'est une grand-mère, donc, qui écrit : « En effet, il arrive que mes petites-filles, en venant me dire bonjour, se glissent dans mon lit, réclament une chanson, une histoire, grimpent sur mes genoux pour m'embrasser, pour se faire " lécher ", comme vous dites. Je vous assure que, pour autant, je ne me sens pas une grand-mère vicieuse. Avez-vous connu vos grands-parents? Moi, mes meilleurs souvenirs de jeunesse, je les dois à la tendresse et à la bonté d'une mémé près de laquelle je me réfugiais lorsque ma mère, qui était restée veuve très jeune et devait travailler pour nous élever, était occupée. Je suis persuadée que de nombreuses grand-mères auront réagi comme moi et auront été peinées par votre propos, n'ayant jamais eu, en dorlotant leurs petits-enfants, les sentiments que vous leur prêtez. »

Il y a quand même quelque chose à dire à ça : parce que « dorloter » ses petits-enfants, ce n'est pas les aimer pour eux-mêmes.

J'ai, en effet, connu non seulement mes deux grand-mères, mais aussi l'une de mes arrière-grand-mères. Et j'ai souvenir que c'est chez ces grand-mères — nous étions une famille nombreuse — que nous avons appris quantité de jeux de société, qu'elles n'étaient jamais fatiguées de jouer avec chacun de nous, de nous chanter des chansons, se mettant au piano pour nous apprendre des airs que nous pouvions, après, répéter à nos parents; elles nous montraient les photos d'autrefois, nous expliquant comment c'était quand elles étaient petites filles. Celle qui s'était mariée en 1860 nous avait raconté son mariage. Tout ça, c'était passionnant. Mais je dois dire que, s'il y avait bonbons et babioles, des occupations partagées, elles ne nous dorlotaient pas et que je leur suis fort reconnaissante de ne pas l'avoir fait — et de nous avoir plutôt rempli l'esprit d'histoires sur la famille, sur la façon dont on vivait et s'habillait autrefois; de nous avoir appris comment s'était modifiée la valeur de l'argent, etc.; et puis, surtout, de nous avoir lu tant de livres passionnants, enseigné tous ces jeux de société en se prenant au jeu autant que nous, en trichant parfois, pour gagner... autant que nous, puis en riant de bon cœur si nous trichions; enseigné aussi, dès quatre ans, auprès d'elles, l'Histoire de France dans les vieux livres d'images gravées... et puis les proverbes.

Pour le redire, ce n'est pas de dorloter qui est important, ni de prendre les petites filles dans son lit. Si elles le demandent, on dit alors : « Non, non, on va plutôt jouer à un jeu. » Apprendre à tricoter, à coudre, à habiller les poupées, à faire des gâteaux, à aller jusqu'au bout de ce que l'on fait (avec un peu d'aide), c'est cela éduquer un enfant; non pas le câliner, le dorloter comme un bébé ou un nounours, mais l'initier à la vie pratique, intéresser et former son intelligence, garder les secrets que l'enfant confie. Ce n'est ni séduction ni chantage à l'amour. C'est donner de son cœur et de son temps à un enfant. Qui d'autre que les grands-parents aimants peut avoir une telle patience? Non, non, je ne suis pas du tout contre les grand-mères et les arrière-grand-mères! pas plus que contre les grands-pères et arrière-grands-pères.

Je ne voudrais pas jeter de l'huile sur le feu, mais, puisqu'on parle des rapports enfants/grands-parents, voici la lettre, cette fois-ci, d'une mère : « Aidez-moi à refuser à ma mère qu'elle prenne mes enfants chez elle en vacances. » Cette femme a un garçon de onze ans, deux filles de dix et cinq ans. En fait, le problème se pose et se repose aux différentes vacances. « Maman demande les enfants en vacances chez elle. Étant veuve, elle vit maintenant dans un deux-pièces confortable mais trop petit, bien sûr, pour recevoir à la fois enfants et petits-enfants. Quand nous lui rendons visite, mon mari et moi dormons dans la salle, elle et les enfants dans la chambre. Ceci, depuis plusieurs années. C'est difficile de s'opposer à la solution si simple de faire dormir un enfant avec la grand-mère dans son lit. » Donc, la petite dort avec sa grand-mère : « Alors, grand bonheur réciproque. Dès le réveil, la petite monopolise pratiquement sa grand-mère, qui rentre dans ses jeux : " Bonjour, Madame. Comment va votre enfant? ", etc. Elles s'enferment toutes deux dans la chambre pour jouer, quand nous sommes là... Il faut dire que ma mère vient régulièrement plusieurs fois par an chez nous pour nous permettre de partir en voyage. Elle rend donc des services appréciables, malgré quelques petits inconvénients qui sont qu'elle ne sait pas dire non aux enfants, qu'elle essaie de ne pas les contrer pour qu'ils soient toujours en accord avec elle et qu'elle n'ait pas à opposer une autre parole à la leur. C'est donc la télévision tous les soirs, quel que soit le programme; les repas faits pratiquement uniquement de desserts, etc. Elle est très heureuse avec ses petits-enfants, et elle voudrait bien les avoir avec elle, chez elle, sans les parents, de temps en temps. »

La mère précise plus loin que lorsque les enfants allaient seuls chez la grand-mère, il y a quelques années, elle invitait aussi leurs cousines (qui ont seize, treize, douze et neuf ans). Le fils était souvent le seul garçon au milieu de toutes ces filles. Depuis plusieurs années, elle a supprimé ce genre de vacances, au moins pour le garçon, « et à son grand bénéfice ». Elle voudrait vous demander de l'aider à dire non à sa mère. Car c'est difficile à expliquer.

En effet. Ce que je ne comprends pas, c'est pourquoi ils ne peuvent pas avoir un lit pliant ou un matelas avec un sac de couchage pour éviter que la petite de cinq ans n'aille dans le lit de la grand-mère. Ce n'est tout de même pas difficile d'avoir un lit de secours qui ne prenne pas beaucoup de place, pour la petite, et qu'on mettrait sous le lit de la grand-mère quand les enfants ne sont pas là. Comme dans le cas dont nous avons parlé précédemment, l'enfant se trouve ici avoir pour modèle une femme qui vit comme un enfant de cinq ans. C'est justement l'opposé de tout ce que je disais ensuite des grand-mères qui enseignent aux enfants beaucoup de choses et leur permettent de se socialiser, qui leur donnent des règles de vie et qui, surtout, ont avec eux des conversations intéressantes. Il est évident que la télévision, si l'on écoute n'importe quel programme, c'est très mauvais pour les enfants. On dirait que c'est la foire, quand on est chez cette grand-mère! Les desserts, après tout, tant pis! C'est un détail. Mais c'est surtout la façon de coucher qui est mauvaise.

Quant aux vacances, la mère avait raison : un garçon au milieu de cinq ou six filles, ce n'est pas bon. Et ce n'est pas bon non plus de mélanger dans un tout petit appartement des jeunes de seize ans et des enfants de cinq ans.

Je comprends bien qu'il est très difficile de refuser d'envoyer ses enfants à une grand-mère qui rend des services. Mais j'ai l'impression que celle-ci, depuis son veuvage, a fait une véritable régression. Peut-être sa fille pourrait-elle lui chercher d'autres femmes de son âge, des relations qui lui permettraient de rester mentalement en activité au sein de la vie sociale. Sinon, elle s'aligne sur ce qu'il y a de plus bêtifiant chez une enfant de cinq ans.

Mais comment expliquer à une enfant qui a pris l'habitude d'aller coucher dans le lit de sa grand-mère, quand elle va chez celle-ci, que, du jour au lendemain, c'est fini? Cela va mal se passer, vraisemblablement.

De toute façon, cela ne va pas durer jusqu'à vingt-cinq ans, tout de même! Il suffit de dire à la petite : « Écoute, tu es trop grande maintenant. Tu n'es pas le mari de ta grand-mère. Je ne veux pas que tu couches avec elle... » Tout simplement.

Mais revenons à la grand-mère, parce qu'ici c'est l'essentiel. Elle est en train d'involuer. Elle n'est pas insérée dans la vie sociale; je crois qu'elle s'ennuie. Or, il y a beaucoup d'activités pour le troisième âge à présent. Peut-être cette dame qui nous écrit pourrait-elle trouver une ou un ami de sa mère qui s'occuperait d'elle? Il est possible que cette femme ne se soit pas beaucoup épanouie jadis. Peut-être a-t-elle vécu dans l'ombre d'un homme auprès de qui elle n'a pas eu une vie autonome d'adulte. Alors, privée de cet appui, elle n'a pas pu continuer sa vie d'adulte, comme peuvent la continuer maintenant jusqu'à soixante-dix, soixante-quinze ans, beaucoup de personnes qui vivent dans la société de gens de leur âge, qui continuent d'avoir des activités intellectuelles, ludiques, des rencontres, des promenades, des après-midi où l'on se retrouve pour faire des travaux et rendre des services. Je ne sais pas. Il y a une chose qui manque, là, à cette femme, une vie civique et sociale, avec des gens de son âge. C'est peut-être en agissant de ce côté-là que sa fille l'aiderait le mieux, mieux qu'en la barrant du côté des enfants.

Qui a raison?

(Enfants/grands-parents/parents)

Toujours à propos des relations enfants/grands-parents, la mère d'un garçon de sept ans, fils unique à cause de la santé du père, vous écrit. L'enfant n'a pas de problème; le couple lui-même est heureux et la famille très unie. Le seul point noir est que l'enfant n'aime pas aller chez ses grands-parents maternels, qui conçoivent, écrit la mère, l'éducation comme un dressage. Elle et son mari sont tout à fait opposés à cette méthode et soutiennent leur enfant devant les grands-parents qui, bien sûr, ne sont pas contents. Or, ces grands-parents ont demandé que l'enfant vienne chez eux pour les prochaines vacances. La mère lui a demandé son avis. Il a d'abord dit non, puis : « Eh bien, si ça peut leur faire plaisir, j'irai, mais à contrecœur. » « J'ai l'impression, termine la mère, que mes parents ne savent pas être des grands-parents chez qui l'enfant serait heureux d'aller. Mais comment leur faire comprendre cela? Et avons-nous eu raison de demander son avis à notre fils? »

Les enfants sont très sensibles au fait que les parents donnent tort à une famille qui les accueille, en particulier si c'est la famille paternelle ou maternelle. L'enfant fait écho à ce qu'il sent chez sa mère ou son père.

Ça peut être gênant, pour un enfant tout petit, d'être élevé d'une façon très contradictoire, pendant les vacances ou même les week-ends par une grand-mère, et le reste du temps par ses parents. Mais ça n'a absolument plus d'importance pour un enfant qui a dépassé trois ans. Au contraire : « Tu vois, chez ton grand-père et ta grand-mère, c'est autrement qu'à la maison. C'est une autre génération. Si tu vas chez eux, ce sont eux qui commandent, ce n'est pas nous. Ils ont leur propre façon d'élever les enfants. C'est d'ailleurs comme cela que, moi, j'ai été élevée. Et toi, si tu les aimes beaucoup, tu arriveras très bien à les comprendre. »

A partir de trois ans, les enfants à qui l'on parle de cette façon seront toujours heureux d'aller chez leurs grands-parents — à moins que ce ne soient vraiment des sadiques et des bourreaux ou des gens déprimés, bien sûr — ou chez des personnes en âge d'être grands-parents; tant il est vrai que les enfants ont besoin de personnes appartenant à la génération qui précède celle de leurs parents. Ils sont heureux d'entendre parler de la manière dont leurs parents ont été élevés. Ça leur donne, surtout quand c'est très différent, une possibilité de distance, de recul, vis-à-vis de la façon dont eux-mêmes sont élevés à la maison. Ça leur permet aussi de comprendre les petits camarades dont les parents agissent tout autrement que les leurs — chose dont ils se rendent compte parfaitement, ne serait-ce qu'à la sortie de l'école.

Maintenant, quand parents et grands-parents sont ensemble et qu'ils se posent un problème au sujet de l'enfant, au lieu de se disputer pour savoir qui a raison — les parents voulant agir d'une manière et les grands-parents d'une autre —, il y a une chose à faire pour aider l'enfant : si les grands-parents sont trop coulants par rapport à l'éducation des parents, que la mère ou le père (plutôt la mère quand il s'agit de ses parents, et le père quand il s'agit des siens) lui dise : « Tu as bien de la chance que tes grands-parents soient là aujourd'hui, profites-en... Je passe parce que j'aime mon père (ou ma mère) et que je ne veux pas l'ennuyer. » Si, au contraire, ce sont les grands-parents qui sont beaucoup plus sévères que les parents : « Eh bien, tu vois, une fois de temps en temps, comment c'est quand on est élevé sévèrement. Peut-être tes grands-parents ont-ils raison. Je fais comme je pense; eux, ils font comme ils pensent. Mais, tous, nous t'aimons. Nous voulons que tu deviennes un garçon (une fille) très bien, eux autant que nous. Mais, tu vois, nous nous y prenons autrement. A toi de devenir quelqu'un. »

Je crois, pour en revenir à notre lettre, que ces parents ont eu raison de demander son avis à leur fils. Que cet enfant aille donc voir ses grands-parents maternels, puisqu'il l'a dit. Et surtout, qu'on n'en fasse pas une histoire si ça l'ennuie terriblement. Pas de : « Mon pauvre petit chéri, on va te consoler. » Non. Il a ces grands-parents-là, c'est sa lignée. Et dans une lignée, chacun a son climat. La mère conçoit l'éducation autrement que la grand-mère. Et lui, à son tour, élèvera ses enfants autrement.

Tout travail mérite salaire

(Grands-parents/parents)

En France, le mode de garde des enfants le plus commun, c'est les grand-mères — parce qu'il est vrai, entre autres, qu'on ne paie pas les grand-mères...

Oui. Et il y a des conflits.

La grand-mère qui vous a écrit élève depuis la naissance son petit-fils de treize ans; les parents le reprennent le soir. Elle est en rivalité avec la mère de l'enfant : « Ma fille voudrait que l'enfant n'aime pas sa grand-mère. Elle est très contente que je le garde, par contre, j'ai l'impression qu'elle le monte contre moi. » C'est une expression qu'on entend souvent prononcer dans les conflits entre parents et grands-parents.

Oui.

Cela occasionne de petits drames. L'enfant devient méchant, agressif, désobéissant. D'autre part, il a du mal à suivre en classe : « C'est parce qu'il ne peut pas, parce qu'il est un peu déficient. Ses parents ne le comprennent pas. »
Rien dans tout cela, en somme, de très précis; une atmosphère floue, mais qui peut gâter la vie de cette famille pendant des années, alors qu'il y aurait peut-être un moyen de communication à trouver?

Peut-être... Mais d'abord, à treize ans, on n'a plus besoin d'être gardé. Je trouve curieuse cette histoire d'enfant qui est encore en nourrice chez sa grand-mère, alors qu'il serait presque en âge d'être *baby-sitter* lui-même. Je me demande si la difficulté ne vient pas de ce qu'il s'amuse à semer la zizanie entre les deux femmes. C'est tellement amusant de tirer la corde et de voir que la cloche sonne! Moi, je crois qu'il a très bien perçu que ça n'allait pas, entre ses deux « bobonnes », et qu'il s'amuse à les monter l'une contre l'autre pour régner. Il me semble qu'il est grand temps que ce garçon soit sevré de sa grand-mère — et peut-être aussi de sa mère.

Et puis, que fait le père, pour laisser son fils chez sa belle-mère?

On ne dit pas grand-chose de lui.

Mais le père, à treize ans, est-ce qu'il était encore gardé, lui, par une personne qui surveillait tous ses faits et gestes, au lieu de rester à l'étude, comme tant d'enfants, et de préparer le dîner de ses parents? Enfin, on dirait qu'il s'agit là d'un tout petit... Qu'il ne travaille pas très bien à l'école, c'est un détail. On peut être illettré et être adapté à la vie de tous les jours, assez pour subvenir à ses besoins.

Il me semble que beaucoup de parents continuent, sous prétexte d'être attentifs à leurs enfants, à les placer dans un statut de dépendance. Or, il y a deux manières de se défendre contre la dépendance : devenir agressif ou fuir, sinon subir. Alors les enfants deviennent ou apathiques ou coléreux et, de toute façon, ils ne sont pas maîtres d'eux-mêmes... jusqu'au jour où ils fuguent.

Maintenant, pour les enfants plus jeunes, il demeure que, souvent, ces enfants créent des tensions entre leurs parents et les grands-parents qui les gardent.

Oui. En partie parce qu'il est difficile aux parents de prouver leur reconnaissance aux grand-mères qui leur rendent ce service gratuitement — alors que, sans elles, ils seraient obligés de payer une nourrice. Le fait est qu'il est très rare que les jeunes arrivent à payer une grand-mère qui ne le veut pas. Mais ils peuvent, sans le lui dire, mettre tous les mois, sur son livret de Caisse d'Épargne ou sur un compte spécial, tout ou partie de ce qu'ils donneraient à une nourrice. Parce que garder un enfant, c'est un travail; et tout travail mérite salaire, même s'il est fait avec une affectivité de grand-mère. Le jour où les enfants n'auront plus besoin d'être gardés, ils diront : « Tu vois, une nourrice nous aurait pris tant... Nous ne pouvions pas payer ce prix-là, mais nous avons mis la moitié de côté pour toi. Cela t'appartient. » Quand l'enfant a huit ans, cela fait un petit pécule pour la grand-mère à ce moment-là, alors qu'elle n'en aurait peut-être pas voulu quand l'enfant était petit. « Voyons, tu n'y penses pas! Tout ce que je veux, c'est vous aider! » Eh bien, ça aide déjà beaucoup de payer moitié prix. Une méthode comme celle que j'indique est bien préférable à un petit cadeau de temps en temps; car l'argent acquis représente, pour la grand-mère, une liberté. Le jour où l'enfant est en âge de n'être plus gardé, elle reçoit en échange un avoir qui représente une reconnaissance tangible pour les mois et les années du service rendu. Je crois que c'est quelque chose auquel on n'a pas assez pensé.

Sinon, que se passe-t-il? Des parents qui ne mettent rien de côté chaque mois pour la garde de leur enfant — je ne dis pas au tarif plein : si leurs moyens le leur interdisent, ils se fixeront une somme plus petite — se retrouveront sans ressources et angoissés au moindre différend avec la grand-mère ou — c'est souvent la même chose — quand celle-ci se déclarera fatiguée. Quand il n'y a aucune parade dans un différend, le plus faible ne peut que subir : or, ne pas payer un travail, c'est se mettre en situation de faiblesse par rapport à qui vous le rend. C'est lui qui devient le maître et celui à qui il le rend l'obligé. Voilà une source fréquente de conflits. Et, bien entendu, *tout enfant souffre dans un conflit dont sa présence et son entretien sont la cause. Il se sent coupable.*

Il y a, inversement, des grands-parents à qui l'on confie leurs petit-fils ou fille en payant pour ces derniers une pension dont on estime qu'elle va constituer à sa façon, pour eux, une aide dans leur retraite : ils trouvent là un ajout à leur budget. C'est hypocrite, et l'aide que chacun doit à ses « vieux » ne doit pas passer par là. L'enfant est alors gardé « par-dessus le marché », un marché qui n'a jamais été clairement parlé, un contrat où grands-parents et enfants confiés sont les uns et les autres moralement lésés, pendant que les parents, eux, croient (à court terme, cela paraît tel) faire une bonne affaire. *Dépendant d'un marché, aucun être humain ne se sent aimé.* Parents et grands-parents s'entendraient bien mieux s'il y avait cette petite surprise qu'on leur prépare pour quand l'enfant aura huit ans — âge où il n'a plus besoin d'une nounou dans la journée et où il est très fier qu'on lui fasse confiance. Cela ne l'empêche pas d'aller voir sa chère grand-mère pour lui tenir compagnie de temps en temps, pour le plaisir.

Appendice :
exemple d'une psychothérapie

Qu'est-ce qu'une psychothérapie? A cette question si souvent posée et, finalement, devenue plus obscure pour beaucoup que : « Qu'est-ce qu'une psychanalyse [1] ? », je voudrais répondre au mieux et, par un exemple de psychothérapie simple, dite de soutien, comprendre l'esprit et le travail qui s'y fait.

Une psychothérapie a pour but la récupération d'un équilibre qui a été ébranlé, et *récemment,* par une épreuve de la *réalité,* en face de quoi le sujet se sent impuissant mais *responsable,* en ce qu'il n'a pas su ou pu, gêné par des événements occasionnels, y *faire face.* Le sujet n'a immédiatement pas trouvé autour de lui l'aide extérieure dont il avait besoin, qui aurait dédramatisé la situation imaginaire (dépit, humiliation) et l'aurait d'abord réconcilié avec lui-même vis-à-vis d'un échec réel; être soutenu lui aurait permis d'accepter des réalités intercurrentes, inévitables parfois, dans lesquelles il n'a cette fois aucune part de responsabilité, mais qui l'atteignent d'autant plus dans sa sensibilité qu'il est fragilisé par son échec.

Faute de pouvoir résoudre son problème, le sujet est entraîné dans des actions et des réactions en chaîne, qui concernent à la fois sa vie personnelle et les réactions des autres à son égard. La situation émotionnelle, psychique et sociale se détériore, et le sujet en arrive à une situation sans issue. Parfois, il tombe malade physiquement; parfois, ce sont des troubles fonctionnels touchant

---

1. Cf. « Ce qu'on *doit* faire à cet âge », p. 393.

le sommeil, l'appétit, des maux de tête, la fuite de ce qui, auparavant, le détendait. Sa vie lui semble gâchée. Il est désespéré d'être impuissant, écrasé de sentiments d'infériorité et de culpabilité, il se met à régresser, dépassé par des conflits de désirs dont les effets sur son caractère sont déstructurants. A la culpabilité imaginaire, il peut réagir par des actes coupables effectivement délinquants pour un bref plaisir. Ou bien il en arrive au désespoir, porté par un fantasme de mort accidentelle : mort qu'il est susceptible de provoquer impulsivement, sans savoir qu'il vise à apaiser des tensions agressives à l'égard d'un objet inatteignable, des tensions qui se retournent d'ailleurs éventuellement contre son corps propre. Ou bien si, dans sa culpabilité, la note consciemment dépressive domine, il souffre d'angoisse indicible et se met à boire ou à se droguer pour oublier sa détresse. Ou encore, envahi par la fatigue de son inutile lutte contre l'irrémédiable, il cherchera le suicide doux, salvateur, lent par la drogue, en y risquant, sinon en le désirant clairement, le repos définitif.

PAUL a huit ans et demi, il est intelligent. Mais c'est l'échec scolaire total depuis la rentrée. On est à fin avril. Il a une phobie scolaire grave. Insurmontable. Il ne va plus à l'école depuis quelques semaines, tout en laissant croire à ses parents qu'il y va. Il avait commencé par perdre son carnet, puis avait truqué ses notes, et avait été puni. Maintenant, il a pris l'école en grippe. Les parents viennent en catastrophe : Paul a dépassé les limites de tolérance pour la directrice, qui leur a signifié son renvoi du cycle normal. Sa place est dans un internat spécialisé pour les enfants sujets à des troubles caractériels.

Que s'est-il passé ? Remontons au début.

A la fin de l'année scolaire précédente, il était dans les meilleurs élèves : comme toujours depuis son entrée à la maternelle et, par la suite, à l'école primaire. Il n'a pas changé d'école. La

maîtresse de cette année a la réputation de bien tenir sa classe, d'être un excellent professeur. Les élèves la craignent mais l'apprécient.
Paul, donc, a bien terminé l'année scolaire précédente. Il est allé en colonie de vacances, comme les autres années, puis quelques semaines, avec ses parents et son frère, de cinq ans plus jeune que lui, chez les grands-parents maternels à la campagne. Tout allait très bien. Il est revenu en bonne santé au début de septembre. Les enfants ont été ramenés par le père plus tôt que prévu, parce que le grand-père était souffrant; on pensait que ce ne serait rien et que la grand-mère viendrait, une semaine plus tard, une fois son mari remis.

La *mère* — c'est elle qui parle — attendait son troisième enfant, né quelques jours après le retour des aînés, placés, eux, pour l'occasion chez leur gardienne de jour habituelle. Le bébé, une fille, est né deux semaines plus tôt que prévu. Sans doute la mère était-elle fatiguée d'avoir travaillé presque jusqu'à la fin de sa grossesse. Et elle comptait sur le séjour des aînés chez sa mère jusqu'à la rentrée scolaire pour pouvoir se reposer; ensuite, sa mère serait venue l'aider.
Mais l'état du grand-père s'est aggravé. Sa femme a dû rester auprès de lui. On l'avait opéré quatre ans plus tôt; c'était un cancer, qui s'est généralisé. Et le grand-père est décédé en janvier. Ils étaient tous allés là-bas pour le Nouvel An.
La mère de Paul n'aurait-elle pas dû revoir son père plus tôt? Il était méconnaissable. Elle pleure en en parlant. Il était trop fatigué pour supporter les enfants. Il a tout de même vu sa petite-fille : « Je voulais qu'il la connaisse. » Et elle pleure. « Les enfants l'adoraient, nous l'aimions tous, c'était un brave homme. Je suis fille unique. Mon mari, fils unique aussi, a perdu ses parents et est resté orphelin à huit ans. Il a été élevé par sa grand-mère maternelle, décédée à la naissance de notre second. Nous l'aimions tous beaucoup; elle est morte chez nous. » Et elle pleure à nouveau. « Nous n'avons plus que ma mère. »

Le père, son mari, est camionneur : absent la semaine, présent au week-end. C'est un couple qui s'entend bien. Les enfants ont tous été désirés. Mari et femme voulaient trois enfants : ils avaient tous les deux regretté d'être enfants uniques. Quand le père est là, il s'occupe bien des enfants et aide sa femme.

Elle est employée de bureau. Son travail lui plaît. Ses collègues sont gentils. Elle est employée dans la même maison depuis qu'elle a commencé, une maison où travaillait sa mère avant elle. D'ailleurs, elle a remplacé sa mère quand celle-ci a pris sa retraite, volontairement, parce que le père, de dix ans plus âgé qu'elle, s'était arrêté à soixante-cinq ans. Il travaillait dans une grande maison de graines. Elle a eu une enfance heureuse. Ses parents se sont retirés à la campagne dans une maison de l'arrière-grand-mère maternelle où sa mère a passé son enfance. « Nous y allions toujours aux vacances. C'est en Normandie. Je connaissais mon mari. Quand on s'est mariés, ils nous ont laissé leur appartement de Paris et sont allés vivre là-bas. »

Elle revient aux événements de septembre.

La petite est donc née avant la rentrée scolaire.

« Je n'ai pas pu conduire le petit à la maternelle. C'est la gardienne qui l'a conduit. Paul, c'est pas pareil, il était habitué. Le week-end, mon mari était là, les enfants sont rentrés à la maison. Puis je suis revenue, bien fatiguée, mais ça allait, on était si contents d'avoir une fille. Paul conduisait son frère à l'école, la gardienne allait me le chercher et Paul passait chez elle en revenant, goûtait et restait chez elle comme quand je travaille. Ils revenaient le soir. »

Pour l'école, les choses se sont passées à bas bruits. Paul aidait beaucoup sa mère. Il parlait de sa maîtresse qui lui donnait des punitions à faire le soir, des pages à copier : sa mère lui faisait alors un peu de morale. Mais elle avait tant à faire, et puis elle était si fatiguée; ajoutez l'inquiétude pour son père... « Et puis j'ai repris mon travail, il fallait bien. Je mettais le bébé à la crèche le matin, je le reprenais le soir. La gardienne du second est trop âgée maintenant pour des petits. Le second aussi, il a été à la crèche. Pas Paul. Pour lui, ma mère était venue, elle s'en est occupée tant qu'il était tout petit; puis, en le promenant, elle a connu cette dame qui a ensuite gardé Paul pendant la journée. C'était le dernier petit, pour la gardienne. Elle en avait un autre : Paul et ce petit-là s'aimaient bien. Après, quand le second a marché, elle nous l'a gardé aussi. Elle s'en occupait bien, le promenait au jardin, c'est mieux qu'à la crèche, et puis quand ils ont un rhume, c'est tout près, elle les prend... A la crèche, on ne les prend pas dans ces cas-là; c'est l'hôpital, s'ils sont malades. Elle, non. Et puis ma mère revenait et les soignait à la maison. Rien de grave, les maladies des enfants qu'ils attrapent à l'école : la rougeole, la varicelle... quoi, il faut bien. On a tous bonne santé. Mais maintenant, avec Paul, je m'inquiète.

« Après la mort de mon père, ma mère qui s'était trop fatiguée est tombée malade. Son cœur. Elle est venue chez nous. Déjà que c'est pas grand avec trois enfants! Elle a vu son docteur, qui lui a indiqué un grand spécialiste. Il la soigne. Il faut du repos. »

La grand-mère était devenue une femme déprimée, qui ne supportait plus le bruit et le mouvement des enfants. Elle, si gentille auparavant, les grondait tout le temps.

La mère de Paul a dû quitter son travail — temporairement, elle l'espère —, pour s'occuper de sa propre mère.

Et Paul? « On avait reçu le bulletin du premier trimestre. Mauvais partout. Je le voyais perdre son année. Je suis allée voir sa maîtresse après la mort de Papa. Elle était montée contre lui. Il ne faisait rien, dérangeait la classe, n'écoutait rien, bruyant, paresseux, insupportable, quoi. Elle ne veut pas donner trop de leçons ni de devoirs, mais lui, c'est bien simple : ou il a oublié, ou c'est bâclé. Écriture de chat, minuscule. Elle est visiblement déçue. Ce n'est pas l'enfant qu'on lui avait dit. Et puis, ou il est insupportable, ou il dort en classe. Ce n'est plus possible. » La mère voyait bien qu'il était pâle, qu'il n'avait plus d'appétit : changé, oui — mais bruyant, lui? « A la maison, je ne l'entends pas. Il fait ce qu'il peut pour m'aider; gentil, serviable. Il est sûrement nerveux. Le docteur l'a dit : la preuve, il dort mal et fait des cauchemars. Mais aussi, depuis que la grand-mère est là, ils couchent tous les trois dans la même chambre. Paul s'est levé la nuit dès que la petite est arrivée; pour que je dorme, il lui donnait son biberon, la changeait, tout comme mon mari quand il est là; et puis, il fallait la bercer quand elle criait, à cause des voisins. Au début, la petite dormait quand elle avait bu, mais avec la crèche, elle s'est déréglée, elle ne dormait pas ses nuits. Maintenant ça va mieux, elle a pris ses habitudes. Mais le problème, là, c'est mon second... Depuis qu'on est rentrés après Noël de chez mes parents, où il n'avait pas reconnu son grand-père, il fait des cauchemars. Il réveille Paul, qui le rassure. Ça se pourrait que les cauchemars, à force de rassurer son frère, il y croie.

« Après, quand ma mère est venue, l'école, c'est devenu sa bête noire, à Paul. Je crois que c'est là qu'il a commencé à ne plus y aller. Nous, on le savait pas. Il partait, il rentrait à l'heure, il n'allait même plus à la cantine. Il allait chez la gardienne chercher son frère. Si je lui disais : " Ça va l'école? " Il répondait à regret : " Ça va pas. Elle m'a dans le nez. Je sais pas ce que je lui ai fait. J'en ai marre, de l'école. " Moi, je le raisonnais. A l'école, on nous avait rien dit, on le croyait malade. Puis un de sa classe l'a vu et a dit : " Il est pas malade, je l'ai vu dehors. " Alors, la directrice nous a écrit. Je suis allée la voir. Je comprenais pas. Elle nous a dit qu'il avait sûrement quelque chose. Un enfant ne change pas comme ça pour rien. J'ai oublié de vous dire qu'après son bulletin du premier trimestre, avec la mort de Papa, moi, je n'y pensais plus... J'avais été le conduire à une psychologue pour des tests, pour savoir si son mauvais travail, ça venait de là. Non, elle a dit qu'il était intelligent, mais fatigable, et trop sensible. On avait vu le grand-père au Nouvel An. Il avait du chagrin. Nous aussi. Elle nous a dit : c'est un refus scolaire, il faut le conduire au médecin. Nous étions rassurés. Maintenant, on nous dit qu'il est caractériel, qu'il lui faut une pension spéciale et qu'il ne doit plus vivre chez nous. Je ne le reconnais pas. Entre ce qu'on me dit à l'école et comme il est chez nous : à croire que c'est pas le même enfant. Je lui ai dit qu'il nous fait du souci. Je lui ai demandé pourquoi il fait ça. Il dit que c'est pas de sa faute. Un jour, je me suis fâchée : " C'est pas de la mienne, ni celle de ton père! On n'a pas mérité ça! " Il s'est buté. Il a répondu qu'il ferait mieux de mourir. Des fois, j'ai peur qu'il fasse une bêtise. Je ne sais plus quoi faire.

« Après que j'ai vu la maîtresse, et puis les tests, mon mari s'est fâché; il l'a puni, lui qui ne les bat jamais. Je me disais : peut-être qu'une bonne correction, ça va le faire changer. Mon mari l'a conduit à l'école, un jour où il était de repos. La directrice nous a montré les absences. Je crois bien que ça commençait — oui, c'était après le retour de chez mes parents, la première fois. Je me disais : si c'est pas malheureux! un enfant intelligent, et qui prend l'air idiot! Et si c'était qu'on n'est pas assez sévère?

« Je m'étais dit : aux vacances de Pâques, je vais le laisser dormir le matin. Moi, j'avais arrêté de travailler pour rester avec Maman. Elle n'allait pas bien à ce moment-là. Je ne pouvais pas la laisser. Le second, il allait toute la journée chez la gardienne, ma mère ne le supportait plus autour d'elle. Même la petite, je l'ai laissée à la crèche, pour que ma mère se repose. Le docteur avait dit :" Du repos, pas de tracas. " Et puis, elle pensait à mon père, à la tombe, tout ça; c'était pas pour des enfants. Vous savez comment c'est, dans un appartement, ils mettent du désordre partout, il faut bien qu'ils remuent, je veux dire le petit, parce que Paul, on l'entend pas. Il dormait tard, puis il restait avec sa grand-mère. Je faisais à manger, puis il allait chez la gardienne. Elle les conduit au jardin quand il fait beau. Moi à la maison, je me fâche. Je suis nerveuse aussi. Je crie. Après je me le reproche. Ça ne sert à rien. Je ne sais plus quoi faire! Même quand leur père arrive : avant c'était la fête, " Voilà Papa! " Maintenant... Paul, il faut crier pour qu'il mange, il n'a pas faim. Ça se voit qu'il est pas bien. » (Elle non plus : petite mine, des traits tirés, maigre.)

Après ce long monologue de la mère, le *père*. Un homme de corpulence moyenne, au teint coloré. En bonne santé, à ce qu'il semble.

— Alors, ce fils qui vous donne du souci, vous, qu'est-ce que vous en pensez?

— Moi, je comprends pas. C'était un gosse en or. Maintenant, c'est une tête de mule. L'école, j'ai bien peur que ce soit foutu pour lui. Ça l'intéresse plus. Avant, il aimait ça. Il était fier de son carnet; quand je rentrais, il me le montrait. J'étais content. Rien à faire, avec les promesses, les gronderies. Je lui ai même flanqué une tournée. Il y en a qui disent que les enfants, quelquefois, ça les secoue. Remarquez que c'est pas mon genre. J'aime pas frapper les enfants. Je crois bien que c'est la seule fois de ma vie que je l'ai frappé... On dirait maintenant qu'il a peur de moi. Tout ça à cause de cette maîtresse qui l'a pris en grippe. Et puis on a su qu'après Pâques, là, c'était même plus les lignes et les punitions : il n'y allait plus. Rien à faire. L'école, pour lui, zéro. On le tuerait qu'il irait pas.

« Je l'y ai conduit moi-même un jour. Il est rentré... mais qu'est-ce qu'il a fait après? Il était marqué absent à l'école, ce jour-là. Il a dû se cacher dans les cabinets... puis se sauver. Et puis, où est-ce qu'il va traîner? Il a peur de moi, il a peur de la maîtresse, et il a pas peur dans les rues!

Le père, coupable — anxieux —, se tait. Il reprend.

« J'ai essayé de lui faire honte devant ses copains. " Faut être un homme. Elle va pas te bouffer, non? Fais de ton mieux. T'es intelligent; écoute, ça reviendra. " Il dit que ça sert à rien. Quand il écoute, il ne comprend plus; avant, il comprenait. Il dit que les copains, ils se moquent de lui. A la récré, ils rigolent.

« C'est par ses copains, pas par lui, que j'ai su que la maîtresse, son truc, c'est des lignes : " Je ne dois pas dormir en classe ", des pages comme ça, ou des copies, trois, quatre pages. Y en a qui en ont eu. Mais lui, il ne les rapportait pas. Il les avait oubliées, perdues. Les copains, ils les faisaient. Lui, elle les lui doublait, triplait. Un jour, elle lui a dit : " Si tu ne les apportes pas en reve-

nant des vacances — c'était à Pâques —, pas la peine de revenir... " Alors, il n'y est plus allé... Une tête de mule, je vous dis. Moi, je pense qu'elle aurait dû céder. Y en avait trop. Ou alors, je sais pas, quatre ou cinq pages. Savoir... est-ce qu'il les aurait seulement faites?
— Et vous, maintenant, qu'allez-vous faire?
— Je ne sais pas. Non, je sais pas. Je l'aime, mon gosse! Il file un mauvais coton. Mais on a beau me dire qu'il est caractériel... pour moi, c'est pas ça. Il s'est vexé, il s'est buté, et maintenant il a peur.

« Au début, il était content d'aller à l'école. C'était un bon élève. Puis, ç'a été le moment de la naissance de ma fille. Avec ma femme fatiguée, le grand-père... tout ça! Il n'avait plus l'esprit à faire attention, peut-être. Il disait que c'était dur, que la maîtresse ne l'aimait pas, qu'elle était sévère, qu'il ne comprenait pas... tout ça; moi, je l'encourageais. " Ça va aller. " A la maison, il faisait tout — ça, il a bien aidé ma femme; moi, je lui avais dit : " Je compte sur toi... " je lui en ai trop demandé aussi... c'est ça. Il n'a que huit ans, bientôt neuf ans.

« Puis on a eu son bulletin du premier trimestre. Mauvais. Paresseux, ne travaille pas, écriture déplorable. On s'est dit avec ma femme : " On va lui faire passer des tests, des fois que ce serait le cerveau. Ça arrive. Faudrait être sûr qu'il peut. " Ça nous a rassurés. La psychologue nous a dit qu'il était intelligent, qu'il avait un refus scolaire. Peut-être qu'il était fatigable, il fallait voir le docteur; et puis une psychothérapie, ça pourrait l'aider. Mais nous, on se méfiait. On a peut-être eu tort... Maintenant...

« Après, ma femme est allée voir la maîtresse. C'est là qu'on a appris qu'à l'école, il était agité, bruyant, inattentif, dérangeait la classe, tout le contraire de ce qu'il est à la maison. Ma femme m'a dit : " Elle est braquée contre lui. " Moi, je me disais : " Un gars, après tout, c'est pas un ange. Faut qu'il bouge. " J'étais rassuré par les tests, alors... Mais je ne savais pas le truc des punitions. Y avait ça entre lui et elle! Il voulait pas céder et elle non plus. Ça a tout gâché. Il paraît qu'elle en a maté d'autres! Mais elle ne s'attendait pas à ce qu'il soit mauvais élève... Et puis, lui ne nous parlait plus de rien. " L'école? Ça va? — Oui. Elle m'a dans le nez... " Je rigolais. Je disais : " Il y a des femmes comme ça. T'as pas de veine. " Lui, il rigolait pas. Et puis ma femme vous a raconté, on était débordés, ma femme avait repris son travail, ma belle-mère n'allait pas bien. Elle, la crème des femmes, elle était toujours à les gronder, à dire qu'ils avaient pas de cœur. Qu'on n'aurait pas cru que le grand-père était mort... La maison, c'était pas gai. J'ai dit à ma femme : " Ça va plus, faut que t'arrêtes ton boulot. Tu reprendras après. Ils te connaissent. Ils comprendront. " C'est ce qu'elle a fait.

Il se tait. Il pense.

« Pour la grand-mère, ça va. Le docteur est content. C'était du surmenage. Et puis le chagrin. Son cœur, ça va. Elle a repris le dessus. Elle a décidé de repartir chez elle. C'est trop petit, chez nous. Et puis, faut bien qu'elle y retourne. Elle est de nouveau gentille avec les enfants. C'est une brave femme. Elle dit que Paul a un bon fond. Il a des petites attentions pour elle. C'est elle qui l'a élevé... enfin, je veux dire qu'à sa naissance, elle était venue. Pensez, son premier petit-fils : elle était heureuse. C'est elle qui a trouvé la gardienne, une brave femme aussi celle-là, on a eu de la chance.

Nouveau silence.

« Moi, la pension spécialisée, j'en veux pas pour mon gosse. A l'école, ils n'en veulent pas, il l'a mérité. Mais pas avec les tarés, les enfants qui ont des parents qui les aiment pas. J'en connais des gosses comme ça... C'est des parents qui s'entendent pas. Des gosses dont on s'occupe pas. Une pension avec des gosses comme ça pour mon gosse à moi? Non, rien à faire. Je veux l'aider. Faut le sortir de là. »

Décision est prise. Puisque l'année scolaire est perdue, que l'école le renvoie — que d'ailleurs il est phobique à son égard —, on n'ennuiera plus Paul avec cela. Qu'il vienne en psychothérapie deux fois par semaine; que sa mère l'accompagne une fois, et son père l'autre. Plus de menace de pension.

— Oui, dit le père, tout ça, je suis d'accord; et s'ils ne veulent pas le reprendre à la rentrée dans son école, je chercherai une autre école. Tant pis s'il faut payer, je le ferai... Mais il faudrait aussi qu'il accepte... Comme il est là, ce ne serait pas gagné. Il ne veut plus entendre parler d'école, dans ce moment.

— Oui, dis-je au père, c'est tout à fait sage.

Je vois à présent *Paul* devant son père et sa mère, pour lui expliquer le mode de traitement qu'est une psychothérapie : des rencontres régulières avec moi, payées par la Sécurité sociale. Paul ne refuse pas. Il se montre abattu, résigné, regarde à la dérobée ses parents qui, eux, mettent tout leur espoir en cette thérapie, à vrai dire leur seul recours dans leur désarroi.

Pourquoi, dans ce cas, une psychothérapie dite de soutien? Et non une psychothérapie psychanalytique?

Parce que l'enfant était sain encore il y a moins d'un an. Qu'il est né sans difficultés, après une grossesse sans histoire. Enfant désiré, entouré. Le sevrage, du sein (quelques semaines) au biberon, du biberon à la cuiller, s'est fait sans histoire; propreté acquise de même; marche à un an, dents : pas d'histoires. Motricité, langage, tout cela en son temps, sans problème. Maternelle; sociabilité; classes préparatoire et élémentaire : parfaites. Milieu familial un moment perturbé, mais sans conflits relationnels.

Tout cela, malgré la gravité psycho-sociale des troubles, plaide pour l'indication d'une psychothérapie simple, qui se sert d'un *transfert* positif (à établir), mais *sans* jamais *analyser* ce transfert, sans interpréter les rêves ni les fantasmes, sans susciter, pas même allusivement, le refoulé de la petite enfance et le décrypter. (Par refoulé, je veux dire : ce qui ressort au tabou de l'inceste, aux identifications et à l'agressivité œdipienne — et à ses rapports avec la pensée magique [1].) Sans relever les idées de suicide.

---

1. On sait qu'au moment du conflit appelé par Freud complexe d'Œdipe, le garçon s'imagine que, si son père n'était plus là, il prendrait sa place, dans le cœur et dans le lit de sa mère, qu'il la rendrait heureuse; qu'ils auraient des bébés. Tout un ensemble

En ce qui concerne le contenu, le dire du psychothérapeute à l'enfant reste au ras de la réalité.

Une psychothérapie de soutien peut être assumée par un (ou une) thérapeute qui connaît bien la logique des enfants et sait prendre contact avec eux. Il faut entre le psychothérapeute et l'enfant un courant de sympathie, la certitude d'une discrétion totale vis-à-vis des parents. Il faut aussi que l'enfant ait envie d'être aidé. Pendant le premier entretien du psychologue avec lui, en présence, de ses parents, lui est résumé l'essentiel des dires le concernant dans les entretiens avec chacun des parents. Il faut qu'il ait reçu de ses parents l'autorisation de tout dire au psychothérapeute de ce qui se passe à la maison, et de son histoire; et il faut que les parents aient reçu le conseil pressant de ne pas questionner l'enfant sur ce qu'il aura dit en psychothérapie. Au cas où l'enfant — ici un enfant de huit ans — refuserait le traitement avant d'avoir expérimenté en quoi il consiste, il ne faut pas l'y obliger; mais demander qu'il soit accompagné de son père ou de sa mère, présents pendant les entretiens s'il le désire, pour se sentir rassuré, et ne le garder seul en tête à tête que le jour où il en décidera lui-même.

En quoi consiste le « soutien » apporté par la psychothérapie ? Le champ de l'imaginaire et celui de la réalité sont presque totalement confondus pour le patient, du fait qu'il peut de moins en moins s'exprimer. Son corps est le lieu d'inscriptions en symptômes, inhibitions, paniques, fatigues, tensions, d'un langage qu'il ne peut ni penser ni se parler à lui-même, sauf à travers des images de cauchemar dans un sommeil qui n'est même plus protégé : elles le réveillent sans qu'il en ait mémoire. Or, à travers tout ce que l'enfant dit en psychothérapie à propos du dessin, du

---

de rêveries, pour le petit Œdipe, à la fois jouissives et coupables parce qu'elles impliquent la disparition de son père et qu'il l'aime, qu'il en est même arrivé là où il est parce que ce père est son ami et son modèle. Lorsque Paul était petit, c'est sa grand-mère qui était son aimée et son grand-père le rival. Ces deux images doublaient les images parentales. Lorsqu'un malheur arrive (ou un bonheur), l'enfant peut imaginer qu'il s'agit là de la réalisation de ses fantasmes. C'est cela que nous appelons : pensée magique.

modelage, ou dans des récits de sa vie, se cerne la réalité autour de laquelle l'imaginaire a bâti des fantasmes. La présence d'un thérapeute qui ne porte pas de jugement concernant l'état d'impuissance auquel l'enfant est arrivé, permet à celui-ci de reconstruire, en parlant, les linéaments de la réalité. Ce témoin de son dire qui l'écoute lui permet de se repérer dans ce qu'il a vécu. Le thérapeute invite le patient à lui faire face par des paroles, trace des points de repère symboliques grâce à un lien de sympathie qui n'est pas contaminé par l'angoisse habituelle que suscitent les proches, liés au sujet par des relations complexes pour eux aussi, et continuelles. Le thérapeute, lui, ne rencontre son patient que peu de temps, et de façon contractuellement répétitive. S'élabore une relation différente de toutes celles qu'a le sujet avec les autres personnes rencontrées. Le cadre de la cure est à l'abri des fuites d'indiscrétion. Tout se passe, ou presque tout, dans un champ qui privilégie la relation symbolique par rapport à toute autre. Je crois que c'est cela qui est psychothérapique.

Il n'est pas possible de détailler ici le contenu des séances, et ce n'est pas nécessaire d'ailleurs. Il suffit de donner les principaux thèmes que l'enfant a abordés, autour desquels il a parlé, en citant parfois des passages de ces dires, au cours desquels il évoquait des questions et des préoccupations que le thérapeute laissait venir sans jugements moralisateurs : récits d'expériences étranges, pénibles ou agréables, telles que Paul se les remémorait, et qu'il exprimait en des paroles pour lui libératrices — libératrices de désirs refoulés, de projets ébauchés mais interdits à ébaucher parce que coupables ou déraisonnables, contradictoires entre eux dans une réalité où existent le vrai-pour-soi et le pas-vrai-pour-autrui, l'impossible et le possible, la relativité de ce qui, à tout enfant, semble absolu dans l'abstrait imaginaire du bien, du pas bien, du méchant, du gentil, etc. Cette relativité de la réalité selon le sexe, l'âge, la place dans la famille, son rôle dans la société, selon ce qu'un individu a expérimenté, le sentiment de responsabilité et la responsabilité effective, les valeurs de bien et de mal, le sentiment de liberté, ce qu'on peut faire et ce qu'on ne peut qu'imaginer, le non-savoir.

Au fur et à mesure des séances, on assiste à la récupération d'un narcissisme dont la blessure avait fait que Paul se sentait impuissant, coupable de l'être devant la loi pour tous, et persécuté par elle. La loi? Celle de vivre, de travailler, de mourir. Le besoin d'aimer et d'être aimé, la perte de qui on aime, ou la souffrance d'en être incompris, rejeté; le désespoir de ne plus croire en personne, même en soi.

Tout cela peut paraître abstrait, dépasser la conscience d'un enfant de huit ans.

Pas du tout, si l'on suit le contenu des idées abordées au cours des séances. Il a évoqué :

D'abord, la naissance d'un bébé fille, après celle d'un bébé garçon, le frère, cinq ans plus tôt... alors qu'on attendait une sœur.

Puis, la maladie, la médecine, la chirurgie, à propos du grand-père maternel et de la grand-mère maternelle.

La mort possible du père et celle de la mère, quand on a huit ans, son âge (ce qui précisément était arrivé à son père). Penser à cela, ce serait mal. La mort d'un vieux parent quand un bébé naît — son frère puis sa sœur. La magie ou la coïncidence...

Le non-savoir et le savoir, sur tout cela... Grandir, apprendre, avoir des charges, des responsabilités « comme celles de père », quand on est l'aîné et que le père est absent.

Aimer sa grand-mère maternelle comme son père avait aimé la sienne (fantasmée) [1]. La maîtresse, elle, était méchante... trop sévère. Fallait écrire trop vite, et les lignes... « Maman disait que la maîtresse avait raison. » Écouter à l'école... Ne pas entendre. Être puni. Les copies. Les lignes. « Et puis elle voulait plus de moi. Les autres rigolaient à la récré — méchants. » « Ils rigolaient pas en classe, sans ça ils avaient aussi des lignes. » Écrire par terre à la maison, sans table, pas facile; mais pas possible à la cuisine.

---

1. On se rappelle que son père a été orphelin à huit ans, âge de Paul.

Le manger. Pas faim. Grondé. Le petit frère, la petite sœur, la nuit. Le biberon. La changer, pas facile. Mignonne. Ça aidait... « Papa m'avait dit, m'avait montré. Fallait que maman se repose. »

Les cauchemars du petit frère, qu'il croit vrais. Les fantômes. « Les docteurs qui sont comme des fantômes quand y z'opèrent. C'est pas vrai. » Grand-père avait été opéré deux ans avant. C'était la même maladie. On ne guérit pas...

« Si on va pas à l'école, on devient clochard. » Un clochard devenu son ami quand il n'allait pas à l'école. L'argent de la cantine, il l'avait gardé : « c'est mal ». Il l'avait donné au clochard : « c'est bien ». « C'est des malheureux, y z'ont pas d'argent. On avait acheté à manger. Ils peuvent pas travailler. Y en a des gentils, c'est vrai. Lui, i'me disait de retourner à l'école pour pas être comme lui. I'disait des choses drôles sur ma maîtresse... je sais plus. Mon père, il est gentil. C'est un routier. Se saoule pas, mais i' boit du vin, et i' m'en donne un peu, pas trop, sans eau quèqu'fois. I' nous emmenait se promener, avant... quand il était de repos. Ma mère, elle travaillait. I' venait me chercher chez la dame qui me gardait et mon copain aussi. J'aimais bien. Mon frère il était petit, alors i' restait chez elle... »

Puis le scolaire est revenu. Par une lettre apportée de grand-mère et grand-père, une lettre ancienne qui le félicitait de bien travailler à l'école. Des photos. On les regardait. « Grand-père, il était gentil, on se promenait. Il avait fait la guerre, une, je ne sais pas. Il avait été blessé. Il disait sur les boches d'avant, pas de maintenant. A l'aut' guerre. Celle depuis, il était trop vieux pour y aller, mais i' racontait les trains des boches qu'i' se cachait, puis les trains sautaient. Puis les avions. » Et de raconter, de dessiner, d'écrire l'histoire que le dessin représentait. Au début non signé; puis « Paul » tout petit; puis plus grand; puis son nom entier.

« Et puis je dors bien. J'ai plus de cauchemars. La grand-mère est guérie. Elle est comme avant. Maman, c'est à la rentrée qu'elle reprendra son travail. Moi, si l'école me veut pas, papa i' verra. Je veux y retourner, à une école. On va aller chez grand-mère.

Il y a une dame qui a dit qu'elle me ferait rattraper pendant les vacances. Je la connais. Aux vacances, elle sera près de chez ma grand-mère. Elle a fait la classe. Elle s'est pas mariée. C'est une copine de classe à ma grand-mère. Sûr que je vais rattraper. Ça me fatigue plus. Je fais les comptes pour maman. C'est les opérations [1] que je comprenais pas avec la maîtresse, elle croyait que je faisais exprès. Je commençais d'essayer d'écouter et puis j'entendais plus. Je comprenais rien... Mon père aussi il fait des comptes. Il dit que je compte bien. On calcule les kilomètres qu'il fait, et puis le temps qu'il faut. A quelle heure y faut partir. Les poids lourds, ça fait du quatre-vingts, mais pas tout le temps, puis, faut s'arrêter pour manger, faut faire une soustraction et puis une multiplication... et puis une division et on a le chiffre. Faut pas boire, sans ça les flics y font souffler dans le ballon. Ça change de couleur si on a bu du vin. Le clochard que je vous ai dit, il aimait ça, mais i' conduisait pas. Lui aussi, il me racontait les histoires de la guerre, mais lui il était pas soldat. Il avait pas de décoration. C'est mon grand-père. Il était gamin. Il dit qu'y mangeait rien. On n'avait rien. Alors c'est pour ça, quand il a été soldat, il était tout le temps malade. On voulait plus de lui. Les docteurs, ils lui ont dit " zéro, c'est fini, on veut plus de toi "... alors il était content. Mes parents, je leur ai pas dit que je connaissais Frédo et que je mangeais avec lui. Maman, elle dit que les clochards c'est des paresseux, des propre-à-rien. Mais Frédo i' me disait que l'école, c'était bien. Après, on a un métier. I' disait : " Toi, t'es un bon p'tit gars, faut pas devenir comme moi. T'as un papa, une maman, un petit frère, une petite sœur. " Lui, la sienne, elle était morte. Il disait que la mort, ça change tout. Moi, il me disait : " Et pis t'as une grand-mère. Les docteurs y vont te la guérir. C'est sûr. Et puis c'est vrai. Tout le monde il meurt pas toujours! Oui... un jour... faut bien... comme mon grand-père. Mais il était très vieux... moi c'est drôle, j'ai plus envie de mourir...

---

1. Sans doute par association à celle du grand-père, à l'accouchement prématuré de la petite sœur (différence sexuelle) — à l'hôpital.

avant je voulais. J'en avais marre. " C'est lui qui m'a dit ça. " Des fois on en a marre " (et puis des gros mots qu'il faut pas dire). I'me disait : " N'écoute pas. C'est pas pour toi. " I'me disait : " Toi tu as une famille, faut l'aimer. " Son père, on l'avait mis en prison parce qu'il avait tellement cogné sur la petite sœur (c'était un bébé) qu'elle était allée à l'hôpital et qu'elle était morte... parce qu'elle criait la nuit. Son père, il savait pas... après la prison, il l'avait pas retrouvé. Il disait que d'avoir un père, c'est bien. Avant la petite sœur, il avait tout; et après, plus rien. C'était comme ça... Je lui avais demandé de sa maman. I'm'a dit comme ça : " La pauv' c'était pas de sa faute... elle est partie. Je sais pas où... " »

Inutile de pousser plus loin ce document d'une psychothérapie d'enfant. Paul parlait. Il parlait *tout son vrai* [1].

A la rentrée, après un examen de passage réussi, Paul a été repris à son école, dans la classe supérieure. Il avait en effet « rattrapé » pendant les vacances. La maîtresse (une autre) avait toutes les qualités. Elle était jolie... elle expliquait bien. Il avait de bonnes notes, travail et conduite.

Paul a continué quelques entretiens espacés à huit jours, puis à quinze, pendant le premier trimestre. Il s'entendait bien avec ses camarades... peut-être leur parlait-il de Frédo, consolation de son école buissonnière, ou plutôt école de terrain vague... Il n'en reparlait plus en séances. Et tout allait bien pour lui et sa famille. Le rapide de ce fleuve qu'est la vie, qui avait renversé son esquif et failli le noyer, était passé. La psychothérapie avait duré cinq mois et atteint son but, la restitution *ad integrum* d'un équilibre construit pendant la petite enfance, rendu solide entre cinq et huit ans, mais qu'en quelques mois Paul avait perdu par un événement occasionnel — une « maîtresse », en apparence. En fait, bien autre chose, dans l'inconscient.

---

[1]. Au premier degré dans la véracité de ses dires, au deuxième degré dans le spontané de sa syntaxe, les élisions parlantes, et en filigrane par les associations entre les propos, les fantasmes inconscients.

Les acquisitions scolaires nouvelles, autant que la confiance dans les autres et en lui-même, la santé physique, la pacification du groupe familial, tout cela permet de bien augurer de la suite.

Cette cure est une psychothérapie et non une psychanalyse, encore que le thérapeute ait été psychanalysé. Le transfert qui a permis que père, mère et enfant se confient, n'a pas été analysé, verbalisé par le thérapeute. Tout ce qui, de l'inconscient de la relation des parents à leurs parents et à Paul, s'exprime comme en filigrane à travers leurs dires et leurs émois conscients, n'a pas été relevé ni interprété. Des échanges entre ces trois personnes et le thérapeute, on n'a ici que le témoignage de ce qui se passait au premier degré, si je puis dire au niveau conscient.

Qu'est-ce qui touche à l'inconscient dans une psychothérapie comme celle-ci, dite psychothérapie simple ou de soutien?
Ce qui touchait chez Paul aux pulsions prégénitales et au complexe d'Œdipe — déjà résolu avant ces événements — avait été réveillé par eux dangereusement pour la structure de l'enfant. Mais en fait, toutes les personnes de la famille, auparavant équilibrées, avaient, en vivant cette même réalité (naissance d'une fille, mort d'un homme âgé, grand-père, père, beau-père, mari, diversement important pour chacun), vu s'ébranler en elles des pulsions archaïques — ébranlement de leur organisation inconsciente libidinale à tous et à chacun différemment, en relation à cette naissance d'une fille tant désirée et à la mort d'un mari, père, beau-père aimé de tous. On peut affirmer que la « maladie » de Paul et sa cure psychothérapique ont aidé et la libido de Paul et celle de chacun des membres de la famille qui, solidaires, mais chacun à sa place, avaient à souffrir et à assumer — inconsciemment et consciemment — une mutation de leur désir.
Que dire de la « menace » que faisait peser sur la famille l'éloi-

gnement de l'enfant pour une mise en pension pour caractériels? Était-elle judicieuse vis-à-vis de l'élève Paul, si elle était nécessaire pour l'homogénéité du peloton des enfants de la classe? L'admission de Paul au redoublement eût-elle été plus judicieuse? ou l'aiguillage sur la classe de perfectionnement de son secteur scolaire? Non. Car il eût gardé sa phobie scolaire. La décision prise par la directrice de l'établissement a été salvatrice, puisque c'est elle qui a enfin motivé les parents — rassurés par « les tests » — non seulement à accepter la psychothérapie, déjà deux fois suggérée puis conseillée pour Paul, mais encore à s'y impliquer à fond.

Index

accouchement : 26, 193.
adoption : 76-127.
agressivité : 164-166, 181, 185.
aimer : 62, 111, 120, 123, 148, 178, 184 ; culpabilité d'- : 355, 368 ; danger d'- : 357.
aîné : 22, 123, 187-188.
alimentation : 105.
allaitement maternel : 103.
amblyopie : 129.
angoisses : 69, 72, 110, 125, 143-145 ; – nocturnes : 62, 66, 141.
animaux : 134.
apprentissage : 494.
argent : 275.
artisanat : 495.
autonomie : 257, 462, 465.

baisers : 113, 120.
bilinguisme : 127, 131, 421-429.
bruit : 443.

calomnies : 339.
caprices : 18, 37, 41, 67.
cauchemars : 58, 60, 62, 303.
chambre : 29, 59, 536.
chez moi : 237.
colères : 38, 69, 92, 182, 292.
communication : 490, 504, 515, 539.
complexe d'Œdipe : 163, 170, 174, 176, 179.
contes : 284, 430-433.
contraception : 355, 358, 403.
contredire : 296.
coucher : 38, 69, 92, 152, 532, 537.
crèche : 48.

dangers : 339, 413, 457.
déambulation : 209.
dessin : 114, 133.
développement : 393, 441, 522.
Dieu : 171.
disputes : 40, 91.
divorce : 73.
dorloter : 531.

eau : 418, 456.
école : 19, 33, 52, 106, 452, 468, 487, 498, 529, 550 *sq.*
éducation (libérale) : 255 ; – sexuelle : 315, 320, 322, 325, 341, 343.
enfant « de vieux » : 406.
enfant sans père : 201.
enfant unique : 265, 267, 405, 509.
enseignement : 468, 498, 501.
énurésie : 65.
esclave : 213, 261.
exaspération : 248.
exploration : 209.

fantasmes : 307.
fessées : 43, 120, 129, 243.
feu : 406.
flirt : 353.
Freinet : 498.

gaffeur : 450.
gardienne : 50, 68, 542.
gaucher : 216.
grands-parents : 32, 50, 141, 531-545.
gros mots : 156, 309, 374.

habitudes : 28.

INDEX

handicapés : 506-518.
héros : 430.
homosexualité : 346.
hôpital : 137, 140.
humilier : 120, 187, 471.

identification : 259.
imaginaire, imagination : 135, 165, 282, 318, 410, 430, 432.
impertinence : 157, 170, 452.
inadapté : 377.
inceste : 332, 341, 342, 344.
injustice : 39.
intelligence : 439, 506, 525.

jalousie : 23, 39, 56, 89, 187.
jeux : 69, 136, 164, 211, 415, 418.
jouets : 286.
jumeaux : 144, 146-147, 181, 184, 290, 343, 410-412.
jumelage : 69, 148, 184.

laisser crier : 141.
langage : 421.
leçons : 463.
leçons de piano : 445.
lecture : 434, 476.
loisir : 132, 435, 438, 445, 484, 534.
manger (pas manger) : 306 ; – proprement : 154.
masturbation : 351.
mensonge : 295, 339, 554.
mère : 37, 85, 170, 181, 183 ; – célibataire : 198 ; – esclave : 213 ; – exaspérée : 248.
métier : 492-496.
miroir : 410.
mongolien : 506.
moquerie : 187.
mort : 98, 164, 299, 304, 551.
motricité : 263, 508.
musique : 117, 445, 517.
mythomanie : 305, 318, 335.

naissance : 79, 110, 122, 401 ; – d'un puîné : 307, 318.
natation : 420, 456.
noël (Père Noël, mythe, vérité) : 95, 282.
norme : 393.

nudisme : 158.
nudité : 329.

obéissance : 150.
opérations : 137.
opposition : 150, 153, 168, 174.
ordre (désordre) : 224, 238.
organisation (du travail scolaire) : 251, 254.

parc : 214.
parents (âgés) : 406 ; – frustrés : 257, 353, 355, 434, 477 ; – séparés : 364.
parler au père, à la mère, aux enfants : 255, 314, 326.
parole : 26, 111.
parrain, marraine : 206.
passivité : 261, 264.
patronyme légal : 200.
père : 34, 36, 58, 83, 124, 171, 173, 189, 376, 477, 488 ; papa (père ou pas) : 204, 255.
peur : 294, 417, 443, 456.
pornographie : 322.
pour de rire, pour de vrai : 296, 339.
précocité : 441, 522.
prépuberté : 311, 313, 485.
propreté (éducation à la) : 260, 395 ; – sphinctérienne : 45, 111, 128.
psychanalyse : 390.
psychiatrie : 380.
psychologie : 380.
psychothérapie : 381, 384, 509, 511, 549.
punitions : 246.

rançonnage : 472.
ranger : 151.
rapporteur : 454, 457.
rééducation : 391.
refuser : 135.
relations (à la mère) : 252, 396 ; – au père : 255 ; – au monde : 399.
responsable : 310.
rivalité fraternelle : 146, 185.
ronger ses ongles : 362.
rythme : 28, 152.

sadisme : 245.

570

INDEX

scolarité obligatoire : 491.
sélection scolaire : 484.
séparation : 30, 34, 51, 60, 181.
sexualité : 50, 81, 161-162.
situations illégales : 72.
sommeil : 27, 56, 64, 142, 178.
souffrance physique : 137, 143, 188.
sport : 456.

suicide, (menace de) : 465, 472.
surdoué : 48, 522-530.
télévision : 434, 437.
travail de la mère : 62, 181.
trois ans : 124.
vérité, imaginaire : 318, 450, 515.
violence : 242, 250, 374, 474.

Table

Préface 7

Il y a toujours une raison. 17
L'homme sait tout depuis qu'il est tout petit 22
Tu vois, nous t'attendions 26
Lorsque le père s'en va 34
Qu'est-ce qui est juste ? 37
A propos de propreté 45
Qui abandonne qui ? 48
Chacun différent pour le sommeil. 56
Aimer « bien », aimer « avec désir » 62
Crier pour se faire entendre 67
Séparation, angoisses 72
Des questions indirectes 76
Y a-t-il des mères fatiguées ? 85
Le grand, c'est un petit peu la tête et le petit, ce sont les jambes 89
Qu'est-ce qu'une chose vraie ? 95
Nous mourons parce que nous vivons 98
C'est le bébé qui crée la maman 103
Encore un moment à la maison. 106
Il n'y a pas de « doit parler » 110
Il sera artiste 114
Questions muettes 119

Ce qui a été fait, a été fait	123
Comprendre une autre langue, adopter ses nouveaux parents	127
Les enfants ont besoin de vie	132
Quand on touche au corps de l'enfant	137
Un bébé doit être porté	141
Bébés collés, jumeaux jaloux	146
Dire « non » pour faire « oui »	150
Nus, devant qui ?	158
« On dirait qu'elle est morte »	164
« On », c'est qui ?	168
Jouer à l'Œdipe	174
Des questions qui reviennent	181
Des enfants agressifs, ou agressés ?	187
Écrire pour s'aider soi-même	191
Accueillir de manière civile	193
Tu as eu un père de naissance	198
L'enfant touche-à-tout	209
Il n'y a pas de belle main	216
Ce sont les objets qui sont à notre service	224
Tu vois, j'avais envie de te donner une fessée	242
La mère s'arrache les cheveux, le fils est comme un poulet déplumé	248
Le père n'est pas un nourrisson	255
Passivité n'est pas vertu	261
Commander à ses mains	269
Le droit de savoir le prix des choses	275
Dans le champ de l'imaginaire	282
La réalité et l'imaginaire	292
Que la réalité demeure dans les mots de la réalité	299
Prendre du plaisir tous ensemble et chacun à sa place	306
Tu voulais naître et nous voulions un enfant	315
Rien à voir avec le diable	322

C'est la fête?.	329
Ce n'est pas un mensonge, c'est du pour-rire.	335
L'interdit et le mépris	341
Roméo et Juliette avaient quinze ans.	353
Lettres du mercredi.	360
Nouvelles lettres du mercredi	371
Psychothérapie, psychiatrie, rééducation, psychanalyse.	379
Ce qu'on *doit* faire à cet âge	393
Il faut que les deux parents le désirent, l'enfant.	401
Tu vois, je te touche : c'est moi, c'est toi	410
Fascinés par les éléments.	413
Quand les circuits de l'ordinateur s'emmêlent	421
Blanche-Neige, c'est quelqu'un qui bosse du matin au soir	430
Pas avec les parents seuls, mais avec beaucoup d'autres	434
Expliquer le bruit, faire aimer la musique en l'aimant.	443
Toute vérité n'est pas bonne à dire	450
C'est à l'enfant de se prendre en charge	461
Pourquoi faut-il que l'école soit si triste ?	468
Prépare ton avenir !	476
J'en ai marre !	487
Les enfants sont joyeux quand le lieu est joyeux	498
Ils sont toujours intelligents en quelque chose	506
Être très doué sur le plan scolaire n'est pas signe qu'on est surdoué.	522
Dorloter ses petits-enfants, ce n'est pas les aimer pour eux	531
Qui a raison ?.	539
Tout travail mérite salaire	542
Appendice : exemple d'une psychothérapie	547
Index.	569

DU MÊME AUTEUR

AUX MÊMES ÉDITIONS

Le Cas Dominique
coll. «Le champ freudien», 1971
coll. «Points Essais», 1974

Psychanalyse et Pédiatrie, *1971*
coll. «Points Essais», 1976

Lorsque l'enfant paraît, tomes 1, 2 et 3
1977, 1978, 1979
en un seul volume relié, 1990

L'Évangile au risque de la psychanalyse
en collaboration avec Gérard Sévérin
tomes 1 et 2, coll. «Points Essais», 1980, 1982

Au jeu du désir. Essais cliniques, *1981*
coll. «Points Essais», 1988

Séminaire de psychanalyse d'enfants, *tome 1*
en collaboration avec Louis Caldaguès, 1982
coll. «Points Essais», 1991

Séminaire de psychanalyse d'enfants, *tome 2*
en collaboration avec Jean-François de Sauverzac, 1985
coll. «Points Essais», 1991

Inconscient et Destins.
Séminaire de psychanalyse d'enfants, *tome 3*
en collaboration avec Jean-François de Sauverzac, 1988
coll. «Points Essais», 1991

La Foi au risque de la psychanalyse
en collaboration avec Gérard Sévérin
coll. «Points Essais», 1983

L'Image inconsciente du corps, *1984*
coll. «Points Essais», 1992

Enfances
en collaboration avec Alecio de Andrade, 1986
coll. «Points Actuels», 1988

Dialogues québécois
en collaboration avec Jean-François de Sauverzac, 1987

Quand les parents se séparent
en collaboration avec Inès Angelino, 1988

Autoportrait d'une psychanalyste (1934-1988)
en collaboration avec Alain et Colette Manier, 1989
coll. «Points Actuels», 1992

CHEZ D'AUTRES ÉDITEURS

L'Éveil de l'esprit de l'enfant
en collaboration avec Antoinette Muel
Aubier, 1977

La Difficulté de vivre
Interéditions, 1981
Vertiges-Carrère, 1986

Sexualité féminine
Scarabée et Compagnie, 1982

La Cause des enfants
Laffont, 1985

Solitude
Vertiges, 1986

L'Enfant du miroir
Françoise Dolto et Juan David Nasio
Rivages, 1987

Tout est langage
Vertiges-Carrère, 1987

La Cause des adolescents
Robert Laffont, 1988

Paroles pour adolescents
ou Le Complexe du homard
avec Catherine Dolto-Tolitch
en collaboration avec Colette Percheminier
Hatier, 1989

Correspondance
1913-1938
Hatier, 1991

COMPOSITION : IMPRIMERIE FLOCH À MAYENNE
IMPRESSION : NORMANDIE ROTO IMPRESSION S.A. À LONRAI (12-96)
DÉPÔT LÉGAL JUIN 1990. N° 11567-5 (962284)